O CANTO DA SEREIA

CRÍTICA À IDEOLOGIA E AOS PROJETOS DO "TERCEIRO SETOR"

Dados Internacionais de Catalogação na Publicação (CIP)
(Câmara Brasileira do Livro, SP, Brasil)

O Canto da sereia : crítica à ideologia e aos projetos do "terceiro setor" / Carlos Montaño, (org.) . – São Paulo : Cortez, 2014.

Vários autores.
ISBN 978-85-249-2285-5

1. Ensaios – Coletâneas 2. Organizações não governamentais 3. Política – História 4. Política econômica 5. Política social 6. Terceiro setor – Brasil I. Montaño, Carlos.

14-09195 CDD-361.610981

Índices para catálogo sistemático:

1. Ensaios : Coletâneas : Brasil : Política social 361.610981

Carlos Montaño (Org.)

André Dantas - Caio Martins - Carlos Montaño
Cézar Maranhão - Gabriel Martins - Henrique Wellen
Ivy Carvalho - Marcela Soares - Rachel Zacarias

O CANTO DA SEREIA

CRÍTICA À IDEOLOGIA E AOS PROJETOS DO "TERCEIRO SETOR"

CORTEZ EDITORA

O CANTO DA SEREIA: crítica à ideologia e aos projetos do *"Terceiro Setor"*
Carlos Montaño (Org.)

Capa: de Sign Arte Visual sobre projeto de Juan Carlos Briozzo
Ilustração: John William Waterhouse. "Ulisses e as Sereias" (1891).
Óleo sobre tela. National Gallery of Victoria. Melbourne, Austrália.
Preparação de originais: Jaci Dantas
Revisão: Maria de Lourdes de Almeida
Composição: Linea Editora Ltda.
Assessoria editorial: Maria Liduína de Oliveira e Silva
Editora assistente: Priscila F. Augusto
Coordenação editorial: Danilo A. Q. Morales

Obra em conformidade ao NOVO ACORDO da Língua Portuguesa

Direitos para esta edição
CORTEZ EDITORA
Rua Monte Alegre, 1074 – Perdizes
05014-001 – São Paulo – SP
Tel. (11) 3864 0111   Fax: (11) 3864 4290
E-mail: cortez@cortezeditora.com.br
www.cortezeditora.com.br

Impresso no Brasil — outubro de 2014

Maldigo la poesía concebida como un lujo cultural
por los neutrales;
que lavándose las manos, se desentienden y evaden.
Maldigo la poesía de quien no toma partido,
partido hasta mancharse.

"La poesía es un arma cargada de futuro"

Gabriel Celaya (Poesia)

Paco Ibáñez (Música)

<http://www.youtube.com/watch?v=F_XK8_pDfGw>

Ao mestre marxista, e ao amigo,
Carlos Nelson Coutinho (*in memoriam*).

Ao meu filho *Miguel*,
para que suas *cantigas de ninar*
jamais se confundam com os "*cantos das Sereias*".

Sumário

Prefácio*

James Petras**

Este livro, *O Canto da Sereia*, é uma grande contribuição para o esclarecimento de vários temas *políticos* e *acadêmicos* importantes.

Em primeira instância, os ensaios analisam criticamente os *novos instrumentos ideológicos, políticos e sociais* empregados pelas classes dominantes para debilitar a luta de classes. Especificamente, as análises

* Traduzido do inglês por Sandra Mancinas (Universidad Autonoma de Nuevo León, México).

** Filho de imigrantes gregos radicado nos EUA. Sociólogo, Professor e Pesquisador nas Universidades do Estado de New York (Binghamton, EUA) e de St. Mary (Halifax, Nova Escócia, Canadá). Doutorou-se na Universidade da Califórnia (Berkeley, EUA), onde foi dirigente estudantil nos anos 1960. Foi assessor dos governos dos presidentes chileno Salvador Allende (1970-1973) e grego Papandreu (1982-1984). Foi membro do "Tribunal Russel" contra a repressão na América Latina. Atualmente colabora com os movimentos: MST (Brasil), dos "Desempregados" (Argentina), entre outros. Autor de mais de 60 livros publicados em 29 idiomas — como: *Ensaios contra a ordem* (São Paulo: Scritta, 1995); *Neoliberalismo: América Latina, Estados Unidos e Europa* (Blumenau: Furb, 1999); *Las dos caras del Imperialismo. Vasallos y Guerreros* (Buenos Aires/México: Lumen, 2004) e *Espejismos de la izquierda en América Latina* (Buenos Aires/México: Lumen, 2009) — e mais de 600 artigos em revistas científicas, e é colunista com mais de duas mil matérias em jornais e periódicos — como: *The New York Times*, *The Guardian*, *The Nation*, *New Left Review*, *Le Monde Diplomatique*.

focam a intervenção das classes dominantes na luta de classes pela base: o uso das denominadas Organizações Não Governamentais (ONGs) e a manipulação e cooptação de consignas "progressistas" (como "*empowerment*" e "participação democrática").

O ensaio teórico de abertura, escrito por Carlos Montaño, proporciona um marco de análise profundo. Seu ensaio sobre "*A constituição da Ideologia e dos Projetos do "Terceiro Setor"*" articula o desenvolvimento do neoliberalismo e o ataque às organizações de classe e de bem-estar social, com o financiamento do Estado às ONGs, destinadas a competir, cooptar e debilitar as organizações dedicadas à luta de classes.

No contexto da desaparição e da decadência da ideologia neoliberal convencional e do surgimento da classe política posterior à retirada dos regimes autoritários na década de 1980, as classes dominantes nacionais e imperialistas compreenderam que não podiam governar apenas através da força e da violência. Elas procuraram e encontraram um pequeno exército de ativistas ex-esquerdistas, de intelectuais pós-marxistas "renovados", de guerrilheiros arrependidos, de empresários e acadêmicos complacentes, dispostos a desviar as organizações de classe da luta pelo poder do Estado, para a colaboração entre as classes, com o fim de promover micromudanças dentro do sistema neoliberal. A estratégia de contrainsurgência da classe dominante foi desenhada para "redefinir" o regime neoliberal como uma "Terceira Via", entre o "capitalismo selvagem" e o "socialismo de Estado autoritário". Os acadêmicos e os ativistas "pós-marxistas" asseguraram-se posições lucrativas, acesso a fundações imperialistas e financiamento estatal e proteção da repressão. As ONGs receberam doações generosas para comprar carros 4x4, para contratar pessoal, para alugar ou comprar escritórios mobiliados e prédios, tudo em nome de "organizar e empoderar as pessoas". Foram pagos para disseminar uma ideologia e uma organização que substituísse a solidariedade de classe pela colaboração entre as classes, evocando um empoderamento individual. Eles promoveram o "autoemprego" no lugar da propriedade coletiva dos meios de produção. Focaram-se na "pobreza", no lugar das relações de exploração entre classes, que a produzem.

Através da intervenção do Estado, fundaram-se influentes centros de pesquisa, e proeminentes intelectuais ex-esquerdistas proporcionaram as *ferramentas conceituais* para sustentar reformas sociais neoliberais, as que perpetuaram o poder e os privilégios da classe dominante. O "capital extrativista" multinacional e os bancos floresceram; o Estado imperial colonizou o espaço cibernético, mas os acadêmicos da "Terceira Via" excluíram o imperialismo de sua agenda de pesquisa.

Com a desaparição da primeira onda de governantes neoliberais (Cardoso, no Brasil, Menem, na Argentina, Sánchez de Losada, na Bolívia, Gutiérrez, no Equador), uma segunda onda dos chamados governantes "pós-neoliberais" surgiu a partir dos levantamentos e lutas populares de massas.

Os novos "pós-neoliberais" aprofundaram seus laços com o "capital extrativista" e expandiram o rol do capital financeiro para desenvolver a economia, e têm tentado conservar o apoio das massas mediante o financiamento de vastos programas clientelistas de combate à pobreza. O neoliberalismo social encontrou nos ex-marxistas os soldados ideológicos para legitimar e promover o mito de mudanças radicais. Emir Sader, o patrono do CLACSO, e o ideólogo do PT Walter Pomar, no Brasil, García Linares na Bolívia e vários outros, proporcionaram um brilho intelectual para justificar a relação entre o regime e o capital.

Seguindo os passos do autor da "Terceira Via", o sociólogo britânico e assessor de Tony "Bombas sobre Bagdad" Blair, Antony Giddens (Barão Giddens), ex-esquerdistas da América Latina tentaram denegrir, excluir e rejeitar os marxistas críticos que desafiavam os regimes "pós-neoliberais".

Afortunadamente não tiveram êxito, por duas razões importantes, uma "objetiva" e outra "subjetiva". A *crise econômica* desencadeada em 2008, e que continua até o presente, e as *políticas pró-capitalistas* dos pós-neoliberais geraram protestos massivos e mobilizações que minaram os supostos progressistas e as reivindicações de acadêmicos defensores do "pós-neliberalismo".

Igualmente importante têm sido os estudos críticos, como a presente coletânea de ensaios, que demonstram, tanto empírica como teoricamente, a falência intelectual da "Terceira Via" e o fracasso de seus projetos político-econômicos.

Uma crítica contundente do projeto Pós-neoliberal e da Ideologia da "Terceira Via"

O canto da sereia é o melhor *single* de crítica exaustiva sobre a "contrainsurgência pela base" — a guerra ideológica das classes dominantes para ganhar os corações e as mentes das massas através do controle das "organizações de base".

A estrutura e ideologia da classe dominante orientada à "contrainsurgência" sustenta-se em *cinco pilares*: ONGs, micropolítica, microempreendimentos, neoliberalismo social e despolitização dos sujeitos. *Os ensaios desta coletânea* ***derrubam sistematicamente*** *os pilares ideológicos que sustentam o argumento da "Terceira Via"*.

Carlos Montaño oferece uma análise histórica e estrutural das ONGs, articulando-as com as crises dos governos pós-militares e com sua função neoliberal de "bombeiros" — organizações desenhadas para minar as organizações de classe e para desviar a luta das classes para a colaboração entre as classes.

André Dantas e Ivy Carvalho desmistificam as noções de "participação democrática" e "empoderamento" — mediante o uso dos conceitos no seu mais amplo contexto político e econômico: como o poder oligárquico *contém* e *reduz* o tempo e o espaço de seu significado operativo, esvaziando-os de qualquer conteúdo substantivo.

O fracasso das políticas de microempreendimentos da "Terceira Via" — desenhadas para reduzir o desemprego e a desigualdade, e encravadas nos programas de "autoemprego" e de "economia solidária" do PT —, é demonstrado em três artigos rigorosamente documentados por Marcela Soares, Gabriel Martins e Henrique Wellen. As continuidades na estrutura econômica e na estratégia entre o passado (Cardoso) e o presente (Da Silva/Rousseff) têm se traduzido em *benefícios temporários limitados*, mas a custo de perdas estratégicas estruturais. O crescimento das microempresas "*start-ups*" é amplamente superado pelas altas taxas de falência. "Economias de subsistência" no contexto da crescente concentração da riqueza não representam um progresso histórico.

A quarta coluna do prédio da "Terceira Via": "desenvolvimento com justiça social", é magistralmente criticada no artigo de Cézar Maranhão. Desmascarando a ideia de que o modelo de desenvolvimento do Brasil tem aberto novos caminhos mediante a combinação do "capital extrativista" e de programas de combate à pobreza, os autores documentam como a *manipulação* ideológica das classes dominantes do conceito de pobreza tem preservado as estruturas de poder que a gera e perpetua.

A quinta coluna do constructo ideológico da "Terceira Via" são os conceitos de "sujeitos autônomos" e dos "novos movimentos sociais".

Os "novos movimentos sociais" foram fenômenos efêmeros que permaneceram à margem das grandes lutas políticas e não jogaram nenhum papel nas mudanças de regime na última década e meia.

Em seus ensaios, Caio Martins e Rachel Zacarias proporcionam dados e teorias para demonstrar que as dinâmicas da *luta de classes* e a *consciência de classe* foram fatores determinantes na realização das mudanças consequentes na correlação de forças políticas. Martins demonstra que, efetivamente, os movimentos mais dinâmicos e influentes que têm levado consigo mudanças estruturais são aqueles liderados e dirigidos através de ideologias e lideranças classistas. Zacarias centra-se nos movimentos meio-ambientais, e destaca a importância da análise de classe na degradação climática, identificando a classe dominante como o principal agente responsável e as classes trabalhadoras e camponesas como as mais *adversamente* afetadas pela contaminação ambiental.

Em seu conjunto, estes ensaios demonstram como a ideologia da "Terceira Via" e o projeto neoliberal *complementam-se* mutuamente; como a classe dominante neoliberal privatiza a economia e reprime as massas, enquanto as ONGs despolitizam e desviam a classe trabalhadora e os sub-proletários urbanos para organizações de colaboração entre as classes.

Estes ensaios reivindicam coletivamente a análise marxista de classe e servem como o melhor modelo de erudição crítica. Depois de ler estes ensaios, *todo o projeto da "Terceira Via" desaba em ruínas*. E no seu lugar, temos um novo e brilhante paradigma e projeto, enraizado na análise de classe, que combina a teoria marxista clássica e sua aplicação criativa num novo conjunto de condições econômicas e políticas.

APRESENTAÇÃO

John William Waterhouse. "Ulisses e as Sereias" (1891). Óleo sobre tela. National Gallery of Victoria. Melbourne, Austrália.

A constituição da ideologia e dos projetos do "Terceiro Setor"

Reza a mitologia grega que as *sereias*, seres que viviam próximos do mar, parte mulher e parte ave (mais tarde lhe foi atribuída a forma de peixe), filhas do rio Achelous e de Terpsícore, a musa da dança, eram donas de uma beleza inigualável, e *seu canto* tão doce, belo e mágico, que encantava os marinheiros que as ouviam, seduzindo-os e levando-os para o naufrágio e a morte certa. Conta a lenda que apenas dois seres conseguiram ouvir sem sucumbir ao seu canto. Um deus e um homem. Primeiramente Orfeu, deus da música e da poesia, conseguiu tal proeza entoando uma música tão bela e envolvente, que anulou a mágica do canto das Sereias. A outra façanha, descrita n'*A Odisseia* de Homero, é de Ulisses (ou Odisseu, conforme o nome grego), quando na sua viagem de 17 anos a caminho de volta à ilha de Ítaca, após a guerra de Tróia, enfrentando inúmeros desafios e seres míticos, ao cruzar os mares se depara com o canto das sereias. Sem ser um deus, e ciente da sua humana fragilidade, alertado pela feiticeira Circe, o herói grego tampa os ouvidos dos seus marinheiros para não ouvirem o canto das Sereias. Porém, desejoso de ouvi-las, pede para ser amarrado bem firmemente no mastro, a fim de escutar seu sedutor canto sem ser atraído para o mar, onde certamente pereceria.

Nos versos de Homero, fala Circe:

> Chegarás primeiro às Sereias, que a todos os homens encantam.
> A quem chega até elas, àquele que ignaro se acerca e escuta a voz das Sereias, nunca mais a esposa e os filhos meninos lhe estarão vizinhos, felizes porque ao lar ele voltou.

> Pois as Sereias o encantam com límpido canto, recostadas sobre o prado: ao redor há um grande monte de ossos de homens pútridos, com a pele encarquilhada.
>
> Por isso passa adiante: sobre os ouvidos dos companheiros amassa e espalha dulcíssima cera, para que nenhum dos outros as escute.
>
> Tu, porém, escuta se quiseres: que te atem mão e pés à nave veloz, ereto sobre a carlinga do mastro. A este sejam apertadas as cordas, para que possas ouvir e fruir a voz das Sereias (Homero. *Odisseia*, Canto XII).

Hoje, em pleno século XXI, as Sereias continuam a cantar e encantar, seduzindo e atraindo ainda ao abismo a quem escutar indefeso seus cânticos. Essas vozes ecoam nos ouvidos, porém não são músicas, nem melodias. São palavras e projetos que seduzem e atraem os marinheiros de hoje, direcionando-os num rumo já marcado.

Essas palavras e esses projetos, que hoje envolvem e atraem as pessoas, aos milhares, como verdadeiros "cantos de Sereia", se valem de valores oriundos ou aceitos pelos setores subalternos, incluso por tendências progressistas, derivando nas promessas da chamada "*economia solidária*", os cantos do "*empoderamento*", a ideologia do "*empreendedorismo*", da "*responsabilidade social empresarial*", os projetos das políticas de "*combate à pobreza* (extrema)", das políticas de "*geração de emprego e renda*", são as *artimanhas da ideologia e os projetos do "Terceiro Setor"*, que ecoam desde o conservadorismo neoliberal até a esquerda pós-moderna.

Conhecimento e linguagem: *a função de desvendar ou de ocultar o real*

Existe, como exigência para perpetuar a hegemonia, entendida na sua acepção gramsciana, a necessidade de desenvolver a *direção social* para além da mera (porém sempre presente numa sociedade de classes) coerção. No atual contexto de crise sistêmica, a (fração de) classe hegemônica deve inserir seu projeto de reestruturação sistêmica (neoliberal) com o mínimo de resistência e oposição possível; este projeto deve possuir um mínimo razoável de legitimidade e aceitação social.

Mas, como gerar aceitação de um projeto claramente regressivo no que se refere a direitos e conquistas trabalhistas, políticas e sociais? A reforma do capital, orientada pelos padrões neoliberais (e, com suas particularidades, no caso latino-americano, condicionada pelo Consenso de Washington), leva ao aumento do desemprego estrutural, à radical transformação das relações de trabalho com perda de direitos trabalhistas conquistados, ao esvaziamento da capacidade democrática real de uma sociedade comandar minimamente seu destino, à eliminação do "pacto social" que sustentou um Estado (e também através dele, toda a sociedade) respondendo às necessidades populacionais e industriais etc. Como gerar então aceitação deste processo de precarização das condições de trabalho, da instabilidade do emprego, da eliminação de direitos conquistados, da redução de salário real e dos serviços públicos, da transferência para o controle do capital privado/estrangeiro o que era de controle social/estatal?

Essa questão constituiu um desafio significativo para a consecução do projeto hegemônico de reestruturação do capital, sob comando neoliberal.

A resposta, para além da óbvia repressão, é tanto a expansão de uma *racionalidade hiper-desarticuladora e fragmentadora da totalidade social* — seja pela razão *formal-abstrata*: positivismo, neopositivismo, sistemismo etc., seja pela chamada razão *"pós-moderna"* —, como a *imposição de um "linguajar"* que ideologicamente[1] leve a uma forma fetichizada e reificada de visão da realidade, ocultando o verdadeiro sentido das reformas e mostrando-as como "vontade popular". Uma linguagem, portanto, que esconda seu caráter de classe, que "importe" os termos das velhas bandeiras progressistas (democracia, justiça,

1. Na acepção marx-engelsiana de ideologia, como "falsa consciência" (ver Marx e Engels, 1977).

poder social, popular, solidário, participativo etc.), mas as reconfigure com outros conteúdos, agora sim funcionais aos interesses conservadores ou restauradores da grande burguesia, mas neste caso escondido nos discursos de setores da esquerda. Vejamos melhor.

O intelectual e as visões fragmentadas da realidade: *as racionalidades formal-abstrata e "pós-moderna".* Na produção e divulgação de conhecimento sobre o real, o intelectual tem papel destacado. Vejamos como, ao produzir conhecimento, o intelectual, e dentre eles o "cientista social", tem tido *uma visão fragmentada do real*, e portanto, tem desenvolvido e reproduzido, tendencialmente, *um conhecimento fragmentado*.

Assim, o intelectual ("orgânico" ou não) já nasce, no presente, imbuído de ***uma tendencial cultura positivista*** (enquanto principal expressão da razão formal-abstrata), que visa a *segmentação da realidade em esferas sociais* ("objetos específicos"), constituindo, a partir desta segmentação, *"campos de saber"* e *"disciplinas sociais"* específicas. É o que Lukács chama das *"Ciências Sociais Particulares"* (a este respeito, ver Lukács, 1992 e Coutinho, 1994, p. 91 e ss.).

Ao estudar "a divisão social do trabalho", Lukács mostra como para os anticapitalistas românticos "a *especialização* cada vez mais estreita é o 'destino' da nossa época, um destino do qual ninguém pode escapar. Em favor desta concepção, adota-se frequentemente o argumento de que a extensão da ciência moderna atingiu uma amplitude que não mais permite à capacidade de trabalho de um só homem dominar enciclopedicamente todo o campo do saber humano" (Lukács, 1992, p. 122). Assim, por exemplo, a Sociologia

> surge como *ciência autônoma* porque os ideólogos burgueses pretendem estudar as leis e a história do desenvolvimento social *separando-as da economia*. A tendência objetivamente apologética desta orientação não deixa lugar a dúvidas. Após o surgimento da economia marxista, seria impossível ignorar a luta de classes como fato fundamental do desenvolvimento social, sempre que as relações sociais fossem estudadas a

> partir da economia. Para fugir desta necessidade, surgiu a sociologia como ciência autônoma; quanto mais ela elaborou seu método, tão mais formalista se tornou, tanto mais substituiu, à investigação das reais conexões causais na vida social, análises formalistas e vazios raciocínios analógicos. [...] Assim, como a sociologia deveria constituir uma "ciência normativa", sem conteúdo histórico e econômico, do mesmo modo a História deveria limitar-se à exposição da "unicidade" do decurso histórico, sem levar em consideração as leis da vida social (Lukács, 1992, p. 123).

Acrescenta Lukács, em outro texto, que "o nascimento da *sociologia como disciplina independente* faz com que o tratamento do problema da sociedade deixe de lado a sua base econômica; a suposta independência entre as questões sociais e as questões econômicas constitui o ponto de partida metodológico da sociologia." (idem, 1992, p. 132). De tal forma, as crises geradas pelas dissoluções da escola ricardiana e do socialismo utópico "põem fim à economia burguesa no sentido dos clássicos, ou seja, no sentido de ciência fundamental para o conhecimento da sociedade. Por um lado, nasce a economia burguesa vulgar [...]; por outro lado, nasce a sociologia enquanto ciência do espírito desvinculada da economia" (idem, p. 132).

Como expressa esse autor, ao analisar as leis que regem o sistema capitalista, "essa 'lei' [...] terá que ser [por um lado] uma lei das 'contingências' que reagem reciprocamente e não a de uma organização realmente racional. Por outro lado, este sistema de leis não apenas deve impor-se aos indivíduos: terá também que *não ser nunca susceptível de um conhecimento integral e adequado*, porque o conhecimento integral da totalidade asseguraria ao sujeito desse conhecimento uma tal posição de monopólio que tanto bastaria para suprimir a economia capitalista" (Lukács, 1974, p. 117).

Desta forma o *positivismo*, entanto razão formal-abstrata, se apresenta como a racionalidade hegemônica da cultura "oficial" do mundo ocidental, dada a sua funcionalidade com a ordem burguesa. Assim, segmentada a realidade em "esferas" autonomizadas — *a econômica* (como sendo o campo das relações entre atores que ocupam lugares diferentes no processo produtivo; sem classes, nem lutas de classes, nem interesses contrapostos — *despolitizando* este espaço, convertendo a "economia política" em "economia vulgar", quase identificável à contabilidade, à engenharia industrial e à administração), *a política* (como sendo o espaço das lutas de interesses, mas que, por serem *deseconomizados* — retirada a conexão econômica, das classes, em relação a esses interesses —, elas são entendidas como sendo operadas na órbita do Estado e/ou da sociedade civil, e não da produção, e entre partidos políticos e/ou movimentos sociais, e não classes sociais), *a social* (como sendo a interação entre indivíduos no seu espaço cotidiano, *despolitizado* e *deseconomizado*) — opera-se, portanto, a *desistoricização* do social: o "sistema" não mais pode ser alterado na sua totalidade; a revolução e a transformação desaparecem como opção ou possibilidade histórica; só é possível alterar, controlar ou manipular "variáveis", "disfunções", "partes" do todo, permanecendo o sistema no seu "natural equilíbrio". Surge o conhecimento fragmentado em lugar da perspectiva de totalidade; surgem as teorias da "mudança" substituindo a perspectiva de revolução.

Para isso, a forma de conhecimento produzido sobre esta "história natural da sociedade" deve ser fragmentária e fenomênica: surgem e se desenvolvem as *ciências sociais particulares* como disciplinas que repartem entre si o *conhecimento* (parcial e fenomênico) dos "retalhos de realidade", e o conhecimento fragmentário da realidade é dissociado da *intervenção*, tomada como uma manipulação "corretiva" de variáveis destas frações do real (ou "realidades").

Assim, a hegemonia do sistema capitalista consolidado se mantém não apenas com a coerção, mas precisa de certo grau de aceitação geral (ver Marx e Engels, 1977), de consenso (ver Gramsci). Desta forma, a ideologia, os valores e normas burgueses devem ser incorporados pelo conjunto da população como "cultura oficial", o que obriga a classe hegemônica a dois artifícios: a *"naturalização"* e o *ocultamento* ou até fetichização daqueles. Os valores e normas "naturalizados" e "fetichizados" são, então, *desistoricizados*; nesse sentido, são vistos como naturais e incompreensíveis ou indecifráveis, portanto, imutáveis. A forma de fazer isso é desenvolvendo um tipo de racionalidade que seja ao mesmo tempo segmentadora e manipuladora do real.

Se o ***Positivismo*** *foi a racionalidade hegemônica, dada a sua funcionalidade com o tipo de conhecimento compatível com os interesses do capital, hoje o* ***pensamento pós-moderno*** *apresenta-se como nova racionalidade hegemônica,* que *não apenas fragmenta o real em esferas isoladas, mas que pulveriza a realidade, retirando sua objetividade, transformando agora o real em "as realidades" vividas, sentidas* (ver Jameson, 1996 e Harvey, 1993).

- O intelectual (o cientista social particularmente) para fugir desta armadilha, desta "gaiola de ferro" positivista e/ou pós-moderna, deve incorporar e desenvolver: 1) uma *visão de totalidade*, 2) um *pensamento crítico*, 3) uma *perspectiva de transformação social.*

A função ideológica do novo linguajar: ***a linguagem de esquerda e o projeto de direita.*** O conhecimento produzido (fragmentado ou não, funcional à reprodução da ordem ou à sua transformação), para ser apropriado pelos demais, é divulgado mediante um tipo de *linguagem*, que ainda pode ajudar tanto à apreensão fiel do real quanto à sua mistificação. Nesse sentido, a linguagem tem um papel destacado, e no contexto atual, para legitimar as transformações antipopulares, os setores hegemônicos desenvolvem um *novo linguajar*.

Efetivamente, a (nova) nomenclatura, o (novo) linguajar, deve *camuflar* o verdadeiro conteúdo regressivo e antipopular dessas reformas e mostrá-las como adequações, melhoramentos, modernizações, como respostas às necessidades populares. Como afirmam os editores argentinos de Petras, o fio condutor do pensamento deste autor nas suas conferências nesse país mostra "a convicção de que a *hegemonia cultural* conquistada pelo imperialismo entre os intelectuais [e a população em geral], incluídos os de esquerda, tem imposto uma *linguagem adrede eufemística que obscurece intencionalmente a compreensão do mundo real*" (*in* Petras, 2000, p. 8). Ou, nos próprios termos de

Petras, "o problema básico é que parte da hegemonia recentemente conquistada pelo capital é encontrada no uso de linguagem e termos analíticos que obscurecem as relações reais, os processos de exploração social e a reconcentração de poder social" (Petras, 1999, p. 55).

Por tanto, este linguajar deve ir além da direita e grupos dominantes, e penetrar até na esquerda e nos setores "populares", pois, nos termos de Petras, "o retrocesso dos direitos sociais e trabalhistas... não poderia acontecer usando linguagem de autointeresse dos capitalistas"; desta forma, continua, "uma nova linguagem, que em alguns casos emprestou termos essenciais da Esquerda, foi elaborada"; o objetivo, afirma nosso autor, nesta "tarefa ideológica de mistificação científica", foi "criar uma linguagem e conceitos que parecessem ser técnicos ou apolíticos, que parecessem ser divorciados de interesses de classe às quais eles serviam" (idem, p. 62). Assim, para este autor, "as ONGs utilizam [e divulgam] a linguagem da Esquerda: 'poder popular', 'delegação de poderes', 'igualdade de gênero', 'desenvolvimento de base' etc. O problema é que essa linguagem está ligada à *estrutura de colaboração* com os doadores e órgãos governamentais que subordinam a atividade prática às políticas de não enfrentamento" (idem, p. 48). Estes termos, em geral oriundos do pensamento progressista, das lutas históricas das esquerdas, são reconceituados em função dos interesses hegemônicos do grande capital, para este novo conteúdo, conservador ou regressivo, poder ser melhor aceito entre os setores subalternos, oprimidos, explorados.

Por outro lado, em muitos casos, com as melhores intenções de superar preconceitos e formas de discriminação social, substituem-se termos considerados "preconceituosos" por outros "politicamente corretos". Assim: o "velho" por "adulto maior", o "paraplégico" por "portador de necessidades especiais", a "maioridade" pela "melhor idade", o "negro" por "afro-descendente", o "favelado" por "morador de comunidade".[2] Sem questionar o fato real de as palavras portarem os preconceitos e discriminações que as criam, a mudança

2. Até criou-se uma "Cartilha do Politicamente Correto". Disponível em: <http://pt.wikipedia.org/wiki/Politicamente_Correto_%26_Direitos_Humanos>. Acesso em: abr. 2013.

de termos pouco altera a questão de fundo, mas, ao contrário, acaba por ocultá-la; a discriminação e o preconceito persistem, mas agora de forma disfarçada, camuflada na nova palavra considerada "politicamente correta".

Assim, a classe dominante, para ocultar e legitimar seus projetos, se vale tanto das *palavras e termos oriundos das esquerdas*, das históricas bandeiras progressistas — "democratização", "popular", "solidário", "empoderamento", "igualdade", "participativo" —, mas esvaziando e refuncionalizando seus conteúdos, quanto dos *termos "politicamente corretos"*; ambos de uso cotidiano da intelectualidade e militância de uma "esquerda possibilista".

Desenvolve-se, assim, nestes intelectuais e militantes — parafraseando Lukács em *A Teoria do Romance* —, uma *linguagem de esquerda* escondendo um *projeto de direita*.[3]

Hoje, *a esquerda e a direita falam nos mesmos termos*. Esse é o grande papel ideológico e mistificador da nova nomenclatura: converter o projeto que responde aos interesses da fração de classe dominante em um projeto aceito por todos, ao entoarem os "cânticos das Sereias".

A função ideológica da "palavra" aqui expressa seu lado opressor: quem detém o saber, quem controla a linguagem, tem trilha aberta para dominar o outro.

Exemplos disso: "*ajuste* estrutural" ou "*reforma* do Estado" para denominar um processo de perda de direitos e conquistas no âmbito do Estado; "Terceira Via" ou "Neodesenvolvimentismo", para tratar de programáticas que são continuidade do Neoliberalismo; "*reestruturação* produtiva" e "*flexibilização* do contrato de trabalho", escamoteando processos de desregulação e precarização das condições de trabalho; "Globalização", como um processo sem sujeitos, escondendo a verdadeira mundialização do capital; "publicização" para tratar de processos de efetiva privatização; "exclusão social", como conceito

3. Aponta Lukács, em *A teoria do Romance*, a coexistência de "uma ética de esquerda e uma epistemologia de direita" (1963, p. 18).

substituto da exploração; "capital humano", "capital social", "capital verde", visando "humanizar" o conceito de capital.

Vivemos, portanto, numa era onde tudo tende a ser fetichizado, ideologizado, reificado, mistificado, naturalizado, fragmentado, ocultando-se assim o verdadeiro significado das coisas. A figura revolucionária do "Che" Guevara é transformada comercialmente num ícone de uma espécie de "rebeldia juvenil"; as bandeiras e discursos de esquerda são, mantidos os termos, alterados nos seus conteúdos; prega-se o "fim das ideologias", das contradições e da história, como se não houvesse mais direita e esquerda, a "crise de paradigmas". *As palavras hoje têm mais a utilidade de esconder do que desvelar*. As palavras, oriundas das esquerdas, escondem e legitimam os projetos da direita. Essas palavras são os versos do "Canto das Sereias".

Combater esta armadilha do novo linguajar exige do intelectual (e do militante) engajado com os "setores subalternos" a astúcia de compreender o real sentido dos termos à luz da sua inserção na totalidade social, explicitando seus promotores, os interesses que expressam, e os que escondem, as contradições e lutas que ocultam; deve pensar os termos à luz da crítica radical.

A esquerda, o intelectual e as lutas pela hegemonia: o processo de cooptação e pacivização do intelectual e do militante de "esquerda"

A organização e lutas de classe, e as escolhas políticas sobre táticas e estratégias sempre estão ligadas ao grau de consciência de classe dos militantes políticos, e portanto ao papel do intelectual. A forma de conhecimento da realidade produz formas de consciência da realidade, o que se relaciona com a organização e as lutas. Assim, também nesse processo de lutas, o intelectual tem um papel destacado na produção e divulgação do conhecimento, orientado este para a crítica ou para a mistificação da realidade. Assim, atacar ou cooptar o intelectual (inclusive o de esquerda) é tarefa fundamental para os setores hegemônicos.

Vejamos, então, quando e como este intelectual de "esquerda" *tende a ser atacado/cooptado pelos grupos hegemônicos.*

Seguindo James Petras (2000, p. 89 e ss.), ao tratar do "imperialismo e os intelectuais", o contundente êxito ideopolítico do grande capital transnacional e do imperialismo tem acontecido pela capacidade de *captar a adesão de vários intelectuais latino-americanos*. Isto tem sido possível, segundo o autor, por ter conseguido a) *dissociar o intelectual das lutas populares* e b) *substituir o papel do intelectual* (engajado) *pelo de consultor* (neutro).

O autor identifica três momentos em que o imperialismo norte-americano tem tentado cooptar os intelectuais da América Latina (idem, p. 89-92):

a) No período de 1948 a 1958 — após a II Guerra Mundial, e durante a primeira fase da Guerra Fria, com o objetivo de esfriar a influência do "exemplo soviético", particularmente com o "macarthismo".[4] Cooptava-se o intelectual pela indução ao medo, pela repressão, pela perseguição política.

b) No período de 1959 a 1979 — após a Revolução Cubana, agora visando fundamentalmente reverter a tendência de generalizar a revolução na América Latina. Estimula-se o "desenvolvimentismo" no continente, mediante a Aliança para o Progresso; promove-se um processo de reformas, para esfriar a tendência à revolução; o governo de Washington aproxima-se da "nova esquerda" ou "esquerda democrática", com o objetivo de diminuir a influência da "esquerda comunista" ou da "esquerda radical" (a exemplo do "Maio Francês" de 1968). Promove-se, após isso, ditaduras militares por quase todo o subcontinente (Paraguai: de 1954 até 3 de fevereiro de 1989; Guatemala:

4. O macarthismo foi um movimento político anticomunista desencadeado nos EUA depois da II Guerra Mundial pelo senador republicano Joseph McCarthy. Durou até o final dos anos 1950 e caracterizou-se pela perseguição implacável a todos os comunistas e simpatizantes com base principalmente na delação.

1960 a 1986; El Salvador: 1962 a 1975; Brasil: de 31 de março de 1964 a 1985; Honduras: 1963 até 1980; Panamá: 1968 a 1989; Bolívia: agosto de 1971 a 1978; Chile: 11 de setembro de 1973 até 11 de março de 1990; Uruguai: 27 de junho de 1973 até 1985; Peru: 1975 a 1980; Argentina: 24 de março de 1976 a 10 de dezembro de 1983).

c) No período desde meados dos anos 1980 até a atualidade — *com a crise do chamado "Socialismo real"*, com o retorno de intelectuais exilados na Europa, num contexto de crise capitalista, fomentam-se as Fundações e a re-vinculação acadêmica desses intelectuais; as *palavras de ordem* passam a ser a *"democratização"* (porém, esvaziada de seu conteúdo político-instrumental), e a *"mudança pacífica"*. Substitui-se, na linguagem acadêmica, a *revolução pela "mudança"*, a *contradição pela "parceria" e "negociação"*, a *mundialização do capital e o imperialismo pela "globalização"* (naturalizada, sem sujeito aparente), a *sociedade civil* (como espaço de contradição e luta pela hegemonia) pela noção abstrata de "sociedade civil organizada" (despolitizada e supostamente homogênea) ou *pelo "terceiro setor"*, a categoria *exploração pelo* conceito de *"exclusão social"*, o *capital pelo "capital social" ou "humano"*, as *lutas de classes pelo "empoderamento" dos pobres*, a *classe trabalhadora pela noção de "população" ou "cidadão"*, o *protagonismo do movimento operário pelas ONGs*.

Tal substituição conceitual/categorial, envolve, primeiramente, uma significativa alteração heurística; ou seja, não se trata apenas de "linguagem", de "termos", mas do arsenal heurístico, dos instrumentos de que dispomos e usamos para a compreensão da realidade.[5] Em segundo lugar, esta substituição projeta uma alteração significativa nos objetivos e finalidades militantes: renunciando ao projeto socialista, aos objetivos anticapitalistas ou até trabalhistas, e se reorientando para o campo das ideologias subjetivistas, para as ações afirmativas, para as necessidades imediatas (e desarticuladas).

---

5. É significativamente diferente pensar a realidade mediante categorias como "exploração", "contradição", "lutas de classes", "imperialismo" etc., do que se valendo dos conceitos de "exclusão social", de "paradoxo", "harmonia" ou "parceria", "ação social", "globalização" etc.

Os intelectuais e os militantes cooptados por esta sedutora proposta (que articula "linguagem de esquerda" com inserção e financiamento a Fundações e ONGs como o caminho para a democratização), como veremos a seguir, *encantam-se com a ideologia do "Terceiro Setor" e incorporam seus "novos projetos"*: o "Empoderamento"/a "Responsabilidade Social Empresarial"/a "Inclusão Social" pela cultura e pela educação/o Estímulo ao "Capital Social"/a "Economia Solidária"/o "Fortalecimento da Sociedade Civil Organizada"/a Ampliação das Ações do "Terceiro Setor" ou das ONGs/A "Humanização do Capital", o "Capitalismo Verde" e a produção "autossustentada"... tudo dentro tanto de uma ***racionalidade positivista, como liberal e até pós-moderna***, mas funcional aos ***interesses do projeto neoliberal***, de ***autorresponsabilização dos sujeitos***. Estes, portanto, não são projetos societários, mas se inserem (ou se tornam funcionais) claramente como subprojetos nos valores e interesses do projeto neoliberal.

Se seus conteúdos são nitidamente funcionais ao interesses hegemônicos da burguesia, seus divulgadores e promotores são atores oriundos de setores populares e/ou da "esquerda possibilista"; ou seja, se estes subprojetos têm como *sujeito* a alta burguesia, por responder diretamente aos seus interesses de classe, eles têm como *divulgadores, operadores e executores* a essa intelectualidade e militância da "esquerda possibilista".

- Enfrentar, no plano da batalha ideológica, o projeto neoliberal de reestruturação do capital, demanda a *des-ideologização* desse linguajar, pois, nos termos de Petras, "o processo de retirada/reconcentração [do trabalho] exige que nós 'desconstruamos' ou desmistifiquemos a linguagem da análise social" (1999, p. 55), e, mais ainda, requer da tarefa de manter acesa a luz da crítica social, na esteira da teoria marxiana, na perspectiva de totalidade e de revolução. Penso que se torna necessário, em face do atual contexto, o intelectual e o militante: a) *retomar as categorias fundantes do capitalismo* de exploração, de contradição capital-trabalho, de imperialismo, de lutas de classes, da mais-valia, a teoria do valor-trabalho etc.; b) *reassumir a perspectiva de transformação social*, de superação da ordem do capital, de revolução; c) *superar as visões fragmentadas da realidade* (positivistas, sistemistas ou pós-modernas), *recuperando uma perspectiva de totalidade*; d) *se assumir como "intelectual orgânico", engajado, articulado ao movimento da história, com os movimentos sociais, com as classes trabalhadoras organizadas*, sem por isso confundir atividade científica ou profissional com militância partidária.

A constituição da *Ideologia* e dos *Projetos* do "Terceiro Setor"

É neste contexto de profunda ideologização, mistificação e desarticulação da totalidade social, e de cooptação de uma "esquerda possibilista" (intelectual e militante), que surge o termo de *"terceiro setor"*, com a clara origem de classe e uma nítida função ideológica de setorializar (fragmentando) a sociedade em três instâncias supostamente desarticuladas, criando uma imagem ideológica de um suposto "setor" autônomo e homogêneo, que seria "popular", "progressista", espaço da "participação", da "parceria" e do "entendimento", sem conflito ou contradição interna e que interviria eficientemente nas respostas às necessidades sociais que o Estado vai abandonando. O uso do termo "terceiro setor" desloca, assim, a atenção do desavisado para pensar nas ações sociais solidárias, desenvolvidas voluntariamente, no âmbito da sociedade civil... um verdadeiro *"canto de Sereia"*, inclusive aos ouvidos daqueles que honestamente almejam a igualdade e a justiça social: eis suas funções mistificadoras e ideológicas (ver Montaño, 2002). O termo "terceiro setor", assim, funda uma ideologia e um projeto social. Vejamos melhor isso.

Na atualidade, é possível identificar a disputa de, pelo menos, quatro grandes *projetos sociais*, cada um deles fundado em diversos *valores* e *princípios*, que concebem algum tipo de *sujeito*, e que orientam diferentes *ideologias* e *ações sociais*:

1) o ***projeto revolucionário*** — fundamentalmente de inspiração *marxista*, que tem como finalidade, gradual ou abruptamente, a superação da ordem capitalista. O mesmo orienta-se nos valores voltados para o desenvolvimento de uma sociedade sem classes, fundada na emancipação humana e organizada mediante a associação de livres produtores, a partir da erradicação do comando do capital, da exploração e das formas de dominação. O sujeito revolucionário é centrado na sua determinação de *classe*, enfrentando a classe trabalhadora (que depende da venda de sua força de trabalho para se inserir no processo produtivo e obter seus meios de vida) e a classe capitalista (a burguesia, que, dona dos meios de produção, compra e explora a força de trabalho). As ações desenvolvidas em torno deste projeto centram-se nas lutas de classes (orientadas diretamente na contradição capital-trabalho e nos fundamentos da ordem burguesa) e nas complementárias lutas sociais (orientadas nas diversas formas particulares de expressão da "questão social", formas de desigualdades e discriminação social);

2) o ***projeto reformista*** — tanto em sua vertente *liberal-keynesiana* como *social-democrata*, hegemônico entre os anos do segundo pós-guerra até a crise capitalista contemporânea, representa o expansionismo do capitalismo produtivo/comercial conjuntamente com algum grau de desenvolvimento dos direitos civis, políticos, sociais e trabalhistas, visando criar massivamente força de trabalho para atender as necessidades do capital, promover sua capacidade de consumo massivo e engajar a classe trabalhadora neste projeto social. Tal projeto foi articulado, particularmente nos países da América Latina, como um processo de desenvolvimento industrial-nacional, o "desenvolvimentismo", fortemente sustentado no protecionismo industrial e no estímulo ao consumo nos países. Neste caso, processa-se uma nacionalização/publicização/estatização, estimulando e protegendo a indústria mediante a injeção de recursos públicos, mas reconhecendo e respondendo demandas e necessidades de setores trabalhistas. O

sujeito aqui é concebido como o *"cidadão"*, portador de direitos, e que desenvolve suas ações em torno da defesa e ampliação desses direitos, dentro da legalidade da ordem capitalista; assim ações sindicais e trabalhistas, manifestações, e demandas para que o Estado medeie os conflitos sociais e responda às demandas particulares dos cidadãos;

3) o ***projeto neoliberal*** — de inspiração *monetarista*, sob o comando do capital financeiro, que procura, no atual contexto de crise, e para garantir as margens de lucro do capital, desmontar os direitos trabalhistas, políticos e sociais, historicamente conquistados pelos trabalhadores, acentuando a exploração de quem vive do seu trabalho e sugando os pequenos e os médios capitais. Tal projeto, hoje absolutamente hegemônico, funda-se nos valores e princípios da desregulação do mercado e das relações trabalhistas, na defesa da "livre concorrência", buscando a autorresponsabilização dos indivíduos, a des-responsabilização social do Estado e a desoneração do capital. Este projeto concebe, como sujeito, a desagregação da cidadania em pelo menos dois tipos: o *cidadão consumidor* (um "ator-livre-concorrente" no mercado) e o *cidadão usuário* (os indivíduos que, fracassados no mercado, dependem de ajuda do Estado ou da caridade de indivíduos na sociedade civil ou da "responsabilidade social" empresarial). Assim, as ações promovidas neste projeto orientam-se tanto ao ator no mercado — promovendo sua autoestima, seu "empoderamento", sua capacitação, sua autonomia na procura do "empreendedorismo" e das fontes autônomas de renda —, como ao desmonte da "paternalista" ação social estatal — desenvolvendo um processo de privatização/desnacionalização/desestatização e promovendo a ação solidária e voluntária da sociedade civil e das empresas orientadas a ajudar os indivíduos que fracassam no mercado. Este projeto neoliberal tem se camuflado em denominações como "terceira via" ou "neodesenvolvimentismo", que, na verdade, não representam outra coisa que pequenos ajustes para manter seus fundamentos no novo contexto;

4) o ***projeto da "esquerda possibilista"*** — fundado na subjetivista e destotalizante razão *pós-moderna*, um pensamento que rompe com a compreensão da realidade pela razão, concebendo cada vivência

subjetiva como fundamento do conhecimento das microrrealidades. Esta racionalidade abriga tanto autores e perspectivas verdadeiramente conservadores (ex.: Lyotard) como progressistas (ex.: Boaventura de Sousa Santos), marcando neste último caso a *"esquerda possibilista"*. O fundamento, nesta racionalidade, é a não existência de uma realidade estrutural, mas de realidades concebidas a partir da percepção subjetiva de cada indivíduo, e portanto a inexistência (ou improcedência) de projetos macrossociais. O pensamento pós-moderno tanto despreza a noção de realidade objetiva e de macro-projetos sociais (se opondo a todas as correntes originadas na modernidade), como hipervaloriza a vivência, a percepção e o significado subjetivos de cada indivíduo (onde a *realidade objetiva* é substituída pela *vivência subjetiva*) e os projetos locais e singulares (fragmentados e desarticulados dos fundamentos da estrutura social). Assim, o sujeito (na verdade, o "ator") aqui concebido são os *indivíduos* ou *pequenos grupos* reunidos por "identidades" particulares, que, no âmbito da sociedade civil, ou "terceiro setor" (não no espaço do Estado, nem do mercado), devem agir, em parceria, visando às mudanças das situações singulares. Neste caso, seus projetos e ações sociais orientam-se na potenciação dos indivíduos (autoajuda, empoderamento, empreendedorismo, automotivação, capacitação etc.) ou na ajuda ao próximo (solidariedade, responsabilidade social empresarial, parcerias, filantropia etc.).

Observemos que, se os fundamentos dos projetos neoliberal e da "esquerda possibilista" são essencialmente diferentes (o neoliberalismo concebe o ator no mercado e o pensamento pós-moderno o situa na sociedade civil; o projeto neoliberal visa o lucro capitalista e o projeto da "esquerda possibilista" visa a mudança nas condições de vida dos indivíduos), não obstante, suas ações e projetos são significativamente semelhantes ou complementares (em ambos casos fundados na noção de autorresponsabilização dos sujeitos e da des-responsabilização social do Estado). ***Assim, a ideologia e os projetos do "terceiro setor" são portanto marcados pela confluência e funcionalidade com os projetos neoliberal e da "esquerda possibilista"***. Na verdade, mostra uma relação articulada e funcional entre os projetos hegemônicos do grande capital (o projeto neoliberal) e seus operadores e divulgadores ideológicos (a "esquerda possibilista").

Vejamos, então, como se conforma a *ideologia* do "Terceiro Setor", que por sua vez constitui um verdadeiro *projeto social*.

A formação da *Ideologia* do "Terceiro Setor": *o Canto da Sereia*. Este termo, portanto, engloba uma *ideologia*, que apresenta conceitos, valores, interesses, de forma mistificada e mistificadora, para se constituir como ideologia hegemônica, aceita como algo natural e/ou desejável por todos.

O que denominamos, então, de *Ideologia do "Terceiro Setor"* parte da compreensão da *ação social* dos indivíduos desenvolvida no âmbito de uma abstrata "*sociedade civil*", não só desarticulada da base econômica da sociedade e das contraditórias relações de produção (numa clara deseconomização das relações sociais), mas também desconectada dos conflitos delas derivados (promovendo uma despolitização das mesmas), transformando a contraditória e conflitiva sociedade civil num homogêneo e dócil "terceiro setor", onde cada indivíduo, cada ator, desenvolveria conscientemente sua ação a partir de interesses e identidades singulares. Esta ideologia tem raízes tanto na tradição liberal, em correntes neokantianas, como na (i)racionalidade pós-moderna. Vejamos.

A tradição Liberal tem influenciado fortemente essa ideologia. No fundamento da concepção formal (ou "negativa") de *liberdade*, tida como ausência de impedimentos formais (ver Montaño e Duriguetto, 2010, p. 49), deixando o indivíduo "livre" no mercado ou na sociedade civil, na ação econômica, social ou política, esta tradição contribui com a ideologia subjetivista do "terceiro setor". Desde o pensamento tocquevilleano (na qual a maioria da população deve deixar o governo para a minoria esclarecida e atuar nas associações livres da sociedade civil) (ver Montaño, 2002, p. 63 e ss.), até a concepção de Hayek sobre o livre jogo do mercado (em que atores livres concorrem a partir de suas capacidades pessoais) (idem, p. 76 e ss.), os indivíduos são considerados "atores livres" em interação com os outros. A Ideologia do "Terceiro Setor" toma do liberalismo o conceito formal de "liberdade" ao conceber os sujeitos como atores "livres", seja na sociedade civil, seja no mercado.

Mas esta compreensão de ação social tem seu ponto de partida mais denso na obra de Weber, para quem a *"ação social"* constitui uma ação *orientada subjetivamente* e *intencionalmente* para a obtenção de respostas ou reações de outro indivíduo (ver Weber, 1969, v. I, p. 5). Mas esta ação, de forma semelhante ao positivismo durkheimiano (ambas correntes do pensamento sociológico inspirados na tradição neokantiana), é também separada dos fundamentos econômicos e políticos da sociedade, onde o "social", como esfera da realidade, e a sociologia, como campo de conhecimento específico dessa esfera, são autonomizados e apartados das esferas econômica e política. Assim, a "ação social", considerada racional e intencionalmente orientada, é desistoricizada e sem remeter à estrutura e à totalidade social, contribuindo assim para a formação da Ideologia do "Terceiro Setor".

Influenciados pela abordagem weberiana de "ação social", desenvolve-se uma "sociologia da ação", formulando uma compreensão "acionalista" particularmente sobre os Movimentos Sociais. Fundamentalmente na obra de Touraine, entre outros, concebe-se a ação a partir de uma autodeterminação do sujeito, que estabeleceria suas escolhas de forma consciente e racional em função dos seus *interesses particulares* e da sua *identidade*. Nesta compreensão da ação (autodeterminada, racional e consciente) os Movimentos Sociais, bem ao gosto positivista, são concebidos de forma autônoma e separada seja da esfera econômico-produtiva, seja da política tanto estatal como partidária (ver Montaño e Duriguetto, 2010, p. 313). A abordagem acionalista subsidia a Ideologia do "Terceiro Setor" por considerar a centralidade do ator na sua *identidade* (particular, e afastada da contradição fundante do sistema capitalista entre capital e trabalho) e na *dimensão cultural* (desarticulada da economia e da política).

Habermas, também nesta vertente neokantiana, e de enorme influência entre os autores culturalistas e subjetivistas, ao abandonar definitivamente o euro-marxismo e a centralidade do trabalho, apresenta sua "teoria do agir comunicativo". Para ele, no "Mundo da Vida", autonomizado do Sistema (econômico e político), os atores, orientados pela razão comunicativa, interagem tendo como resultado o "consenso". Assim, o ator habermasiano, neste contexto descolonizado da lógica instrumental dos subsistemas econômico e políticos, desenvolvem um agir e uma inter-comunicação, racionalmente orientados ao "entendimento" (ver Montaño, 2002, p. 88 e ss.). A Ideologia do "Terceiro Setor" se nutre da obra de Habermas ao considerar a intercomunicação, o "agir comunicativo", o poder da linguagem, como centro das relações e ações sociais, derivando em "consensos", "entendimentos", parcerias.

Já o pensamento Pós-moderno, visando romper com a razão moderna, nas suas diversas vertentes, ao pulverizar a realidade em situações singulares desconectadas umas das outras e desarticuladas da totalidade e da estrutura social, concebe a verdade como produto subjetivo da vivência e do entendimento que os sujeitos têm dos fatos. A realidade deixa de ser *objetiva* para se tornar o produto *subjetivo* do sentido (significado) que lhe é dado pelos indivíduos; perde seu caráter universal para se tornar meramente singular, fenomênica. Assim, considerados os indivíduos como "protagonistas" (e responsáveis) por suas condições de vida e suas soluções, a "emancipação social"[6] (vista como uma "emancipação individual") jamais será o resultado de lutas estruturadas contra o sistema capitalista, mas o conjunto de ações pontuais e desarticuladas entre si, que superariam as diversas formas de "exclusão social", mediante processos de motivação, "empoderamento", autoajuda, solidariedade dos pares, capacitação, inclusão social e as chamadas "ações afirmativas". A Ideologia do "Terceiro Setor" tem na razão pós-moderna um pilar

6. Termo assim expressado por Boaventura de Sousa Santos, sem enunciar do que se trata, e sem qualquer relação com os conceitos de emancipação, política ou humana, que vem de Marx.

fundamental, sintetizando aqui a fragmentação e setorialização da realidade social, sua desvinculação da totalidade, separada das dimensões econômica e política, mas relacionando o "social", no âmbito do "terceiro setor", à dimensão cultural e comunicacional, onde o real só pode ser considerado a partir da vivência e seu significado para o indivíduo, onde este é autorresponsabilizado pela sua situação de vida, e pela sua superação.

Desta forma, entendemos por *Ideologia do "Terceiro Setor"* o conjunto de termos e linguagens, de conceitos teóricos e de valores éticos e políticos, que sustentam a ***autorresponsabilização dos sujeitos*** por suas próprias condições de vida, e pela solução de seus problemas e satisfação de suas necessidades, ***des-responsabilizando o Estado*** da ação social e ***desonerando o capital*** nessa tarefa.[7] Esta ideologia funda-se na ideia de que o chamado "Terceiro Setor" (como uma noção ideológica da Sociedade Civil, ver Montaño, 2002) conformaria — contrariamente ao dito "Primeiro Setor" (o Estado, tido como espaço da política e da lógica do poder) e ao "Segundo Setor" (o Mercado, como esfera das relações econômicas, do privado, da lógica do dinheiro) — o lugar das subjetividades, da habermasiana intercomunicação e interação humanas, do entendimento e parcerias entre atores diversos, da liberdade e democracia formais (do liberalismo), onde os sujeitos poderiam desenvolver a experiência parti-

---

7. A *desresponsabilização social do Estado* e a *autorresponsabilização dos indivíduos* é tipicamente neoliberal; em seu texto "*Direito, legislação e liberdade*" Hayek afirma: "é importante que, na ordem do mercado (enganosamente chamada de 'capitalismo') os indivíduos acreditem que *seu bem-estar depende, em essência, de seus próprios esforços e decisões*" (apud, Montaño, 2002, p. 82).

Por outro lado, a *desoneração do capital* pode ser conferida pela política de governo no Brasil. Em 2011, o Governo Dilma promove uma forte desoneração: dos 80 bilhões do "Plano Brasil Maior" há a desoneração do capital de encargos sobre a folha de pagamento, e dos 7 bilhões investidos no consumo, há cortes no IOF — Impostos a Operações Financeiras. Em 2012, o governo amplia os setores da economia a ser contemplados com a desoneração da folha de pagamento, e prorroga a redução do IPI — Impostos sobre Produtos Industrializados, completando 46,4 bilhões de reais. Projetou-se, para 2013, 50,7 bilhões de reais de desoneração do capital prorrogando ainda a redução do IPI, e ampliando ainda mais a desoneração da folha de pagamentos (*O Globo*, Rio de Janeiro, 7 abr. 2013, p. 37; ver também *O Globo*, Rio de Janeiro, 16 fev. 2013, p. 25 e 22 mar. 2013, p. 28). Agradeço a Rodrigo Castelo o acesso ao material.

cipacionista, *ampliando suas potencialidades pessoais para resolver seus problemas*, individual (pelo empoderamento, pelo empreendedorismos, pela autoajuda) ou coletivamente (pela solidariedade, pela parceria).

Esta ideologia, trazendo seu linguajar "progressista", ecoa como um "*Canto de Sereia*", que canta e encanta, seduzindo setores da esquerda, intelectual e política, lançando-os para a adesão à mesma, fundando a *ideologia do possibilismo*,[8] e afogando qualquer pretensão de transformação social estrutural.

A formação dos *Projetos* do "Terceiro Setor": a armadilha do *Cavalo de Tróia*. Mas este *termo* (ideológico) esconde um ***projeto*** (político). O termo "Terceiro Setor", além da sua mistificação ideológica, oculta um projeto social: o projeto, existente na programática neoliberal, que articula os diversos subprojetos inseridos na ideologia de *autorresponsabilização dos indivíduos* e *des-responsabilização do Estado*, visando *desonerar o capital*. Assim, esta *Ideologia* materializa-se nos *Projetos* do "Terceiro Setor".

Efetivamente, entende-se que são os sujeitos portadores de necessidades e carências que devem responder e resolver as mesmas, sem a intervenção do Estado (considerado ineficiente e paternalista), portanto, sem garantia de direitos sociais. Quando discutimos a *dimensão social* deste projeto, refletindo o que está por trás do chamado "terceiro setor", entendemos que "o que na realidade está em jogo não é *o âmbito das organizações* [primeiro, segundo ou terceiro setor], mas a *modalidade, fundamentos e responsabilidades inerentes à intervenção e respostas para a 'questão social'*" (Montaño, 2002, p. 185). Também,

8. A "ideologia do possibilismo" e, portanto, a "esquerda possibilista", se funda na perspectiva, após a crise do Bloco Socialista, de não ser mais possível a construção de uma ordem pós-capitalista, criando aceitação e resignação com a ordem social vigente, e promovendo o que é possível dentro dessa ordem. Cria-se assim uma "militância de resultados", orientada ao curto prazo, ao imediato. Esta ideologia levou, numa estampida, inúmeros militantes a abandonar o projeto revolucionário para se contentar com a "Economia Solidária", a "participação local", o "empoderamento" etc.

debatendo a *dimensão política* deste projeto, afirmamos que não se trata de lutas *da* sociedade civil (transformando esta esfera social em sujeito, e retirando sua contradição interna), enfrentando o Estado, mas de lutas *na* sociedade civil, entre setores de interesses contraditórios (idem, p. 274-7).

Este verdadeiro *Projeto do "Terceiro Setor"*, segundo seus fundamentos de autorresponsabilização do indivíduo e des-responsabilização do Estado, desdobra-se em diversas propostas, também disfarçadas pelos termos que as denominam, tais como os projetos de: "Economia Solidária", "Empoderamento", "Empreendedorismo" e "Empregabilidade", Políticas de "Combate à Fome e à Pobreza" e de "Geração de Emprego e Renda", "Democratização da Sociedade Civil", "Responsabilidade Social Empresarial" e "Responsabilidade Ambiental", dentre outros. Cada uma destas propostas, destes projetos, funda-se na autorresponsabilização dos indivíduos e des-responsabilização estatal, desonerando o capital; muitas delas são explicitamente propostas do Banco Mundial, do FMI, de governos neoliberais, de corporações capitalistas transnacionais.

Assim, para continuarmos na trilha da epopeia de Ulisses, relatada por Homero n'*A Ilíada* e n'*A Odisseia*, os encantos destes projetos, disfarçados no seu linguajar oriundo das esquerdas, com sua aparência progressista, mas tão ao gosto da racionalidade pós-moderna e tão funcionais ao neoliberalismo, têm operado como um verdadeiro "*Cavalo de Tróia*".

A Guerra de Tróia foi declarada pelos gregos aos troianos após o rapto de Helena, esposa de Menelau, rei da Esparta (Grécia). Após nove anos de conflito sem sucesso, os gregos, que não conseguiram penetrar as muralhas de Tróia, simulam abandonar em seus navios o local, voltando para seus lares, e deixando Tróia inexpugnada. Ao visitarem o terreno que fora ocupado pelos gregos, os troianos encontram o que parecia ser *uma oferenda*: um grande cavalo de madeira. Certos de que se tratava de um reconhecimento dos inimigos e um presente dos deuses, os troianos levam o cavalo para dentro da cidade fortificada, cujas muralhas os gregos não puderam quebrar, e festejam a vitória e o "presente".[9] O cavalo era, na verdade, uma estratagema, uma armadilha, para invadir a cidade de Tróia: ele portava no seu interior alguns soldados gregos que na calada da noite abriram os portões da cidade de Tróia para o fácil ingresso de todo o seu exército, saqueando e conquistando a cidade.

O que os gregos não conseguiram em nove anos de guerra, com todo seu arsenal militar, eles realizaram mediante o *engano* e a *persuasão*. Eis a artimanha do "Cavalo de Tróia".

Hoje, em sentido semelhante, setores da intelectualidade da esquerda (possibilista), da classe trabalhadora e da população em geral, são seduzidos pela origem e pela aparência destes termos (que representaram históricas bandeiras de lutas: "democracia", "participação", "empoderamento", "solidariedade" etc.), pelo poder ideológico neles contido, e acabam por *abrir as portas* e *deixar entrar*, para dentro das muralhas e quebrando suas defesas, aceitando e aderindo a estes projetos, como "uma oferenda dos deuses", um "presente de grego". Não percebem eles que *escondidos nestes projetos, nestes "cavalos de Tróia", estão, incólumes e fortes, os valores, os interesses, as visões de mundo da grande burguesia neoliberal*.

As bandeiras levantadas, na atualidade, pelos defensores da *autorresponsabilização*, apresentam-se nos discursos tão de moda hoje como: *"Não mude o mundo, mude a si mesmo!"*, *"Não mude as coisas, mude de atitude!"*, *"Não busque emprego, procure trabalho!"*, *"Seja um empreendedor!"*, *"Seja seu próprio patrão!"*, *"O problema não está na sociedade, está em você!"*.

Eles ecoam sedutoramente como *"cantos de Sereias"*, atraindo os indivíduos, aos montes, para abandonarem suas naves, o projeto revolucionário, e aderirem às alternativas de mudanças subjetivas e/ou singulares, e constituem *"cavalos de Tróia"*, verdadeiras armadilhas que visam gerar confiança, quebrando as resistências de muitos daqueles que honestamente almejam uma sociedade mais justa.

---

9. Vem daqui a expressão popular "presente de grego".

É a partir destas considerações que o presente livro pretende realizar uma análise crítica sobre estes subprojetos, verdadeiras *artimanhas*, tanto do pensamento pós-moderno, da "esquerda possibilista", como da ideologia neoliberal, verdadeiros "cantos de Sereias" para os ouvidos do "militante de esquerda", penetrando como "cavalos de Tróia", que se apresentam no que chamamos a *Ideologia* e os *Projetos do "Terceiro Setor"*.

O presente livro é o resultado de um *projeto político-acadêmico* que visa desmontar as artimanhas ideológicas que a classe dominante usa, empregando setores intelectuais e ativistas das "esquerdas possibilistas", para apassivar e institucionalizar as energias militantes revolucionárias. Tal projeto se materializou em *duas frentes*: a) por um lado, esse desmonte crítico das artimanhas ideológicas do capital foi desenvolvido no longo processo de ***pesquisa de alunos pós-graduandos*** *sob nossa orientação* que, com esses fins, ocorreram na pós-graduação em Serviço Social (UFRJ); b) por outro lado, complementamos a análise crítica dessas artimanhas mediante as ***pesquisas dos professores*** *membros do* **Núcleo de Estudos Marxistas sobre Política, Estado, Trabalho e Serviço Social (PETSS/ESS-UFRJ)**, *que coordenamos*.

Neste sentido, esta coletânea pretende contribuir com *a "arma da crítica" no estudo destas questões*, visando desmistificar os conceitos e seus projetos vinculados, reunidos na Ideologia e nos Projetos do "Terceiro Setor", procurando enfrentar e combater seus efeitos ideológicos. Textos de autores que, como Ulisses, amarraram-se no mastro da crítica radical que vem da teoria marxista para enfrentar, sem sucumbir, o sedutor "canto das Sereias". É, como afirma Marx,

> que a arma da crítica não pode substituir a crítica das armas, que o poder material tem de ser derrubado pelo poder material, mas *a teoria converte-se em força material quando penetra nas massas*. A teoria é capaz de se apossar das massas ao demonstrar-se *ad hominen*, e demonstra-se *ad hominem* logo que se torna radical. *Ser radical é agarrar as coisas pela raiz...*
>
> Não basta que o pensamento procure realizar-se; a realidade deve igualmente compelir ao pensamento (Marx, 2005, p. 151-2).

Assim, para os autores do presente livro, como lhes foi ensinado por Marx, a *crítica às ilusões*, a crítica aos "cantos das Sereias", torna-se fundamental, pois a abolição da

> felicidade *ilusória* é a exigência da sua felicidade *real*. O apelo para que abandonem as ilusões a respeito da sua condição é o *apelo para que abandonem uma condição que precisa de ilusões* (Marx, 2005, p. 145-6).

Tais estudos aqui reunidos foram desenvolvidos, ora nos marcos de dissertações de mestrado ou teses de doutorado (na ESS-UFRJ) sob nossa orientação (Dissertação de Mestrado: Ivy Ana Carvalho e Teses de Doutorado: André Dantas, Caio Martins, Gabriel Martins, Henrique Wellen, Marcela Soares e Rachel Zacarias), ora por professores do PETSS que realizaram em outras universidades seu doutorado (Cézar Maranhão) ou pós-doutorado (Carlos Montaño).

Assim, serão tratados e problematizados, a partir da análise crítica, os diversos projetos vinculados ao "Papel das ONGs", como supostos representantes da Sociedade Civil, ao "Empoderamento" e à "Participação" na Democratização, às propostas da "Economia Solidária", da "Empregabilidade" e "Empreendedorismo", assim como as "Políticas de Geração de Emprego e Renda", o "Neodesenvolvimentismo", a "Economia Verde ou Autossustentável" e finalmente as concepções "a-classistas" de sujeitos políticos: os Movimentos Sociais.

Como se vê, está em questão, e é objeto da crítica neste texto, boa parte dos projetos de "ação social" que envolvem hoje as "energias militantes" e as apostas de "mudanças sociais" por parte de boa parte do espectro ideo-político, até a "esquerda possibilista". Poder-se-ia apontar-nos uma visão fatalista ou essencialmente negativa em face das ações e projetos políticos que estão hoje em movimento, uma rejeição às propostas de "mudanças sociais", e até uma excessiva ortodoxia marxista. Adiantando-nos na resposta a tais questionamentos, reafirmamos como estes projetos, mesmo envolvendo termos oriundos das esquerdas, ao fundarem-se na ideologia da ***autorresponsabilização dos sujeitos***, da ***des-responsabilização social do Estado*** e da ***desone-***

ração do capital, são muito mais funcionais ao projeto de reestruturação neoliberal, com profundas perdas de direitos historicamente conquistados, do que caminhos para uma emancipação sequer política, muito menos para uma emancipação humana.

Carlos Montaño
Leme, abril de 2014

Referências

CHESNAIS, François. *A mundialização do capital*. São Paulo: Xamã, 1996.

COUTINHO, Carlos Nelson. *Marxismo e política*: a dualidade de poderes e outros ensaios. São Paulo: Cortez, 1994.

HARVEY, David. *A condição pós-moderna*: uma pesquisa sobre as origens da mudança cultural. Parte II. São Paulo: Loyola, 1993.

JAMESON, Fredric. *Pós-modernismo*: a lógica cultural do capitalismo tardio. São Paulo: Ática, 1996.

LUKÁCS, Georg. *La theórie Du Roman*. Genebra: Gonthier, 1963.

______. *História e consciência de classe*: estudos de dialética marxista. Lisboa: Publicações Escorpião, 1974.

______. Sociologia. In: NETTO, José Paulo (Org.). São Paulo: Ática, 1992. (Col. Grandes Cientistas Sociais, n. 20.)

MARX, Karl. *Crítica da Filosofia do Direito de Hegel*. São Paulo: Boitempo, 2005.

MARX, Karl; ENGELS, Friedrich. *A ideologia alemã (Feuerbach)*. São Paulo: Grijalbo, 1977.

MONTAÑO, Carlos. *Terceiro Setor e Questão Social*: crítica ao padrão emergente de intervenção social. São Paulo: Cortez, 2002.

MONTAÑO, Carlos; DURIGUETTO, M. Lúcia. *Estado, classe e movimento social*. São Paulo: Cortez, 2010.

PETRAS, James. *Neoliberalismo*: América Latina, Estados Unidos e Europa. Blumenau: FURB, 1999 (Col. Sociedade e Ambiente, n. 3.)

______. *Globaloney. El lenguaje imperial, los intelectuales y la izquierda*. Buenos Aires: Antídoto, 2000. (Col. Herramienta.)

WEBER, Max. *Economia y sociedad*. México: Fondo de Cultura Económica, 1969. (*Economia e sociedade*: fundamentos da sociologia compreensiva. Brasília: Ed. da UnB, 1994.)

PRIMEIRO CANTO

Detalhe da obra "Ulisses e as Sereias" (1891), de John William Waterhouse.

A ilusão da autorrepresentação da Sociedade Civil:

as ONGs e seu papel social e político no quadro de hegemonia neoliberal

O primeiro "canto" que ouvimos na nossa longa peregrinação a Ítaca é entoado sobre uma idílica "Sociedade Civil".

Aqui, a melíflua melodia encanta com uma suposta "sociedade civil" parcimoniosa, harmônica e progressista. Como se nesta esfera da realidade as relações, comandadas pelas identidades culturais e subjetivas, pela comunicação e pelo entendimento, acontecessem sem qualquer laço ou articulação com os fundamentos das desigualdades econômicas e políticas. Pensam-se os interesses dos indivíduos, e dos pequenos grupos, a partir de microaspectos que os identificariam entre si, e fundados em questões multiculturais.

Este "canto" entoa uma melodia que nos transporta muito mais ao habermasiano "mundo da vida", um lendário paraíso terrestre, esvaziado de contradição, de tensão e de lutas, do que à marxiana "sociedade civil" ou até àquela conceituada por Gramsci, entanto constituída por desigualdades oriundas das esferas econômico-produtiva e política.

Assim, nesta dócil "sociedade civil", cantada como um "terceiro setor", cujos interesses homogêneos são vistos pela dimensão subjetiva e cultural, e não pelos fundamentos econômicos e políticos, o tema da *representação* passa a ser uma questão em destaque.

Os sindicatos e agremiações de classes, cuja adesão vem diminuindo e "viciados" pela lógica dos interesses econômicos, são descartados. Os Movimentos Sociais, em crise de legitimidade, também são vistos como portadores de uma lógica de lutas em torno de interesses políticos, e também são sensivelmente relegados pela sua incapacidade de promover "consensos". Assim, são as ONGs, em franco crescimento exponencial nos anos 1990 e 2000, as que passam a ser consideradas como representantes da "sociedade civil", capazes de atuar em "parceria" com o Estado e com o capital. Nos Conselhos, como portadores dos interesses dessa "sociedade civil"; nos órgãos oficiais, como "expertos", são chamados como assessores ou consultores nos diversos temas de interesse; para a população, como os executores e realizadores das políticas sociais, a partir de valores da solidariedade e da filantropia.

Este "canto" encanta e atrai o navegante a mergulhar na ilusão de uma sociedade civil harmônica que é representada por entidades que são, via de regra, fortemente financiadas pelo Estado e/ou pelo capital.

Isola-se a "sociedade civil" das esferas econômica e política — sustentando tal façanha desde um Tocqueville até um Habermas —, descarta-se a noção de contradição de interesses como constitutiva desta esfera, afastando qualquer forma de lutas de classes, substituída pela ilusão de uma articulação "entre as classes" em torno de supostos objetivos comuns: combater a miséria e a fome, "empoderar" os pobres, proteger o meio ambiente, enfrentar a violência e o risco social, desenvolver laços de solidariedade e de "responsabilidade social" etc. Nesta melodiosa sociedade civil, onde não mais se disputam interesses contraditórios, mas se desenvolvem "parcerias" para ações em comunhão, as ONGs podem ser suas melhores e legítimas representantes.

A ilusão, porém, faz o marinheiro mergulhar no abismo do mar, sem perceber a relação, fundada na forma de financiamento, entre as ONGs e o Estado e as empresas capitalistas, condicionando sua "missão", seu lugar histórico e seu papel político no contexto das profundas reformas neoliberais.

1

O lugar histórico e o papel político das ONGs*

Carlos Montaño**

I. Introdução

As chamadas Organizações não Governamentais (ONGs) são hoje festejadas como novos representantes dos interesses e necessi-

* O presente texto é resultado parcial dos estudos de pós-doutoramento realizados no Instituto Superior Miguel Torga (Coimbra, Portugal) entre 2009 e 2010 (com apoio da CAPES), sob orientação da profa. dra. Alcina Martins.

** Doutor em Serviço Social pela Universidade Federal do Rio de Janeiro (UFRJ, Rio de Janeiro, 2001). Professor Associado e Pesquisador da mesma Universidade. Graduado em Serviço Social pela Universidad de la República (UdelaR, Montevidéu-Uruguai, 1989). Realizou estudos de pós-doutorado no Instituto Superior Miguel Torga (ISMT, Coimbra-Portugal, entre 2009 e 2010). Autor dos livros *Microempresa na era da globalização* (Cortez, 1997); A *natureza do Serviço Social* (Cortez, 1998 e 2007); *Terceiro Setor e Questão Social* (Cortez, 2002 e 2005) e *Estado, Classe e Movimento Social* (Cortez, 2010). Coordenador da Biblioteca Latinoamericana de Servicio Social (Cortez). Professor visitante e conferencista em diversos países da América Latina. Foi membro da Direção Executiva de ALAEITS (2006-2008) e Coordenador Nacional de Relações Internacionais da ABEPSS (Brasil, 2008-2010 e 2011-2012). Coordenador do Núcleo de Estudos Marxistas sobre Política, Estado, Trabalho e Serviço Social (PETSS/ESS-UFRJ).

dades populares, nas diversas formas de "exclusão social". Elas aparecem como "*representantes*" da Sociedade Civil nos Conselhos de Assistência, da Saúde, entre outros; elas são tratadas pela mídia como as "*porta-vozes*" do povo; elas são consultadas como "*expertas*" e "*conselheiras*" em temas específicos pelos organismos oficiais do executivo e do legislativo; elas são consideradas por intelectuais como as "*substitutas*" dos Movimentos Sociais em crise.

Assim, para além da sua importância na constituição de fonte de renda para seus membros, para além da sua função social na prestação de serviços, estas organizações apresentam *um significativo papel político*.

No presente texto, pretendemos problematizar esta questão, evitando o lugar comum de uma visão ingênua que festeja o crescimento quantitativo e político das ONGs tidas como verdadeiras "representantes" e "porta-vozes" do povo oprimido e "expertas" nos estudos das formas de "exclusão social", num processo onde estariam "substituindo" e ocupando o lugar dos Movimentos Sociais.

A análise crítica dos processos históricos que emolduram o surgimento das ONGs, o chamado "desenvolvimentismo" na América Latina, e particularmente no Brasil, assim como do contexto das crises capitalista e do bloco socialista, marcam uma verdadeira inflexão, segundo tentamos mostrar, na constituição do *lugar histórico e do papel político* das ONGs.

Procuramos analisar, em função da caracterização dos aspectos históricos do novo cenário mundial a partir dos anos 1980, o que determina tal inflexão e como se configura antes e depois o lugar histórico e o papel político dessas organizações.

II. Movimentos sociais e ONGs no contexto do desenvolvimentismo capitalista na América Latina: seu lugar histórico e papel político

Para pensarmos o papel dos movimentos sociais e das ONGs, no contexto do desenvolvimento industrial latino-americano e brasileiro em particular, devemos partir da consideração sobre os reais aspectos que marcaram, econômica, política e socialmente, esse processo.

A partir dos anos 1950/60, duas grandes teorias tendem a lançar diferentes (e antagônicas) interpretações sobre a condição do capitalismo na América Latina e particularmente no Brasil, e sobre seu caminho para a industrialização e modernização.

Sob a influência da "Teoria Geral" de Keynes (1985), e estruturado a partir da CEPAL,[1] elabora-se a "Teoria do Desenvolvimento". A mesma, a partir da *renda nacional* e *per capita* e do *ritmo das inversões*, classifica os países em: *a*) "desenvolvidos", *b*) "em-vias-de-desenvolvimento" e *c*) "subdesenvolvidos", como estágios e etapas de um processo (naturalizado) que pode ser percorrido por todos os países, desde que nas condições adequadas: o subdesenvolvimento é aqui visto como uma etapa inicial do necessário desenvolvimento econômico. Para a CEPAL, este processo de desenvolvimento econômico e social deve ser *estimulado pelo Estado* e *com participação da sociedade*, mediante metas de *crescimento industrial e de infraestrutura*, o que promoverá maior produção e consumo, e consequentemente maior bem-estar social. Neste caso, a passagem de um país "subdesenvolvido" para um país "desenvolvido" seria produto de investimentos estatais na produção, no consumo e na infraestrutura (produtivo-comercial e em serviços sociais). Surge assim o "*desenvolvimentismo*" nos países latino-americanos, que no caso particular do Brasil vai caracterizar fundamentalmente o governo JK e o "milagre econômico" da ditadura militar.

Contrária a essa visão, que pensa o processo de desenvolvimento como fenômeno autônomo de cada nação, surge, nos anos 1960-70, a "Teoria da *Dependência*". Nela, autores como Theotônio dos Santos (1972), Ruy Mauro Marini (1977) e André Gunder Frank (1983), a partir da obra de Marx, e inspirados nas categorias trotskysta de "desenvolvimento desigual e combinado" (Trotsky, 2007, p. 19 e ss.)

1. CEPAL (Comissão Econômica para a América Latina e o Caribe), criada em 1948 pelo Conselho Econômico e Social das Nações Unidas.

e de "imperialismo" de Lênin (1979), concebem o desenvolvimento e o subdesenvolvimento no capitalismo mundial como um processo que se dá na relação entre os países e não de forma autônoma para cada nação.

Por um lado, o imperialismo, como fase superior do capitalismo, conforme Lênin, constitui-se a partir de: a) a formação do *monopólio* (resultado da enorme centralização de capital, na passagem do século XIX ao XX) (Lênin, 1979, p. 17 e ss., 87 e 122),[2] substituindo a concorrência intercapitalista pelo controle monopolista, b) a constituição do *capital financeiro*, onde o capital bancário incorpora à sua função clássica de "intermediação de pagamentos" a função de "criador de lucro" a partir da fusão com o capital industrial (idem, p. 30 e ss.)[3] e desenvolvendo a exportação de capitais (idem, p. 60), e c) a passagem das colônias territoriais (repartidas entre as nações colonizadoras) para colônias comerciais, financeiras e diplomáticas (repartidas entre as grande corporações transnacionais) (idem, p. 84). Neste processo capitalista imperialista amplia-se o "*desenvolvimento desigual*" entre países (ibidem) ao relacionar nações imperialistas e países coloniais ou neocoloniais.

Por outro lado, para Trotsky, na sua fase imperialista, "ligando todos os países entre si pelo seu modo de produção e seu comércio, o capitalismo fez do mundo inteiro um só organismo econômico e político".[4] Segundo ele, "o desenvolvimento desigual [...] não se revela [...] com maior evidência e complexidade do que no destino dos países atrasados", decorrendo deste "desenvolvimento desigual" o caráter de "desenvolvimento combinado" (Trotsky, 2007, p. 21).

Wallerstein complementa:

---

2. No texto, Lênin trata da *concentração* quando deveria enfatizar a *centralização* de capital.

3. O *capital financeiro* é o capital bancário quando, ao financiar a atividade industrial, assume o papel de geração de lucro, deixando de ser um mero intermediador de pagamentos.

4. Trotsky: "Prefácio", de junho de 1905, à edição russa dos *Discursos de Ferdinand Lassale* (apud Löwy, 1998, p. 74).

> ao longo do tempo, os *loci* das atividades econômicas vão mudando... Daí a razão por que algumas áreas "progridem" e outras "regridem". Mas o fato de Estados específicos mudarem sua posição na economia mundial [...] não muda, em si, a natureza do sistema. Essas mudanças serão registradas por Estados individualmente, como "desenvolvimento" ou "regressão". O fator-chave a observar é que, no interior da economia capitalista mundial, *por definição*, os Estados não podem todos "se desenvolver" simultaneamente, já que o sistema funciona graças à existência de regiões desiguais do núcleo orgânico e de periferia (apud Arrighi, 1997, p. 141; grifos do original).

Assim, concebe-se, no sistema capitalista mundial, a existência de países desenvolvidos e subdesenvolvidos (e dentro de cada nação, áreas modernas e ricas, convivendo com outras pobres e atrasadas), não segundo características individuais e endógenas, mas de acordo com sua posição como países de "*centro*" e de "*periferia*", numa relação estrutural e sistêmica: os países desenvolvidos o são pela sua relação de "exploração" dos países periféricos. Estes últimos, considerados como *dependentes*, ou neocolônias, tem, por sua vez, sua condição explicada não pelo grau de desenvolvimento, mas pela *posição subordinada, periférica* (e até de "semiperiferia") *e dependente* no sistema capitalista mundial.

A dependência marca, mais que um processo de desenvolvimento de uma nação individual, uma relação estrutural, onde este processo pode até se dar no país periférico por estímulo do país central (e suas corporações privadas), levando a uma relação de dependência centro-periferia: a periferia depende do financiamento e da tecnologia oriundos da metrópole para se desenvolver — e isto vem na forma de empréstimos, de mercadorias, de doações, ou até pela ação das filiais de empresas transnacionais —, enquanto o centro, seus Estados e suas corporações, passam a absorver boa parte do lucro gerado nesses países recém-industrializados. O *saque* da riqueza das nações pobres pelas ricas não se dá mais (exclusivamente) pela espoliação ou usurpação dos recursos naturais; agora as nações imperialistas tomam boa parte da riqueza produzida industrialmente nos países periféricos e semiperiféricos (dependentes, neocoloniais) *por vias capitalistas*: pelo *pagamento da tecnologia transferida*, pela *amortização da dívida* gerada pelos empréstimos e pela *circulação de capitais intrafirmas* (o lucro gerado nas filiais da periferia é transferido para suas empresas matrizes no centro).

Nesta concepção, *pode existir um país atrasado, dependente e subordinado que, no entanto, possa ter um grau significativo de desenvolvimento industrial*. É o caso, na época, assim como no contexto atual, do Brasil, do México, da Argentina. Nações cujo importante e significativo desenvolvimento econômico-industrial processa-se na sua condição de país periférico e dependente; países que, por se situar na periferia do capitalismo e por sua dependência, apresentam áreas de significativa modernização industrial, plenamente capitalistas, convivendo com áreas desindustrializadas, atrasadas, com relações pré-capitalistas (neoescravistas, latifúndios, economia de subsistência etc.), e apresentam grande acumulação capitalista (com elevada concentração de capital, em poucas mãos) e enormes setores regionais e populacionais completamente pauperizados: na expressão popularizada, em 1974, pelo economista Edmar Bacha, o Brasil é uma "Belíndia" (um país cuja desigual distribuição da riqueza combina uma pequena e rica Bélgica com uma grande e pobre Índia), estando, atualmente, o Brasil entre os dez países com maior PIB mundial, sendo o 70º no IDH, assim, encontrando-se entre os doze países com maior desigualdade na distribuição de renda (com um Coeficiente de Gini de 0,57).

Este aspecto é central, pois o grande capital encontrará inestimável fonte de lucro no processo de industrialização dos países periféricos.

Nesta teoria, *a superação da condição de país dependente não é mais o resultado do desenvolvimento capitalista*, mas supõe uma *ruptura com o imperialismo, e até com a ordem capitalista*: uma revolução socialista.

Para relativizar esse caminho, partindo da noção de "dependência", mas contrária a este desfecho, surge, primeiramente na obra de Celso Furtado (2007 e 1961) e depois na de Fernando Henrique Cardoso e de Enzo Faletto (1970), uma visão cepalina sobre a dependência: contrária à saída socialista, aceitando a "inserção autônoma" do país no cenário capitalista internacional e concebendo um processo de "industrialização dependente", sem romper com os interesses do grande capital internacional e dos países centrais, mediante forte investimento estatal.

Porém, na atualidade, a criticada (e supostamente superada) "teoria desenvolvimentista" volta a se tornar referência na análise do país. Paradoxalmente reintroduzida no governo de um dos autores da "dependência", Fernando Henrique Cardoso, e após ele nos governos Lula e Dilma, mas com nova denominação — os então chamados países "em-vias-de-desenvolvimento" denominam-se hoje de "*emergentes*" — reintroduzindo novamente a concepção evolutiva e autonomista do "desenvolvimentismo", onde, mantendo e consolidando a sua condição de periferia e dependência, pretende-se um processo de modernização conservadora, a exemplo do atual PAC (Programa de Aceleração do Crescimento).

A compreensão do desenvolvimento ou subdesenvolvimento, do moderno e atrasado, a partir de uma *relação sistêmica*, no contexto *imperialista*, de *desenvolvimento desigual e combinado*, de relação de *dependência*, permite-nos uma abordagem crítica do processo de "desenvolvimentismo" vivido na América Latina nos anos 1960 a início de 1980.

É consenso entre os teóricos conceber o período emoldurado pela chamada "guerra fria", que vai fundamentalmente desde o segundo pós-guerra até a extinção do bloco soviético (logo após a crise capitalista que se inicia nos anos 1970 e a "queda do Muro de Berlim", em 1989 e a dissolução da União Soviética em 1991), como um período de *expansão capitalista* (ver Mandel, 1982; Mészáros, 2002; Arrighi, 1996): "onda longa expansiva", "expansão produtivo-comercial" etc., os "anos dourados" do capitalismo.

Nesse contexto de ampliação da produção e do consumo mundial (na saída do craque de 1929 e das duas grandes guerras, com o aumento da taxa de lucro, o crescimento do emprego, o desenvolvimento de políticas sociais e dos direitos trabalhistas etc.) é que o mercado capitalista requer de sua própria ampliação mundial. Ampliação esta limitada pela divisão mundial em dois blocos: o capitalista (sob o comando hegemônico dos EUA) e o socialista (reunidos ou vinculados à União Soviética). Ou, dito de outro modo, o *mercado mundial dividia-se em dois blocos*, claramente impenetráveis um no outro, obrigando o capital a expandir seu mercado *dentro* dos seus próprios limites do "mundo ocidental".

Assim, na nova fase "imperialista" do capitalismo (Lênin, 1979), o grande capital precisou promover, particularmente nos países latino-americanos, *uma nova forma de colonialismo, fundado na dependência tecnológica e financeira*. Segundo demonstra Lênin,

> desde o momento em que, na época do imperialismo capitalista, se põe a questão da política colonial, [...] o capital financeiro e a política internacional [...] criam entre os Estados diversas formas *transitórias* de dependência. Esta época não se caracteriza apenas pelos dois principais grupos de países: possuidores de colônias e colonizados mas ainda por variadas formas de *países dependentes* que, gozando nominalmente de *independência política*, na realidade, estão presos nas redes de uma *dependência financeira e diplomática*. Já indicamos uma destas formas: as semicolônias. Eis uma outra da qual por exemplo, a Argentina, nos oferece o modelo (Lênin, 1979, p. 84).

A necessidade de incorporação de tecnologia de ponta, produzida nos países centrais, como forma de manter níveis de competitividade nos mercados internacionais, a livre circulação intrafirmas de mercadorias de empresas transnacionais, a dívida externa e as necessidades de crédito do FMI, são formas mais atuais de dependência e neocolonialismo (sobre isto ver Mandel, 1982, p. 243 e ss.; Furtado, 1978, p. 83 e ss.). Este fato mantém e confirma o aspecto *colonial e dependente* dos nossos países, mudando apenas a modalidade e o centro da relação: Espanha-Portugal/Inglaterra/Estados Unidos.

A motivação para promover este processo de "desenvolvimento" industrial nas ex-colônias, nos atuais países do chamado "terceiro mundo" (periféricos), é a procura pela maior acumulação de capital. Mandel esclarece isso ao afirmar que: se no século XIX até finais da segunda guerra mundial era conveniente ao capital produzir industrialmente nos centros metropolitanos (países centrais), após a depressão de 29 e a Segunda Guerra Mundial, *resulta importante aos interesses do grande capital transferir para a periferia algumas áreas da produção* — "o padrão das indústrias exportadoras imperialistas deslocou-se cada vez mais para máquinas e bens de capital [...]. No entanto, a exportação cada vez maior de elementos de capital fixo resulta no interesse crescente dos maiores grupos monopolistas por uma industrialização incipiente do Terceiro Mundo"; justificando o autor que "é esse fato [...] que constitui a raiz básica de toda a '*ideologia do desenvolvimento*'" (Mandel, 1982, p. 42-3, 57 e 243). Para o autor "o superlucro só pode ser obtido às expensas dos países, regiões e ramos industriais menos produtivos" (idem, p. 70), que no entanto precisam ser desenvolvidos. Sem regiões, países e indústrias dependentes "não pode haver transferência de excedente para os desenvolvidos" (ibidem). Por tal motivo, continua o autor, "nos países subdesenvolvidos, a ênfase dos investimentos estrangeiros deslocou-se da pura produção de matérias-primas para a fabricação de bens de consumo" (idem, p. 245).

Como já mencionamos, segundo Lênin, o que caracteriza a fase imperialista é, mais do que a exportação de mercadorias, a exportação de capitais (1979, p. 60); assim, conforme o mesmo autor, a Inglaterra e a Alemanha, entre finais do século XIX e início do XX, investiu na Argentina, Brasil e Uruguai perto de 4 bilhões de dólares (ibidem).

Os capitais monopolistas, das grandes corporações transnacionais, nos países centrais, precisaram migrar e expandir suas fronteiras, procurando os mercados dos países periféricos (especialmente semiperiféricos), particularmente na América Latina, para obter vantagens no processo produtivo (recursos naturais abundantes e baratos, força de trabalho abundante, barata e relativamente dessindicalizada e desprotegida legalmente, isenções fiscais do Estado), e expandir o mercado de consumo de seus produtos (incorporando a massa da população destes países, que tem aumentado "num ritmo espetacular"[5]

5. Conforme afirma Hobsbawm (1995, p. 255).

à esfera do mercado). O sistema de Industrialização por Substituição de Importações (ISI), como um mecanismo de protecionismo das indústrias locais (de capitais nacionais ou transnacionais), foi fator fundamental para promover a industrialização nos países periféricos, favorecendo o investimento industrial ao garantir boa parcela do mercado local para o consumo de sua produção, limitando ou inibindo a importação de produtos mediante barreiras alfandegárias: o estabelecimento de tetos e de pesadas taxas de importação.

O super-lucro, neste processo migratório do capital, é processado pelo Investimento Estrangeiro Direto (IED),[6] criando ou adquirindo fábricas (filiais) nos países periféricos, onde será produzido valor — com elevadas taxas de mais-valia e de lucro, dadas as condições de estímulo estatal (subsídios, isenção fiscal e ISI), de barateamento da produção (matérias-primas e força de trabalho baratas) e a ampliação do mercado de consumo (incorporando estas populações) —; valor em seguida transferido da periferia para os países centrais imperialistas.

Este processo de transferência de valor não se dá mais na forma de *usurpação unilateral*, como na relação colonial clássica, mas seguindo a dinâmica da lógica capitalista: o processo agora é garantido pela *livre circulação intrafirmas*.

No seu conjunto, a volumosa parte dos lucros produzidos pela atividade produtivo-comercial nos países periféricos e semiperiféricos é retirada destes em direção às nações imperialistas centrais, por três vias fundamentais: a) pelo *pagamento da tecnologia transferida*, b) pela *amortização da dívida* gerada pelos empréstimos (FMI, por exemplo) e c) pela *circulação de capitais intrafirmas* (o lucro gerado nas filiais na periferia é transferido para suas empresas matrizes no centro).

No que tange à *circulação intrafirmas*, das filiais para as empresas matrizes, afirma Arrighi:

---

6. Capitais, em geral oriundos dos países centrais, imperialistas, investidos na atividade produtiva (na construção ou compra de ativos fixos em empresas) no estrangeiro (particularmente em países periféricos, tendo a América Latina como destino especial).

> ao se expandirem transnacionalmente [...] as corporações norte-americanas transformaram-se num punhado de "cavalos de Tróia" nos mercados internos de outros Estados, mobilizando recursos externos e poder aquisitivo em prol de sua própria expansão burocrática. Assim, o capital das corporações [...] beneficiou-se por ser mais capaz de neutralizar e reverter em benefício próprio o protecionismo de outros Estados, mediante investimentos externos diretos (1996, p. 304).

A importância deste processo na época, como forma de angariar riqueza das nações periféricas (dependentes) para as centrais (imperialistas), por via de IED/circulação intrafirmas, é registrada de diversas formas. O crescente volume de investimento e reinvestimento estrangeiros diretos é apontado por Arrighi em quadro em que aparece a evolução do IED: de pouco menos de 4 bilhões de dólares em 1950 para mais de 35 bilhões de dólares em 1980; tendo uma queda para perto de 12 bilhões de dólares em 1982 (Arrighi, 1996, p. 313). Também pode ser observado no quadro seguinte, apresentado pelo Banco Central do Brasil.

Quadro 1 Investimentos e reinvestimentos estrangeiros no Brasil (em US$ mil)

Total	Até 1950	1951 a 1960	1961 a 1970	1971 a 1979	1980	1981	1982	1983	1984	1985
Investimentos	183.813	599.797	1.166.322	8.984.707	1.504.352	1.758.509	1.472.730	1.250.606	774.921	229.575
Reinvestimentos	123.304	356.534	961.498	3.368.934	468.705	725.354	698.029	406.120	433.395	197.279
Total	307.117	956.331	2.127.820	12.353.641	1.973.057	2.483.863	2.170.759	1.656.726	1.208.316	426.854

Fonte: BACEN/FIRCE/DIVAP, em 31/12/1985.
Site do Banco Central do Brasil. Disponível em: <http://www.bcb.gov.br/rex/ied/port/Pa%C3%ADsDaEmpresa-Ano-50-85/Htms/PAISES-EMPRESA-ANO-50-85.asp?idpai=INVED>. Acesso em: abr. 2013).

Promover o "desenvolvimento", portanto, nos países periféricos, particularmente latino-americanos, perseguiu a finalidade de criar as condições para o grande capital ali se instalar, produzir (a baixos custos e elevadas taxas, de mais valia e de exploração) e conseguir vender seus produtos no mercado interno, *extraindo riqueza dos países periféricos para os centrais mediante, particularmente, a circulação intrafirmas dos lucros criados pelas filiais na periferia para suas matrizes.*

O objetivo nunca foi nem sombra de favorecer e ajudar os países "subdesenvolvidos" a construir sua própria indústria, mas criar as condições para que a indústria (de empresas transnacionais) dos países centrais pudesse se instalar lá, garantindo a lucratividade das mesmas.

É assim que o "*desenvolvimento industrial*" nasce e se expande, na América Latina, *subordinado aos interesses expansionistas do capital internacional* e à *superexploração dos países periféricos pelos centrais*. Os países periféricos (particularmente latino-americanos) deixam de ser meras colônias exportadoras de matérias-primas e importadoras de produtos manufaturados, e passam agora a processar industrialmente as mercadorias. O grande capital internacional precisa de mais produção mais barata, e de mais consumo. Nossos países podem produzir com menos custos (com força de trabalho mais barata e com abundância de recursos naturais) e consumir mais.

Mas para isso, é necessário promover um processo econômico, político e social, que transforme os países pobres, ex-colônias, saqueadas de todas as suas riquezas naturais durante séculos, em nações industrializadas e consumidoras. Torna-se preciso, para os interesses do grande capital internacional, estimular e promover o "*desenvolvimento*" dos países latino-americanos. Quer dizer, desenvolver nossos mercados, de produção e de consumo, conforme os interesses hegemônicos do capital internacional. Exemplo disso é a marca do governo Juscelino Kubistchek: crescer "50 anos em 5".

O desenvolvimento, portanto, constitui um projeto em boa medida funcional aos interesses do grande capital transnacional. É por esta necessidade do grande capital — de ampliar a capacidade produtiva e de consumo dos países latino-americanos, preservando uma relação de dependência e controle político e econômico, agora centrado na tecnologia e no financiamento necessários para tal processo — e pelas pressões e lutas dos povos destes países por sair da situação de pobreza e miséria — lutas de classes, de indígenas, dos "miseráveis" —, que se inicia o processo de "desenvolvimento" nos nossos países, conhecido como "*Desenvolvimentismo*".

Os países "subdesenvolvidos", com a injeção de recursos, passariam a estar "em-vias-de-desenvolvimento", para finalmente atingir a condição (ideológica) de "desenvolvidos". E este processo realiza-se com a supervisão e estímulo do grande capital internacional. Ou seja, o grande capital, como parte de seu processo expansionista dentro dos limites do "mundo ocidental", injetará recursos nos países latino-americanos para financiar sua adequação às necessidades mercantis (de produção e de consumo), para a obtenção do super-lucro. Seja a) pela via do *Investimento Externo Direto* (montando filiais de indústrias nestes países), seja b) com a *transferência de recursos*, na forma de empréstimos (gerando a Dívida Externa), para financiar a infraestrutura, a formação de força de trabalho e o consumo, ou até c) pela doação e "colaboração" internacional, para estimular o *engajamento* e a *participação* da população local (fundamentalmente por via dos Movimentos Sociais) neste processo.

Uma das estratégias para promover este desenvolvimento econômico foi a fundação da CEPAL (Comissão Econômica para América Latina e Caribe), criada pela ONU (Organização da Nações Unidas) em 1948, para promover o "desenvolvimento econômico e social" dos países latino-americanos, através da industrialização, fundamentalmente promovendo a Industrialização por Substituição de Importações (ISI).

Criada em 1948 (para a reconstrução europeia após a Segunda Guerra) e recriada em 1961, a OCDE (Organização para a Cooperação e Desenvolvimento Econômico) constituiu um outro caminho para tal projeto, que tinha como objetivo organizar a ajuda do Plano Marshall, procurando a cooperação dos países ricos para o desenvolvimento da produção, do emprego e do comércio.

Outro instrumento para tal propósito foi a constituição, no interior da OEA (Organização dos Estados Americanos, criada em 1948), entre 1961 e 1970, do Programa de "Aliança para o Progresso"; um programa de "ajuda" financeira e técnica, inicialmente dos EUA para América Latina, proposto por John F. Kennedy, e que mobilizou 20.000 milhões de dólares, mediante a participação das agências multilaterais (como o BID, criado em 1959) e o setor privado.

Estes organismos multilaterais tinham como fundamental missão organizar e promover a "Cooperação Internacional". Esta, visando chegar às populações, organizadas em movimentos sociais e outras formas de organização popular, chegava indiretamente através de governos nacionais, locais, e particularmente de Organizações Não Governamentais (ONGs), os que recebendo o dinheiro desta "cooperação" os destinavam a programas e projetos vinculando organizações populares e Movimentos Sociais.

Para além das *reais finalidades econômicas* (a geração de superlucros), e dos *declarados objetivos sociais* (a promoção do "bem-estar social" e a diminuição da pobreza), estas estratégias perseguiam *objetivos políticos* (afastar a influência dos projetos socialistas das massas). Assim, se a CEPAL visava politicamente inibir a influência que poderia ter a experiência soviética nas populações do chamado "terceiro mundo", a Aliança para o Progresso tinha como alvo político contrarrestar a influência da Revolução Cubana dos horizontes ideológicos das massas na América Latina. Conforme afirma Schurman (apud Arrighi, 1996, p. 285-60), a essência do New Deal era marcada pelo fato de que

> a ajuda aos [...] países pobres teria o mesmo efeito dos programas de bem-estar social dentro dos Estados Unidos — dar-lhes-ia segurança para superar o caos e impediria que eles se transformassem em revolucionários violentos.

Por todas estas questões, este processo desenvolvimentista nada teve a ver com uma suposta ruptura ou superação da condição de dependência ou periferia do Brasil: *o desenvolvimentismo confirma e preserva a relação de dependência e desigualdade entre países de centro e periferia*, é a comprovação histórica do "desenvolvimento desigual e combinado" e do "imperialismo".

Com isso, paralelamente, procura-se desencadear um processo de redução da insatisfação e conflitividade social, evitando ainda a influência da Revolução Cubana, e levando os atores sociais de um processo de enfrentamento ao sistema capitalista a uma atitude de busca de melhorias do sistema: de sujeitos mobilizados contra o sistema a *atores do desenvolvimento* (dentro do sistema). Atores do desenvolvimento organizados e mobilizados mediante os chamados Movimentos Sociais. Não que os Movimentos Sociais compactuassem com os interesses do capital, mas suas demandas e lutas populares passaram a fazer parte do "desenvolvimento" social e político, e portanto também econômico.

É nesse contexto histórico que surgem e se expandem as ONGs na América Latina, entre os anos 1950 e 1980.

As mesmas aparecem como organizações sociais *articuladas aos Movimentos Sociais*, estes últimos verdadeiras organizações populares conformadas a partir de necessidades e demandas existentes entre os setores da população. Assim, a partir desta relação de articulação, as ONGs se constituem intimamente atreladas aos Movimentos Sociais, extraindo destes, por via de regra, os *objetivos* e *missões*, e adotando-os como próprios, e, também via de regra, repassando verbas recebidas fundamentalmente da "Cooperação Internacional".

Como afirmamos, dada a relativa impossibilidade de destinar os recursos da "Cooperação Internacional" diretamente às populações e aos Movimentos Sociais, as ONGs tornaram-se um dos canais fundamentais dessa intermediação entre os organismos dessa cooperação e os Movimentos. As ONGs foram *um dos destinos diretos fundamentais dos recursos da "Cooperação Internacional"*, para financiar os projetos desenvolvimentistas articulados às demandas sociais, políticas e até econômicas dos Movimentos Sociais. Quer dizer, as ONGs recebiam os recursos da cooperação e com eles financiavam sues projetos de ação, cujos objetivos eram importados das demandas dos Movimentos Sociais.

Vejamos bem: a) as agências multilaterais queriam financiar o desenvolvimento de países subdesenvolvidos, o que o faziam mediante a "Cooperação Internacional" para o desenvolvimento; b) a população destes países deveria participar neste processos, o que fazia mediante Movimentos Sociais e Populares; c) dada a impossibilidade de destinar estes recursos diretamente aos Movimentos Sociais, um dos principais destinos era a ONG.

Assim, nesta "articulação embrionária" ONG/Movimento Social operava-se, via de regra, uma dupla transferência: por um lado de objetivos (do Movimento Social para a ONG) e por outro lado de recursos (da ONG para o Movimento Social), mais precisamente, de recursos do capital internacional (a partir de instituições financiadoras ou da "Cooperação Internacional") para as ONGs (por vezes diretamente, outras indiretamente com a intermediação dos Estados nacionais ou locais), e destas para os Movimentos Sociais. Boa parte dos anos 1960 e 70 foi palco deste fenômeno.

O processo como um todo envolve pelo menos três tipos de atores: a) *o grande capital transnacional* que, mediante agências multilaterais, governos centrais ou diretamente das empresas, destinavam recursos para a chamada "Cooperação Internacional"; b) *os Movimentos Sociais*, atores privilegiados dos processos locais (no país de destino) de desenvolvimento social, político e econômico, mediante suas reivindicações; c) *as ONGs*, que, para além dos governos nacionais e locais na periferia, recebiam e transferiam os recursos para esses programas.

Assim, por um lado, promovia-se o *desenvolvimento que interessava ao grande capital transnacional*: o desenvolvimento de infraestrutura para a produção e comercialização; o desenvolvimento social (particularmente a saúde e a educação públicas) para a formação e manutenção da força de trabalho, e para a capacitação massiva do trabalhador para engrossar o Exército Industrial de Reserva e para ingressar no mercado de trabalho. Por seu turno, estes processos, financiados pela "Cooperação Internacional", deviam ser executados com a *participação* das populações, organizadas fundamentalmente em Movimentos Sociais; o que fazia com que estes projetos *incorporassem* (de formas setorializadas e pontuais) *algumas demandas e reivindicações populares*, envolvendo assim as massas mediante a participação dos *Movimentos Sociais*. Finalmente, *as ONGs* faziam parte deste processo em dois sentidos: adotando as demandas dos Movimentos Sociais como próprias, e fazendo delas sua "missão", e recebendo o dinheiro da "Cooperação Internacional" e destinando-o para tais projetos.

O "desenvolvimento", portanto, contraditoriamente, responde aos interesses do grande capital de se expandir nos países periféricos, produzir a baixos custos, ampliar seu mercado de consumo, retomando e incrementando o super-lucro, mas também incorpora de forma segmentada e pontual interesses e demandas dos setores populares das nações periféricas.

Desta forma, se bem que as ONGs e, em boa parte, os Movimentos Sociais se tornaram *atores do desenvolvimento*, conforme interessava ao processo de expansão capitalista e, paralelamente, incorporando as necessidades e demandas populares, eles participaram nesse processo introduzindo tensão e contradição. Os Movimentos Sociais, e as ONGs a eles ligadas, promoveram também, através de suas lutas e mobilizações políticas, ganhos para as classes trabalhadoras e setores subalternos: conquistas em torno de direitos humanos, sociais, civis, econômicos, políticos, de ampliação da cidadania, em questões raciais e étnicas, em temas ambientais, no acesso a bens e serviços etc.

Assim, podemos vislumbrar, à época, um papel político dos Movimentos Sociais, e particularmente das ONGs articuladas a eles: constituem-se em atores do desenvolvimento econômico, político e social, assumindo o caráter contraditório de um processo que serve aos interesses expansionistas do capital transnacional, mas que em alguma medida promove demandas e conquistas, ligadas a interesses populares (geralmente desarticulados ou segmentados). Nesse processo, eles tanto podem participar mais dócil e passivamente no desenvolvimento, como podem promover ações e pressões políticas que tendam a derivar em conquistas sobre direitos humanos, trabalhistas, sociais, civis ou políticos, e ao acesso de bens e serviços públicos.

Eis aqui o contraditório papel político destes sujeitos no processo de desenvolvimento na América Latina.

No particular das ONGs, elas foram verdadeiros gestores dos recursos da "Cooperação Internacional" para o desenvolvimento. Em tanto "sem fins lucrativos" e em tanto "não governamentais", constituíram-se num destino privilegiado para a alocação de recursos desta cooperação, como instância intermediária para chegar à população, organizada nos Movimentos Sociais, como os atores do desenvolvimento. Esse processo era mediado pelos "projetos" e "programas", desenvolvidos nas ONGs a partir dos interesses e demandas dos Movimentos Sociais.

Neste caminho, os objetivos de "*conscientização*" das populações envolvidas, sua "*organização*" em Movimentos Sociais, promovendo sua "*participação*", no desenvolvimento social, econômico e político, e incorporando as demandas destes, tornaram-se alvos centrais das ações das ONGs. Estes objetivos de "conscientização", "organização" popular e "participação" social foram vistos e descritos como objetivos exclusiva e inteiramente progressistas e libertários — prova disso, a amplíssima bibliografia da época (até a atualidade) sobre estes temas, com destaque a Paulo Freire (na Educação Popular como caminho para a "conscientização"), Manfred Max-Neef (na Economia Popular), Orlando Fals Borda (na Participação Social e Pesquisa Participante), entre outros. Como tudo, no capitalismo, a tríade conscientização/organização/participação, perseguindo alvos progressistas e populares, representava, na verdade, um processo contraditório, carregado de tensão. Se realmente se inseriam nos esforços populares e libertários, eles eram também fortemente funcionais ao "desenvolvimentismo" necessário e promovido pelo grande capital. Na verdade, por um lado, se a "*conscientização*" efetivamente promovia um maior conhecimento crítico de aspectos da realidade social na qual estas populações estavam inseridas, também se tratava, via de regra, de uma ideologia, com traços de alienação, sustentada na ideia de que o "desenvolvimento" representava uma ruptura com os laços de dependência e de dominação, num caminho libertário, num verdadeiro processo ideológico de setorialização da realidade e de abandono das lutas de classes e das lutas anticapitalistas, visando esvaziar a influência da Revolução Cubana e dando uma alternativa ao caminho das guerrilhas espalhadas por quase toda a América Latina. Por outro lado, se a "*organização*" em torno de Movimentos Sociais efetivamente representou uma ruptura com o isolamento dos indivíduos, um processo de politização das massas organizadas, esta organização, via de regra, se orientou num caminho de ruptura entre a *questão de classe* (fundada na contradição capital-trabalho) e as questões identitárias (vejam-se as abordagens acionalistas dos chamados "Novos Movimentos Sociais", por exemplo, de Alain Touraine), visando uma forma de organização também alternativa tanto aos movimentos guerrilheiros quanto aos partidos e às organizações sindicais dos trabalhadores. Finalmente, se a "*participação*" significou o estímulo à ação social, à mobilização popular, à expressão e pressão social por demandas e interesses particulares das populações, este processo geralmente constituiu uma ação dentro da ordem, seguindo a lógica do sistema, e constituindo uma verdadeira *institucionalização* e *desarticulação* das lutas sociais.

Por essas considerações, podemos afirmar que foram as ONGs, nesse contexto histórico, *atores coadjuvantes dos Movimentos Sociais*, *gestores dos recursos* da "Cooperação Internacional", *articuladores do desenvolvimentismo* e *canalizadores e promotores das demandas e reivindicações populares*.

Tratando as ONGs como "agências de desenvolvimento" (Petras, 1999, p. 74 ss.), afirma Petras:

> Nos anos 1970, as ONGs foram consideradas espaços institucionais que funcionavam como um canal de participação política para os diferentes grupos sociais. A estreita interação entre as ONGs e as organizações

> locais abriu um campo profícuo de atividades [...] nos campos da educação e da organização populares (1999, p. 70).

Dessa forma, as ONGs tiveram, nesse contexto histórico, um lugar e um papel político determinado. Ao se constituírem como verdadeiros *atores coadjuvantes dos Movimentos Sociais*, elas participaram desse contraditório processo de desenvolvimento, incorporando muitas vezes os interesses e demandas populares, dos movimentos sociais aos quais se articulavam, como suas próprias "missões".

O ator central, nesta relação, foi o Movimento Social; a ONG um importante ator coadjuvante, cuja missão era definida a partir dos interesses e reivindicações do Movimento Social.

Porém, essa articulação entre ONGs e movimentos sociais esteve historicamente emoldurada na estratégia expansionista do capital no contexto da "onda longa expansiva" e da "guerra fria", entre os anos 1950 a inícios de 1980. No entanto, as décadas de 1970 e 1980 reservariam profundas mudanças na ordem capitalista: a crise capitalista, o fim do bloco socialista e as transformações neoliberais, impactando na relação MS/ONG, e no papel político desta última. O que veremos a seguir.

III. Crise do capital, crise do bloco socialista e redirecionamento da "cooperação internacional"

A década de 1970, que testemunha o fim dos "anos dourados" do capital, emoldura o início do fim do chamado Regime de Acumulação Fordista-Keynesiano (Harvey, 1993), com o início de *uma nova fase de crise capitalista* (ver Mandel, 1980 e 1982; Mészáros, 2002 e 2009; Arrighi, 1996), que se manifesta inicialmente com a alta do preço do barril de petróleo em 1973.

É consenso entre os intelectuais que o sistema capitalista, após quase 30 anos de clara expansão econômica (1945-1973), ingressa numa profunda crise estrutural, que se manifesta como crises do seu padrão de produção (fordista), do seu sistema de regulação (keynesiano), como crise do Estado intervencionista (de bem-estar social) e na crise fiscal, como crise do emprego ou do salário, crise do padrão dólar, das fontes energéticas (petróleo), do subconsumo. Manifestações de uma crise estrutural da ordem capitalista, que golpeia nas formas de relação social e extração da mais-valia típicas do período anterior, e que exige uma drástica reestruturação sistêmica do capital. Na realidade, o que se observa hoje é uma crise *geral, sistêmica.*

Diante de tal fenômeno, a fração da classe hegemônica (o grande capital financeiro), aliada aos capitais nacionais, desenvolve uma nova forma de enfrentar a crise, por um lado ampliando a exploração do trabalhador e, por outro, subjugando os pequenos e médios capitais. Surge assim, posteriormente a um surto de ditaduras militares, a nova resposta do capital à crise: o projeto *neoliberal.* A *programática neoliberal* representa, portanto, a atual estratégia hegemônica de *reestruturação geral do capital* (que para a América Latina segue o receituário do Consenso de Washington, de 1989) frente à crise e às lutas de classes, e que deriva basicamente em três frentes articuladas: o *combate ao trabalho* (às leis e políticas trabalhistas e às lutas sindicais e da esquerda) e as chamadas "*reestruturação produtiva*" e "(contra-)*reforma do Estado*" (ver Montaño, 2002, p. 25 e ss.). O neoliberalismo, como projeto hegemônico nos países ocidentais, comandado pela fração financeira do capital, será o suporte teórico e político de tal transformação, tornando-se hegemônico nos países centrais nos anos 1980 (com Thatcher, na Inglaterra, em 1979, nos EUA, com Reagan, em 1981, na Alemanha, com Kohl, em 1982) e nos Estados latino-americanos fundamentalmente a partir da década de 1990 (com a exceção chilena, onde o neoliberalismo foi instaurado pela ditadura de Pinochet já em 1973).

Como solução parcial à crise capitalista, o neoliberalismo pretende a reconstituição do mercado livre, reduzindo e inclusive eliminando a intervenção social do Estado em diversas áreas e atividades. Assim, nessa nova estratégia hegemônica (neoliberal) do grande capital, é concebido um novo tratamento à "questão social". Cria-se uma modalidade polimórfica de respostas às necessidades individuais, diferentes conforme o poder aquisitivo de cada pessoa. Portanto, tais respostas não constituiriam um direito, mas uma atividade filantrópica/voluntária ou um serviço comercializável; também a qualidade dos serviços responde ao poder aquisitivo da pessoa; a universalização cede lugar à focalização e à municipalização; a "solidariedade social" passa a ser localizada, pontual, identificada com a autoajuda e com a ajuda-mútua.

É assim que, no que concerne ao novo tratamento da "questão social", a *orientação das políticas sociais estatais* é alterada de forma significativa. Elas são *privatizadas*, transferidas ao *mercado* e/ou inseridas na sociedade *civil*; por sua vez, contra o princípio universalista e de direito de cidadania, são *focalizadas*, isto é, dirigidas exclusivamente aos setores portadores de necessidades pontuais, o que permite sua *precarização*; finalmente, elas são também *descentralizadas administrativamente*, levando as regiões pobres a ter que se contentar com a administração de recursos insuficientes para suas respostas sociais (ver Laurell, 1995 e Montaño, 2002, p. 186 e ss.).

Com isto ocorrem, por um lado, *claras perdas de direitos conquistados* pelos trabalhadores e setores subalternos da sociedade, particularmente em relação às já precárias estruturas de atenção, assistência e segurança social. Passa-se da política social e da assistência social como um direito do cidadão (garantido pela ação estatal) para a ação voluntária, filantrópica, assistencialista, clientelista (desenvolvida no âmbito das organizações e pelos indivíduos da sociedade civil).

É neste contexto de crise, fundamentalmente do capitalismo ocidental, que o *crescimento do bloco econômico asiático* (a partir dos anos 1950 e 1960), comandado pelo Japão, tem impacto negativo nos países da Europa e América. Com isto, o modelo produtivo-financeiro dos chamados "Tigres Asiáticos" mostra vantagens no concorrido mercado capitalista internacional. O que leva os países do ocidente ainda mais à necessidade de se reestruturar para se adequar, neste contexto de crise, e melhorar sua condição no mercado internacional.

Não obstante isso, paralelamente a estas questões que afetam negativamente o capital (fundamentalmente ocidental), em finais dos anos 1980 um novo fato impacta a geopolítica mundial. Efetivamente, inicialmente em 1989, com a queda do Muro de Berlim, e depois em 1991, com o fim da experiência soviética, extinguindo o chamado "Bloco Socialista" e findando a "guerra fria", o mundo capitalista pode engolir, como uma grande mordida de um predador, a todos os países órfãos da extinta União Soviética, anexando-os ao seu mercado (agora globalizado). Por primeira vez na história da humanidade, o mercado capitalista praticamente não reconhece fronteira alguma. Por primeira vez, o mundo é quase absolutamente capitalista... e seu mercado, global. A globalização, portanto, não é outra coisa do que aquilo que Chesnais (1996) denomina de "mundialização do capital". Por sua vez, a extinção do bloco socialista golpeia a esquerda revolucionária, nos aspectos ideológico, político e organizativo, por todo o mundo, afetando negativamente o poder da classe trabalhadora, agora também ameaçada pelo desemprego cada vez maior.

Enfim, estamos assim em um novo contexto fortemente diferenciado dos "anos dourados" do capitalismo produtivo ocidental (1945-73). Nesse novo cenário mundial (ver Montaño e Duriguetto, 2010, p. 180 e ss.), pelo menos quatro aspectos centrais comparecem, incidindo significativamente em todo o processo "desenvolvimentista" na América Latina:

a) Por um lado, a *crise estrutural capitalista* conduz a uma redução significativa da taxa de lucros global, principalmente na atividade produtivo/comercial, obrigando a um desvio no reinvestimento capitalista, cada vez mais para a atividade financeira. Um "insuficiente" excedente econômico leva tanto o capitalista a procurar diminuir o gasto com políticas e serviços sociais, quanto a uma perda relativa de interesse no reinvestimento industrial.

b) Por outro lado, os países latino-americanos, com algumas exceções (como Haiti, Bolívia), em certa medida já tinham atingido *um certo patamar de desenvolvimento industrial* (principalmente Brasil, México e Argentina) e *um precário sistema de proteção e serviços sociais estatais*, o que permitiu a constituição de *um certo grau de consumo interno*. O grande capital já não tinha a necessidade imperiosa de promover a industrialização nestas nações.

c) Um terceiro aspecto remete à *crise e extinção do bloco socialista*, criando uma enorme área populacional passível de ser incorporada no mercado (produtivo e comercial) capitalista. Mas os países asiáticos e do leste europeu (da ex-URSS) não poderiam ser anexados ao bloco capitalista sem a mediação de profundas reformas que requereriam pesado investimento. O grande capital transnacional e o imperialismo, fortemente desestimulado no investimento produtivo/comercial e no desenvolvimento da região latino-americana, passaram a ter como alvo a transformação dos ex-países socialistas (possuidores de uma força de trabalho ainda mais barata que no nosso continente, órfãos ideológica e politicamente, e aparentemente ávidos para consumir os produtos ocidentais), para sua incorporação ao mercado capitalista como nova fonte de superlucros.

d) Finalmente, e produto dos aspectos anteriormente expostos — particularmente a crise capitalista (ampliando exponencialmente o exército industrial de reserva, e com ele a perda de poder do trabalhador) e a crise do bloco socialista (abalando ideologicamente o horizonte revolucionário de muitos e promovendo uma debacle nas organizações partidárias, sindicais e guerrilheiras vinculadas aos projetos anticapitalistas, socialistas e comunistas) — as *lutas de classes no plano mundial sofreram um forte impacto, reduzindo significativamente sua capacidade de representação, luta e conquista*.

Estes fenômenos, podemos afirmar, levaram o grande capital e o imperialismo a abortar o processo desenvolvimentista para a América Latina. Menor resistência e ameaças socialistas, menor gasto em políticas e serviços sociais, menor excedente para ser invertido na "Cooperação Internacional" e, particular e principalmente, um enorme contingente populacional e econômico (produtivo e comercial) passível de ser anexado ao mercado capitalista mundial, tudo isto leva paralelamente à drástica redução (e reconfiguração) dos recursos destinados à "ajuda internacional" para a região latino-americana, assim como a iniciar o financiamento dos processos que permitam adequar os países da ex-URSS à dinâmica capitalista. Os menores recursos deixaram de se direcionar para o "desenvolvimentismo" das nações da América Latina e foram redirecionados para os países asiáticos e do leste europeu do então bloco socialista.

Em síntese, neste novo contexto, primeiramente já não é mais tão necessário ao grande capital, nem conveniente particularmente para sua fração financeira em contexto de crise, continuar investindo no "desenvolvimento" dos países latino-americanos. Assim, dada a quase completa extinção do bloco socialista, tornou-se imperioso para os interesses capitalistas investir forte nesses países, para adequar funcionalmente seus mercados ao mercado mundial capitalista, preparando-os para serem novas fontes de super-lucro.

Diminuem drasticamente os Investimentos Externos Diretos (como Capital de Risco) para a América Latina, aumentando o ingresso de Capital Especulativo. Também diminuem drástica (e dramaticamente) a "Cooperação Internacional" a esta região, anteriormente direcionadas direta ou indiretamente às ONGs latino-americanas, *passando agora as instituições financiadoras internacionais a focalizar sua atenção nos países asiáticos e do leste europeu*. Este passa a ser após o fim da experiência soviética um destino privilegiado dos recursos internacionais de "ajuda" e "solidariedade", não mais a América Latina.

Segundo afirma-se no site do IPEA:

> Entre as décadas de 1960 e 1980, o Brasil recebeu grandes volumes de investimento estrangeiro direto, mas perdeu o posto para países do Leste Europeu recém-saídos do comunismo.[7]

É neste contexto de crise e hegemonia neoliberal que se *repõe* e *reconfigura* o projeto e o debate do "desenvolvimento".

Se *na fase de expansão capitalista e da guerra fria*, existia um excedente econômico suficiente para financiar as políticas publicas (sociais, de infraestrutura, de promoção da produção e o consumo) e para

---

7. Wolffenbüttel, Andréa (IPEA). Disponível em: <http://www.ipea.gov.br/desafios/index.php?option=com_content&id=2103:catid=28&Itemid=23>. Acesso em: abr. 2013.

promover o "desenvolvimento" (industrial/comercial e social) nos países centrais e particularmente nos países da América Latina (dado o interesse do grande capital na produção barata e no consumo abundante nesta região), *no período de crise capitalista, fim do bloco socialista e de hegemonia neoliberal*, tal excedente diminui drasticamente, exigindo a redução do gasto público social e da tributação ao capital para manter as taxas de acumulação, e reorientando o investimento para os países da extinta União Soviética.

Se na fase anterior o "desenvolvimento" constituiu um processo vinculado à expansão estrutural da produção e do consumo, promovendo estruturalmente o crescimento industrial articulado a certo desenvolvimento social (principalmente nos países centrais), no período atual o "desenvolvimento" assume um caráter subordinado à lógica financeira (juros altos, austeridade fiscal, contensão do gasto social público, desregulação do mercado, redução do "custo país" etc.).

Se no contexto expansionista o desenvolvimento foi um projeto estrutural que acompanhou a expansão industrial/comercial e as conquistas políticas e sociais das classes trabalhadoras, o atual projeto "neodesenvolvimentista" constitui, na verdade, uma variante menos ortodoxa do projeto neoliberal em contexto de crise capitalista.

Se o desenvolvimentismo da fase de crescimento capitalista se sustenta num pacto social entre o capital industrial/comercial (hegemonicamente) engajando a classe trabalhadora industrial-urbana, no atual contexto esse pacto social é substituído pela hegemonia do capital financeiro, com a exclusão das demandas dos trabalhadores.

No contexto expansionista, o desenvolvimento industrial/comercial se insere na política macroeconômica, de responsabilidade fundamentalmente estatal e empresarial, com participação importante de movimentos sociais; contrariamente, na atualidade, o desenvolvimento perde o caráter estrutural, assumindo uma forma *focalizada* e *autorresponsabilizadora*: os chamados "empreendedorismo", "economia solidária", por um lado, as políticas de geração de emprego e renda (focadas não num processo estrutural, mas na promoção assistencialista e focalizada de "pessoas carentes", desresponsabilizando o Estado e desonerando o capital, e repassando a responsabilidade para a "sociedade civil" (transmutada em "terceiro setor") e os próprios indivíduos. A dita "sustentabilidade" passa a ser o critério para esta noção de "desenvolvimento".

O "*Desenvolvimentismo*" (industrial e social) na América Latina, financiado a partir da "Cooperação Internacional" e processado pelos governos regionais e pelas ONGs como intermediários financeiros, articulando a participação popular mediante os Movimentos Sociais, que adicionam aos interesses do capital neste processo, os interesses das populações subalternas, é abandonado. No seu lugar, com o redirecionamento dos recursos para o financiamento da adequação dos países da ex-URSS ao mercado "global" capitalista, surge para nossa região o chamado "*Neodesenvolvimentismo*" orientado a "empoderar", estimular e promover os sujeitos nas respostas aos seus próprios problemas, num processo de autorresponsabilização dos mesmos, desresponsabilizando o Estado e desonerando o capital.

IV. A crise de legitimidade dos movimentos sociais, a relação das ONGs com o Estado e o capital, e sua funcionalidade ao projeto neoliberal

A partir desse novo cenário mundial, e suas repercussões na América Latina, com destaque para o redirecionamento da "Cooperação Internacional", alguns processos que ocorrem acabam refuncionalizando o lugar e o papel político das ONGs. Vejamos:

1. A crise de legitimidade e de adesão dos Movimentos Sociais e a ruptura de relação das ONGs (e sua "missão") com os Movimentos Sociais (e suas demandas)

A década de 1980 é o contexto de um triplo processo que marca seriamente a condição dos Movimentos Sociais e sua capacidade de ação política. Por um lado, o impacto político-ideológico que a extinção do Bloco Socialista trouxe aos partidos, organizações políticas, agrupações guerrilheiras e movimentos sociais, provocando uma drástica redução de suas militâncias, e até, em muitos casos, mudanças (algumas vezes profundas) dos seus postulados éticos e políticos e dos seus objetivos e mecanismos de luta, a partir de uma forte crença (ideologicamente induzida) de esgotamento do projeto socialista. Por outro lado, o impacto que as crises capitalista e do bloco socialista provocaram nas fontes, volumes e destinos da chamada "Cooperação Internacional", redirecionado seus recursos para os países do Leste Europeu e demais nações que compunham a ex-URSS, esvaziando a América Latina desta fonte para financiar o desenvolvimentismo nesta região. Aqui ocorre o esgotamento do modelo "desenvolvimentista", para o qual os Movimentos Sociais foram atores importantes. Finalmente, se nas ditaduras militares os Movimentos Sociais também foram atores destacados, como expressão dos interesses e demandas populares, na defesa de direitos, no combate e resistência à ditadura, dada a ação clandestina de partidos e sindicatos, nos processos de reinstitucionalização democrática, aquela quase exclusividade de adesões da militância nos Movimentos Sociais passa agora a ser direcionada para outros sujeitos políticos antes proscritos e/ou na clandestinidade, fundamentalmente os partidos políticos, e reorientada nos processos institucionais da democracia formal.

Com tudo isso, observamos um processo marcado por uma certa *crise de legitimidade e adesão dos Movimentos Sociais*, que propiciou uma certa perda de protagonismo, de adesão popular e de legitimidade destes Movimentos Sociais.

Essa crise dos Movimentos Sociais deriva num processo de atribuição (por parte de alguns autores e entidades governamentais) e autoassunção (por parte das ONGs), não sem um claro direcionamento ideológico, das ONGs como os *novos portadores dos interesses sociais*. Por um lado, alguns autores as pensam como "sucessoras" ou "substitutas" dos Movimentos Sociais, como se as ONGs passassem a ocupar seu lugar.[8] Por outro lado, entidades governamentais, em

8. Para Gohn, "a luta social nunca morre e ela se apresenta historicamente de várias formas. Movimentos Sociais é uma delas. Se eles estão em baixa em termos de mobilização, outras formas estão operando..." (Gohn, 1998, p. 12). Assimilando um conceito vago e a-classista de

clara implementação de preceitos constitucionais-legais, atribuem às ONGs, nos diversos "Conselhos", o lugar de "representantes da Sociedade Civil".

Consideradas as ONGs como (supostamente) portadoras dos interesses populares, como "sociedade civil organizada", a partir da crise de legitimidade e adesão dos Movimentos Sociais, estas organizações não governamentais acabam por *romper seu laço histórico fundamental com os Movimentos Sociais.*

As ONGs se *independentizam dos Movimentos Sociais* e, via de regra, deixam de ser aliadas e atores coadjuvantes destes movimentos, o que leva, em primeira instância, à perda da relação entre os interesses e objetivos dos Movimentos Sociais e a "missão" das ONGs. Sua "missão" deixa de ser derivada das necessidades e demandas dos movimentos.

2. A necessidade da "captação de recursos" (*fund raising*) e a condicionalidade da "missão" das ONGs: o fetiche da doação[9]

Como sua própria denominação sugere, as organizações "sem fins lucrativos" em geral não desenvolvem uma atividade geradora de lucro nem produzem receitas suficientes para se manterem em operação. Assim, como já vimos, entre finais dos anos 1950 a meados de 1980, estas organizações foram fortemente sustentadas financeiramente pela "Cooperação Internacional". No entanto, no contexto posterior à crise capitalista e após a crise do "bloco socialista", quan-

---

Movimentos Sociais, como o que a autora toma de Castells: "ações coletivas propositivas..." (idem, p. 13), ela afirma que mesmo que "os movimentos sociais [...] não morreram" (idem, p. 12), "não têm sido os movimentos sociais populares urbanos do tipo que predominou nos anos 1970/80 os que mais têm crescido [...] nos anos 1990, mas sim as ONGs, que *ganharam autonomia* e hoje constituem um *universo próprio* no cenário organizativo" (ibidem). Estas são vistas como menos politizadas, mais empresariais, voltadas ao autofinanciamento ou à procura de parcerias para obterem fundos, o que lhes exige maior eficiência. Diferenças que, não obstante, confirmariam a tendência de mudança no papel de representação dos interesses populares, de um tipo de organização (o movimento social) para outro (a ONG), de um tipo de militante para outro.

9. Desenvolvido a partir de Montaño (2002, p. 206-10).

do o financiamento para o "desenvolvimento" latino-americano diminuiu significativamente e foi redirecionada para os países da extinta União Soviética, visando sua adequação e incorporação ao mercado capitalista mundial, estas organizações tiveram que recorrer a outras fontes de financiamento.

Assim, dada a carência de autossustentabilidade destas organizações, e dada a diminuição da "Cooperação Internacional", a *captação de recursos*, ou *fund raising*, tornou-se não apenas uma atividade essencial das ONGs mas, ainda mais, pode-se afirmar que passou a incidir e condicionar a orientação da sua filosofia e a sua "missão".[10] Vejamos melhor isso.

A captação de recursos (ou *fund raising*) tem movimentado importantes volumes de dinheiro. Esta atividade de captação de recursos tem criado, nos EUA, um mercado de trabalho específico, uma "profissão" altamente competitiva — a dos executivos especializados na captação de recursos —, e uma organização, a Sociedade Nacional de Executivos de Captação de Recursos, com 23 mil filiados (*Exame*, 2000, p. 22).

No Brasil, a atividade de *fund raising* conta com a Associação Brasileira de Captadores de Recursos (ABCR), criada em 2000.

Esta importância da captação de recursos obedece a uma radical mudança, já nos finais da década de 1980, de política, prioridades e destino de financiamento dos órgãos internacionais. Segundo Peter Drucker, considerado o "guru" da administração moderna, a fonte de recursos tem mudado substancialmente. Ela não se constitui mais fundamentalmente de grandes entidades *doadoras*, mas muito mais de pequenos e médios *contribuintes*, que devem ser identificados e *convencidos do "bom" uso dos recursos*,[11] e isso parece requerer de uma atividade profissionalizada.

---

10. Para uma maior reflexão sobre isto, veja o artigo "*O perfil das ONGs no neoliberalismo*", desenvolvido na pesquisa do Grupo 2 do PETSS, sob coordenação de Gláucia Lelis e Carlos Montaño. Rio de Janeiro, ESS-UFRJ, 2013.

11. "Sabemos que não podemos mais esperar obter dinheiro de doadores; eles precisam se transformar em contribuintes" (Drucker, In: *Exame*, 2000, p. 24).

Mas os recursos não provêm apenas de *empresas privadas* (que encontram na "doação" a estas organizações não apenas uma forma de reduzir impostos,[12] mas também de beneficiar a imagem do seu produto com o "marketing social") (ver Cesar, 2008, p. 270 e ss.), mas ainda do próprio *Estado*. Já Bresser-Pereira defendia a participação do Estado no financiamento das ações das organizações "públicas-não estatais", mediante o Termo de Parceria.[13]

Isso nos leva a considerar seriamente que a atividade de "captação de recursos", pelas ONGs, tenha levado a uma perda de identidade e de rumo, descaracterizando e condicionando a "missão" deste tipo de organização. Seja nas ONGs que serão financiadas por e para realizar atividades constitucionalmente atribuídas ao Estado, que delas pretende se afastar; seja nas ONGs que, "representando" a "Sociedade Civil Organizada" nos Conselhos, serão pressionadas a apoiar a representação governamental para garantir seu financiamento. Em concordância com isso, para Petras (1999, p. 79), "um dos efeitos do fluxo de recursos internacionais foi a *perda frequente de várias características* das ONGs latino-americanas (como seu caráter participativo, agilidade burocrática etc.)".

Num periódico de circulação nacional, em edição dedicada ao "Guia de boa cidadania corporativa" (Exame, 2000, p. 24), definem-se

---

12. A Constituição Federal de 1988, em seu artigo 150, inciso VI, alínea *c*, estabelece a *Isenção de Impostos* sobre o patrimônio, renda ou serviço às *instituições de educação e assistência social, sem fins lucrativos*. O Decreto n. 91.030, de 5 de março de 1985, regula essas *isenções fiscais*, beneficiando *entidades sem fins lucrativos que promovam atividades com fins culturais, científicos e assistenciais* (ver Szazi, 2000, p. 222). A Lei n. 9.732, de 11 de dezembro de 1998, altera os dispositivos anteriores para *Isenção de Contribuição à Seguridade Social*, dirigidos a *Entidades Filantrópicas* (ver Szazi, 2000, p. 205 e 94). O Decreto n. 2.536, de 6 de abril de 1998, dispõe sobre a concessão do *Certificado de Entidade de Fins Filantrópicos*, alterado posteriormente pelo Decreto n. 3.504, de 13 de junho de 2000 (ver idem, p. 230 e 94).

13. A Lei n. 9.790, de 23 de março de 1999, qualifica pessoas jurídicas de direito privado, sem fins lucrativos, como *Organizações da Sociedade Civil de Interesse Público (OSCIP)*, e institui e disciplina o *Termo de Parceria* (ver Szazi, 2000, p. 207 e 96). O artigo 9º da lei, institui o Termo de Parceria, a ser firmado entre o poder público e as OSCIP, destinado ao vínculo de cooperação entre as partes (idem, p. 210). A lei é regulamentada pelo Decreto n. 3.100, de 30 de junho de 1999 (ver idem, p. 241) e pela Portaria MJ n. 361, de 27 de julho de 1999 (ver idem, p. 258). É alterada pela Medida Provisória n. 2.123-29, de 23 de fevereiro de 2001. Disponível em: <www.rits.org.br>.

20 "dicas" para a captação de recursos para o "terceiro setor". A matéria intitula-se "O melhor jeito de *pedir*", e define-se a atividade como "uma tarefa para *profissionais*". Das 20 "dicas", quatro queremos destacar: "Prepare suas propostas *de acordo com o perfil, os interesses e as exigências do doador potencial*"; "Descreva os *benefícios da doação* (dedução de impostos, publicidade etc.)"; "Verifique a *época oportuna* para sua solicitação"; "Seja *realista* no estabelecimento de objetivos de curto e longo prazo" (ibidem; grifos nossos). A verdadeira submissão contida nesta "atividade profissional", a descaracterização da chamada "missão" organizacional contida nessas "dicas" para "pedir", não tem par. Quer dizer, se a "doação" não se encaixar nos critérios da instituição financiadora e não lhe render dividendos não será de interesse do "doador" e portanto não haverá "doação". Isto evidencia o *fetiche da doação*: uma atividade verdadeiramente rentável transmutada em aparente "doação".

Desta forma, os recursos, que *nunca foram "autogerados"*, também *já não são mais "autogeridos"*. Com isso, a *perda de rumo*, a *descaracterização da "missão"* organizacional, a *submissão dos seus valores e filosofia aos interesses da agência "doadora"*, representam uma fortíssima tendência.

3. A (nova) relação de "parceria" entre ONGs, Estado e capital[14]

É neste processo, quando se corta a relação embrionária das ONGs com os Movimentos Sociais, e quando, com o redirecionamento da "Cooperação Internacional", a ONG é obrigada à captação de recursos, que se estabelece uma *nova relação de "parceria" entre as ONGs e o Estado e/ou o capital*.

O caso brasileiro é emblemático nesse sentido, mas não único:

Primeiramente, o governo federal de FHC, nos anos 1990, tanto propiciou o encurtamento da função social do Estado (desresponsabilizando-o da ação social), quanto paralelamente criou o Programa Comunidade Solidária, presidida pela então "primeira-dama", para

14. Este ponto foi parcialmente elaborado a partir de Montaño (2002).

promover e orientar (de acordo com os objetivos governamentais/ neoliberais) o crescimento do chamado "terceiro setor".

Em segundo lugar, cria-se, nestes governos, uma legislação tanto para "facilitar" a criação de ONGs, como para transferir dinheiro público, sem licitação ou controle social (de sua aprovação ou destino), para entidades consideradas de "interesse social" (segundo critérios governamentais),[15] mediante os Termos de Parceria.

Em terceiro lugar, os números são significativos neste sentido. Mediante o recurso do Termo de Parceria a transferência de fundos públicos para estas organizações (de ações públicas, mas regidas pelo direito privado), sem qualquer licitação ou concurso públicos, foi aumentando significativamente. Se em 2003, o Governo Federal transferiu às ONGs, de forma direta, recursos públicos equivalentes a R$ 1,3 bilhão (*O Globo*, Rio de Janeiro, 3 maio 2004, p. 3), em 2004 foram destinados a organizações "sem fins lucrativos" R$ 1.923.784.323,61 do Governo Federal, e já em 2010 essa quantia foi de R$ 5.390.872.610,35.[16]

Com estes dados relevantes, a dependência das ONGs por suas fontes de financiamento aumentou e, paralelamente, aumentaram as condições dos organismos financiadores (Estado e capital) (ver Montaño, 2002, p. 208). E, dada a necessidade da ONG se adaptar às exigências destes para obter o financiamento, ela acaba adotando os termos e condições que passam a redirecionar e condicionar as "missões" dessas organizações.

Em síntese: a) com a crise de legitimidade dos Movimentos Sociais, que levou à ruptura da relação MS/ONG, perdendo esta última sua

15. a) A Lei n. 9.608, de 18 de fevereiro de 1998, dispõe sobre o Serviço Voluntário; b) A Lei n. 9.637, de 15 de maio de 1998, qualifica como organizações sociais as pessoas jurídicas de direito privado, sem fins de lucro, cujas atividades sejam dirigidas ao ensino, à pesquisa científica, ao desenvolvimento tecnológico, à proteção e preservação do meio ambiente, à cultura e à saúde (ver Szazi, 2000, p. 200). A lei, articulada pelo ex-ministro Bresser Pereira, promove uma verdadeira transferência de atividades estatais para o setor privado; c) A Lei n. 9.790, de 23 de março de 1999 (ver nota n. 13).

16. *Fonte*: Portal da Transparência. Disponível em: <http://www.portaldatransparencia.gov.br/#>. Acesso em: 31 out. 2012.

"missão" a partir dos interesses e demandas a partir daquele; b) com a necessidade de captação de recursos das ONGs, a partir do redirecionamento da "Cooperação Internacional", tendo que adaptar seus projetos e sua "missão" às condições dos organismos financiadores; c) com a nova relação de parceria, produto desta necessidade de financiamento, com o Estado e/ou o capital, por tudo isso *o lugar histórico e o papel político das ONGs passa a ser substantivamente alterado*, tornando-se consideravelmente *funcional às mudanças operadas pelo projeto neoliberal.*

Os objetivos, projetos e "missões" das ONGs deixam de provir das necessidades e demandas destes movimentos, e passam agora a se subordinar às vitais necessidades de financiamento, tendo obrigatoriamente que se adequar às condições do Estado e/ou do capital para a obtenção de recursos.

O novo lugar e papel político das ONGs, consideradas na sua generalidade, transfigura-se significativamente, passando de importantes *"atores coadjuvantes" dos Movimentos Sociais*, a *"parceiros" do Estado e/ou do capital*. De *sujeitos* (protagonistas) *no processo de desenvolvimento e articulação a interesses populares*, passam a *"sujeitos" (amarrados) às necessidades de financiamento, funcionais ao projeto de reestruturação neoliberal.*

Nas palavras de Petras (1999, p. 70-1):

> durante o período dos regimes militares as ONGs trabalharam em estreita cooperação com as organizações populares, fornecendo apoio sociopolítico e treinamento organizacional. Porém, com a abertura democrática, as ONGs começaram a mudar as suas atividades [...]. Durante os anos 1970, as ONGs apoiaram os esforços locais de organizações das comunidades e participaram de mobilizações sociais. Porém, a partir dos anos 1980, vários processos [...] estimularam dois tipos de mudanças nas atividades das ONGs.
>
> Em primeiro lugar [...] [a participação nos atividades] para a execução dos projetos relacionados à prestação de serviços sociais [...].
>
> [...] uma segunda mudança: a explosão de novas ONGs criadas expressamente para explorar esses recursos financeiros [a captação de recursos].

Assim, a funcionalidade que apontamos para o "Terceiro Setor" (ver Montaño, 2002, p. 232 e ss.) remete, a partir das observações feitas do cenário contemporâneo, à *funcionalidade das ONGs com o projeto neoliberal*, na medida em que acabam por ser instrumentalizadas para:

a) Justificar e legitimar o processo de desestruturação da Seguridade Social e desresponsabilização do Estado na intervenção social. Com as ONGs operando nas áreas de assistência, saúde, formação e educação (estas constitucionalmente um dever do Estado e um direito de cidadania), contribuem com a noção ideológica de "substituição" ou "compensação" do afastamento do Estado da sua responsabilidade social constitucional. Neste sentido, afirma Petras, "de certo modo, as ONGs assumiram as funções anteriormente cumpridas pelas agências estatais, o que permitiu aos governos nacionais a redução da sua responsabilidade pela promoção do bem-estar da população" (1999, p. 72), e, continua o autor, manifestando que enquanto os regimes neoliberais centrais foram devastando comunidades, estimulando a dívida externa, promovendo a pauperização cada vez maior, "as ONGs foram sendo financiadas para oferecer projetos de 'autoajuda', 'educação popular', treinamento profissional etc." (idem, p. 45). Assim, as *perdas* de direitos universais por serviços públicos de qualidade tendem a ser vistas ideologicamente como *ganhos* nas atividades desenvolvidas pelo conjunto das forças voluntárias, não governamentais, filantrópicas. Verdadeiras perdas de conquistas históricas são convertidas, pela ideologia do "terceiro setor", em "nova conquista" de um tipo de atividade (supostamente) solidária. Enfim, esta verdadeira *desresponsabilização do Estado* no trato da "questão social" só é possível de ser realmente compreendida na sua articulação com a *autorresponsabilização dos sujeitos carenciados* e com a paralela *desoneração do capital* na intervenção social, no contexto do novo projeto neoliberal.

b) Desonerar o capital da responsabilidade de co-financiar as respostas às refrações da "questão social" mediante políticas sociais estatais. A ação social do Estado na "questão social" é financiada mediante a contribuição compulsória de toda a sociedade, incluindo o capital. Com a sensível diminuição da intervenção social estatal, passando a ser assumida por ONGs e/ou pela autorresponsabilidade dos sujeitos, a ação social deixa de ser financiada pelo conjunto da sociedade, e particularmente pelo capital, como ação compulsória, e passa agora a ser cada vez mais assumida pelos próprios setores subalternos, tendo como "parceiros" e motivadores o Estado (beneficiando politicamente os governos) e a empresa capitalista (se beneficiando pelo "marketing social", pela isenção tributária etc.). *O capital*, assim, *se desonera da contribuição compulsória*, assumindo a forma voluntária de "doação", mediante a "Responsabilidade Social Empresarial".

c) Redução do controle social e des-publicização da ação social. Ao atribuir às ONGs a responsabilidade pela execução dos "serviços sociais e científicos" (ver Bresser Pereira, 1998, p. 101 e 246-7), atribui-se a estas organizações a responsabilidade pública das respostas às sequelas da "questão social". Com isso opera-se um triplo processo: por um lado, *retira-se sua gestão do controle estatal*, passando a gestão para a esfera privada da ONG; em segundo lugar, *retira-se a ação social da esfera do direito público, transferindo-o para o direito privado*; finalmente, e com isto, *retira-se a possibilidade do real controle social (popular) da ação social* (fora do Estado, e fora do direito público). As possibilidades de controle democrático e de pressão política diminuem significativamente com este movimento.

d) Despolitizar os conflitos sociais dissipando-os e pulverizando-os, e transformar as "pressões ao Estado" e as "lutas de classes" em "parceria" com o Estado e com o capital. Com as relações de parceria Estado/ONG e Capital/ONG, substituindo a antiga relação MS/ONG e atribuindo ideologicamente (e funcionalmente, nos Conselhos, por exemplo) às ONGs o novo papel de "representantes" da Sociedade Civil, as tensões e contradições sociais são escamoteadas e o conflito social transformado em "ações entre parceiros", numa clara despolitização da Sociedade Civil, e das lutas sociais. Trata-se de uma atividade desarticuladora e inibidora do descontentamento e da tendência à rebeldia, onde os conflitos de classes, as tendências subversivas e transgressoras da ordem, são canalizadas por mecanismos institucionais e convertidas em confrontos "dentro" do sistema, e não mais "contra" o sistema. De *lutas de classes*, desenvolvidas na sociedade civil, passa-se à *ação social* em parceria com o Estado e o empresariado. Desta forma, internaliza-se e dissipa-se o conflito, situando-o dentro dos marcos institucionais da relação "amigável" e dependente entre um conjunto pulverizado e desarticulado de organizações do "terceiro setor" e o Estado e empresas parceiros.

e) Criar a cultura/ideologia do "possibilismo". Efetivamente, opera-se um *descrédito ao ideário/projeto socialista* (como se a extinção do bloco socialista significasse o fim do ideário e do projeto socialista), que, juntamente com o *descrédito sobre as formas social-democratas* no sistema capitalista, leva a *uma desconfiança/rejeição na intervenção estatal* nas sequelas da "questão social", e à promoção da ideologia da autorresponsabilização dos sujeitos e da ação "solidária" e voluntária. Não se acredita mais nas instituições democráticas/estatais ou classistas (partidos e sindicatos), mas na autoajuda e na ajuda mútua. Muito menos se acredita, portanto, na transformação social, na possibilidade de superação da ordem, da transformação das estruturas, eliminando os fundamentos das desigualdade social. Destinar esforços em criticar o que seria imodificável, ou investir em utopias, seria, segundo esta ideologia, um esforço em vão, preferindo investir os esforços militantes a *fazer o que é possível de ser feito* dentro das margens permitidas pelas "naturais" tendências atuais. Institui-se a ideologia do *possibilismo*.

f) Reduzir os impactos (ideológicos) do aumento do desemprego. Efetivamente, afirma-se que o "terceiro setor" emprega grande volume de trabalhadores. Com isso, as ONGs, as OSCIPs, mais do que organizações de ajuda à comunidade, elas têm-se transformado em uma fonte de "emprego" (precarizado), ou como destino do "tempo livre", ocupando as pessoas em ações sociais (como propõem Lipietz, De Massi, Rifkin entre tantos outros, para o uso do "tempo livre" e do "ócio criativo"). O efeito direto disso é a diminuição dos impactos ideológicos do desemprego. Mais ainda, o encobrimento das reais dimensões desse processo de demissão em cascata. O que tenderia a conformar maior convivência com estes índices de desemprego, relativizados pela absorção de "trabalho" ou da "ocupação" nas ONGs. Com isso não queremos ignorar a relativa importância destas estratégias de sobrevivência do trabalhador desempregado, apenas que este fato é instrumentalizado pelo capital para aplainar e apaziguar os ânimos, diminuir insatisfações, reduzir a conflitividade.

g) A localização e trivialização da "questão social" e a ideologia da autorresponsabilização pelas respostas às suas sequelas.

Com as ONGs assumindo boa parte da ação social que era desenvolvida pelo Estado, este processo assume, como afirmamos, a função de *transformar o padrão de respostas às sequelas da "questão social"*, constitucionalmente constitutivo de direito universal e de responsabilidade prioritária do Estado (inspirado no *Welfare State*), *em atividades localizadas* e de *autorresponsabilidade* dos sujeitos portadores das carências, com a desresponsabilização do Estado e a desoneração do capital. O que era de responsabilidade da ação estatal, envolvendo compulsoriamente toda a sociedade no seu financiamento, passa a ser de autorresponsabilidade dos próprios sujeitos afetados pela manifestações da "questão social"; o que era sustentado pelo princípio da "solidariedade sistêmica", passa a ser sustentado pela solidariedade individual, micro (idem, p. 165 e ss.); o que era constitutivo de direito de cidadania, passa a ser atividade voluntária, fortuita, concessão, filantropia.

Desta forma, a ação das ONGs e do chamado "terceiro setor", instrumentalizados pela estratégia neoliberal, tem a função tanto de justificar e legitimar o processo de desestruturação da Seguridade Social estatal, como de transformar a luta contra a reforma do Estado em parceria com o Estado, assim como de reduzir os impactos negativos ao sistema do aumento do desemprego, quanto de tornar as respostas à "questão social" em atividades cotidianas. Tudo isso minimizando aparentemente as contradições de classe, redirecionando as lutas sociais para atividades mancomunadas com o Estado e o empresariado, gerando maior aceitação e menor enfrentamento ao projeto neoliberal.

V. Considerações finais

Partimos, nessas reflexões, da hipótese de que ocorreu uma radical inflexão nos anos 1980 no lugar e no papel político das ONGs.

Esta inflexão não tem a ver necessariamente com uma mudança de orientação política dos seus membros, pelo menos não de forma primordial. Ela, na verdade, tem como ponto central, para um tipo de organização incapaz de gerar seus próprios recursos, justamente a mudança das fontes de financiamento destas organizações ditas "não governamentais" e "sem-fins-lucrativos".

Efetivamente, entre os anos 1960-70, período de seu surgimento, e a primeira metade dos anos 1980, as ONGs, atreladas aos Movimentos Sociais, receberam forte financiamento da chamada "Cooperação Internacional" para financiar o desenvolvimentismo nos países latino-americanos. Seu lugar e seu papel político, como atores coadjuvantes dos Movimentos Sociais, tomava destes suas reivindicações e demandas, tendo como missão a promoção destes para alcançar seus interesses particulares, e contribuindo assim, por um lado, com as conquistas políticas, sociais e econômicas dos movimentos, e por outro, com o desenvolvimento promovido pelo grande capital transnacional e as nações imperialistas. A articulação MS/ONG se dava numa dupla via: por um lado, a ONG tomava do Movimento Social seus objetivos, interesses e demandas, formando assim sua "missão" a partir destes; por outro lado, a ONG, que recebia financiamento da "Cooperação Internacional", o destina para promover a "conscientização", a organização e a participação dos movimentos, para alcançar seus objetivos. A ONG, vinculada ao Movimento Social, se desempenhou como importante ator coadjuvante no processo de conquistas populares e do desenvolvimento.

Como caracterizamos, a partir de meados dos anos 1980, certos fenômenos do cenário mundial vão incidir na reconfiguração do lugar e do papel políticos das ONGs: a) por um lado, a *crise estrutural capitalista* conduz a um desvio no reinvestimento capitalista, cada vez mais para a atividade financeira; b) por outro lado, os países latino-americanos já tinham atingido *um certo patamar de desenvolvimento industrial* e *um precário sistema de proteção e serviços sociais estatais*; c) um terceiro aspecto remete à *crise e extinção do bloco socialista*, criando uma enorme área populacional passível de ser incorporada no mercado (produtivo e comercial) capitalista; e d) finalmente, as *lutas de classes no plano mundial sofreram um forte impacto, reduzindo significativamente sua capacidade de representação, luta e conquistas.*

Estes processos levaram a um redirecionamento da "Cooperação Internacional" agora para as regiões do leste europeu e demais países da extinta URSS, visando adequar seus mercados ao mercado capitalista mundial. Por tal motivo, a ONG passou agora a ter uma atividade central, vital para sua permanência: a busca de financiamento; *fundraising* ou captação de recurso. Este processo levou à ONG a romper ou esvaziar sua relação com os Movimentos Sociais, passando agora a estabelecer uma nova relação de "parceria": Capital/ONG e Estado/ONG, obrigando a esta última a se "adequar" aos interesses, prazos, prioridades, das instituições financiadoras, e readequando sua "missão".

Aqui a ONG passa a ocupar um lugar e a desempenhar um papel político substantivamente diferente, fundado na imperiosa necessidade de "captar recursos": de atores coadjuvantes dos MS nos processos de lutas e conquistas populares e do desenvolvimento, passam a "parceiros" do Estado e do capital, levando-as a mudar sua "missão", seus objetivos, prazos etc., a partir das condicionalidades postas pelos "parceiros" financiadores.

Temos assim que a necessidade de se financiar, a partir de meados dos anos 1980, as obriga a estabelecer relações de "parceria" com o Estado e com o capital, obrigando-as a se adequarem às exigências e condicionalidades destes organismos, derivando numa profunda mudança do lugar e do papel político das ONGs.

Enfim, a *relação prioritária* das ONGs *com os Movimentos Sociais*, como *importantes atores coadjuvantes* destes, deixou lugar, em meados dos anos 1980, para uma nova relação de *"pareceria" com o Estado e com o capital.*

Essa mudança de relação prioritária fundamenta-se na *radical alteração na fonte de financiamento*. Até inícios dos anos 1980, os recursos vinham fundamentalmente pela "Cooperação Internacional" para financiar o "desenvolvimentismo" na América Latina, orientando seus recursos direta ou indiretamente (por via do Estado) para as ONGs, que organizariam e viabilizariam as ações em torno das necessidades e reivindicações dos Movimentos Sociais. A partir de meados dos anos 1980, dada a crise capitalista (sem um excedente para financiar esta "cooperação") e a crise do bloco socialista (que não só afastou a "ameaça do comunismo" mas também exigiu a adequação dos países da ex-URSS ao mercado capitalista mundial), a dita "Cooperação Internacional" redirecionou-se para as regiões do leste europeu e asiática, obrigando as ONGs a uma nova ação prioritária: a "captação de recursos", o *fundraising*, e aprisionando-as, em termos gerais, a adequar sua "missão" e seus projetos às condicionalidades dos novos "parceiros" financiadores.

Mas essa mudança de relação também redundou numa profunda *transformação no lugar histórico e no papel político das ONGs* a partir de meados dos anos 1980. Se antes desempenharam, ao lado dos Movimentos Sociais e como intermediárias da "Cooperação Internacional", papel importante tanto no processo de "desenvolvimento" como na luta por conquistas em torno de demandas e reivindicações políticas dos Movimentos Sociais, a partir das novas "parcerias" com o Estado e com empresas capitalistas, como novos financiadores, passaram a fazer parte de um processo de *legitimação do desmonte social do Estado*, do *apassivamento da classe trabalhadora*, da *despolitização da sociedade civil*, da *construção da lógica do possibilismo* e da criação da *ideologia da autorresponsabilização dos sujeitos*.

Que transformação![17]

---

17. Exclamação de Marx ao tratar das mudanças políticas nas lutas pela "jornada normal de trabalho", quando constata como "o pomposo catálogo dos direitos inalienáveis do homem será substituído pela modesta Magna Carta que limita legalmente a jornada de trabalho... Que transformação!" (Marx, 1980, v. I, p. 345).

Referências

ABONG. ONGs. Identidade e desafios atuais. *Cadernos Abong*, São Paulo, ABNG/Autores Associados, n. 27, maio 2000.

ARRIGHI, Giovanni. *O longo século XX*: dinheiro, poder e as origens de nosso tempo. Rio de Janeiro/São Paulo: Contraponto/UNESP, 1996.

______. *A ilusão do desenvolvimento*. Rio de Janeiro: Vozes, 1997.

BRESSER PEREIRA, Luiz Carlos. *Reforma do Estado para a cidadania*: a reforma gerencial brasileira na perspectiva internacional. São Paulo: Editora 34, 1998.

CARDOSO, Fernando Henrique e FALETTO, Enzo. *Dependência e desenvolvimento na América Latina*. Rio de Janeiro: Zahar, 1970.

CESAR, Mônica de Jesus. *Empresa cidadã*: uma estratégia de hegemonia. São Paulo: Cortez, 2008.

CHESNAIS, François. *A mundialização do capital*. São Paulo: Xamã, 1996.

DOS SANTOS, Theotonio. *Dependencia y cambio social*. Santiago, Chile: Ed. do CESO, 1972.

EXAME. Guia de boa cidadania corporativa. Separata da revista *Exame*, São Paulo, Abril, edição 728, ano 34, n. 24, 2000.

FRANK, André Gunder. *Reflexões sobre a crise econômica mundial*. Rio de Janeiro: Zahar, 1983.

FURTADO, Celso. *Desenvolvimento e subdesenvolvimento*. Rio de Janeiro: Editora Fundo de Cultura, 1961.

______. *Criatividade e dependência na civilização industrial*. São Paulo: Círculo do Livro, 1978.

______. *O mito do desenvolvimento econômico*. Rio de Janeiro: Paz e Terra, 2001.

______. *Formação econômica do Brasil*. São Paulo: Companhia das Letras, 2007.

GOHN, Maria da Glória. O novo associativismo e o Terceiro Setor. *Serviço Social & Sociedade*, São Paulo, n. 58, 1998.

HARVEY, David. *A condição pós-moderna*. São Paulo: Loyola, 1993.

HOBSBAWM, Eric. *Era dos extremos*: o breve século XX (1914-1991). São Paulo: Companhia das Letras, 1995.

KEYNES, John M. *A teoria geral do emprego, do juro e da moeda* [e] *Inflação e deflação*. São Paulo: Nova Cultural, 1985. (Col. Os Economistas.)

LAURELL, Asa Cristina. Avançando em direção ao passado: a política social do neoliberalismo. In: LAURELL, A. C. *Estado e políticas sociais no neoliberalismo*. São Paulo: Cortez, 1995.

LENIN, Vladimir Ilich. *O imperialismo*: fase superior do capitalismo. São Paulo: Global, 1979.

LÖWY, Michael. A teoria do desenvolvimento desigual e combinado. *Outubro*, revista do Instituto de Estudos Socialistas, n. 1, 1998. Disponível em: <http://www.revistaoutubro.com.br/edicoes/01/out01_06.pdf>. Acesso em: 2013.

MANDEL, Ernest. *La crisis*: 1974-1980. México: Era, 1980. (Serie Popular.)

______. *O capitalismo tardio*. São Paulo: Abril Cultural, 1982.

MARINI, Ruy Mauro. *Dialéctica de la dependencia*. México: Era, 1977. (Serie Popular.)

MARX, Karl. *O capital*: o processo de produção do capital. Rio de Janeiro: Civilização Brasileira, 1980. Livro I, 2 v. (Crítica da Economia Política.)

MÉSZÁROS, István. *Para além do capital*. São Paulo: Boitempo, 2002.

______. *Filosofia, ideologia e ciência social*. São Paulo: Boitempo, 2008.

______. *A crise estrutural do capital*. São Paulo: Boitempo, 2009.

MONTAÑO, Carlos Eduardo. *Terceiro Sector e questão social*: crítica ao padrão emergente de intervenção social. São Paulo: Cortez, 2002.

______; DURIGUETTO, M. L. *Estado, classe e movimento social*. São Paulo: Cortez, 2010.

PETRAS, James. *Neoliberalismo*: América Latina, Estados Unidos e Europa. Blumenau: FURB, 1999. (Col. Sociedade e Ambiente, n. 3.)

SZAZI, Eduardo. *Terceiro Setor*: regulação no Brasil. GIFE. São Paulo: Peirópolis, 2000.

TROTSKY, Leon. *A história da Revolução Russa*. São Paulo: Editora Sundermann, 2007.

SEGUNDO CANTO

Detalhe da obra "Ulisses e as Sereias" (1891), de John William Waterhouse.

A autoação dos sujeitos:

a panaceia da "Participação Democrática" e do "Empoderamento"

A segunda melodia que entoam as Sereias canta-lhe a um épico *sujeito autônomo* que, sem as "amarras" das estruturas sociais, desenvolve uma ação heroica, numa verdadeira epopeia.

Este sujeito, parte real, parte mitológico, é descrito, junto ao seus pares, como um herói que parte numa epopeia para combater os males, enfrentar seus demônios e resolver os problemas que lhe acometem. Como se a solução de seus problemas fosse o resultado apenas de seus atos, numa clara autorresponsabilização do próprio indivíduo, e desresponsabilização do Estado e do capital.

A doce melodia aqui entoada soa sedutora aos ouvidos do marinheiro a caminho de Ítaca, que confia na *autoação*, no lugar da contradição, das lutas de classes, para chegar a destino. Aqui, "motivar-se", "empoderar-se", "capacitar-se" e "participar", parecem conquistas de um indivíduo, e seu grupo, fora das relações sociais fundamentais. Como se o poder de um não fosse um lado de uma *correlação de forças*, como se *participar* não fosse um processo de *lutas*. "Participação" e "Empoderamento" passam a ser os "cantos" para o navegante mergulhar na procura do *herói dentro de cada um*.

Assim, por um lado, o "canto" da "*Participação*" é entoado por todos os corais. Mas a consideração desta participação, em tanto tomar ou fazer parte de algo, não pode ignorar o conteúdo da questão em torno do qual se desenvolve, os interesses em jogo, os sujeitos envolvidos e os resultados esperados, diretos ou de maior alcance; ou seja, participar com quem, contra quem, para que, com que objetivos e finalidades?

Não é a mesma coisa a *participação* entendida como "tomar partido" e como uma militância ou ações no processo de lutas em torno de questões que enfrentam sujeitos (classes e frações de classes), a partir de interesses contraditórios e que, mesmo podendo se orientar a manifestações particulares da "questão social", tem como horizonte os fundamentos da desigualdade na estrutura e dinâmica da sociedade capitalista, do que aquela *participação* considerada como a ação social desenvolvida apenas no âmbito da uma sociedade civil isolada da esfera econômica, da macropolítica e dos fundamentos sistêmicos da "questão social", desarticulada da contradição capital-trabalho e dos antagonismos de classes, e que se desenvolve em torno de "microespaços" (isolados) e de "problemas singulares" (isolados), como aquelas formas de participação contidas na foucaultiana "microfísica do poder", no chamado "poder local", no tocquevilleano associativismo, nas ditas "ações afirmativas", na inter-comunicação no habermasiano "mundo da vida", no "empoderamento", na solidariedade do "terceiro setor".

O primeiro caso trata como "participação" as ações constitutivas das lutas de classes, ou das lutas sociais complementárias a estas que, diretamente vinculadas a demandas em torno da emancipação política, tem como horizonte a emancipação política e humana. No segundo caso, o termo "participação" é empregado para dar conta de ações de autorresponsabilização, desarticulada, de sujeitos isolados que visam a conquista de anseios e a solução de problemas, de forma controlada, institucionalizada e/ou funcional com a manutenção da ordem, do *status quo*, e da desresponsabilização do Estado e a desoneração do capital, significando até um retrocesso na emancipação política (perda de direitos, de garantias, de respostas estatais já conquistadas). No primeiro caso, o termo "participação" é empregado como *complementar* das lutas de classes; no segundo caso, ele é usado como *substitutivo* daquelas.

Neste último caso, a opção pela participação ou pela mobilização social, sem rumo, sem horizonte de longo prazo (opção dos ativistas do "terceiro setor"), tem pelo menos duas consequências:

a) criar a (falsa) sensação de que com as ações singulares estaria se resolvendo as questões pontuais, e/ou educando o povo na participação social, criando uma pedagógica e cumulativa "experiência participativa"; e, derivado disso,

b) deslocar as expectativas de uma ação transformadora de longo alcance (das lutas de classes) para ações imediatas, que, podendo gerar pequenas mudanças locais, confirmariam e reforçariam as estruturas e o *status quo*.

Por outro lado, a noção do "*Empoderamento*" sustenta-se nos mesmos pilares ideológicos do "desenvolvimentismo". Esta teoria supõe que com estímulo, planejamento e recursos é possível desenvolver um país, sem considerar sua relação de *dependência*, de *subordinação* com os outros países centrais do sistema mundo. De forma semelhante, os autores do "empoderamento" supõem ser possível que os setores econômica e politicamente subordinados (ao capital) poderiam, sem alterar a correlação de forcas, ampliar seu poder.

Um suposto "poder" dos pobres, dos subalternos, que seria considerado fora da relação (e da correlação de forças) com os dominantes, fora da relação do trabalhador (produtor de riqueza) com o capital (usurpador da riqueza). Um "poder", portanto, considerado em sua dimensão *subjetiva* e *psicológica*, seja individual ou coletivamente; um "autopoder", ou um "poder sobre si", que não se orienta a pensar o sujeito *em relação*. Assim, o indivíduo é autorresponsabilizado pelas suas situações e, considerando o poder como "autopoder", é responsabilizado pelas respostas às suas necessidades, desresponsabilizando o Estado e desonerando o capital.

Desta forma, o "empoderamento", como projeto ideológico, procura desmobilizar as lutas de classes, desviando seu potencial transformador para a *gerência dos conflitos*.

Não se trata de um "poder" dos sujeitos subordinados, explorados, das classes trabalhadoras, orientado para as lutas de classes, para a defesa de interesses contraditórios com os setores dominantes, exploradores, atingindo a correlação de forças sociais, e impactando nos fundamentos das desigualdades (mediante avanços no processo de emancipação política visando a emancipação humana). Trata-se de um projeto, dito de "empoderamento", que é tanto da esquerda possibilista como do Banco Mundial, que, sem se atentar com a correlação de forças sociais, sem tocar o poder (econômico e político) concentrado nas classes dominantes, sem ter como horizonte sequer a emancipação política (garantindo os direitos já conquistados, conquistando novos direitos, distribuindo riqueza social, reduzindo privilégios, garantindo a ação social do Estado etc.), "empodera" os pobres para tratarem diretamente de seus problemas imediatos.

No particular que envolve a profissão de Serviço Social, quando os assistentes sociais desenvolvem suas atividades sem acesso à implementação de serviços e bens materiais (esvaziados ou precarizados pela contrarreforma neoliberal), muitos tendem a recorrer à noção de uma suposta função educativo-cultural. Isso sustentou a consideração do assistente social ter como objetivo a "conscientização", a organização e a participação, como funções da profissão, estas supostamente desconectadas e independentes da prestação de serviços. Este fenômeno de precarização da ação estatal, que se processa particularmente nos países latino-americanos, se agrava no contexto neoliberal, com a precarização e focalização das Políticas Sociais e a redução do gasto social estatal. Portanto, isto passou a sustentar hoje a promoção do "empoderamento", como um processo de intervenção profissional, num caminho onde não seria uma responsabilidade do Estado, com custos para o capital, a resposta material às carências e demandas dos setores subalternos, mas uma autorresponsabilidade do próprio indivíduo, quem, para este processo, precisaria "ser empoderado": motivado, qualificado, capacitado e organizado. Na verdade, um processo que se resigna à perda de direitos sociais conquistados pelo cidadão, e garantidos pelo Estado, que agora se afasta dessa responsabilidade, e leva a uma autorresponsabilização dos sujeitos, que têm que se "empoderar" para resolver suas situações particulares.

1

Todos pela participação: quando o consenso denuncia a dominação*

André Dantas**

> Articular historicamente o passado não significa conhecê-lo "como ele de fato foi". Significa apropriar-se de uma reminiscência, tal como ela relampeja no momento de um perigo. Cabe ao materialismo histórico fixar uma imagem do passado, como ela se apresenta, no momento do perigo, ao sujeito histórico, sem que ele tenha consciência disso. O perigo ameaça tanto a existência da tradição como os que a recebem. Para ambos, o perigo é o mesmo: entregar-se às classes dominantes, como seu instrumento.
>
> *Walter Benjamin* (Sobre o conceito de história, Sexta Tese)

* O presente texto foi elaborado a partir da pesquisa para a Tese de Doutorado, sobre *Democracia e participação no Brasil contemporâneo*, no PPGSS-UFRJ, sob orientação do prof. dr. Carlos Montaño.

** Professor e pesquisador da Escola Politécnica de Saúde Joaquim Venâncio (EPSJV)/Fiocruz. Historiador e doutorando em Serviço Social pela Escola de Serviço Social da Universidade Federal do Rio de Janeiro (ESS/UFRJ). Participa do Núcleo de Estudos Marxistas sobre Política, Estado, Trabalho e Serviço Social (PETSS/ESS-UFRJ).

I. Introdução

O insuspeito sociólogo britânico T. H. Marshall, em seu *Política social* (1967), conta-nos que na passagem do século XIX, na Inglaterra, era comum a utilização das palavras "socialista" e "socialismo" tanto por parte dos ditos "socialistas autênticos" quanto pelos seus opositores liberais, para designar as políticas sociais que o Estado vitoriano implementava. Tratando da vulgarização interessada dos referidos termos, que mesmo a um socialista fabiano[1] saltava aos olhos, afirma Marshall:

> Nenhum político poderia discursar numa reunião política daquela época sem fazer alguma referência "de cunho socialista ao problema social". [...]
> tornava-se necessário afirmar uma crença na responsabilidade do Governo pelo bem-estar do povo e negar aos socialistas oficiais qualquer monopólio de boas intenções ao tomar emprestado seu nome e torná-lo inócuo. [...]
> esse tipo de linguajar irritava os verdadeiros socialistas porque obscurecia a natureza real do conflito de opinião (p. 34).

Objetivamente, o autor nos ajuda a elucidar a estratégia das classes dominantes em luta: *anular o potencial das palavras de ordem e das bandeiras políticas dos trabalhadores, tornando-as "inócuas" e obscurecendo, assim, a "natureza real do conflito"*.

Guardadas as especificidades de cada contexto, acreditamos que é rigorosamente o que se passa atualmente com a dita e redita

---

1. "Sociedade Fabiana" era o nome de uma organização reformista inglesa, fundada em 1884 e composta essencialmente por intelectuais vinculados à burguesia. Negavam a luta de classes, a revolução, e defendiam que a transição para o socialismo somente poderia se dar através das pequenas reformas e mudanças graduais. Em 1900, a agremiação ingressou no Partido Trabalhista daquele país. O chefe militar romano Fábio Máximo (século III a.C.) serviu de inspiração para o nome da agremiação. Conhecido por sua tática cautelosa de combate, celebrizou-se como "o Contemporizador". *Fonte*: *Site* da Web: Marxists Internet Archives. Disponível em: <http://www.marxists.org/portugues/dicionario/verbetes/s/sociedade_fabiana.htm>. Acesso em: 27 mar. 2013.

participação, e mesmo com a *democracia*. Tal anestesiado consenso, nos parece, é o produto ideológico da vitória (ainda que parcial) da sociabilidade burguesa sobre as classes trabalhadoras — que hoje "irritadas" não parecem estar.

Se na época retratada por Marshall, o então pujante movimento operário alcançava um conjunto importante de conquistas políticas e, por isso, impunha às classes dominantes uma significativa agenda de reformas; atualmente, o imenso refluxo da luta dos trabalhadores torna ainda mais difícil (e, por isso, urgente) uma reação de classe às tentativas de obnubilar a sua existência e o conflito que advém das contradições que as engendram. Se, como sabemos, não bastam as determinações objetivas para o desencadeamento (ou retomada) da luta contra o capital — embora, acreditamos, *nunca antes na história desse país* (e do mundo), tais determinações tenham se apresentado como agora — parte importante do trabalho consiste em compreender as artimanhas do discurso dominante, conjugado à identificação da objetividade contida nos fatores subjetivos que podem ajudar a explicar a adesão das classes trabalhadoras à visão de mundo burguesa no contexto atual (Iasi, 2012, p. 288).

A história da *participação democrática* dos trabalhadores tem se configurado, a um só tempo, como conquista e enquadramento nas regras do jogo da dominação de classes. Em tempos como o que vivemos, quando é latente a imensa desigualdade e capacidade organizativa das forças em luta, são comuns os confortáveis consensos em torno dos valores dominantes, que no mais das vezes não passam de negação interessada da luta que se pretende ocultar.

Em meio a este contemporâneo cenário, e para tornar a questão ainda mais complexa, grassa a ideologia do chamado "Terceiro Setor", peça decisiva para o sustento de tal unanimidade em torno da *participação* e da *democracia*. Pela romantização da sociedade civil e pela aparente negação do "Estado" e compreensiva tolerância com o "mercado", oferece-nos a solução que se pretende intermediária. Submete-se o primeiro a uma crítica demolidora, como espaço da ineficiência e, portanto, ignora-se ou relega-se a segundo plano o seu papel precípuo de mantenedor da sociedade de classes (embora este mesmo Estado seja, em grande medida, o regulador e o financiador do "Terceiro Setor") e crê passar impune ao segundo (Montaño, 2007), como quem dá as costas a um menino egoísta, sozinho e insociável. "Participar", portanto, sob esse registro, tem consistido, no mais das vezes, em vincular-se a demandas específicas, pontuais, locais, focalizadas, através de espaços institucionais da sociedade civil ou mesmo desvinculado de qualquer organismo, encorpando uma rede de solidariedade que pretende não só trazer para o plano privado a "questão social", como também negar a política, o espaço público, a luta de classes e, por consequência, as causas, os problemas e as questões estruturais, abrangentes e universais, abrindo mão do ataque às origens mais profundas dos problemas que deseja solucionar — porque não as enxergam, simplesmente, ou porque as consideram inatingíveis e desperdiçadoras de esforços e de tempo. Contra esta compreensão do que venha a significar *participação* e *democracia* é que este trabalho pretende reagir.

Dito isso, cabe apresentar o caminho que percorreremos para tanto. O artigo está dividido em três seções, além desta introdução e das considerações finais. Na primeira, "Participação e luta de classes", nos remeteremos ao controverso processo de conquista de direitos iniciado no século XIX pela luta dos trabalhadores organizados, e a consequente contraofensiva burguesa que não cessou de, num duplo movimento, tentar anular as conquistas participativas e arrefecer o potencial das que lhe foram impostas; capitalizando, se possível, sobre a sua suposta adesão àquelas bandeiras. Na seção "Quem não é pela participação?", tentaremos mostrar como a unanimidade em torno de conceitos e práticas, conflituosos na sua origem, pode denunciar, ao contrário do que pretende — como estratégia de ocultamento do conflito — justamente o desenrolar da luta de classes, aparentemente com a vitória parcial de um dos contendores. Limpo o terreno, a seção "Por uma participação dos/para os trabalhadores" pretende sugerir caminhos que restituam aos produtores diretos da riqueza, os trabalhadores, o sentido pleno da participação que não lhes pode ser facultada, mas que é parte insuprimível da sua condição.

II. Participação e luta de classes

A bandeira política da *participação* não é nova e nunca foi "universal", como hoje aparenta ser. Não custa lembrar que o tema da democracia foi desde sempre controverso para a filosofia política moderna. Pensadores como Benjamin Constant (1767-1830), Alexis de Tocqueville (1805-1859) e John Stuart Mill (1806-1873), contemporâneos dos primeiros movimentos de acomodação conservadora da burguesia recém-dominante, estiveram na linha de frente deste debate. A radicalização jacobina (1793-94) durante a Revolução Francesa (1789-99), inspirada nas profundas críticas de Rousseau à sociedade existente já em meados do século XVIII, embora tenha posto em confronto vertentes poderosas dentro de um mesmo arco, burguês, de visão de mundo, ainda não pôde revelar a divisão de classes que daria corpo e sentido à luta a partir de décadas mais tarde. De um modo ou de outro, representou um primeiro marco divisório no espectro político da virada do século. Já após o fim do período revolucionário, o liberalismo passou a se posicionar claramente à direita, no esforço de legitimação das estruturas do Estado capitalista nascente, do *modus operandi* e da sociabilidade burguesa.

É da Constituição Francesa jacobina, de 24 de junho de 1793, o mérito da tentativa de implementação, pela primeira vez nos tempos modernos, do sufrágio universal, ainda que facultado somente aos homens. Embora aprovada, não chegou a entrar em vigor, em face da tumultuada conjuntura interna e externa vivida pela França naqueles anos. A efêmera presença do sufrágio, ainda que apenas como letra de lei que não vingou, foi o suficiente para ativar a reação dos proprietários, uma vez que a tais transformações democráticas corresponderam "intervenções decisivas do Estado no campo econômico", através do "imposto progressivo" (Losurdo, 2004, p. 16), da reforma agrária, do confisco de bens da Igreja e da nobreza, da lei do preço máximo e outras mais.

Assim, passado o Termidor,[2] a burguesia liberal se viu diante de um dilema: defensora do sistema eleitoral representativo, posto que o considerava um avanço em relação ao "mandato imperativo"[3] — que remontava à Idade Média e vigorou na França, exatamente, até a Revolução —, precisava conter, no entanto, os impulsos democratizantes dos não proprietários, das massas populares, que mesmo não tendo sido convidados, desejavam participar da festa da emancipação. Assim, o rechaço da agenda de reformas do período jacobino não deixou para trás a crítica do seu sistema eleitoral ampliado, promovendo a reintrodução das restrições censitárias imediatamente após a queda de Robespierre (ibidem, p. 17).

Mas se a Revolução Francesa, com destaque para o período jacobino, apenas ensaiou revelar os antagonismos, ou determinou uma "injeção de consciência política e de permanente atividade política entre as massas" (Hobsbawm, 2009, p. 418), as revoluções da primeira metade do século XIX intensificaram a percepção do conflito, que culminaria nos acontecimentos de 1848, quando a nova sociedade emergiria em definitivo, acertando suas contas com o que ainda restava do Antigo Regime, mas, a contragosto, pelas mãos do seu oponente medular, o proletariado, a inaugurar um embate que não podia mais ser adiado (Marx, 2008 [1850]). Eis o "espectro do comunismo", de que falavam Marx e Engels neste mesmo ano,

---

2. Nome do décimo primeiro mês do calendário revolucionário francês, que vigorou de 22 de setembro de 1792 a 31 de dezembro de 1805. Correspondia ao período compreendido entre 19 de julho e 17 de agosto do calendário gregoriano. O golpe do 9 Termidor (de 1794 — ou do ano II pelo novo calendário republicano) entrou para a história como o fim do período jacobino durante a Revolução Francesa, que marcou o retorno da alta burguesia (girondinos) ao poder. Destituído e preso, Robespierre foi guilhotinado no dia seguinte.

3. No mandato imperativo os eleitos encontravam-se diretamente vinculados aos seus eleitores, representando não ideias gerais (nem tampouco a nação), mas interesses eminentemente particulares. Ao contrário do sentido moderno atribuído à representação, os mandatários desse modelo eleitoral não gozavam de autonomia de decisão e deliberação, posto que deveriam seguir as instruções prévias de seus eleitores, consignadas em "cahiers" (cadernos), como se denominava na França (Comparato, 1993).

que rondava a Europa (Marx e Engels, 2005 [1848]). Mas não nos antecipemos.

2.1 Benjamin Constant e a defesa do "sufrágio restrito"

Constant, em nome da burguesia liberal, sairá em defesa da manutenção do sufrágio restrito, argumentando que o estabelecimento de direitos políticos para os não proprietários permitiria que estes pudessem ter ingerência sobre a propriedade e a riqueza da qual não eram donos, penalizando, dessa forma, os proprietários, e terminando, assim, por tratar "a pobreza como um privilégio"; o que poria em risco a ordem social (ibidem, p. 16-17). O pensador francês ainda, em um conferência pronunciada no ano de 1819, fornece as bases do que décadas mais tarde, e estendendo-se ao século XX, seria reapropriado por pensadores liberais como Gaetano Mosca, Vilfredo Pareto e Joseph Schumpeter para positivar a apatia política das massas, além de uma boa explicação para a separação instituída pelo liberalismo clássico entre economia e política e público e privado. Comparando as liberdades antiga e moderna, afirma que na modernidade, onde os homens não carregariam mais o fardo do exercício do governo, haveria a possibilidade de fruir, na esfera privada, os bens que conquistassem por seus méritos pessoais, sem que fosse preciso se ocupar dos negócios públicos do Estado — o que poderia ser feito por seus "representantes". Embora longa, vale a citação, pela clareza de princípios:

> [...] não podemos mais desfrutar da liberdade dos antigos a qual se compunha da *participação ativa e constante do poder coletivo*. Nossa liberdade deve compor-se do exercício pacífico da independência privada. *A participação que, na antiguidade, cada um tinha na soberania nacional não era, como em nossos dias, uma suposição abstrata. A vontade de cada um tinha uma influência real*; o exercício dessa vontade era um prazer forte e repetido. Em consequência, os antigos estavam dispostos a fazer muitos sacrifícios pela conservação de seus direitos políticos e de sua parte na administração do Estado. Cada um, sentindo com orgulho o que valia

> seu voto, experimentava uma enorme compensação na consciência de sua importância social.
>
> Essa compensação já não existe para nós. *Perdido na multidão, o indivíduo quase nunca percebe a influência que exerce. Sua vontade não marca o conjunto; nada prova, a seus olhos, sua cooperação.* O exercício dos direitos políticos somente nos proporciona pequena parte das satisfações que os antigos nela encontravam e, ao mesmo tempo, os progressos da civilização, a tendência comercial da época, a comunicação entre os povos multiplicaram e variaram ao infinito as formas de felicidade particular. *Conclui-se que devemos ser bem mais apegados que os antigos à nossa independência individual.* Pois os antigos, quando sacrificavam essa independência aos direitos políticos, sacrificavam menos para obter mais; enquanto que, fazendo o mesmo sacrifício, nós daríamos mais para obter menos. O objetivo dos antigos era a partilha do poder social entre todos os cidadãos de uma mesma pátria. Era isso o que eles denominavam liberdade. *O objetivo dos modernos é a segurança dos privilégios privados*; e eles chamam liberdade as garantias concedidas pelas instituições a esses privilégios (1985, p. 3; grifos nossos).

Em suma, a dimensão da liberdade moderna é inversamente proporcional ao grau de participação nos negócios públicos. Tanto mais concentrados nos seus negócios particulares, tanto mais livres os indivíduos serão. Senão, mais uma vez, sigamos o seu raciocínio:

> Daí vem, Senhores, a necessidade do sistema representativo. O sistema representativo não é mais que uma organização com a ajuda da qual uma nação confia a alguns indivíduos o que ela não pode ou não quer fazer. *Os pobres fazem eles mesmos seus negócios; os homens ricos contratam administradores. É a história das nações antigas e das nações modernas.* O sistema representativo é uma procuração dada a um certo número de homens pela massa do povo que deseja ter seus interesses defendidos e não tem, no entanto, tempo para defendê-los sozinho (ibidem, p. 6).

Como se vê, ainda é possível para Constant, que atua até as primeiras décadas do século XIX, no limiar do reconhecimento incontestável da classe trabalhadora como importante ator político na cena pública, desestimular abertamente a participação na administração dos negócios do Estado, de modo que o governo dos proprietários mantenha-se ileso à participação dos que não podem contar com "administradores".[4] É possível também para Constant, ainda que empunhando a bandeira da liberdade, sugerir a não participação dos indivíduos na vida política sem precisar admitir a "intromissão" das massas populares, a contragosto. Mas, como veremos, as conquistas crescentes das classes trabalhadoras, especialmente a partir de meados do século XIX, exigiriam também crescentemente do liberalismo o movimento duplo de que falamos anteriormente, isto é: a sofisticação do discurso precisou andar acompanhada da construção de estratégias que amenizassem o impacto da participação crescente das massas populares na vida política dos Estados.

Se quisermos fazer um rápido aparte, podemos dizer que tal incremento não cessou desde então, a ponto de permitir ao filósofo Norberto Bobbio, por exemplo, já nos anos 1980, sugerir que a democracia teira sido "uma consequência histórica do liberalismo" (Bobbio, 2000, p. 23 e 138). Teremos, ao final dessa seção, elementos e oportunidade de arrematarmos o assunto. Voltemos, então, a observar os esforços originais do liberalismo burguês para justificar o injustificável, antes de abordar as gerações dos seus seguidores.

2.2 Tocqueville: a democracia como mal inevitável

Tocqueville que, embora contemporâneo de Constant, viveu por trinta anos mais, passou para a história como defensor e admirador da democracia, após a observação *in loco* que realizou do funcionamento das instituições e da dinâmica Estado/Sociedade nos Estados

4. Vale notar que foi com base em tamanha *honestidade* que, anos mais tarde, Marx e Engels formularam a clássica e até hoje muito discutida passagem do Manifesto Comunista (1848): "o poder do Estado moderno não passa de um comitê que administra os negócios comuns da classe burguesa como um todo" (op. cit., p. 87).

Unidos da América, entre abril de 1831 e março de 1832. Seu clássico *A democracia na América* é até hoje considerado um libelo a favor da democracia e da liberdade, e tem contribuído também para a fama democrática daquele país. No entanto, uma avaliação mais cuidadosa pode permitir que cheguemos a outra conclusão.

Um passo à frente de Constant, Tocqueville compreende que a extensão dos direitos políticos às massas — e continuamos falando do mais festejado desses direitos, o sufrágio universal — era um processo de difícil contenção.

> À medida que se recua o limite dos direitos eleitorais, sente-se a necessidade de recuá-lo ainda mais; porque, depois de cada nova concessão, as forças da democracia aumentam e suas exigências crescem com seu novo poder. A ambição dos que são deixados abaixo do censo inflamam-se proporcionalmente ao grande número dos que se acham acima. A exceção se torna enfim a regra; as concessões sucedem-se sem parar e só se pára quando se chega ao sufrágio universal (2005 [1835], p. 67).

Eis a primeira sombra de dúvida sobre o papel atribuído a Tocqueville. Considera, o pensador francês, que não é uma boa política opor-se abertamente às pressões populares pela ampliação do direito de voto através da restrição censitária, mas nem tampouco acha que se deva antecipar tal concessão. Sua questão central é a definição de uma estratégia que evite o embate direto e ao mesmo tempo enfraqueça o poder de intervenção da política no campo econômico onde, ao fim e ao cabo, reside a sua preocupação. Não por outra razão afirma que: destituído de legitimidade seria um regime político que

> ao assegurar aos ricos o gozo do seus bens, proteja ao mesmo tempo os pobres do excesso de sua miséria, exigindo dos primeiros uma parcela do supérfluo para conceder o necessário aos segundos (apud Losurdo, op. cit., p. 18).

Sua preocupação, digamos de passagem, é bastante coerente com sua posição de classe. Ninguém menos do que Marx e Engels para lhe dar razão:

> Vocês se horrorizam com o fato de que queremos abolir a propriedade privada. No entanto, a propriedade privada foi abolida para nove décimos dos integrantes de sua sociedade; ela existe para vocês exatamente porque para nove décimos ela não existe. Vocês nos acusam de querer suprimir a propriedade cuja premissa é privar de propriedade a imensa maioria da sociedade. Vocês nos acusam, em resumo, de querer acabar com a sua propriedade. De fato, é isso que queremos (op. cit., 2005 [1848], p. 103).

Tocqueville, assim como a classe a que pertence, diante de um perigo do passado (o despotismo) e outro do futuro (a democracia), é impelido ao segundo. O limite até onde aceita recuar é o da garantia da liberdade (burguesa), que a igualdade reivindicada pelo tempo em que vive coloca sob ameaça. Para Tocqueville, assim como para Constant, o perigo não era nem nunca foi o Estado. Não esqueçamos que o liberalismo não possui uma crítica profunda do Estado, *stricto sensu*, mas apenas da sua feição absolutista; assim como nunca defendeu o seu fim, e sim a sua administração "burguesa" — esta foi a essência da luta contra o Antigo Regime, inclusive. A questão dizia respeito, portanto, às tentativas de interferência de uma classe de não proprietários (a maioria) na administração desses negócios, apenas e tão somente. Se, por um lado, este movimento da maioria parecia irresistível, tratava-se de conter a sua tirania — uma vez superada a do despotismo, não cabia cair na da democracia. Mas como conter a tirania da maioria?

O liberal francês dirá que o único remédio é a liberdade de associação. Contra um Estado governado pelos interesses da maioria, só caberia o refúgio da sociedade civil. Em torno das organizações voltadas à defesa dos interesses privados e pela descentralização administrativa giraria a "participação" dos indivíduos que, como vemos, para Tocqueville, consiste puramente na defesa de interesses particulares contra os interesses da maioria representados no Estado. A participação que advoga serviria para opor ao poder da maioria não proprietária o poder da minoria proprietária: "é preciso que a minoria oponha sua força moral inteira ao poderio material que a oprime. Opõe-se, pois, um perigo a um perigo mais temível" (Tocqueville, op. cit., p. 223).

Nada mais avesso ao sentido democrático de participação, não? Assim como Losurdo, podemos agora insistir com o leitor, neste breve percurso que ainda não terminou, que nada esteve mais distante de Tocqueville do que a ideia de participação política das massas, que se expressava também na questão do sufrágio (op. cit., p. 21), seja nos EUA, na França ou em qualquer outra parte.

Antes de trazermos John Stuart Mill para o debate, é digno de nota, ainda que na mão inversa em relação aos dias de hoje, que, ao longo do período que abordamos, um consenso de outra ordem parecesse se apresentar em torno da democracia: o seu potencial revolucionário, mesmo que as condições materiais para esta revolução dos trabalhadores ainda não estivessem dadas. Mas o fato é que naquele momento a definição do que deveria ser a democracia estava em franca disputa. Se constitui um esquematismo falar de "democracia burguesa", posto que seria "um equívoco histórico, mas também uma injustiça contra os trabalhadores atribuir à burguesia algo que foi conquistado contra ela" (Coutinho, 2008, p. 62-63), não temos dúvida de que burgueses e trabalhadores, se afirmadas conscientemente as suas posições de classe, terão necessariamente entendimentos diametralmente opostos sobre a democracia. Sob esse entendimento, portanto, se pode não ser adequado classificar como "burguesa" ou "operária" a democracia que está sob contenda na realidade social, posto que o processo histórico não se presta a camisas de força, não nos resta dúvida de que os adjetivos são válidos e imprescindíveis para marcar a fronteira entre as classes, posto que apenas uma delas se beneficia de tal indiferenciação, como sabemos. E isso queremos destacar.

François Guizot, contemporâneo de Tocqueville e primeiro-ministro francês entre 1840 e 1848, durante a Monarquia de Julho, não nos deixa duvidar:

> Não há mais causa legítima, nem um pretexto plausível para as máximas e as paixões por tanto tempo colocadas sob a bandeira da democracia. O que anteriormente era democracia seria agora anarquia; o espírito democrático, hoje e por muito tempo, não é nem será nada senão o espírito revolucionário (apud Hobsbawm, op. cit., p. 171).

Marx e Engels, do lado oposto, completam o quadro que tentamos mostrar. Valorizando a aposta na participação política dos trabalhadores, franca e direta, contra a burguesia, afirmam:

> Em todas essas lutas, a burguesia se vê forçada a apelar para o apoio do proletariado e arrastá-lo para a arena política. Ela mesma, portanto, supre os elementos para a formação política do proletariado, isto é, as armas contra ela mesma [...]
>
> [...] o primeiro passo da revolução dos trabalhadores é a ascensão do proletariado à situação de classe dominante, ou seja, a conquista da democracia (op. cit., 2005 [1848], p. 95, 96 e 108).

Mas prossigamos. Se Constant e Tocqueville representam de modo bastante significativo o pensamento da classe dominante francesa, não é coincidência que tenhamos elegido um pensador inglês para completar o quadro. França e Grã-Bretanha, como sabemos, carregam o pioneirismo das revoluções burguesas e, portanto, o "pioneirismo" também no trato das questões mais candentes do mundo burguês nascente. Se o braço político da deflagração e posterior consolidação do poder burguês na Europa coube à França, com a Revolução Francesa, foi da Grã-Bretanha o braço econômico, com a Revolução Industrial no mesmo período[5] (Hobsbawm, op. cit., p. 83).

---

5. Vale notar que, embora a revolução política que levou a burguesia ao poder na Inglaterra (Revolução Gloriosa) tenha ocorrido um século antes da Revolução Francesa, o movimento

Assim, se da França surgem os principais receios do liberalismo face à ação política da massas, também não se constitui coincidência que da Grã-Bretanha emerja um pensamento com o mesmo substrato, embora, como veremos, já pareça apresentar a possibilidade de superação do problema. O que chamamos de "superação", evidentemente, não pode ser tomado em termos absolutos, posto que não "supera" as reviravoltas da luta de classes. No entanto, com a confirmação da história subsequente, até os nossos dias, é possível avaliar mais precisamente o acerto da aposta burguesa de então, quando decidiu investir no que Losurdo chamou de "des-emancipação", sutil e concomitante ao processo de "emancipação" experimentado pela classe trabalhadora — ainda que, como era de se esperar, nesse processo a burguesia tenha precisado (e ainda o faça) rifar alguns anéis para garantir todos os dedos das mãos, antes ameaçados.

2.3 Mill e o espírito pragmático inglês

Assim como para Tocqueville e o pensamento liberal francês, a questão central que desafiava o liberalismo inglês desde a primeira metade do século XIX era a incorporação ao sistema político das massas de trabalhadores pobres das cidades de modo apaziguado. E embora, como dissemos, cada vez mais sofisticada a des-emancipação que se promovia, Mill também passou para a história (por isso mesmo, talvez) como o mais legítimo representante do *pensamento liberal democrático* inglês daquele século. Se em seus artigos podemos encontrar, de fato, um elogio da participação de *todos* na vida política nacional, permanecem também no seu pensamento algum apelo à restrição censitária ao voto e o medo manifesto da tirania (Balbachevsky, 1989, p. 189-199).

---

que desencadeou processos revolucionários pela Europa afora foi o francês. Assim como, para além do pioneirismo inglês na Revolução Industrial, nenhuma outra nação europeia conseguiu superar a chamada "oficina do mundo" até a passagem do século XIX.

Mill expressa, mais enfaticamente, a crescente distância entre o desejável e o possível para as classes dominantes diante da força irresistível do proletariado organizado. Sua preocupação já é nossa velha conhecida: teme que através do voto as massas operárias ascendam ao poder de Estado e passem a interferir nos negócios dos proprietários. Sua sofisticação, portanto, está não só na compreensão da inevitabilidade da extensão do sufrágio (também presente em Tocqueville), mas na denúncia de que o Estado não pode ser tomado por interesses classistas (da maioria e da minoria, afirma). Com esta operação, logra a indiferenciação das classes antagônicas e a negação do papel de classe do Estado, posto que, se em Tocqueville o receio da tirania da maioria era explicitamente o temor manifesto de um governo de não proprietários (receava mais pela maioria do que pela tirania), em Mill, a tirania assume o papel de problema central, sugerindo que acima dos interesses particulares legitimamente em jogo, de uma maioria ou de uma minoria, o bem comum, a pluralidade de interesses, "o governo de todos por todos" é que deveria prevalecer. A liberdade de Mill, portanto, não é senão a liberdade inscrita pelos valores da sociedade burguesa, que reputa, evidentemente, universais.

> A democracia não será jamais a melhor forma de governo, a não ser que este seu lado fraco possa ser fortalecido; a não ser que possa ser organizada de maneira a não permitir que nenhuma classe, nem mesmo a mais numerosa, possa reduzir todo o resto à insignificância política, e dirigir o curso da legislação e da administração segundo seus interesses exclusivos de classe. O problema está em achar os meios de impedir este abuso, sem sacrificar as vantagens características do governo popular (Mill, 1981 [1861], p. 87).

Como Mill, na prática, abandona em definitivo a defesa da restrição censitária do voto — a despeito de uma ou outra passagem presente em sua obra que alerta para a violação do princípio de um governo livre pela concessão do direito de voto aos pobres isentos do pagamento de impostos —, em seu lugar lança mão de algumas medidas não menos restritivas, ainda que não censitárias: a primeira e mais importante, posto que representa a construção de um consenso que se pretende duradouro, é a educação política das massas no exercício da política, isto é, a educação do próprio consenso. Mill está convencido de que a inclusão das classes trabalhadoras na vida política ativa — em âmbito local, vale registrar — trará mais ganhos do que perdas, à medida que as tornaria parte do jogo, que envolve tanto os negócios privados quanto o que compreende como o *bem-comum* (Pateman, 1992, p. 42-49). Assim, antes que uma ameaça aos negócios privados, a própria dinâmica característica do mundo burguês funcionaria como a melhor pedagogia para as massas, que a legitimará em vez de desejar suprimi-la.

> Limitar o sufrágio não é a solução, uma vez que acarretaria uma exclusão compulsória de parte da população de seu direito à representação. Um dos principais benefícios do governo livre é justamente a educação da inteligência e dos sentimentos que é levada às mais baixas camadas da população, quando esta é chamada a tomar parte em atos que afetam diretamente os grandes interesses do país (idem).

Outro contemporâneo de Mill, o crítico Leslie Stephen, às vésperas da segunda Reforma Eleitoral britânica, de 1867, reforça o tom do pensador liberal inglês, dando mostras de como o desafio da inclusão das massas foi sendo absorvido gradativamente, em meio, claro, aos embates dentro da própria classe sobre as melhores estratégias a adotar:

> Em que medida o remédio de excluir as classes trabalhadoras de qualquer possibilidade real de influência é sadio e satisfatório? O fato de excluí-las da influência no plano legislativo não as levaria talvez a pensar em outros meios? (apud Losurdo, op. cit., p. 71).

As outras duas medidas propostas por Mill dizem respeito ao funcionamento do sistema eleitoral e pretendem, claramente, diminuir o poder de intervenção das massas, paralelamente e em função da sua admissão. Trata-se do "sistema proporcional" e do "voto plural". O primeiro visa possibilitar a representação das minorias nos parlamentos, através dos cálculos dos quoeficientes eleitoral e partidário, superando a contagem dos votos em números absolutos. Já o voto plural supõe pesos distintos para cada classe de votantes. A operação proposta por Mill é sutil: como compreende que a polarização de interesses deveria se dar entre as duas classes fundamentais (proprietários e assalariados), lança mão de um terceiro grupo, "que por suas condições específicas esteja pessoalmente comprometido com a justiça: as elites culturais. Para que a influência destas elites seja real [...], o peso de seus votos deve ser superior a 1", argumenta (Balbachevsky, op. cit., p. 196).

Se bem notarmos, essa perspectiva de Mill representa uma importante inflexão no pensamento liberal burguês de então, uma vez que aponta para uma solução possível diante de um problema colocado e para o qual não cabia a indiferença ou apenas resposta bruta. Não nos parece exagero afirmar que se trata de um momento primeiro, ainda no calor das turbulências, de um processo de formação societal e de construção de uma hegemonia de classe, como nos indica Gramsci:

> O fato da hegemonia pressupõe indubitavelmente que sejam levados em conta os interesses e as tendências dos grupos sobre os quais a hegemonia será exercida, que se forme um certo equilíbrio de compromisso, isto é, que o grupo dirigente faça sacrifícios de ordem econômico-corporativa; mas também é indubitável que tais sacrifícios e tal compromisso não podem envolver o essencial, dado que, se a hegemonia é ético-política, não pode deixar de ser também econômica, não pode deixar de ter seu fundamento na função decisiva que o grupo dirigente exerce no núcleo decisivo da atividade econômica (Gramsci, 2007, p. 48).

2.4 Arremate: o liberalismo e o processo de *des-emancipação*

Chegamos aqui a um ponto crucial desta nossa breve abordagem. Losurdo nos mostra, em seu notável *Democracia ou bonapartis-*

mo (2004), algo que já insinuamos, mas que agora vale retomar. Como produto da luta de classes que foi e continua sendo, todo o processo de emancipação da classe trabalhadora desde o século XIX tem sido acompanhado, segundo este autor, de um processo paralelo, não menos intenso, de *des-emancipação*. Losurdo chama reiteradas vezes a atenção para as limitações do direito de associação, para um conjunto de estratégias eleitorais formuladas para conter o peso e a importância da participação dos trabalhadores, todas em paralelo à "concessão" de direitos políticos, à medida em que também avança a conquista do sufrágio universal. Mas o ponto central de sua tese gira em torno do fenômeno do bonapartismo — já anunciado por Marx no seu *O 18 Brumário de Luís Bonaparte*. Trata-se de um determinado formato de organização de governo e do aparelho de Estado, produto do século XIX que, aproveitando-se da luta encarniçada entre as classes fundamentais — além das divisões internas dentro da própria burguesia —, lança mão de líderes carismáticos que, uma vez alçados ao Estado, tendem a se colocar acima dos partidos e promoverem uma brutal centralização do poder, como forma de atenuar fortemente as conquistas populares de direitos, com o intuito precípuo de anular o seu poder organizativo. Ou, nas palavras do próprio autor:

> A preocupação de conter as reivindicações populares e plebeias desemboca [...] não na reproposição do regime de notáveis e sim indo inclusive além e fora das aspirações e das intenções subjetivas dos protagonistas dos acontecimentos, num regime político novo, no âmbito do qual o Executivo forte ou fortíssimo encontra sua legitimação numa investidura popular que se expressa mediante o plebiscito ou mediante um sufrágio eleitoral bastante amplo e, seja como for, sensivelmente mais abrangente do que no passado (Losurdo, op. cit., p. 124).

Evidentemente não se trata de fazer terra arrasada de tudo o que houve em termos de conquistas democráticas ao longo de 200 anos de luta, mas Losurdo nos alerta, no presente, para o caráter necessariamente contraditório das conquistas no ambiente do capital, não só porque são sempre parciais, como também porque não são estáticas nem tampouco necessariamente cumulativas.

Luís Bonaparte, o sobrinho do tio, a farsa da tragédia, foi o primeiro a encarnar esse papel, numa França convulsionada. Eleito pelo sufrágio universal conquistado naquele mesmo ano de 1848, desprezado pelas classes dirigentes em disputa interna e tido como aventureiro, revelou uma aguda percepção política quando, em 1850, meses antes do autogolpe de Estado que o tornaria Napoleão III, restabeleceu o sufrágio universal que havia sido extinto por uma lei de 31 de maio daquele ano, definindo os termos e o alcance da estratégia que encarnava e que faria história no variado leque do qual as classes burguesas lançam mão para a manutenção da dominação:

> Perguntei-me se, na presença do delírio das paixões, da confusão das doutrinas, da divisão dos partidos, quando tudo parece reunir-se para subtrair todo prestígio à moral, à justiça, à autoridade, era mesmo necessário abalar ou corroer o único princípio que a Providência manteve de pé para nos unir. *Uma vez que o sufrágio universal reconstruiu o edifício social pelo fato mesmo de ter substituído um fato revolucionário por um direito, será talvez sábio restringir mais uma vez a base?* Enfim, perguntei-me se isto não significaria comprometer antecipadamente os novos poderes chamados a dirigir os destinos do país, dando o pretexto para pôr em discussão sua origem e desconhecer sua legitimidade (apud Losurdo, op. cit., p. 61; grifos nossos).

De lá pra cá, com a mundialização do capital, de sua economia e de sua política, os bonapartes têm se multiplicado espantosamente, fazendo, sob regimes democráticos, o Estado de exceção como regra, promovendo o fechamento de importantes canais de participação (hoje em dia criados em profusão e quase sempre apassivados de antemão) ao mesmo tempo em que, a depender da conjuntura, se ampliavam os direitos políticos. Desde os anos 1980, a des-emancipação assumiu proporções antes nunca vistas, posto que a luta das classes trabalhadoras também se enfraqueceu de modo assustador mundo afora. E tudo sob o incômodo e não coincidente consenso em torno da democracia e da participação. Se "a experiência histórica já demonstrou que é possível controlar o sufrágio universal, tornando-o instrumento de controle e de domínio das massas pela ação de personalidades excepcionais" (ibidem, op. cit., p. 76), tais tendenciosos consensos têm a odiosa tarefa de preparar o terreno para míticas formulações como a de Bobbio, que não resistem, no entanto, à investigação histórica. Nossa tarefa está dada.

III. Quem não é pela "Participação"?

Segundo Maria da Glória Gohn, o termo *participação* "tornou-se parte do vocabulário e da agenda das nações ocidentais a partir dos anos 1960" e "é uma das palavras mais utilizadas no vocabulário político, científico e popular da modernidade". Sociologicamente, porém, suas origens na modernidade[6] remontam à Revolução Francesa e ao aparecimento do cidadão sob tal configuração, conclui a autora (2007, p. 14 e 21).

Marcos Nobre, co-organizador, ao lado de Vera Schattan P. Coelho, do livro *Participação e deliberação — teoria democrática e experiências institucionais no Brasil contemporâneo* (2004), nos informa que "participação e deliberação aparecem hoje no centro de um grande debate sobre a renovação da democracia, sendo que a experiência brasileira nessa área, por sua dimensão e vitalidade, ganhou um lugar de destaque no cenário internacional" (p. 11). Mais adiante, Nobre confirma o acerto do problema colocado por este artigo: "poucas ideias na atualidade parecem ter adquirido uma aceitação tão ampla quanto a de democracia. Não importa qual seja o espectro político a partir do qual a ideia

6. Se o espaço permitisse, seria possível retornar à antiga Atenas para explorar ainda mais o tema. No período democrático, era comum a utilização do termo "idhiótis" — cujo significado literal é "homem privado, individual" —, para, pejorativamente, caracterizar os cidadãos desinteressados das questões da vida pública.

é enunciada e defendida, 'democracia' é uma quase unanimidade"[7] (Nobre, 2004, p. 21).

Na esteira da imensa "aceitação" das ideias de *participação* e *democracia*, era de se esperar que surgisse um sem-número de adjetivações para um e outro termo,[8] embora as práticas políticas rearrumem, misturem e confundam incessantemente as fronteiras que os sociólogos inventam. Da mesma forma, não são poucos os atores individuais e coletivos que se propõem a vocalizar seus entendimentos acerca dos conceitos em tela, tecendo loas, no mais das vezes, ao atribuído vigor das diversas experiências nacionais, regionais e locais, de exercício da *participação democrática*: como via de acesso à *cidadania*, estratégia de alcance de uma *sociedade mais justa*, meio de *acúmulo de forças* e também de construção de um "outro mundo possível".[9] Façamos, então, um brevíssimo mas, acreditamos, representativo apanhado.

É amplo o espectro tal como é amplo o consenso de que falamos. Militantes de esquerda e de direita, organizações e partidos políticos dos mais diversos matizes ideológicos, ONGs, sindicatos, associações, empresas, entidades de governo, organismos internacionais e intelectuais de todas as nacionalidades e feitios, têm contribuído para o sustento deste ideário participativo-democrático, com perspectivas e propósito distintos, claro. Na impossibilidade de um mapeamento

---

7. É significativo dessa acurada observação e de nossas inquietações que, às páginas 8 e 9 da referida obra, conste a informação de que os seus organizadores, bem como muitos de seus autores, através de sua associação ao Centro Brasileiro de Análises e Planejamento (Cebrap), vinculam-se "a um consórcio mais amplo de pesquisas conhecido como *Developmente Research Centre (DRC) on Citizenship, Participation and Accountability*, que faz parte *do Institute of Development Studies* (IDS) da Universidade de Sussex, Inglaterra", que conta com recursos "adicionais" da *Rockfeller Foundation*, e "vem, em diferentes contextos, empreendendo pesquisas internacionais e promovendo o debate sobre o sentido contemporâneo dos conceitos de direito e cidadania e suas implicações para as questões de participação e *accountability*".

8. Não são poucas as variações. Para o primeiro, entre outras, as designações mais comuns são as seguintes: "participação social", "participação política", "participação sociopolítica", "participação popular" e "gestão participativa". Para o segundo termo são comuns: "democracia participativa", "democracia radical", "democracia de alta intensidade".

9. Ver, entre outros, Banco Mundial (1997); Genro (1999); Holloway (2003); Santos (2005); Campbell (2005) e Avritzer (2009).

extenso e detalhado, posto que é exíguo o nosso espaço, daremos voz, na sequência, a alguns atores coletivos representativos não de todos os diferentes perfis arrolados anteriormente, mas dos espectros políticos da esquerda e da direita — entre os quais, ao fim das contas, todos eles se distribuem, quer queiram, quer não. Acreditamos que assim não correremos o risco de perder de vista as visões (e as fronteiras) de classe que parecem borradas. Optaremos, portanto, pelos partidos políticos, organismos internacionais e organizações que expressam conjuntos de interesses e visões de mundo de determinados segmentos da direita e da esquerda, no Brasil e fora dele.

O amplo espectro ideológico expresso na estrutura partidária brasileira, a despeito do processo de bipartidarização que temos vivido nos últimos tempos (ver Singer, 2011), pode ser resumido a um conjunto de cinco ou seis partidos, ainda que aqui ou acolá outras agremiações pudessem substituir as que elegemos. São eles: o Partido Democratas (DEM), o Partido da Social Democracia Brasileira (PSDB), o Partido dos Trabalhadores (PT), o Partido Socialismo e Liberdade (PSOL) e o Partido Comunista Brasileiro (PCB). Vejamos, então, o que dizem.

Pela ordem, no campo da direita, o DEM, criado em 2007 em substituição ao antigo Partido da Frente Liberal (PFL) — que por sua vez já foi o antigo PDS (Partido Democrático Social) e que, também por sua vez, já foi a Arena (Aliança Renovadora Nacional), base de sustentação da ditadura civil-militar (1964-1985) a partir de 1965 —, embora venha sendo crescentemente esvaziado na sua capacidade de aglutinar os interesses da burguesia (seja financeira, industrial ou agrária), ainda, pode-se dizer, a representa. No seu ideário "democrático", como o nome da agremiação já expressa, a despeito de uma ditadura no currículo, consta o seguinte compromisso:

> Impõe-se, sobretudo, libertar as imensas energias criadoras do homem brasileiro, repetidas vezes sufocadas pelo centralismo e pela estatização. *A grande revolução a realizar-se neste País é a da liberdade da iniciativa em todos os planos — no político, no social e no econômico. É preciso estimular,*

por todos os modos, a participação comunitária, abrindo-se oportunidades à fecunda manifestação de nossas diversidades (grifos nossos).[10]

Não é necessário ressaltar a explícita e, hoje, "ornitorríntica", operação de esvaziamento do conceito de "revolução" pela sua associação à ideia da "liberdade da iniciativa". Sigamos.

Deixando a extremidade "direita", antes de chegarmos ao "centro" encontramos o PSDB, autodenominado "socialdemocrata" e fundado em 1988.[11] Tendo sido governo por oito anos seguidos (1995-2002), foi responsável pela implementação definitiva do "ajuste neoliberal" sofrido pelo país a partir da década de 1990 — iniciado no curto governo Fernando Collor de Mello (1990-1992) — que, como sabemos, foi mister na redução de direitos e concentração de renda (Paulani, 2006) — metas que ajudam a compreender o espraiamento dos interesses burgueses pela cena partidária dominante, bem como o processo de encolhimento do DEM que, em tempos de Arena, PDS e PFL, que eram também tempos de distinções mais claras entre direita e esquerda, de fato concentrava os interesses econômicos das classe burguesa e de suas frações. Em seu programa, o PSDB afirma o compromisso com "a democracia, a justiça, o desenvolvimento e soberania nacional" e compromete-se com a abertura crescente do Estado "à participação e às demandas populares".[12]

O PT, maior partido de esquerda da América Latina, fundado em 1980 por trabalhadores e intelectuais congregados em torno do novo sindicalismo e da luta pela redemocratização do país, tem dado continuidade à política econômica que tem permitido o aumento ininterrupto da concentração de capitais (Paulani, op. cit.), embora nos últi-

---

10. Ver site oficial do Partido Democratas. Disponível em: <http://www.dem.org.br/wp-content/uploads/2011/01/Ideario-do-Democratas.pdf>. Acesso em: 5 abr. 2012.

11. Segundo consta em seu site oficial (ver nota 12), garante que "nasceu junto com a democracia brasileira".

12. Ver *site* oficial do Partido da Social Democracia Brasileira. Disponível em: <http://www.psdb.org.br/wp-content/uploads/2010/04/Programa_PSDB_2007.pdf>. Acesso em: 1º abr. 2013.

mos anos as populações de baixa renda tenham alcançado ganhos reais de salário, ao contrário da tendência de queda experimentada em períodos anteriores (Pochmann, 2012).[13] Embora de face e atuação política tipicamente socialdemocrata,[14] em seu 4º Congresso, realizado em 2011, reafirmou a busca pela construção de um "socialismo democrático", com desenvolvimento e "participação popular".[15]

O PSOL, fundado em 2005 por dissidentes do PT, descontentes com os rumos assumidos pelo então recém-empossado governo Lula e que acusavam o partido de ter aberto mão do socialismo, tem concentrado as expectativas da esquerda órfã do projeto encabeçado pelo PT ao longo das últimas décadas. Defende em seus documentos o socialismo com democracia, bem próximo ao petista, bem como a participação política das massas, embora, explicitamente, negue a conciliação de classes — pomo da discórdia com a antiga legenda.[16]

Por fim, o PCB, na companhia de algumas outras legendas como o Partido Socialista do Trabalhador Unificado (PSTU) e Partido da Classe Operária (PCO), é o único partido entre os que elegemos que fala explicitamente de uma ruptura revolucionária, da necessidade do fim do capitalismo e da tomada do Estado pelos trabalhadores. Virtualmente extinto em 1992, é hoje um partido em reestruturação. Reinscrito formalmente no final de 1995, de lá para cá realizou três congressos nacionais. No documento das resoluções do último, o XIV, de 2009, os termos "democracia" e "participação" aparecem com pesos distintos. Enquanto em relação ao primeiro o objetivo é pensar

---

13. Ver, especialmente, capítulo 1 (p. 13-22).

14. No entanto, como afirma Mauro Iasi, a versão petista da socialdemocracia, ao contrário da europeia, tem operado "no sentido da redução de direitos" (Iasi, 2006, p. 549).

15. Ver *site* oficial do Partido dos Trabalhadores. "Resolução Política do 4º Congresso Nacional". Disponível em: <http://www.pt.org.br/downloads/categoria/resolucoes_do_4_congresso>. Acesso em: 1º abr. 2013.

Sobre as "metamorfoses" do PT e o consequente abandono do discurso e da prática anticapitalista e socialista em nome da busca pela radicalização da democracia, ver Iasi (op. cit., 357-567).

16. Ver *site* oficial do Partido Socialismo e Liberdade (PSOL). Disponível em: <http://psol50.org.br/site/paginas/2/programa>. Acesso em: 1º abr. 2013.

na organização da classe trabalhadora, como antídoto contra a burocratização, o segundo é tomado não só para indicar a importância da luta dos trabalhadores, como forma de romper o isolamento estimulado pela sociabilidade burguesa, como também para denunciar as estratégias de cooptação da burguesia através precisamente do elogio da participação.[17]

No plano internacional, nos restringiremos ao Banco Mundial (BM),[18] pela sua representatividade e pelo papel destacado que tem desempenhado como ator "político, intelectual e financeiro", responsável direto pela implementação de agendas decisivas para os continentes latino-americano, africano e asiático, com vistas à criação e manutenção de condições para a reprodução ampliada do capital em âmbito planetário. As reformas dos aparelhos de Estado, bem como a quebra recente de direitos históricos da classe trabalhadora no Brasil e na América Latina, têm sido o cerne da missão dessa instituição, ao contrário do predomínio suposto do exercício de um papel "meramente" financeiro, de alocação de recursos vultosos, como se esperaria de um banco — embora, claro, saibamos, economia e política nunca andem separadas (Pereira, 2010). Toda a cartilha de *focalização, profissionalização da filantropia* e *resgate da cidadania* — esta última, em termos claramente liberais —, vem acompanhada do incentivo à *participação* das comunidades, com o fito declarado de torná-las capazes de gerir a própria vida. Destacamos a seguir dois importantes documentos do BM que expressam este ideal.

O primeiro deles é o *Relatório sobre o Desenvolvimento Mundial*, de 1997, cujo tema central é o Estado. Nestas páginas estão concentradas todas as diretrizes para a *reforma* do Estado que passariam a ser im-

---

17. Ver *site* oficial do Partido Comunista Brasileiro. Resoluções do XIV Congresso Nacional. Disponível em: <http://pcb.org.br/portal/resolucoes/EstrategiaeTatica.pdf>. Acesso em: 1º abr. 2013.

18. Poderíamos, de passagem, citar ainda, entre muitos outros organismos, a Unesco, braço da ONU para a Educação, Ciência e Cultura, fundada em 1945, e que vem desempenhando um forte papel educador do consenso em torno de valores como *participação, cidadania, democracia* e *voluntariado*. A respeito do papel dos organismos internacionais na educação do consenso ver, entre outros, Neves (Org.), 2005, especialmente p. 69-82.

plementadas pelo mundo periférico afora a partir de então. A revisão forçada do receituário neoliberal, que teve resultados sociais catastróficos ao longo de 20 anos de vigência nos países do terceiro mundo, e a consequente revalorização do papel do Estado para o combate da "questão social", estão afirmadas logo no Prefácio, assinado pelo então presidente da instituição, James D. Wolfensohn. O apelo a um Estado nem tão mínimo, como forma de aliviar as pressões sociais e manter, ao mesmo tempo, os índices estratosféricos de acumulação de capital, precisava continuar contando com a divisão das responsabilidades pelo problema. O que mais senão a *participação* da *heroica* sociedade civil poderia contribuir para a redução de um problema sem pai nem mãe e, portanto, pertencente a *todos*? Não por acaso, um dos capítulos do relatório intitula-se "Um Estado mais próximo do povo". Lá está dito o seguinte:

> Não é capaz o Estado que ignora as necessidades de grandes setores da população ao estabelecer a implementar políticas. E, mesmo com o máximo de boa vontade, o governo poucas probabilidades terá de atender eficientemente às necessidades coletivas se não souber quais são muitas dessas necessidades. Assim, é preciso que o revigoramento das instituições públicas comece com uma aproximação do governo com o povo. Isso significa inserir a voz do povo na formulação de políticas: abrir campo para que indivíduos, organizações do setor privado e outros grupos da sociedade civil expressem as suas opiniões. No cenário apropriado, também pode significar maior descentralização do poder e dos recursos do governo. [...]
>
> Incentivar uma participação mais ampla na preparação e provisão desses bens e serviços por meio de parcerias entre o governo, as empresas e as organizações cívicas também pode melhorar a sua oferta (p. 116).

Como se vê, a funcionalidade da democracia em sua versão vulgarizada, ao que parece, pode servir a qualquer Senhor. Senão, vejamos ainda um pouco mais.

Em 2003, Tim Campbell, pesquisador norte-americano que trabalhou para o BM durante 17 anos, publicou pela editora da instituição um sugestivo livro, traduzido para o espanhol dois anos mais tarde, sob o título *La revolución silenciosa — el ascenso de la participación política y de las ciudades líderes con la descentralización en America Latina*. Há que se creditar ao capital a pródiga capacidade de promover o encontro de contrários, típico de um sistema que destrói para existir, que só se mantém pelos braços do trabalhador, mas que deseja dispensá-lo, e que compreende a revolução como a manutenção de tudo como está. Campbell, autor de uma dessas proezas, defende que duas grandes "tendências revolucionárias drásticas" foram responsáveis por essa transformação: descentralização e democratização. À primeira, reputa a possibilidade real que todo e qualquer cidadão interessado pelas questões locais de sua cidade ou região teria passado a ter de participar direta e proximamente da tomada de decisões e controle dos gastos do poder público. Campbell só não diz duas coisas: que essa descentralização é produto direto da desresponsabilização da esfera federal pelas políticas sociais e que a "tomada de decisões" afeta o mínimo dos gastos públicos, previamente definidos em seu destino e montante, indicando-se tratar de uma participação que efetivamente não decide muita coisa, mas apenas chancela decisões tomadas previamente e em círculos fechadíssimos (Mészáros, 2007, p. 161-183, 229-232). A segunda tendência, a democratização, é concebida pelo autor no mesmo registro limitado da "participação": significa apenas e tão somente ausência de ditadura e restabelecimento de eleições gerais, face aos regimes de força que entre os anos 1960 e 1980 vigoraram em boa parte dos países latino-americanos. O próprio autor arremata:

> ambas reformaron la naturaleza misma del gobierno sin que se derramara una sola gota de sangre en parte alguna del hemisferio. En comparación con las luchas revolucionarias en contra del Estado en las décadas del cincuenta y del sesenta, la conmoción que denomino revolución silenciosa constituye un poder reestructurador que no es tan radical como sería la visión Tupamaro del cambio social, pero que está mucho más allá de los cambios que concibieron los funcionarios reformistas del sector público y los analistas de políticas en los años setenta y ochenta (Campbell, 2005 [2003], p. 3).

Se retornarmos ao campo da dita sociedade civil brasileira, poderemos encontrar uma miríade de entidades não partidárias, que se pretendem não classistas, e que advogam pela mesma causa democrática e participativa. Dentre as muitas possíveis, elegeremos algumas, a começar pelo Instituto Brasileiro de Análises Sociais e Econômicas (Ibase).[19] Organização típica do "Terceiro Setor", nos parece bastante representativa de uma determinada concepção de *participação* e *democracia* que, a partir do seu elogio, tende a promover a romantização da sociedade civil e a demonização do Estado. Fundado em 1981 pelo sociólogo Herbert de Souza (o Betinho)[20] e pelos economistas Carlos Afonso e Marcos Arruda, o Ibase é uma Organização não Governamental (ONG) que ganhou notoriedade nos anos 1990 com a *Campanha Ação da Cidadania contra a Fome, a Miséria e Pela Vida*, que chegou a contar com quatro mil comitês espalhados por todo o Brasil, e ano a ano mobilizou um imenso conjunto de voluntários de toda ordem (intelectuais, artistas, empresários, atletas e anônimos), com grande apoio da mídia, na campanha de coleta de mantimentos e roupas, durante todo o ano e com maior intensidade às vésperas do Natal (*Natal sem fome*), destinado aos brasileiros "abaixo da linha de pobreza" — que, segundo o Instituto de Pesquisas Econômicas Aplicadas (IPEA), em 1993 chegava a 32 milhões de indivíduos.[21]

Atualmente, o Ibase desenvolve diversos projetos ligados aos temas da cidadania e da democracia, como, por exemplo, o Apoio a

---

19. Sobre o papel recente que vem sendo desempenhado por esta instituição, ver Neves (Org.), 2010. Em síntese, os autores apontam o Ibase como um dos mais importantes sujeitos coletivos hoje atuantes na formação de intelectuais orgânicos para o capital.

20. Betinho tornou-se célebre pela sua história de militância contra a ditadura, que redundou em seu exílio, no Chile, de 1971 a 1973, onde participou do governo socialista de Salvador Allende até o golpe do general Pinochet, tendo rumado, na sequência, para o Canadá e, depois, para o México. Em 1979, com a anistia, retornou ao Brasil. Hemofílico, contraiu, através de uma transfusão sanguínea, o vírus da AIDS, em 1986, causa a que também se dedicou, tendo sido fundador da Associação Brasileira Interdisciplinar de AIDS (Abia), no mesmo ano. *Fonte*: *Jornal do Brasil*, 9 ago. 1997. Disponível em: <http://www.jblog.com.br/hojenahistoria.php?itemid=4085>. Acesso em: 11 abr. 2013.

21. Ver *site* da Ação da Cidadania contra a Fome, a Miséria e pela Vida. Disponível em: <http://www.acaodacidadania.com.br>. Acesso em: 11 abr. 2013.

Organizações de Cidadania Ativa (Aoca), que se constitui numa Organização da Sociedade Civil de Interesse Público (Oscip) — outro organismo típico do chamado Terceiro Setor — e objetiva "mobilizar recursos para projetos de cidadania ativa". Participa ainda do movimento "Construindo a Democracia Global", criado em 2008, e que reúne "pesquisadores, ativistas da sociedade civil, empreendedores, jornalistas, autoridades e jovens de todas as partes do mundo",[22] além de editar a revista semestral "Democracia Viva".

Em sua página na *web*, o Ibase se define da seguinte forma:

> a instituição acredita ser necessário fortalecer o tecido associativo da sociedade, incidir em políticas públicas e criar uma nova cultura de direitos. As iniciativas do Ibase são regidas pelos princípios da liberdade, igualdade, solidariedade, participação, diversidade e justiça socioambiental.[23]

Outro destacado ator coletivo é a Federação das Indústrias do Estado de São Paulo (FIESP). Atuante sindicato patronal, foi criada em 1928 e vem desempenhando papel decisivo na condução e defesa dos interesses do capital, mais especificamente o grande capital industrial. A entidade representa atualmente "cerca de 130 mil indústrias de diversos setores, de todos os portes e das mais diferentes cadeias produtivas, distribuídas em mais de 130 sindicatos patronais". Sua missão declarada "é defender a iniciativa privada, a economia de mercado e estar atenta às questões nacionais que impactam na atividade industrial e no desenvolvimento do país".

A instituição possui uma vasta estrutura que conta com diversos departamentos, conselhos superiores temáticos e comitês. Dentre esses últimos, há o Comitê de Responsabilidade Social (Cores), que promove a interação da empresa com o governo e a sociedade civil,

---

22. Ver *site* do movimento Construindo a Democracia Global. Disponível em: <http://www.buildingglobaldemocracy.org/pt-pt>. Acesso em: 12 abr. 2013.

23. Ver *site* do Ibase. Disponível em: <http://www.ibase.br/pt/quem-somos/>. Acesso em: 5 abr. 2013.

na busca de um compromisso ético em torno das questões ambientais e também relativas à inclusão social, igualdade de gênero, voto consciente, fortalecimento da cidadania etc. Atualmente, em torno da autoproclamada *responsabilidade social* das empresas — conceito que ganhou força no Brasil nos anos 1990 —, ergue-se um importante edifício ideológico que pretende não só melhorar a imagem do deletério modo de produção capitalista, face às chamadas "questão ambiental", "questão social" e à "pobreza", que se apresentam diante de nós de modo inegável, mas também colar à imagem do capital a defesa de valores associados à democracia e à participação cidadã.[24]

Por fim, na outra ponta, a Central Única dos Trabalhadores (CUT), também uma entidade sindical, foi fundada em 1983, fruto do mesmo movimento de luta dos trabalhadores que deu origem ao PT. É a maior central do país e a quinta maior do mundo, "com 3.438 entidades filiadas, 7.464.846 trabalhadoras e trabalhadores associados e 22.034.145 trabalhadoras e trabalhadores na base". Sua atuação recente, desde o primeiro governo Lula, a partir de 2003, vem sofrendo duras críticas de parte do conjunto da classe trabalhadora que tem visualizado um forte movimento de cooptação da alta direção da entidade pelo governo. Por quase duas décadas, porém, incontestavelmente, sua ativa participação no cenário das lutas trabalhistas no Brasil foi central na defesa dos interesses dos trabalhadores contra o capital. Não é de se estranhar, portanto, em que pese a crítica ao que seria um movimento pró-governo na sua última década de existência, seu sentido de existência passou pela defesa intransigente da *participação* e da *democracia* dos/para os trabalhadores, ainda que, para os críticos, tais princípios se mantenham apenas formalmente na atualidade. Em sua página na *web*, afirma como compromissos o "fortalecimento da democracia", "a luta pela universalização de direitos" e a "participação ativa na construção de políticas públicas", entre outros.[25]

---

24. Ver *site* da Fiesp. Disponível em: <http://www.fiesp.com.br>. Acesso em: 6 abr. 2013.
25. Ver *site* da CUT. Disponível em: <http://www.cut.org.br>. Acesso em: 6 abr. 2013.

Nestas manifestações, como vimos, há um pouco de tudo, da esquerda à direita: defesa da liberdade de iniciativa, de justiça social, desenvolvimento e soberania nacional; socialismo com revolução e sem revolução, elogio da sociedade civil e afirmação da luta de classes; reforma do Estado, descentralização; solidariedade e voluntariado; economia de mercado, luta por direitos e "revolução silenciosa".

Não se trata, pois, de negar a polissemia do binômio participação/democracia. São, evidentemente, conceitos apropriados por diferentes tradições do pensamento e úteis para também diferentes posições de classe. No entanto, a frouxa defesa formal e superficial, dominante na atualidade, salvo algumas honrosas exceções — que esperamos também ter conseguido evidenciar — é, sem dúvida, uma vitória das concepções mais conservadoras.

IV. Por uma participação dos/para os trabalhadores

"Toda ciência seria supérflua se houvesse coincidência imediata entre a aparência e a essência das coisas",[26] disse Marx certa vez para caracterizar a "economia vulgar", que fazia da prática dos agentes do capital, necessariamente presos às relações de produção burguesas, a sua teoria. Vivenciamos desde há muito, hoje agravado, o mesmo processo alienado na política, seja pela alienação própria da teoria e da prática política, seja pela difícil compreensão do papel desta mesma política na luta anticapitalista e, sobretudo, de sua indissociabilidade da economia (também para a luta), origem de todas as mistificações burguesas que alimentam a dominação de classes.

Tal como Marx promoveu no século XIX, carecemos hoje da potência de um choque teórico como o que desalojou o Estado de sua suposta *neutralidade*, segundo a compreensão liberal, e marcou-o a ferro e fogo com as insígnias da burguesia. A privatização da política

26. Esta clássica passagem consta em Marx, *O capital*; no Livro 3, volume VI, *O processo global de produção capitalista* (Rio de Janeiro: Civilização Brasileira, 2008, p. 1080).

a tem tornado tão mistificada quanto a mercadoria. O exercício da prática política cotidiana tem escondido o caráter social da comunidade, dos interesses coletivos dos que produzem efetivamente a riqueza mas se veem expropriados dela e, por consequência, do seu governo. A ampliação do entendimento sobre a *democracia* e o direito à *participação*, arrancados a fórceps da burguesia ao longo de décadas de luta dos trabalhadores, parecem hoje que nasceram com ela, a ponto de ouvirmos os agentes do capital nos dizendo que devemos "participar", como se pudessem nos franquear o acesso a algo que não lhes pertence e que constitui o seu tendão de Aquiles por excelência, se levada às últimas consequências, isto é, às consequências econômicas.

Em polêmica com Hegel, que defende em seu *Princípios da filosofia do direito* que todos devem participar das deliberações e decisões sobre os assuntos gerais do Estado, Marx, em sua *Crítica da filosofia do direito de Hegel*, aponta magistralmente a improcedência de pensarmos o Estado (e o que em Marx também já está dito: a política) como algo externo a nós mesmos, à comunidade a que pertencemos e que, portanto, poderia estar ou não facultado à participação. Diz Marx:

> Os assuntos universais do Estado são os assuntos estatais, o Estado enquanto *assunto real*. A deliberação e a decisão são a *realização* do Estado enquanto assunto real. Parece evidente, portanto, que todos os membros do Estado têm uma *relação* com o Estado como seu *assunto real*. Encontra-se já no conceito de *membro estatal* que eles são, cada um, um *membro* do Estado, uma *parte* dele, que ele os toma como *sua parte*. Mas, se eles são uma *parte* do Estado, é evidente que sua *existência social* é, desde já, *sua real participação* no Estado. Eles não *são* apenas parte do Estado, mas o Estado é *sua* parte. Ser parte consciente de alguma coisa é lhe tomar, com consciência, uma parte, participar nela conscientemente. Sem essa consciência, o membro do Estado seria um *animal* [...].
>
> Que, portanto, um membro estatal, uma parte do Estado, participe do Estado, e que essa participação possa aparecer apenas como *deliberação* ou *decisão* ou em outras formas semelhantes, e que, por conseguinte, cada membro do Estado participe na *deliberação* e da *decisão* [...] sobre

> os assuntos universais do Estado, é uma *tautologia*. Se se trata, portanto, de *reais* membros do Estado, então não se pode falar dessa participação como de um *dever* (Marx, 2010 [1843], p. 132; grifos do autor).

A exata compreensão do papel de classe exercido pelo Estado sob o sistema do capital, não como exclusivo *comitê executivo* da burguesia (Marx e Engels, op. cit.) — embora também o seja —, mas como organizador dos interesses de longo prazo do conjunto das classes dominantes e desorganizador das classes dominadas (Poulantzas, 2000, p. 78-96), pode permitir que saibamos que a forma "ditadura" não é nem nunca foi o fiel da balança para a determinação desse papel estrutural. O rechaço dos totalitarismos de esquerda e de direita não pode obnubilar a separação artificial entre economia e política como questão central da luta anticapitalista, e parece-nos que exatamente isto é que tem se dado face à centralidade que temos conferido à política, tal como ela tem se apresentado contemporaneamente, apassivada, contida, em geral reduzida à uma democracia e à uma participação fortemente burocratizadas, pondo de lado, por consequência, a base econômica e a perspectiva revolucionária.

No Brasil, face às seguidas experiências ditatoriais ao longo do século XX, temos tomado a luta a favor do restabelecimento democrático e pela crescente democratização do Estado, ou pela socialização da política, como *fim* e não como *meio*. Isto é o que permite, por exemplo, a um Dalmo Dallari, em seu pequeno livro *O que é participação política*, afirmar: "é fundamental que as decisões políticas representem a síntese das diferentes opiniões. Desse modo não haverá o risco de ditadura das maiorias e todos terão uma possibilidade real de participação política" (Dallari, 1984, p. 94). Ou seja, o "bem comum", considerado como algo tangível, é tratado, ainda por cima, como sinônimo de harmonia entre interesses de grupos contraditórios.

A aposta frouxa de Dallari é bastante típica de um contexto em que as energias estiveram concentradas na redemocratização do Estado brasileiro, e parecem ter se esgotado neste processo. Limpo o terreno onde antes grassava o autoritarismo, sobrou o Estado de classe, apenas de roupa lavada, e a democracia esgotou-se no seu pretendido potencial transformador. Vamos aos termos da aposta:

> O homem consciente luta pela participação política e trabalha para despertar novas consciências, pois o aumento do número de participantes será a grande força, capaz de eliminar as injustiças e restaurar a dignidade humana.
> O novo século promete ao mundo uma nova sociedade. A participação política de muitos favorecerá a plena realização de cada participante como ser humano e apressará a construção da nova sociedade, na qual as decisões políticas serão de todos (ibidem, p. 96).

Como se vê, a novidade da "nova sociedade" é a tautológica conquista por todos da capacidade de tomar parte no que os constitui. A dimensão econômica, a base material da dominação de classes no sistema do capital, parece não fazer diferença, seja porque não se considera, de fato, a sua importância central, seja porque se atribui às regras do jogo formais poderes irrestritos.

Lembremos que a distinção, liberal, entre público e privado, par siamês da separação entre política e economia, está na base da expropriação (privada) do produto do trabalho dos produtores diretos. Daí porque a política concebida pela estratégia da dominação de classe, quando efetiva, não permite pôr sob alguma ameaça a preservação intocada da base material sobre a qual se erige a luta de classes. Ou como nos diz Ellen Wood, "o Estado tomou das classes apropriadoras o poder político direto e os deveres não imediatamente associados à produção e à apropriação, deixando-as com poderes privados de exploração depurados de funções públicas e sociais". Ou ainda:

> O capitalismo tem a capacidade única de manter a propriedade privada e o poder de extração de excedentes sem que o proprietário seja obrigado a brandir o poder político direto no sentido convencional. O Estado — que é separado da economia, embora *intervenha* nela — pode aparentemente pertencer (por meio do sufrágio universal) a todos,

> apropriador e produtor, sem que se usurpe o poder de exploração do apropriador (Wood, 2006, p. 43; grifo da autora).

Novamente e sempre, aparência e essência. Não por coincidência, Mészáros nos alerta para a necessidade de compreendermos o sistema do capital como um *sistema orgânico*, onde "cada uma de suas partes sustenta e reforça as demais" (op. cit., p. 79). Este alerta nos aponta a necessidade de impedir, na luta, a autonomização das táticas, que se esvaem em seu sentido revolucionário se apartadas da estratégia. Nesse sentido é que acreditamos poder afirmar que a *perspectiva da revolução* (estratégia) parece, no processo da luta de classes, ter sido diluída em seu potencial na *prática democrática e participativa contemporânea* (táticas), isoladas, apequenadas e praticamente inócuas.

Toda e qualquer participação que se contentar com o *local* e não com o *central*, com o papel decisório sobre o mínimo e fiscalizador sobre o que já foi arbitrado a priori, com o trato exclusivo das manifestações da "questão social" e não das causas estruturais que as engendram, com a intervenção sobre as políticas públicas e não sobre o papel de classe exercido pelo Estado e, por fim, apenas com a política e não com a economia, correrá o risco de, uma vez capturada pela ideologia burguesa, tornar-se bandeira universal, posto que inofensiva à sociedade do capital. Nas palavras, mais uma vez, de Mészáros:

> Sem a estratégia geral de *transferência progressiva dos poderes de decisão aos "produtores-associados"* (o que significa: transferi-los em todos os níveis, inclusive no mais alto) o conceito de participação não tem nenhuma racionalidade louvável (ibidem, p. 229-230; grifos do autor).

A desnaturalização das relações sociais de dominação capitalistas, calcadas no divórcio entre os produtores diretos e o usufruto integral do produto do seu próprio trabalho, só é possível se partir de uma crítica profunda da sociedade de classes e do modo de produção que se institui a partir dessa dominação. Tal construção, no entanto, não pode ser assumida como um processo histórico contínuo, como se o *acúmulo de forças* apenas por ele mesmo, sem rupturas, em dado momento pudesse lograr o fim da dominação de classes (Tonet e Nascimento, s/d., p. 15). O trato da questão do poder político e dos limites da democracia formal torna-se, dessa forma, incontornável, sobretudo em tempos como os nossos, em que caminhos como o da *participação* e da *democracia* não têm logrado sequer esse *acúmulo de forças* e, até mesmo a limitada, embora importante *emancipação política*, parece reduzida em seus horizontes.

Em suma, qualquer resposta à sociabilidade capitalista precisa ser "oniabrangente", nos termos de Mészáros, mesmo que construída progressivamente, como deve ser. Do contrário, estaremos limitados sempre pelas regras do jogo instituídas que, precisamente por serem instituídas, não põem em xeque o centro nervoso da dominação, o *comitê executivo da burguesia* de que nos falavam Marx e Engels.

V. Considerações finais

Como dito ao longo desta curta intervenção, compreendemos que a adesão significativa das classes trabalhadoras ao seu papel *participativo*, supostamente ativo e protagonista, na gestão da "coisa pública" — ou mesmo privada, se considerarmos que esse discurso também se faz presente entre empresários e gestores do capital privado — não expressa o fim do conflito em face do aparente desaparecimento dos polos contendores, mas, ao contrário, revela a intenção e o gesto de restrição a domínios "seguros", sob uma determinada configuração da política, do potencial anticapitalista, por definição presente na possível assunção pelos trabalhadores do usufruto integral do seu próprio trabalho e da condução autônoma de sua sociabilidade. Esta constatação do avanço e da sofisticação das formas de dominação burguesas na contemporaneidade, se não põe em xeque as estratégias de luta que vêm sendo adotadas pelos trabalhadores nas últimas décadas, ao menos nos obriga a um balanço, a uma autocrítica a *contrapelo*, que seja capaz de reposicionar os meios, as táticas, pelos fins últimos traçados estrategicamente. Como nos diz Mészáros: "até o presente momento, pouquíssimas ideias foram empregadas com maior eficácia para fins de mistificação ideológica do que a pretensa oferta de 'participação' na tomada de decisão" (op. cit., p. 229).

Não partilhamos da intenção de cobrar das classes trabalhadoras uma adesão mecânica, culpabilizante, a táticas e estratégias de luta que deveriam lhes dizer respeito pela sua condição objetiva de classe. Se a identificação da classe trabalhadora como potencial sujeito revolucionário — face à contradição material presente na estrutura da sociedade capitalista, calcada na expropriação do trabalho alheio — não autoriza, posto que "potencial", festejos antecipados e descuido da luta pela suposta inexorabilidade da revolução e infalibilidade do seu agente, tampouco a adesão recorrente dos trabalhadores à sociabilidade burguesa permite nublar o seu papel histórico de antagonista do capital.

O que pudemos observar neste rápido passeio foi o tenso processo de acomodação da democracia pelo Estado burguês. Nos momentos iniciais de sua formação, em que as estratégias de apassivamento e anulação do impacto da interferência dos não proprietários nos negócios dos proprietários ainda estavam sendo pensadas, bem como suas bases materiais estabelecidas, nenhum consenso "confortável" em torno da *democracia* e da *participação* das massas nos negócios públicos era possível. O medo da classe burguesa era real, porque era real a possibilidade de interferência do político sobre o econômico. A economia política burguesa, aos sobressaltos, precisou reagir, separando, artificialmente, o inseparável: o econômico do político. É verdade que a tensão permanece, posto que a separação é artificial, mas o econômico tem hoje o controle amplo sobre o político, que antes não possuía. Isto é o que permite que hoje *todos* sejam pela participação: os que deveriam e os que nunca puderam/quiseram dividir o controle.

Eis o que nos interessa manter em constante debate: por quais caminhos e sob que condições materiais e subjetivas descoloriu-se o projeto democrático-popular oriundo das esquerdas, a ponto de tornar-se bandeira branca, supostamente universal, tremulando pretensamente por sobre os conflitos e a própria luta de classes?

Parece-nos que o desafio atual é construir a crítica de um ponto de vista duplo. Se o grande nó do pensamento e da prática revolucionária tem girado em torno das contradições e/ou das possibilidades de combinação entre *reforma* e *revolução*, hoje, acreditamos, a situação se apresenta de modo sumamente mais agudo, posto que o quase desaparecimento desta polaridade não tem indicado uma síntese conjuntural, e estratégica, voltada para a luta pela superação do sistema do capital, mas sim o próprio abandono do pensamento e da prática revolucionárias. Assim, se parece inevitável que tornemos a confrontar e combinar reforma e revolução à luz dos desafios contemporâneos para a luta dos trabalhadores em nome da *emancipação humana*, não menos importante será trazer à baila a brutal redução dos horizontes da luta das esquerdas, que hoje parece abdicar mesmo da *emancipação política*, posto que a *emancipação humana* dista, em muito, do horizonte.

Referências

AVRITZER, L. (Org.). *Experiências nacionais de participação social*. São Paulo: Cortez, 2009.

BALBACHEVSKY, E. Stuart Mill: liberdade e representação. In: WEFFORT, F. C. (Org.). *Os clássicos da política*. São Paulo: Ática, 1989. v. 2, p. 189-199.

BANCO MUNDIAL. *Relatório sobre o desenvolvimento mundial*: o Estado num mundo em transformação. Washington, DC: Oxford University Press, 1997.

BOBBIO, Norberto. *O futuro da democracia*. São Paulo: Paz e Terra, 2000.

CAMPBELL, Tim. *La revolución silenciosa*: el ascenso de la participación política y de las ciudades líderes con la descentralización en América Latina. Bogotá: Banco Mundial/Alfaomega Colombiana, 2005 [2003].

COMPARATO, Fábio Konder. A nova cidadania. *Lua Nova* [*on-line*], n. 28-29, p. 85-106, 1993. Disponível em: <http://www.scielo.br/scielo.php?pid=S0102-64451993000100005&script=sci_arttext>. Acesso em: 26 mar. 2013.

CONSTANT, Benjamin. Da liberdade dos antigos comparada a dos modernos. *Revista Filosofia Política*, n. 2, p. 1-7, 1985. Disponível em: <http://caosmose.net/candido/unisinos/textos/benjamin.pdf>. Acesso em: 27 mar. 2013.

COUTINHO, Carlos Nelson. Notas sobre cidadania e modernidade. In: ______. *Contra a corrente*: ensaios sobre democracia e socialismo. São Paulo: Cortez, 2008. p. 49-70.

DALLARI, Dalmo de Abreu. *O que é participação política*. São Paulo: Abril Cultural/Brasiliense, 1984.

GENRO, T. *O futuro por armar*: democracia e socialismo na era globalitária. Petrópolis: Vozes, 1999.

GOHN, Maria da Glória. *Conselhos gestores e participação sociopolítica*. São Paulo: Cortez, 2007. (Col. Questões de nossa época, v. 84.)

GRAMSCI, Antonio. *Cadernos do cárcere*. Rio de Janeiro: Civilização Brasileira, 2007. (Maquiavel. Notas sobre o Estado e a política, v. 3.)

HOBSBAWM, Erick J. *A era das revoluções (1789-1848)*. São Paulo: Paz e Terra, 2009.

HOLLOWAY, J. *Mudar o mundo sem tomar o poder*: o significado da revolução hoje. São Paulo: Viramundo, 2003.

IASI, Mauro. Democracia de cooptação e o apassivamento da classe trabalhadora. In: SALVADOR, E. et al. *Financeirização, fundo público e política social*. São Paulo: Cortez, 2012.

______. *As metamorfoses da consciência de classe*: o PT entra e negação e o consentimento. São Paulo: Expressão Popular, 2006.

LOSURDO, Domenico. *Democracia ou bonapartismo*. Rio de Janeiro/São Paulo: Ed. da UFRJ/Ed. da Unesp, 2004.

MARSHALL, Thomas Humphrey. *Política social*. Rio de Janeiro: Zahar, 1967.

MARX, Karl. As lutas de classes na França de 1848 a 1850. In: ______. *A revolução antes da revolução*. São Paulo: Expressão Popular, 2008. p. 37-196 [1850].

MARX, Karl. *Crítica da filosofia do direito de Hegel*. São Paulo: Boitempo, 2010 [1843].

______; ENGELS, Friedrich. Manifesto do Partido Comunista. In: BOGO, A. (Org.). *Teoria da organização política*. São Paulo: Expressão Popular, 2005. p. 83-125. v. I [1848].

MÉSZÁROS, István. *O desafio e o fardo do tempo histórico*. São Paulo: Boitempo, 2007.

MILL, John Stuat. *Considerações sobre o governo representativo*. Brasília: UnB, 1981 [1861].

MONTAÑO, Carlos. *Terceiro Setor e Questão Social*: crítica ao padrão emergente de intervenção social. São Paulo: Cortez, 2007.

NEVES, Lucia M. W. (Org.). *A nova pedagogia da hegemonia*: estratégias do capital para educar o consenso. São Paulo: Xamã, 2005.

______ (Org.). *Direita para o social e esquerda para o capital*: intelectuais da nova pedagogia da hegemonia no Brasil. São Paulo: Xamã, 2010.

NOBRE, Marcos. Participação e deliberação na teoria democrática: uma introdução. In: COELHO, V. S.; NOBRE, M. (Orgs.). *Participação e deliberação*: teoria democrática e experiências institucionais no Brasil Contemporâneo. São Paulo: Editora 34, 2004. p. 21-40.

PATEMANN, Carole. *Participação e teoria democrática*. Rio de Janeiro: Paz e Terra, 1992.

PAULANI, L. M. O projeto neoliberal para a sociedade brasileira: sua dinâmica e seus impasses. In: LIMA, J. C.; NEVES, L. M. *Fundamentos da educação escolar do Brasil contemporâneo*. Rio de Janeiro: Editora Fiocruz, 2006. p. 67-107.

PEREIRA, J. M. *O Banco Mundial como ator político, intelectual e financeiro, 1944-2008*. Rio de Janeiro: Civilização Brasileira, 2010.

POCHMANN, Márcio. *Nova classe média? O trabalho na base da pirâmide social brasileira*. São Paulo: Boitempo, 2012.

POULANTZAS, Nicos. *O Estado, o poder, o socialismo*. São Paulo: Paz e Terra, 2000.

SINGER, André. [Entrevista]. *Adusp net* — Associação dos Docentes da USP, 2011. Disponível em: <http://ftp.adusp.org.br/files/revistas/49/rev49.pdf>. Acesso em: 6 abr. 2013.

TOCQUEVILLE, Alexis de. *A democracia na América*. São Paulo: Martins Fontes, 2005. Livro I [1835].

TONET, Ivo; NASCIMENTO, A. *Descaminhos da esquerda*: da centralidade do trabalho à centralidade da política. (S/l.): s/d. Disponível em: <http://www.ivotonet.xpg.com.br>. Acesso em: 27 jan. 2012.

WOOD, Ellen M. *Democracia contra capitalismo*: a renovação do materialismo histórico. São Paulo: Boitempo, 2006.

2

O fetiche do "Empoderamento": do conceito ideológico ao projeto econômico-político*

Ivy Carvalho**

I. Introdução

Ao examinar os tempos atuais em uma entrevista, declara José Saramago, escritor comunista português, que nós nunca vivemos tão próximos à caverna de Platão como hoje, pois atualmente os simulacros que se apresentam no cotidiano são de tal maneira que substituem

---

* Este artigo é fruto da Dissertação de Mestrado, sob a orientação do prof. dr. Carlos Montaño, e apreciada pela banca examinadora composta pelo orientador e pelos profs. drs. Yolanda Guerra, Virgínia Fontes e Mauro Iasi.

** Graduada pela Escola de Serviço Social da Universidade Federal do Rio de Janeiro (UFRJ) e mestre pelo Programa de Pós-graduação em Serviço Social da UFRJ. Assistente Social do "Projeto Sexualidade na Adolescência", no Instituto Fernandes Figueiras (IFF/Fiocruz). Atualmente é professora substituta da Escola de Serviço Social da Universidade Federal Fluminense. Integra o Núcleo de Estudos Marxistas sobre Política, Estado, Trabalho e Serviço Social (PETSS/ESS-UFRJ).

o real, ou seja, as imagens são apreendidas como se fossem reais. Estamos olhando em frente, vendo sombras e acreditando que elas são realidade. Vivemos num mundo em que nos sentimos cada vez mais perdidos; primeiro perdidos de nós próprios, depois perdidos em nossa relação com o mundo.[1]

Transpor as sombras do mundo sensível nas várias esferas da cotidianidade é um trabalho árduo, mas fundamental. Nossa vinculação à temática do "*empoderamento*" deve-se à percepção da necessidade de ultrapassar as "sombras" que permeiam o debate. Motivou-nos o fato de o "*empoderamento*" estar sendo incorporado por setores da esquerda brasileira comprometidos com a luta dos trabalhadores, movimentos sociais e algumas profissões, dentre elas o Serviço Social.

Dadas as particularidades da lógica contemporânea do sistema do capital, faz-se necessário desmistificarmos ideologias e explicitar os *projetos político-econômicos* a serviço dos interesses do grande capital. Por isso, põe-se na ordem do dia, à luz da perspectiva de totalidade, revelar as determinações econômicas, políticas e sociais camufladas em terminologias. Sendo importante lembrar que estamos num contexto de reforço ao individualismo, transferência de responsabilidade para os indivíduos por sua condição de vida (em que aos assistentes sociais é requerida a vigilância destes); e de moralização da "questão social", com uma subjetivação do trato às suas manifestações e a referência em conceitos como "exclusão", "risco social" e "vulnerabilidade".

Ante esses aspectos embebidos de despolitização, ou melhor, de politização conservadora, percebemos estar havendo uma fragmentação *dos sujeitos coletivos* e que a inserção de classe destes tem sido preterida. Cabe, assim, descortinar as elaborações de "apologetas de mercado" divulgadores de conceitos que mistificam *projetos* sob as diretrizes do Banco Mundial. É nesse sentido que Florestan Fernandes (1981, p. 1), discorrendo sobre a natureza da batalha que a classe trabalhadora brasileira precisa travar, diz: "Elas precisam libertar-se da tutela terminológica da burguesia (isto é, de relações de dominação

---

1. Disponível em: <http://quitepas.blogspot.com.br/2011/11/caverna-de-platao-por-saramago.html>. Acesso em: jan. 2013.

que se definem, na área da cultura, como se fossem parte do ar que respiramos ou 'simples palavras')". Diz ainda: "Ora, em uma sociedade de classes da periferia do mundo capitalista e de nossa época, não existem 'simples palavras'". Portanto, considerando a perspicácia do autor, temos que elucidar termos como "risco social", "capital social" e "*empoderamento*" (dentre outros), visto que a função ideológica destes é *velar os fundamentos das relações sociais de produção capitalista*. É preciso que revelemos a materialidade desses "conceitos", como interferem nas relações de dominação, na tendência geral de acumulação capitalista, na luta de classes e na reificação da vida social.

Entendemos que o termo "*empoderamento*" é sedutor, tendo a particularidade de se revelar objetivamente enquanto um *projeto* de cunho internacional vinculado às orientações do Banco Mundial. O "*empoderamento*" é apreendido pela maioria dos autores como termo, "conceito" ou estratégia, sendo tomado como meio de fortalecimento dos sujeitos, ampliação de sua autonomia, participação cidadã, de suas habilidades e potencialidades. Todavia, restringi-lo a um "conceito" tem uma função ideológica, na medida em que o ofusca enquanto *projeto* com conteúdo e concretude, com funcionalidades econômicas e políticas. *Projeto* este que, vinculado ao amplo projeto burguês, vem galgando conquistas em importantes instâncias e espaços de luta dos trabalhadores e se concretizando em políticas e programas sociais.

II. A materialidade histórica do Projeto do Empoderamento

> "[...] o impacto maciço da ideologia dominante na vida social como um todo só pode ser apreendido em termos da profunda afinidade estrutural existente entre as mistificações e as inversões práticas, por um lado, e suas conceituações intelectuais, por outro".
>
> *O poder da ideologia* — Mészáros, 2004, p. 479

Pretendemos neste item identificar como o "*empoderamento*" — ideologizado como "conceito", termo ou estratégia interventiva — se constitui como *projeto*. Ou seja, de que modo o "*empoderamento*" evidencia sua materialidade ao se manifestar nas diretrizes do Banco Mundial, em programas e políticas sociais de enfrentamento das manifestações da "questão social".[2] Nesse sentido, tal como disse Mészáros citado antes, buscaremos apreender a "afinidade estrutural existente" entre as mistificações em torno do "*empoderamento*" e a influência destas nas "inversões práticas" e, por sua vez, em sua constituição como *projeto do empoderamento*.

2.1 O *empoderamento* enquanto *projeto* do Banco Mundial

Com o agravamento da crise estrutural do capital, emerge como complemento ao neoliberalismo o denominado "novo desenvolvimentismo", sendo que as diretrizes político-econômicas destes para os países periféricos integravam (e integram) as orientações de organismos internacionais: o Banco Mundial (BM), o Fundo Monetário Internacional (FMI) e a Organização das Nações Unidas (ONU). Todavia, em relação ao *projeto do empoderamento*, atentamos para o papel do Banco Mundial, pois o incorpora como um dos principais dispositivos de enfrentamento à pobreza.[3]

O Banco Mundial apresenta o "*empoderamento*" como um processo que reforça a capacidade de indivíduos e grupos fazerem escolhas, de modo a transformá-las em ações e resultados almejados. Diz ainda ser central para este processo que estas ações levem à construção de "ativos individuais e coletivos" a fim de melhorar a eficácia e a "equidade" nos contextos organizacionais e institucionais. Em nossa análise, esta explicação do Banco Mundial do "*empoderamento*" deixa clara sua intencionalidade, tomando-o como um de seus principais projetos, sobretudo porque ao enfatizar a necessidade dos indivíduos

2. Apesar de neste artigo não tratarmos dos programas e políticas sociais trabalhados na dissertação. Para o conhecimento de tais ver: Carvalho, 2013.

3. Em sua página eletrônica (<www.worldbank.org>) o "*empowerment*" aparece como parte do *link* sobre pobreza, e insere-se no eixo que trata da "equidade e redução da pobreza".

pobres desenvolverem capacidades que resultem em ações e recursos, estimula que esses sujeitos internalizem a situação de pobreza na qual se encontram, e, mais, reforça o *ethos liberal* de que a condição social que ocupamos na sociedade vincula-se ao esforço individual de cada um. Esta leitura deseconomiza, despolitiza, moraliza e subjetiviza as relações sociais de produção capitalista.

A relação do BM com o "*empoderamento*" vai se estreitando de tal forma que, em 2002, ele lança um livro de referência sobre o "*empowerment*" intitulado "*Empoderamento e redução da pobreza: uma coletânea*". Este foi estabelecido como o primeiro passo para reunir pensamentos e práticas de "*empoderamento*", visto que precisava desenvolver o que havia se tornado um componente de suas diretrizes. No livro, o "*empoderamento*" foi identificado como a expansão dos meios e capacidades das pessoas pobres de participar, negociar, controlar e influenciar instituições que impliquem em suas vidas. Algumas das acepções do livro, segundo o BM, "evoluíram" e isso trouxe uma definição de "*empoderamento*" amparada num discurso acadêmico sobre poder, embasado em testes e resultantes de experiências feitas em vários países.

Assim, definiu-se que: "*empoderamento*" *é o processo de aumentar os meios e capacidades dos indivíduos ou grupos para fazer escolhas intencionais e transformar essas escolhas nas ações e nos resultados pretendidos.* Reproduzindo uma leitura tautológica do "*empoderamento*", o Banco Mundial, para efetivá-lo como projeto, espraia a ideia de que as pessoas devidamente habilitadas têm "liberdade de escolha e ação", o que lhes permite direcionar melhor o curso de suas vidas e influenciar as decisões de instituições ou instâncias que a afeta. Contudo, tanto o discurso de "liberdade de escolha" quanto o de "liberdade de oportunidade" tornam-se retóricas, na medida em que aqui a "escolha" aparece descolada das alternativas concretas e a "oportunidade" apartada da estrutura socioeconômica de produção.

O BM entende o "*empoderamento*" como promotor de uma mudança subjetiva, sendo necessário mudar o ambiente onde as pessoas pobres vivem, ajudando-as a construir e capitalizar usando seus "próprios atributos". Ele compreende que o "*empoderamento*" se coloca como uma "questão transversal", a perpassar as políticas de educação, saúde, economia e de governança, tendo em vista que, das atividades que visam a "*empoderar*" as pessoas pobres, são esperados o aumento das oportunidades de desenvolvimento. Em nossa leitura, o BM, ao atender a população pobre e o empresariado, tem clareza de seu norte, que é o de favorecer os interesses do capital através da criação de mecanismos de estabelecimento de novos consensos, apaziguadores da luta de classes e de garantia da eficiência econômica. Há uma implicação político-econômica ao falar do "*empoderamento*" como meio de fomentar a participação política e reivindicação dos pobres, visto que desconsideram as instâncias coletivas orgânicas desses pobres, bem como da classe trabalhadora.

O investimento do BM no *projeto do empoderamento* conta com a utilização de alguns recursos, tais como: a coletânea já mencionada, estudos de alguns países, estudos de casos de "*empoderamento*", bem como ferramentas e práticas. Acerca destes recursos, é pertinente entendermos que estes compõem as orientações do BM para os países periféricos e temos clareza de que, tal como afirma Virgínia Fontes, o "Grupo do Banco Mundial" tem cumprido relevante papel enquanto:

> modelo de intelectual coletivo de um grupo internacional de países capital-imperialistas que, sob o comando dos Estados Unidos, favoreceu um novo salto de escala na acumulação e concentração de capitais, forjando estratégias organizativas que extrapolavam no interior de novos Estados periféricos, a partir de seus próprios intelectuais, que passam a atuar internamente de maneira afinada à lógica e à dinâmica do grande capital no plano internacional (Fontes, 2010, p. 171-2).

A referida antologia sobre o "*empoderamento*"[4] configura-se como um documento com proposições incorporadas por países periféricos

---

4. Esse documento do Banco Mundial está disponível no seguinte endereço eletrônico: <http://siteresources.worldbank.org/INTEMPOWERMENT/Resources/486312-1095094954594/draft.pdf>. Acesso em: jan. 2013.

na elaboração de políticas e projetos sociais. Essa coletânea foi estruturada em cinco capítulos: o primeiro de introdução ao tema do "*empowerment*"; o segundo explicando o que ele é; o terceiro tratando da "aplicação dos princípios do *empoderamento*"; o quatro sobre o que o BM chama de "lições aprendidas"; e, por fim, o quinto acerca das "ferramentas e práticas de *empoderamento*". Destes, destacaremos somente alguns itens que consideramos mais essenciais. Quanto ao primeiro capítulo, chamou-nos atenção o item sobre "o papel do Banco Mundial", no qual a instituição aponta estar em vantagem em relação às demais, principalmente no âmbito da construção de uma agenda de "*empoderamento*" voltada à redução da pobreza e à relação desta com mais de 100 governos em todo o mundo. Isso auxiliado por uma assessoria que analisa e investiga os projetos de investimento que cofinancia com os governos, em que reconhece ser o maior fornecedor (ou impositor) de "conselhos" sobre mudanças sistêmicas nos mesmos. O BM entende se encontrar numa posição privilegiada para conduzir análises rigorosas das questões referentes ao "*empoderamento*" e sua relação com o crescimento econômico e a redução da pobreza. No segundo capítulo do documento, destacamos sua definição de "*empoderamento*":

> Uma exploração de termos locais associados com o *empoderamento* em todo o mundo sempre leva a discussões animadas. *Esses termos incluem a autoforça, controle, autopoder, a autossuficiência, própria escolha, a vida digna e de acordo com valores próprios, capazes de lutar por seus direitos, independência própria na tomada de decisão, sendo despertar, livre, e capacidade de — para citar apenas alguns.* Essas definições estão embutidas no valor local e sistemas de crenças. *Empoderamento* tem um valor intrínseco, mas também um valor instrumental. *Empoderamento é relevante a nível individual e coletivo, e pode ser econômico, social ou político.* O termo pode ser usado para caracterizar as relações dentro das famílias ou entre pessoas pobres e outros atores a nível global (Banco Mundial, 2002, p. 10; grifos nossos).

De acordo com o BM, a definição institucional mais apropriada para "*empoderamento*" é a de *potenciação*. Define de modo conciso o

BM: "*Empowerment* é a expansão dos ativos e capacidades das pessoas pobres de participar, negociar, controlar, influenciar, e manter responsáveis instituições que afetam suas vidas" (Banco Mundial, 2002, p. 11). Em relação às definições de "*empoderamento*" do BM, analisamos que ela responsabiliza e culpabiliza os sujeitos pobres, visto que fala do aumento de suas potencialidades e capacidade de controlar suas escolhas, sendo que ambas dependem basilarmente de condições objetivas e subjetivas desses sujeitos, ou seja, das dimensões materiais, sócio-históricas e de consciência de classe.

O quarto capítulo, de síntese dos anteriores, deixa claro que a dita antologia foi concebida para estabelecer uma abordagem de "*empoderamento*" que contribuísse para o BM criar mecanismos eficazes de redução da pobreza. E isto entendendo que uma abordagem de "*empoderamento*" é uma maneira de fazer negócios, ou seja, de realizar empréstimos baseados no controle de despesas públicas. Para o BM, "abordagens de *empoderamento*, por definição, incluem comportamentos que constroem pessoas com autoconfiança e crença em si mesmas" (ibidem, p. 59).

O BM aponta que há milhares de exemplos de estratégias de "*empoderamento*" iniciadas tanto pelas próprias pessoas pobres quanto por governos, a chamada "sociedade civil" e o "setor privado". Ele diz que há quatro elementos-chave de "*empoderamento*", basilares numa reforma institucional: 1) acesso à informação; 2) inclusão e participação; 3) responsabilidade (*accountability*); 4) capacidade de organização local. Para o BM, as pessoas pobres não podem agir por não existirem mecanismos institucionais que exijam um "desempenho responsável" ou devido aos custos das ações individuais, que podem ser altos. O BM trata ainda do que chama de "áreas de aplicação prática do *empoderamento*", ao entender que pode aplicar com ampla gama de intervenção abordagens de "*empoderamento*". Diz ainda que estas aplicações se concentram em cinco áreas: 1) prestação de serviços básicos; 2) melhoria da governança local; 3) melhoria da governança nacional; 4) desenvolvimento de um mercado pró-pobre; 5) acesso à justiça e à prestação de contas.

Tais áreas são apresentadas pelo BM, mas aqui citaremos somente três delas. Primeiro, a ***aplicação de serviços básicos***, que se refere à melhoria do acesso das pessoas pobres aos serviços básicos e ao uso eficaz dos mesmos. O Banco Mundial diz assim dar suporte aos esforços de governos com baixos recursos comunitários através de variados modelos institucionais. Porém, o que observamos é um investimento nas transações creditícias com os governos de países periféricos, tanto que existem vários projetos de empréstimos e financiamentos.[5] Em segundo lugar, a ***melhoria da governança nacional***, em que o BM aponta ser necessário esclarecer as relações causais de compensações políticas vinculadas à discussão sobre a capacidade institucional necessária à implementação de *reformas* e *alianças* a serem construídas com diferentes partes da sociedade, ou seja, construção de um *consenso social* através de *reformas* educadoras de todos os envolvidos no processo. Conforme o BM, isso ajuda a identificar e desenvolver *mecanismos compensatórios* para os cidadãos mais pobres e afetados. Preza-se pelos processos de *reforma do "setor público"* e controle dos gastos públicos, de modo que notamos tais orientações na Reforma Gerencial do Estado brasileiro executada por Bresser Pereira.[6] A outra área trata do ***desenvolvimento de um mercado pró-pobre***, voltado ao que denominam de "*empoderamento econômico*", sendo este, segundo o BM, fundamental para o "bem-estar" das pessoas pobres. Compreende que os pobres devem se envolver em meios produtivos de subsistência e *mobilizar seus próprios* (e escassos) *recursos* para saírem da situação de pobreza. E isto onerando aos sujeitos por responsabilidades do Estado. Cabe aqui lembrarmos o projeto da "*economia solidária*", já que propõe que os sujeitos em situação precária tornem-se "patrões de si mesmos" ou "empreendedores".

Intentando desvelar o que há por trás das recomendações internacionais a orientar as políticas restritivas dos países periféricos, discutiremos no próximo item o "*empoderamento*" enquanto um

5. Ver na mencionada dissertação a tabela com os projetos sociais no Brasil, de materialização do "*empoderamento*", financiados pelo Banco Mundial (Carvalho, 2013).

6. Acerca da chamada "Reforma do Estado", ver Bento (2003).

projeto de intervenção social evidenciado nas diretrizes do BM e divulgado por um de seus maiores ideólogos: Amartya Sen.[7]

2.2 O *empoderamento* como *projeto de intervenção social*: a influência de Amartya Sen no Banco Mundial

Importa elucidarmos desde já que o Banco Mundial, junto ao FMI e à ONU, desde sua fundação nas *Conferências de Bretton Woods*, em 1944, se coloca como Instituição Internacional de fomento ao desenvolvimento.[8] A princípio foi destinada a recuperar os países extremamente afetados pela Segunda Guerra Mundial; depois se apresentou como "financiador" do desenvolvimento dos "países pobres", concedendo empréstimos aos países periféricos e aumentando assim o grau de dependência destes em relação ao império estadunidense (ampliando o acúmulo das dívidas destes com o BM e o FMI). Já nos anos 1990, de expansão do projeto neoliberal, o BM adota parcerias com ONGs e outras organizações do "terceiro setor", pois aqui as agências internacionais tomam as "políticas de alívio à pobreza" como um dos principais motes de propagação da dependência dos países periféricos em relação aos centrais.

Esta relação de dependência com o BM e o FMI não se estabelece só através da dívida, já que eles também passam a definir a aplicação de recursos e o trato às políticas sociais dos países devedores.

---

7. Sen é um economista indiano, foi um dos criadores do Índice de Desenvolvimento Humano (IDH), um dos fundadores do Instituto Mundial de Economia do Desenvolvimento, de modo que tem profundos laços com a Organização das Nações Unidas (ONU). Além disso, recebeu o prêmio Nobel em 1998 e vem dedicando seus estudos teóricos a uma "nova concepção" de conceitos como pobreza, fome e desenvolvimento. Junto ao Banco Mundial tornou-se referência na elaboração de políticas para os países periféricos, haja vista que se põe como um dos principais ideólogos do *neodesenvolvimentismo*, do *microcrédito* e do chamado *"empoderamento"* (ver Siqueira, 2011, p. 184).

8. Para maior compreensão do "Sistema de Bretton Woods" — "desenvolvido com o objetivo de gerenciar a economia internacional, estabelecendo regras para as relações comerciais e financeiras [...]", ver Montaño e Duriguetto (2010, p. 152).

No que tange à compreensão da pobreza, o BM num documento de 2000/2001 aponta que:

> a estratégia apresentada neste relatório reconhece que a "*pobreza é mais do que renda ou desenvolvimento humano inadequado; como também vulnerabilidade, falta de voz, poder e representação*"; incorporando assim uma visão multidimensional da pobreza, supostamente mais abrangente que a visão "econômica" (Siqueira, 2011, p. 181; grifos da autora).

O referido estudo seria um modo de justificar o novo posicionamento do BM no concernente à pobreza, vinculando-a a determinações ambientais e psicológicas da vida dos sujeitos pauperizados. Nesse caminho, inflamam o discurso de que se fará necessário "ouvir os incapacitados" a romper o "vicioso círculo da miséria" (Banco Mundial, 2002, p. 3). Tal "estratégia" se dá num contexto em que é apontada a necessidade de os indivíduos em situação de pobreza ou de "risco social" mobilizarem seus próprios recursos para dela sair. Essa nova concepção do BM assenta-se na retórica da "ineficiência" do Estado em intervir na proteção social para dizer o quão pertinente são as estratégias de "empoderamento da população pobre", para que por si mesma reverta sua situação. Entretanto, esta "estratégia" baliza-se nos interesses político-econômicos do BM. Segundo Motta,[9] as diretrizes do Banco Mundial de "*empoderamento*" significam:

> aumentar a capacidade dos pobres para influenciar as instituições do governo que afetam suas vidas, reforçando a sua participação nos processos políticos e de tomada de decisão local. Isso significa eliminar as barreiras — política, jurídica e social — que trabalham contra determinados grupos e criar ativos para as pessoas pobres que lhes permitam integrar de forma eficaz nos mercados (Banco Mundial apud Motta, 2001, p. 13 — tradução nossa).

9. O título da dissertação em português, segundo tradução nossa, é: *Qual participação para qual desenvolvimento? Entre a semântica e a realidade de participação como "empowerment": o caso cubano* (Motta, 2001).

É notória a proposição interessada desta participação estimulada pelo BM, tanto que sua maior preocupação é com a "eficácia da mesma nos mercados". Não à toa que balizado nesta lógica o "*empoderamento*" se vincula a outros projetos — tal como o "*empreendedorismo*", *a* "*economia solidária*" e os atrelados ao "*terceiro setor*" — que manifestam as "estratégias" para desvincular a pobreza da acumulação de riqueza, obscurecer as relações materiais contraditórias de apropriação privada da riqueza socialmente produzida, adequar a classe trabalhadora aos interesses do grande capital e os países periféricos aos interesses das potências internacionais.

Para a compreensão das diretrizes do BM torna-se obrigatório o exame de parte do pensamento de Amartya Sen, visto que é um ideólogo de referência da instituição e suas propostas para os países periféricos. Sen (2000) associa a pobreza, a fome e a miséria não apenas à desigualdade de renda, mas também às "*privações de capacidades*", o que impossibilita que os sujeitos superem a condição de pobreza. A concepção de desigualdade do autor não se atrela à tendência geral da acumulação capitalista; ao contrário, vincula-se à ideia da "*desigualdade de oportunidade*" e da "*privação das necessidades básicas*".[10] Dentre os aspectos de seu pensamento apreendidos por Siqueira (2011, p. 186), destacamos o *individualismo*, o *desenvolvimento*, o *microcrédito* e a sua proposta de "*empoderamento*".

Quanto ao ***individualismo***, este aparece em sua concepção de igualdade centrada no *indivíduo* tomado como naturalmente "capacitado a evitar a pobreza", na proporção em que tem o "poder de escolher" e liberdade para destinar sua vida. Nessa perspectiva, o autor descola esse indivíduo das bases materiais-estruturais constitutivas dessa sociedade, não reconhecendo que o sujeito "pobre", diferente do "rico", não tem a possibilidade de escolher entre as mesmas alternativas concretas, o que torna a concepção de liberdade do autor *negativa* (formal), visto que fatores materiais (objetivos) os

10. Para ele a solução para o enfrentamento da pobreza está no desenvolvimento econômico, tal como sustentam os liberais.

impossibilitam ou os restringem ao exercê-la. Essa liberdade formal compõe a lógica de funcionamento do sistema do capital, e a interpretação de Sen da liberdade coaduna abundantemente aos interesses do capital nos dias atuais. Ademais, toma a condição de classe dos indivíduos como uma questão vinculada aos desejos individuais.

No tocante à sua discussão sobre o ***desenvolvimento***, para além de atrelá-lo ao crescimento econômico, o vincula à *criação de oportunidades* e à *eliminação das privações da liberdade*. O economista reatualiza o princípio liberal do livre mercado enquanto motor original do desenvolvimento. Segundo o autor:

> A pobreza pode ser reduzida mediante a aplicação de benefícios sociais, mas, para garantir isso, é necessário *empoderar* as pessoas, principalmente as mais afetadas pela miséria, para que bens e serviços sejam aplicados de modo efetivo e as deficiências sejam eliminadas. [...] Os indivíduos permanecem *desempoderados* em decorrência de diversos processos complexos (Sen, 2009, p. xxv; grifos nossos).

Com essa reflexão, Sen aponta a necessidade de os indivíduos pobres se mobilizarem a sair de tal situação aproveitando as oportunidades existentes e criando outras, o que geraria naturalmente o desenvolvimento. Com essa leitura da pobreza, Sen notoriamente *moraliza* a "questão social", tomando-a como uma questão de *vontade* ou *desejo* dos indivíduos.

No que tange o ***microcrédito***, o economista indiano o considera como uma estratégia de desenvolvimento e combate à pobreza. Consiste na concessão de pequenos créditos, a baixos juros, para a população pauperizada, possibilitando que participe da esfera da circulação como consumidora. As reflexões de Sen acerca desta estratégia estão articuladas às formulações de Muhammad Yunus: um economista-banqueiro, também indiano e autor do livro *O banqueiro dos pobres*.[11]

---

11. Yunus diz pretender acabar com a pobreza através de banco que funda para conceder empréstimos aos pobres, para isso cria o *Grameen Bank* (Banco dos Pobres).

Esses microcréditos, em países como o Brasil, por vezes são feitos por organizações do "terceiro setor" (principalmente ONGs) e de "economia solidária"; sendo uma das estratégias (de orientação neoliberal) mais adotadas pelos governos via programas de estímulo ao *microempresário, microempreendedor* e a *"economia solidária"*. Identificamos assim o *microcrédito* como um grande engodo, pois com a falácia de *transformar pobres em microempresários* fomenta o endividamento dos pobres e escamoteia o trato à pobreza em seus fundamentos, ainda favorecendo a remuneração do capital financeiro.[12]

No que se refere à **proposta do *"empoderamento"***, ela liga-se à ideia de que o "fracasso dos indivíduos no mercado" deve-se a uma *baixa autoestima* e a um *"desempoderamento"*. Como estratégia de combate à pobreza, Sen propõe tornar as pessoas "agentes", cujo *"empoderamento"* configura-se como um meio de "transformação das relações de poder" e superação da pobreza. O autor com essas elaborações ofusca que a alteração dessas relações de poder demanda o reconhecimento da luta de classes, a necessidade de se alterar a correlação de forças e fortalecer as instâncias de universalização das lutas dos trabalhadores.

O *"empoderamento"* é apontado como uma forma de os "pobres" superarem sua condição de privação, que as capacidades individuais representam "graus de poder" para fazer escolhas e realizar ações. Logo, o autor propõe o *"empoderamento"* enquanto um projeto alternativo de promoção de um modelo de desenvolvimento cujas pessoas possam se reconhecer como agentes do mesmo. Para Amartya Sen, *a pobreza seria um estado de desempoderamento*, ao passo que o *"empoderamento"* dos pobres possibilitaria a conquista da cidadania tanto para o "ator individual" quanto para o "coletivo". Com esta leitura, Sen

---

12. "Yunus preside atualmente um império financeiro mundial de nome PlaNet Finance. Controla uma folha de pagamento de 22 mil pessoas em todo o mundo. A sede do Grameen Bank é uma luxuosa torre de 21 andares no paupérrimo Bangladesh. Seu negócio "altruísta" de microcrédito já lhe permitiu abrir outras 18 empresas diferentes, entre elas uma das maiores operadoras de telefonia celular do sul da Ásia". Disponível em: <http://www.anovademocracia.com.br/no-59/2489-microcredito-e-outra-panaceia-do-capitalismo-popular>. Acesso em: jun. 2012.

não entende que o "desempoderamento" está na origem do capitalismo — sendo um processo imanente do movimento do capital, por conta de sua lógica de "recriação permanente das expropriações sociais" (Fontes, 2010, p. 21).

Observamos que Sen coloca-se hoje como um dos principais ideólogos do grande capital neste contexto de busca por respostas e "alternativas" à *crise endêmica*, respostas estas que se materializam em projetos de intervenção tal como a *"economia solidária"*, a *Política Nacional de Geração de Emprego e Renda*, o chamado *"terceiro setor"* e o *projeto do empoderamento*. Estes são os *fios* que tecem a *teia ideológica* fundamental à sobrevivência do capital, que busca através da ofensiva neoliberal remédios político-econômicos e ideológicos para "abrandar" esse quadro de *crise estrutural-destrutiva*.

Prosseguindo o caminho de desvelamento das determinações que permeiam o *empoderamento* enquanto *projeto concreto*, no próximo item nos aproximaremos do modo como o *"empoderamento"* é apreendido pelos autores mais expressivos no debate brasileiro e internacional. Referimo-nos a: Paulo Freire, Eduardo Mourão Vasconcelos, Vicente de Paula Faleiros, Maria da Glória Gohn e Duncan Green.[13]

III. As propostas teóricas sobre o "empoderamento": desvelando a concepção de alguns autores

Realizaremos neste item uma apresentação-reflexiva do "conceito do *empoderamento*" nos autores citados antes. Faremos isso

13. Cabe salientar que a materialidade do *projeto do empoderamento*, evidente nos documentos do Banco Mundial a orientar econômica e politicamente os países periféricos, se expressa também em programas e políticas sociais. No que se refere à realidade brasileira, em nosso estudo examinamos uma política e três programas: *Política Nacional de Humanização*, *Programa Cisternas*, *Programa Nacional do Primeiro Emprego* e o *Programa Autonomia das Escolas*. Ainda que tenhamos feito uma breve análise destes e saibamos da necessidade de aprofundá-la, para maiores aproximações indicamos consultar a dissertação (Carvalho, 2013), disponível no acervo de teses e dissertações da Biblioteca do Centro de Filosofia e Ciências Humanas (CFCH) da Universidade Federal do Rio de Janeiro.

reconhecendo a complexidade não do "conceito", mas do debate do "*empoderamento*", no qual trataremos da abordagem desses autores, cuja característica precípua é a relação de estreitamento ou distância deles com o que entendemos por *projeto do empoderamento*. Embora estes possuam o traço comum de abordar o tema, cabe frisar que têm particularidades — em suas trajetórias políticas, intenções sócio-históricas e seus referenciais teórico-metodológicos.[14]

Faremos a análise dos autores tendo como premissas a apreensão do poder situado no capitalismo, cujo produto do trabalho aparece ao trabalhador como um "poder estranho", autônomo, alheio a ele (Marx, 2011, p. 373); e a compreensão de que o *empoderamento* como *projeto* tem um sujeito claro, a grande burguesia, estando o referido projeto inserido nos projetos neoliberal e neodesenvolvimentista, só tendo possibilidade de aceitação popular se for ideologicamente incorporado e promovido por setores da esquerda. Logo, se o sujeito do *projeto do empoderamento* é a burguesia, quem será seu operador? Tudo nos leva a crer que é a esquerda cooptada e possibilista (associada à pequena burguesia política).

3.1 Paulo Freire e "'sua concepção' do empoderamento" em debate

Não despretensiosamente iniciaremos este item nos aproximando da contribuição do filósofo-educador Paulo Freire ao debate do "*empoderamento*", pois esta pode ser apreendida como marco em meio à heterogeneidade de concepções que compõem a chamada "tradição do *empoderamento*". Todavia, caberá levantarmos alguns aspectos referentes à concepção freireana do "*empoderamento*", fazendo algumas ponderações, na proporção em que a discussão do fortalecimento dos oprimidos perpassa suas obras, mas o "conceito" de "*empoderamento*"

14. A escolha de tais autores não se deu de forma aleatória, amparou-se em aspectos como a expressividade (e incidência) destes no debate do "*empoderamento*" no Brasil e o impacto de suas elaborações em movimentos sociais, programas/políticas sociais e categorias profissionais.

é usado pelo autor somente em uma obra, sendo que esta não é tão conhecida quanto a "trilogia das pedagogias" *Pedagogia do oprimido, Pedagogia da autonomia* e *Pedagogia da esperança.* Referimo-nos ao livro *Medo e ousadia: o cotidiano do professor*, produzido em coautoria com Ira Shor[15] em meados da década de 1980.[16]

Considerando que Freire escreve esta obra em co-autoria com Shor, é pertinente indagarmos em que medida Shor influencia Freire na "incorporação ressignificada" do "conceito de *empoderamento*". Percebemos que logo no prefácio do livro, Shor anuncia terem optado por manter o termo original "*empowerment*" a fim de preservar "a riqueza da palavra", cujo significado é *dar poder ao sujeito, ativar a potencialidade criativa, desenvolver o potencial criativo do sujeito* e *dinamizar sua potencialidade* (Freire e Shor, 1986, p. 10). Será no capítulo quatro que eles se dedicam a discutir o chamado "*empowerment*". Segundo Shor (in Freire e Shor, 1986, p. 64), há uma linguagem da *pedagogia libertadora* ou do *ensino de transformação* e alguns "termos-chaves" a compõem, dentre estes: diálogo, pedagogia situada, consciência crítica e "*empowerment*".

Shor introduz a discussão do "*empowerment*" relatando a experiência dialógica de um curso de Física. Ao final do relato, pergunta a Freire se considera que tal curso aumenta o poder dos alunos. O filósofo-educador entende que aumenta, porém acha curiosa a incidência com que os estadunidenses estavam preocupados em usar o "conceito" do "*empowerment*". Assim, indaga se existe alguma resposta para tamanha preocupação. Diante dessas dúvidas, Freire e Shor (1986, p. 70) dizem ter medo de usar a expressão "*empowerment*", haja vista que alguns entendem que esta prática, de maneira acabada, ativaria o potencial criativo dos alunos, ou seja, autonomizaria o aluno em

15. Atualmente é professor da Universidade da Cidade de Nova York e, junto com Paulo Freire, se colocou como um dos escritores expoentes da *pedagogia crítica*. Tem ainda duas obras dedicadas à discussão da relação entre educação e poder: *Empowering Education* (*Empoderamento da Educação*) e *When Students Have Power* (*Quando Estudantes têm Poder*).

16. Segundo Gadotti apud Vasconcelos (2003), este período marca uma segunda fase do pensamento freireano, em que escreve livros transdisciplinares, influencia diferentes campos de conhecimento e se internacionaliza.

relação ao professor. Freire preocupa-se com a possibilidade de essa prática de "*empowerment*" estimular determinado nível de independência e autonomia que "não é suficiente para torná-los aptos a efetuar as transformações políticas radicais necessárias à sociedade brasileira".

Inspirado nessa ponderação de Freire, Shor aponta que uma escola progressista nos Estados Unidos tenta desenvolver uma pedagogia baseada numa formação de "*alunos autodirigidos*", cuja participação do professor seria acessória, na medida em que estimula os estudantes a projetarem seus próprios contratos de aprendizagem e a serem responsáveis por obedecê-los e solicitar ajuda. Segundo Shor, essa seria uma forma de educação para pessoas que não concordam com o autoritarismo, mas sim com um processo educativo democrático e de "*empowerment*".

Paulo Freire diz estar de acordo com essas concepções de democracia e "*empowerment*", reconhecendo a importância de uma educação diretiva, pois não acredita numa autolibertação, já que o sujeito pode dar um sentido individualista à liberdade e ao "*empowerment*". Desse modo, de acordo com Freire e Shor (1986), o "*empowerment*" individual ou de alguns alunos é insuficiente no que se refere ao processo de transformação social. O desenvolvimento crítico dos alunos é fundamental a tal processo, mas não em si suficiente.

A partir dessas questões trazidas pelo autor estadunidense, Freire e Shor (1986, p. 72) explicam sua compreensão do "*empowerment*", ou seja, deste enquanto um "[...] *empowerment de classe social.* Não individual, nem comunitário, nem meramente social, mas um conceito de '*empowerment* ligado à classe social'". O autor aponta ainda que sua concepção de "*empowerment*", embora esteja vinculada às classes sociais — diferente do que chama de "marxistas estreitos" —, não se restringe às mesmas. Com base neste argumento, Freire diz reconhecer que a questão do "*empowerment*" da classe social envolve aspectos referentes às experiências da classe trabalhadora, o que faz do "*empowerment*" — para além de um invento psicológico ou individual — *um processo político de libertação das classes dominadas*. Ademais, o autor indaga acerca do papel ideológico que possa ter a vasta produção estadunidense de livros de autoajuda e de autoaperfeiçoamento, ambos de apelo ao individualismo.

Faz-se fundamental ao debate do "*empoderamento*" destacar essa concepção de Freire, pois ainda percorrendo a resposta para a hipotética influência de Shor na concepção freireana do "*empoderamento*", temos que a diferenciar por dois motivos: 1) sabendo da origem liberal-conservadora do "conceito", Freire inicialmente demonstra apreensão em usá-lo; 2) Ao dirigir o chamado "*empowerment*" a uma determinada classe social, tenta distanciá-lo do que entendemos por *projeto de empoderar* os pobres. Deste modo, analisamos que apesar de Freire se apropriar do "termo", o faz sem incorporar o *projeto do empoderamento*, o que diferencia sua perspectiva das demais que serão abordadas daqui em diante.[17]

Com o intuito de acrescer elementos relevantes às indagações acerca da concepção freireana do "*empoderamento*", trouxemos trechos de uma entrevista com Ana Maria Araújo Freire — viúva de Paulo Freire — na qual responde se há (ou não) relações entre o pensamento de Paulo Freire e o debate do "*empoderamento*". Diz Ana Maria Freire:

> *o empoderamento nunca foi uma questão para Paulo. Ele jamais escreveu sobre isso e talvez nunca respondesse diretamente sobre esse conceito.* Porque Paulo tinha um certo receio de dizer "eu tenho poder", pois isso estava na base da verticalidade das relações, na base do mando. Para Paulo, qualquer decisão era uma decisão com o outro. "Decidir com" é escutar o outro, refletir sobre ele. Paulo preferia trabalhar com o desvelamento da realidade, com o processo por qual o indivíduo passa para se tornar crítico, optando por uma posição a favor ou contra algo. Com isso o diálogo pode se instaurar e é possível construir um "ser mais". Isso é muito diferente do empoderamento. *O empoderamento é individualista, uma criação do neoliberalismo. E devemos ter cuidado com a falácia do empoderamento, pois, no processo de nossa libertação, devemos criar a nossa autonomia. Mas ninguém é livre ou autônomo sozinho, então devemos procurar,*

17. Alguns autores secundários reconhecem haver no pensamento freireano uma "ressignificação do conceito de *empoderamento*" ou uma perspectiva progressista do mesmo. Nessa direção, temos apropriações do que chamam de "designação freireana do *empoderamento*".

também, a libertação e autonomia do outro, dando-lhe condições de ser sujeito da história (Freire, s/d.; grifos nossos).

Em consonância com a análise de Ana Maria Freire, mesmo que Paulo Freire aborde a "questão do poder", de fato não há em suas obras mais relevantes o debate do "*empoderamento*" e a incorporação do "conceito" ou "termo", sobretudo porque — tal como expõe no livro-diálogo *Medo e ousadia* — tinha medo de incorporá-lo devido ao ranço conservador e individualista-liberal que lhe é imanente. Não obstante, não podemos nos furtar a identificar a existência, ainda que tímida e, em parte, estimulada por Shor, de uma acepção freireana do "*empoderamento*", tanto que preocupado em se contrapor à concepção estadunidense do termo, Freire acaba por apresentar e refletir sobre o que compreenderia como "*empowerment* de classe social". Isso foi suficiente para que movimentos sociais, intelectuais e partidos políticos (sobretudo da esquerda brasileira, mas não só) o incorporasse como um "termo" ou "tática" progressista.

Gesta-se assim uma polêmica em torno do reconhecimento ou da negação de uma incorporação ressignificada do conceito de "*empoderamento*" por Paulo Freire. Observamos vincular-se a referida polêmica à relação entre o "termo ou conceito de *empoderamento*" e as classes sociais em suas contradições, mesmo que não seja esta a única determinação, tal como mencionou Paulo Freire anteriormente. Observamos que, embora tenha sido influenciado por Shor e dado um caráter classista ao "termo", assim não sendo um dos "sustentadores teóricos" do *projeto do empoderamento*, seus sucessores que incorporaram o "conceito ressignificado" foram na contramão de seu mestre, pois fomentam *o projeto originalmente individualista-liberal*, explicitamente apropriado pelo Banco Mundial.

Não obstante, Paulo Freire, com sua perspectiva de análise eclética, ao questionar[18] categorias fundamentais de compreensão do real

18. É evidente que o problema não está no questionamento por si mesmo das categorias fundamentais do marxismo, mas sim nos resultados alcançados pelo educador neste processo, como exposto antes.

— tal como a de classes sociais — acaba afinando suas indagações às feitas pelo campo pós-moderno, embora não compactue com essa corrente teórica. Com isso, ainda que não mencione ou utilize em seus estudos argumentos centrais da análise pós-moderna, passa a servir de referência para autores que bebem deste heterogêneo campo. Logo, sendo o pós-modernismo uma corrente teórica a embasar o debate do "*empoderamento*", observamos que aspectos das apreensões de Freire fundem-se a características do referido campo. Dentre estes, a centralidade ocupada pela categoria "oprimido" ao invés de classe social, a não menção direta ao capitalismo e às relações de poder assentadas na contradição de classe. Examinando o modo como Freire concebe as relações de poder, observamos que embora inclua na categoria de oprimidos os sujeitos explorados, há em seus estudos uma fundamentação restrita da crítica da economia política, enfatizando a relação de poder oprimido/opressor vinculada a uma leitura que não atenta para a contradição de classe.

3.2 A perspectiva de Eduardo Mourão e o conceito ideológico do "empoderamento"

Aqui aproximaremo-nos da interpretação de Eduardo Mourão de Vasconcelos[19] sobre o chamado "*empoderamento*". Para isso, tomaremos por fonte seu estudo no livro: "O poder que brota da dor e da opressão: *empowerment*, sua história, teorias estratégias". Vasconcelos (2003) introduz a temática dizendo o quanto tem uma relação de autoimplicação com a temática do "*empoderamento*", relação esta que

19. Vasconcelos é graduado em Psicologia pela Universidade Federal de Minas Gerais (UFMG), mestre em Ciência Política também pela UFMG, doutor em Ciência Social e Administração pela London School of Economics e com pós-doutorado pela Anglia Ruskin University e pela Universidade do Estado de São Paulo (USP). Atualmente e professor da Escola de Serviço Social da Universidade Federal do Rio de Janeiro. Informações extraídas da Plataforma Lattes (Acesso em: 25 jan. 2012).

foi amadurecendo em sua trajetória, nos anos 1970, junto às comunidades eclesiais de base da Igreja Católica — influenciado por Paulo Freire e a Teologia da Libertação.

O autor aponta que o estudo do "*empowerment*", embora polêmico, se constitui como um tema de extrema atualidade. Ainda que seja expressiva a tradução do termo como "*empoderamento*", alguns intelectuais o traduzem como *fortalecimento* ou *aumento de autonomia*. Vasconcelos (2003, p. 20) é um destes, propondo para seu estudo um "*sentido provisório*" ao termo, que designa a ampliação do poder e da autonomia pessoal e coletiva de indivíduos e grupos sociais em suas relações interpessoais e institucionais, principalmente os submetidos a relações opressivas, de dominação e discriminação social.

Como parte do processo de participação democrática de usuários, profissionais, familiares e militantes dos campos da saúde geral e mental, Vasconcelos propõe a "*estratégia de empoderamento*" como uma das dimensões a serem consideradas na organização autônoma dos usuários. Diz ainda ter tido contato com perspectivas de "*empoderamento*" inversas à brasileira e latino-americana, calcadas num processo de individualização e autonomia pessoal, bem como numa redução da dependência de vínculos familiares e pessoais em prol da provisão de cuidado social (Vasconcelos, 2003, p. 14-15). Em sua leitura, a proposta de "*empowerment*" (e suas abordagens internacionais explícitas) surge na década de 1950 no campo da saúde mental dos países escandinavos, e rapidamente se expande para os países de língua inglesa. Entretanto, aponta que sua difusão mais acentuada por diversos outros campos se deu a partir nos anos 1990, o que lhe proporcionou, no início dos anos 2000, ser "elemento central das políticas sociais e Serviço Social da Europa e nos principais países anglo-saxônicos (Reino Unido, EUA, Austrália, Nova Zelândia e Canadá)" (ibidem, p. 36).

Cabe indagarmos dois aspectos levantados pelo autor: o *primeiro* refere-se ao "surgimento da proposta de empowerment" em 1950, pois se esta vincular-se à origem do "termo", vale questionarmos tal análise, pois não podemos restringir o debate a uma análise etimológica.

Entendemos que o exame do "conceito" é ideológico, na proporção em que o ofusca como *projeto* e induz a uma aceitação irreflexiva, já que a esquerda é desejosa do aumento de poder para as classes subalternas. O *segundo* aspecto atrela-se à não menção de elementos contextuais dos anos 1990 que propiciaram sua expansão em países e campos diversos de conhecimento (e intervenção), bem como o papel que assume enquanto elemento central das políticas sociais, do Serviço Social na Europa e em países anglo-saxões. Levantamos esta reflexão, porque *o projeto do empoderamento* expande-se num momento de resposta do capital à crise da década de 1970 e de declínio do modelo de Estado de Bem-estar Social. Por isso, não devemos nos furtar a ponderar que esta "estratégia" ganha vigor no período de implementação (em alguns países) e consolidação (em outros) da *plataforma neoliberal*. Sobretudo, por ter como diretrizes a depreciação da coisa pública, a privatização das políticas sociais, o estímulo à responsabilização dos sujeitos pauperizados pela situação na qual se encontram — em detrimento do investimento em políticas sociais — e, assim, a elaboração de mecanismos individualizados e particularizados de superação de sua situação social. Por estes motivos, o "*empoderamento*" mostra-se mais como uma estratégia responsabilizadora dos sujeitos dentre as várias repostas paliativas de enfrentamento das expressões da "questão social", bem como um *projeto* travestido e mistificado por discussões em torno do "termo-conceito" ou da dita "estratégia".

A fim de compreender as práticas que usuários e familiares vêm desenvolvendo no campo da saúde mental para lidar com o sofrimento psíquico, Vasconcelos traz o que chama de "conceitos-chave" vinculados às práticas individuais e coletivas de "*empoderamento*". Dentre tais citaremos o "*cuidado de si*", a "*defesa de direitos*" e a "*transformação do estigma e da dependência*".[20]

---

20. Mesmo que o autor tenha se esforçado para adaptar estes "conceitos chaves" à realidade brasileira, eles nos suscitaram indagações, pois percebemos que estas propostas circulam pelo campo psicossocial e parte delas é incorporada por representantes do grande capital.

No que se refere ao "*cuidado de si*", o autor entende ter este o papel de estimular meios que possibilitem o desenvolvimento de iniciativas individuais, da autonomia de cada sujeito e "[...] de aumento do poder contratual nas relações interpessoais e sociais" (Vasconcelos, 2003, p. 27). Mas, cabe enfatizar que o *autocuidado* deverá estar colado à responsabilidade das instituições sociais públicas para com seus usuários, de modo que garantam qualidade no serviço prestado. Vale atentarmos para essa interface por vivenciarmos um contexto de desresponsabilização estatal no concernente às políticas sociais e transferência (direta e indireta) de responsabilidade para os usuários.

Acerca do conceito-chave de "*defesa de direitos*", é perceptível que Vasconcelos o menciona preocupado em associar o *cuidado pessoal* à mobilização de instituições sociopolíticas, apontando a necessidade das iniciativas de defesa de direito estarem organicamente integradas a duas estratégias de *empoderamento*: as *estratégias coletivas* e a *dispositivos que não desresponsabilize o Estado* (ibidem, p. 30). No que tange os dispositivos de "*empoderamento*", no campo da saúde mental, que não fomentem o processo de desresponsabilização estatal, Vasconcelos entende que algumas vertentes da tradição de "*empoderamento*" podem fomentar desestímulo do investimento em programas e políticas sociais. Dentre estas, existem as posições "*autonomistas*", cuja crítica central faz-se à relação desigual (ou verticalizada) entre usuários e profissionais. Conforme Vasconcelos, tal posicionamento "ultra-autonomista" reforça a desresponsabilização do Estado no neoliberalismo, mais propício a acontecer em países de "Terceiro Mundo" (ibidem, p. 49).

Tal como buscamos fazer no item anterior, é fundamental a ida aos fundamentos do *projeto do empoderamento*, desvelando a materialidade do aparente "termo". Vasconcelos interpreta que o posicionamento de algumas vertentes do "*empoderamento*" poderão redundar no *desestímulo do investimento em programas sociais*, mas não se trata de uma questão somente de posicionamentos, mas sim da função político-econômica dele enquanto *projeto*. Projeto este ligado à existência de um "investimento" que não necessariamente precisará ser público, mas sim público-privado, *à la* reflexões neoliberais de Bresser Pereira, com um investimento estatal em que a "coisa pública" financia e as instituições privadas executam — como exemplo memorável desta relação existem as chamadas parcerias entre Estado e "sociedade civil".

O "conceito" referente ao "*empoderamento*" enquanto mecanismo possibilitador da "*transformação do estigma e da dependência*" dos usuários da saúde mental, sugere — segundo o autor — a criação de iniciativas individuais e coletivas que levem à mudança das atitudes discriminatórias em relação aos portadores de transtorno mental. Junto a isso se estimula a participação de representantes de usuários e familiares em instâncias e eventos da saúde mental. Embora entendamos a particularidade desse conceito-chave no campo da saúde mental, ao transpormos essa discussão para das demais políticas sociais, também nos depararemos com um processo de estigmatização social de seus usuários e com a retórica da dependência que supostamente criariam a elas. Tais argumentos acabam sendo obscuros, e em certas abordagens, tendenciosos, já que se atrelam aos atuais mecanismos de transferência de responsabilidade do Estado no trato às políticas sociais. Logo, as estratégias de redução deste "estigma da dependência" não demandam "políticas de autoajuda", mas sim ações socioeconômicas concretas: alterações tributárias, políticas sociais de capilaridade universal, efetivação da integralidade da seguridade social, criação de programas sociais amplos — não restritos, condicionados ou controladores da vida de seus usuários.

Nestas discussões feitas pelo autor, percebemos que a questão do poder no capitalismo não é tomada como ponto de partida, tampouco como premissa para discorrer sobre as relações de poder a envolver o tema do "*empoderamento*". Nesse sentido, ao longo da análise de seu estudo observamos certa indisposição de trazer à baila de modo claro determinações estruturais do capitalismo, o que o leva a uma discussão abstrata de poder, como se este fizesse parte da essência dos indivíduos e necessitasse de dispositivos que o desperte ou o ative.

Por mais que Vasconcelos busque tratar do poder considerando o contexto sócio-histórico e a estrutura na qual se insere, identificamos o não uso de fontes e categorias fundamentais à compreensão da correlação de forças no capitalismo, restringindo-se a tautologias em torno do *"empoderamento"*. Tanto que inicia seus estudos explicando o porquê da manutenção do "termo" em inglês, não revelando sua dimensão essencial: sua constituição enquanto *projeto* de intervenção social atrelado aos interesses do capital e incorporado pelas classes subalternas como se fosse delas. Entendemos assim que a discussão abstrata das relações de poder e o trato tautológico (por meio de "definições") do *"empoderamento"* vela sua função social enquanto *projeto*.

Para Vasconcelos, a depender da perspectiva que se tenha do *"empoderamento"*, este pode vir atender as demandas emancipatórias ou vir a reproduzir estratégias de conservação da ordem. Avaliamos que o autor nessa reflexão traz dimensões relevantes ao debate do *"empoderamento"*, não obstante se equivoca na proporção em que o *projeto do empoderamento* — atrelado aos ditames do BM —, tal como vimos, vem atender a uma necessidade do capital de responder às manifestações atuais da "questão social". Portanto, o referido *projeto ideo-político* e *econômico* vincula-se às estratégias do capital funcionais à sua reprodução sociometabólica, ou seja, de manutenção do *status quo* e arrefecimento da luta de classes, bem como das instâncias orgânicas de universalização e organização das lutas dos trabalhadores.

3.3 Faleiros e a "terapêutica do empoderamento"

Apresentadas as concepções de Freire e Vasconcelos, trataremos da abordagem de Vicente de Paula Faleiros,[21] uma vez que introduziu

21. É graduado em Direito e Serviço Social, doutor pela Universidade de Montreal, pós-doutor pela Escola de Altos Estudos em Ciências Sociais, especialista em gerontologia, professor titular

a discussão do "*empoderamento*" no Serviço Social brasileiro, além de ser um intelectual de peso na profissão em âmbitos nacionais e latino-americanos. Será no livro *Estratégias em Serviço Social* que Faleiros (2010, p. 40) inaugura o debate do "*empoderamento*" no Serviço Social brasileiro. Nesta obra, o termo é usado em inglês, e baseia-se no posicionamento teórico-político de fortalecer os "oprimidos" através de estratégias de alianças entre profissionais e usuários. Faleiros aborda o "*empoderamento*" inserindo-o no que denomina de "*paradigma da correlação de forças*".[22]

O autor diz considerar a teoria e prática no Serviço Social com base nas *relações de poder*, entendendo ser o *poder*, "em si", relacional. Segundo ele, o foco da intervenção social forma-se neste processo de articulação do "poder dos usuários" e os sujeitos da ação profissional, de modo a construir estratégias para intervir nas relações de força e poderes institucionais. A fim de realizar tal propósito interventivo, de acordo com Faleiros (2010, p. 41), buscam-se instrumentais operativos para "fortalecer o poder dos mais frágeis, oprimidos, explorados, pelo resgate da sua cidadania, da sua autonomia, da sua autoestima [...]". Em sua perspectiva, o "*empoderamento*" é concebido como um dispositivo de "fortalecimento do oprimido no processo de enfrentamento de sua fragilização/patrimonialização, adotando-se a 'práxis da política mais vantajosa para as classes e camadas populares'" (ibidem, p. 51).

Faleiros reflete ainda sobre o papel do "*empoderamento*" na construção da cidadania e na institucionalização dos direitos sociais. O autor introduz a discussão apontando que as políticas institucionais

---

aposentado e emérito da Universidade de Brasília, bem como atualmente professor colaborador da mesma e professor da Universidade Católica de Brasília. Dados extraídos da Plataforma Lattes, cujo *link* é: <http://buscatextual.cnpq.br/buscatextual/visualizacv.do?id=P3717>. Acesso em: 5 fev. 2012.

22. Definido pelo autor como uma concepção da intervenção profissional enquanto "confrontação de interesses, recursos, energias, conhecimentos, inscrita no processo de hegemonia/contra-hegemonia, de dominação/resistência e conflito/consenso que grupos sociais desenvolvem a partir de seus projetos societários básicos, fundados nas relações de exploração e poder" (Faleiros, 2010, p. 44).

universais são fundamentais para o fortalecimento de grupos e pessoas — em busca de cidadania — em suas relações com o Estado. Entretanto, na operacionalização destas há inserções diferenciadas, como classe, raça, gênero e geração, o que confere limite às mesmas. De acordo com Faleiros, as políticas universais recebem críticas balizadas na ideia de que seus usuários tornam-se "dependentes dos benefícios". Segundo o autor, esta crítica tem sido defendida por *neoliberais* ao argumentarem que o Estado tem preterido as políticas públicas por meio da transferência de responsabilidades para os indivíduos e suas famílias, utilizando-se, assim, dos profissionais de Serviço Social e parcerias. Na avaliação de Faleiros (2010):

> *Se, por um lado, trazem desresponsabilização do Estado, por outro, podem abrir campo para iniciativas inovadoras de ampliação da cidadania e de atendimento das particularidades que as medidas universais, às vezes, não contemplam.* A doença do universalismo é o burocratismo formalista, que faz com que os indivíduos sejam considerados apenas números e os assistentes sociais administradores de convênios, de acordo com a estratégia dominante de administrar problemas e recursos em vez de se prestar cuidado à população e garantir seus direitos. *Numa perspectiva de "empowerment", a flexibilização dos serviços pode contribuir para reduzir a dependência, sem que se renuncie à garantia de direitos* (Faleiros, 2010, p. 61; grifos nossos).

Ao argumentar que o "*empoderamento*" poderá ser uma estratégia de redução da dependência dos usuários com as políticas universais, Faleiros acaba — mesmo sem esta intenção — por reproduzir o possibilismo característico de parte do pensamento pós-moderno, bem como por favorecer interesses contemporâneos do grande capital, visto que tal proposta de fortalecimento dos sujeitos ou de determinados grupos coaduna-se aos interesses capitalistas de reduzir o dispêndio estatal com o social e efetivar as pautas burguesas. Junto a isso, alimenta as retóricas pós-modernas de autonomização dos sujeitos das contradições basilares do capitalismo, o que contribui ao interesse burguês de enfraquecer as bandeiras de lutas universais e classistas.[23] A proposta de "*empoderar*" esses sujeitos sócio-históricos torna-se evasiva e despolitizante, ao apontar como alternativa o desenvolvimento de um "poder individual ou grupal" que vem no bojo da ofensiva do capital em desviar a atenção da classe trabalhadora, principalmente no que tange à manutenção dos diretos sociais conquistados, e mais, a necessidade da distribuição da riqueza socialmente produzida.

No artigo "Desafios para o Serviço Social na era da globalização", Faleiros (2001) entende ser o "*empoderamento*" dos sujeitos (individuais e coletivos) um modo de modificar suas relações, a base da estratégia de intervenção do Serviço Social para que estes enfrentem as exigências e resgatem sua *autonomia*, *autoestima* e *cidadania*. Assim, diz que nesse contexto de crise de proteção social, o Serviço Social precisa trabalhar com as "categorias de território, cultura, sujeito, integração buscando repensar o processo de despolitização, desterritorialização e de sociedade de serviços [...]" (Faleiros, 2001, p. 325-326). Embora Faleiros mencione que o "*empoderamento*" do sujeito deva ser contextualizado partindo das relações sociais complexas e não de fragmentações, aborda a necessidade de um "fortalecimento interno das relações entre os sujeitos" para enfrentarem os "dominantes". Este fortalecimento, segundo o autor, poderá se traduzir de maneira diferenciada: *autoajuda, lazer, cooperativas, empresas, grupos, passeatas, discussões* e *protestos*.

Portanto, acerca do debate em tela, evidencia-se o protagonismo de Faleiros, autor da tese do "*empoderamento*" como instrumento de intervenção do assistente social: enquanto meio de redução da dependência dos usuários das políticas sociais universais e mobilizador de recursos próprios para que saiam da situação precária em que

23. A proposta do "*empoderamento*" retoma a retórica de uma atuação de reforço às identidades particulares dos sujeitos desconsiderando ou minorando a inserção de classe destes na ordem societária vigente. Logo, o discurso de "empoderar" os usuários dos serviços sociais acaba por lançar expectativas ilusórias nestes, posto que condições objetivas e subjetivas restringem as estratégias transformadoras imediatas.

vivem (semelhante aos argumentos do BM, vistos antes); enquanto um modo de afirmação pessoal, fortalecimento da identidade e da autoestima (determinações estas vinculadas ao processo de psicologização do trato às expressões da "questão social"); enquanto estratégia atrelada às políticas de "inserção" e a chamada "cidadania ativa" (que nada mais são do que manifestações das intervenções compensatórias do Estado e de transferência de suas responsabilidades para os indivíduos).

Faleiros chama à responsabilidade dos assistentes sociais o compromisso com o aumento de poder, "*empoderamento*", dos "oprimidos", assentando-se nas seguintes dimensões: "fortalecimento do eu", apreensão da realidade sociopolítica, utilização de recursos materiais e emocionais, encorajamento a autodefesa, estímulo a alianças, aumento do poder do usuário. Ele ainda fala do aumento do poder identitário, da autoestima dos "dominados" e da necessidade de o Serviço Social incorporar em suas discussões as categorias de território, integração e sujeito. Dentre as consequências desta leitura de Faleiros, destacamos o modo segmentado com que analisa a questão do poder, caindo em certa medida num essencialismo. Em sua leitura, ofuscam-se os meandros que envolvem as relações de poder enquanto relações sócio-históricas de produção e acumulação capitalista. Ao falar do "poder do assistente social" em aumentar o "poder do oprimido", e dos vínculos deste aos "poderes institucionais", não situa o significado social e histórico de ambos no capitalismo brasileiro, tampouco de suas relações com o capitalismo mundial. E no concernente ao "poder identitário", ainda que a condição na qual se inserem negros, mulheres e homossexuais[24] tenham dimensões particulares, todos pertencem à determinada classe social, ocupando determinado lugar na estrutura de produção e reprodução do capital, tendo diferenciadas implicações objetivas e subjetivas em suas vidas.

24. Lésbicas, gays, bissexuais, travestis, transexuais e transgêneros.

3.4 Gohn e o "empoderamento" como fonte do desenvolvimento autossustentável

O tema do chamado "empoderamento" é abordado por Maria da Glória Gohn (2004)[25] no artigo intitulado "Empoderamento e participação da comunidade em políticas sociais". Nele, faz considerações acerca de alguns conceitos relacionados à participação da população em instâncias públicas: "sociedade civil e esfera pública, empoderamento, capital social e participação" (Gohn, 2004, p. 21). No que tange ao "*empoderamento*", o vincula à comunidade e o identifica como um "termo" usado para que determinada comunidade seja protagonista de sua própria história, ainda frisa que tal terminologia, neste milênio, se tornou jargão das políticas públicas e de analistas. Assim, para Gohn, o "*empoderamento*" manifesta os processos criadores de desenvolvimento autossustentável com a atuação de "agentes externos ou novos educadores sociais" que organizam e desenvolvem projetos. De acordo com Gohn, estes processos têm acontecido sem se articular a instâncias orgânicas mais amplas, como os partidos políticos e sindicatos. Ademais, destaca que o significado do "conceito" de "*empowerment*" não tem um caráter universal, de modo que tanto poderá designar mobilizações que impulsionem a ampliação da autonomia de comunidades, quanto ações promotoras de atendimentos individualizados ou assistencialistas.

A autora ainda aponta que Robert Putnam desenvolveu conceitos basilares à compreensão do "*empoderamento*", entre estes o "capital social". Para Putnam, o conceito de "capital social" surge para substituir o de "comunidade" entre a intelectualidade estadunidense e deve ser examinado em analogia aos de "capital físico e capital humano",[26]

---

25. É graduada em Sociologia pela Fundação Escola de Sociologia e Política de São Paulo (1970), mestre em Sociologia pela Universidade de São Paulo (1979), doutora em Ciência Política pela Universidade de São Paulo (1983) e pós-doutora pela New School University (1997). Informações extraídas da Plataforma Lattes (Acesso em: 13 abr. 2012).

26. Enquanto o primeiro refere-se a objetos físicos, o segundo se relaciona à propriedade dos indivíduos.

pois designa à conexão entre indivíduos, redes sociais e às normas de reciprocidade advindas de tais. Assim, de acordo com a leitura de Gohn (2004, p. 24), o capital social é relatado como uma "virtude cívica", sendo esta "mais poderosa quando imersa numa densa rede de relações sociais recíprocas".

Gohn considera vivenciarmos diferenciado momento no associativismo brasileiro, cujas novas redes têm contribuído para o "*empoderamento*" de setores populares da sociedade. Junto a isso, fala do quão "importante" é a participação da sociedade civil na gestão pública e do quanto seus "atores sociais" (ONGs e demais entidades do "terceiro setor") mudaram nos anos 1990. Para ela, na nova gramática, "mobilizar deixou de ser para o desenvolvimento de uma consciência crítica ou para protestar nas ruas". Com isso, "passou a ser sinônimo de arregimentar e organizar a população para participar de programas e projetos sociais [...]" (ibidem, p. 26).

Nesse contexto, ganha notoriedade as chamadas Organizações Sociais (OSs) e as Organizações Sociais de Interesse Público (OSCIPs). Segundo a autora, ambas integram um novo modelo de gestão pública, se constituindo enquanto pessoas jurídicas de direito (e interesse) privado. Estas são formadas por ONGs e outras organizações do "terceiro setor" e submetidas a um contrato de gestão que não passa pelo Legislativo, restringindo-se ao Executivo, embora sejam financiadas por recursos públicos consignados no Orçamento da União ou do Estado.[27]

Examinando a concepção de "*empoderamento*", em Gohn, observamos o que denominamos de *entrelaço de ideologias*, na medida em que entende as organizações do "terceiro setor" e o "*empoderamento*" como alternativas autônomas de participação dos cidadãos nos espaços públicos. Em oposição a Gohn, compreendemos que ambos com-

27. A autora traz o debate em torno deste modelo de gestão privatista oriundo do neoliberalismo, mas anuncia não se posicionar sobre tal (2004, p. 28). Contudo, identificamos o contrário em sua exposição, pois efetivamente toma partido ao dizer que as OSs devem instalar Conselhos de gestão e poderão contribuir para a construção de uma "Nova Cultura Política Pública" no Brasil.

põem o sistema ideológico de respostas do capital à sua crise estrutural-destrutiva, e, sendo assim, põem-se enquanto projetos com conceitos ideológicos em tempos ofensivos do grande capital.

O "terceiro setor" é um conceito ideológico e velador da realidade, pois esta não se divide em "primeiro, segundo e terceiro setor" (Montaño, 2007). Numa primeira conjectura, Montaño aponta o chamado "terceiro setor" como funcional ao projeto neoliberal e enquanto um conceito sem bases existenciais reais; na segunda analisa a leitura setorialista como fomentadora de um entendimento do social vinculado a uma apreensão segmentada do Estado, mercado e sociedade civil. A concepção de "*empoderamento*" trazida por Gohn é claramente consonante ao *projeto do empoderamento*, atrelado a um suposto processo criador de autoconfiança e ao "conceito" de capital social, harmonizador do antagonismo entre capital/trabalho. Logo, nas duas hipóteses e no "*empoderamento*", evidencia-se que "o debate ocorre de forma mistificadora do real" (Montaño, 2007, p. 183).

A autora ainda compreende as OSs e OSCIPs como inovações da gestão pública fomentadoras de uma "nova cultura política pública", velando o papel que ambas cumprem no processo de privatização interna das políticas sociais. Constituem-se como empresas privadas que cobram do Estado para administrar serviços sociais, de modo que administram visando ao lucro. No que tange a política de saúde, há em curso o projeto da EBSERH (Empresa Brasileira de Serviços Hospitalares), sendo esta mais um modelo de privatização da saúde, de ataque perverso do grande capital aos Hospitais Universitários. Importa assim elucidarmos que Gohn acaba por desempenhar determinado papel no processo de mistificação ideológica das relações de poder no Brasil, ao passo que não vai aos seus fundamentos, o antagonismo entre capital/trabalho no capitalismo tardio típico da formação social brasileira. Essa abordagem mistificadora de Gohn se resvala, tendo em vista que consideráveis movimentos sociais brasileiros incorporam o *projeto do empoderamento* (projeto do capital) como se fossem seus.

3.5 As estratégias ideológicas de Duncan Green: "cidadania ativa" e "empoderamento"

Trataremos da concepção de *"empoderamento"* de Duncan Green (2009) na obra "Da pobreza ao poder: como cidadãos ativos e Estados efetivos podem mudar o mundo".[28] Já no prefácio percebemos sua vinculação às ideologias do "novo desenvolvimentismo" e da "sustentabilidade", a partir de Amartya Sen. Este entende que a ampliação de "benefícios sociais" pode reduzir a pobreza, mas para isso há que se "empoderar as pessoas" em situação de miséria, visando ampliar serviços públicos e eliminar suas deficiências (Green, 2009, p. xxv).

Segundo Sen (2009), Green examina diversas maneiras de combate à pobreza através do "recurso do empoderamento de indivíduos que têm privações, em última análise, ocasionadas por sua impotência diante de um mundo muito mal organizado" (apud Green, p. xxvi). Anuncia Green (2009, p. 18): "Este livro baseia-se na crença de que não é tarde demais, desde que líderes, organizações e indivíduos ajam". Discutindo o "risco e a vulnerabilidade", entende que maioria das tragédias sociais e ambientais pode ser evitada por meio da combinação *proteção do Estado* e *"empoderamento"*. Ele concebe o *"empoderamento"* como um meio de garantir a segurança e fortalecer "a capacidade de as pessoas em situação de pobreza suportarem choques, aumentando suas chances de sair da pobreza e de não empobrecer novamente" (ibidem, p. 218). Nessa direção, sinaliza que os governos podem apoiar o *"empoderamento"* garantindo a consolidação do que chama de *"Estados Efetivos"*: que garantam a segurança, crescimento econômico, acesso a políticas sociais e informações, assim favorecendo

---

28. Green (2009, p. 29) é graduado em Física pela Universidade de Oxford e nas décadas de 1980-90 percorreu países latino-americanos. Duncan Green também integrou os quadros da ONG britânica Catholic Agency For Overseas Development (CAFOD) — Agência Católica para o Desenvolvimento, bem como foi Professor Visitante da Universidade de Notre Dame. Desde 2004 é diretor da área de estudos e pesquisas da Oxfam Grã-Bretanha, uma associação de organizações pelo fim da pobreza e desigualdade no mundo. A Oxfam tem como premissa a compreensão da pobreza enquanto um estado de relativa impotência em que os indivíduos não têm condições de controlar aspectos essenciais de suas vidas.

que a população afetada pela pobreza desenvolva habilidades e conhecimentos necessários para "eliminar riscos como cidadãos ativos" (ibidem, p. 219).

Sua concepção de "*empoderamento*" está atrelada à de "cidadania ativa", que, por sua vez, vincula-se às ideias de "*desenvolvimento da autoconfiança*" e *superação da falta de poder internalizada*. Tudo isto propiciaria que os "*indivíduos empoderados*" desenvolvam ações coletivas, pois supõe que a "cidadania ativa" signifique o envolvimento desses no sistema político, assumindo um grau de responsabilidade pelo que é de domínio público, nas palavras de Green (2009, p. 22-23), "deixando para trás noções simplistas de 'eles' e 'nós'" (ibidem, p. 21-22), numa clara despolitização e ocultamento das contradições de classes. Por "cidadania ativa" entende o ativismo político, mas principalmente as ações individuais consequentes socialmente, que vão da participação em grupos religiosos a empreendimentos sociais. Para Green, o "*empoderamento*" assume um papel crucial no desenvolvimento, ao se contrastar a imagem criada das pessoas em situação de pobreza como "vítimas passivas" ou beneficiárias. Em sua análise, o ativismo tem certo limite, pois existindo instituições que exerçam poder sobre os indivíduos, o Estado constitui-se como a de maior capacidade de "canalizar o poder da iniciativa individual e do mercado para metas de desenvolvimento de longo prazo".

Para o mencionado autor, uma sociedade civil ativa e progressista pode ter um papel transformador e melhorar a vida das pessoas e da sociedade como um todo, "*empoderando*" os "pobres" para exigirem mudanças e responsabilidade por parte dos governantes. Pois compreende que quando os Estados estão ausentes, as organizações da sociedade civil poderão preencher as lacunas da não intervenção estatal mantendo serviços em funcionamento, ao menos num nível básico (ibidem, p. 72). Segundo Green, o Estado compartilha sua autoridade e, assim, a sociedade civil e o setor privado constituem-se enquanto "fontes adicionais de poder" (ibidem, p. 97). Isso porque avalia que as privações e sofrimentos atuais estão vinculados a "Estados fracos ou inexistentes", o que levou doadores e instituições do "Consenso de Washington" a concentrar meios para garantir "Estados efetivos e responsáveis". Cabe atentarmos que Hayek, "pai do neoliberalismo", tem a mesma compreensão de Estado que Green.

Na análise de Green, instituições como o Banco Mundial, o Fundo Monetário Internacional, empresas transnacionais e mesmo ONGs internacionais, são reconhecidas como as de maior poder na luta contra a pobreza. Contudo, argumenta que os atores sociais mais importantes são os homens e as mulheres em situação de pobreza e seus governos, ou seja, *"cidadãos ativos"* combinados com *"Estados efetivos"*. Nessa linha de pensamento, propõe a "governança global" como forma de promoção da luta em combate à pobreza e à desigualdade. Green apresenta os principais organismos internacionais e as organizações do "terceiro setor" como poderosas instituições no combate à pobreza. Porém, ofusca o modo como estas se ligam à atual lógica de acumulação do capital. Sustenta ainda a necessidade de *"empoderar"* homens e mulheres pobres para saírem da situação na qual vivem, mas lança tal sugestão sem mencionar a funcionalidade que esta tem no processo de autorresponsabilização e culpabilização dos sujeitos que estão em situação de pobreza.

Embora Green examine que as políticas do BM e FMI prejudicaram os países periféricos, diz que após as críticas recebidas ambos anunciaram que passariam a considerar as estratégias de redução da pobreza para a concessão de empréstimos. Na avaliação do autor, somente o BM alterou sua atuação investindo em parcerias com *organizações da sociedade civil* em torno de temas como *"inclusão social"*, *accountability*[29] e *"empoderamento"*. Contudo, aponta que seus consultores de desenvolvimento social às vezes divergem de seus economistas em relação à importância do *"empoderamento"* e do planejamento estatal na impulsão da política de desenvolvimento. Avaliamos que estas elaborações de Green acerca dos ditos organismos internacionais só reiteram o papel que ele tem enquanto seguidor, divulgador das orientações de tais organismos internacionais e ideólogo do capital.

---

29. Termo originário da língua inglesa, em português significa *"prestação de contas"* à determinada instância ou órgão administrativo.

IV. Considerações finais: *o fetiche do "empoderamento"*

> "[...] não existem "simples palavras". Se a massa dos trabalhadores quiser desempenhar tarefas práticas específicas e criadoras, ela tem de se apossar primeiro de certas palavras-chave (que não podem ser compartilhadas com outras classes, que não estão empenhadas ou que não podem realizar aquelas tarefas sem se destruírem ou sem se prejudicarem irremediavelmente)".
>
> Florestan Fernandes — *O que é revolução?*, 1981

Os *desvios mistificadores* perceptíveis nas interpretações das relações de poder dos autores tratados se refletem nas apreensões que fazem do "*empoderamento*". E isso expressa também — para além da perspectiva teórico-metodológica na qual se baseiam — o que entendemos por *fetiche do "empoderamento"*. O "*empoderamento*", ao designar, em sua aparência, "dar poder", acaba por despertar, à primeira vista, encantamento. Este fascínio é de tal proporção que, atualmente, no Brasil, o "conceito de *empoderamento*" tem sido mais asseverado como prática política por parte de algumas organizações e movimentos sociais de esquerda, bem como usado como estratégia interventiva por profissionais das políticas de saúde e assistência social. Ou seja, isso configura sua função ideológica, na medida em que a esquerda incorpora como seu um instrumental ou uma estratégia burguesa.

Em nossa perspectiva, o *fetiche do "empoderamento"* deve-se ao fato de transparecer um papel social que atinge objetiva e subjetivamente a classe trabalhadora, uma vez que esta o incorpora como estratégia de luta, de aumento do poder. Todavia, em sua essência, impacta a mesma por se materializar enquanto um *projeto concreto*, parametrado em diretrizes políticas e econômicas do Banco Mundial para os países periféricos, de modo a orientar as ações que devem tomar no trato às manifestações da "questão social". Com isso, o *projeto do empoderamento* exerce um papel econômico e político, visto que o Estado, com o discurso de "*empoderar*" os cidadãos, transfere responsabilidades para estes; o capital toma o *"empoderamento"* como instrumento de gestão de pessoal visando aumentar a extração de mais-valia do trabalhador (responsabilizando-o mais por suas ações na empresa); os sujeitos são chamados a sair sozinhos da situação social em que se encontram, havendo deste modo a apologia ao empreendedorismo e ao autoemprego como alternativas.

Identificamos algumas de suas *funções* em favor dos interesses do capital, ou seja, que fundamentalmente interferem na luta de classes: o processo de ***"desclassamento" da classe trabalhadora,*** amparado no discurso do *"empoderamento"* dos pobres para que saiam da situação na qual estão e no argumento de que *já não mais existem classes* e sim colaboradores, onde os *"empoderados"* tomam para si a filosofia de gestão da empresa como se fosse seu objetivo. Há uma ***mistificação ideológica calcada no "conceito"***, velando as determinações econômico-políticas que fundamentam o *projeto*. O papel mistificador do *"empoderamento"* travestido no termo se revela ainda em três aspectos da ideologia: na reiteração das relações de dominação, no qual a burguesia expressa tal dominação num conjunto de ideias e valores; no velamento da realidade por meio da naturalização das relações de dominação/exploração; e ainda, na apresentação de interesses particulares como se fossem universais. O dito *projeto* atua ainda no ***apassivamento da classe trabalhadora e de suas organizações***, pois há neste o investimento numa luta para que os pobres e trabalhadores, por si só, saiam da situação atual. Há assim o *incentivo às lutas particulares* preterindo as lutas e instâncias universais de organização da classe. Além disso, desinstitucionaliza-se o trato à pobreza pautado no indivíduo, na *responsabilização e culpabilização* deste travestida no discurso de "ampliação da autonomia". O referido *projeto* integra o ***processo de desresponsabilização do Estado e desoneração do capital***, pois se retira dele a responsabilidade de responder, com a concessão de direitos, às expressões da "questão social", desonerando o capital do papel de cofinanciar tais respostas, de maneira a transferir essa responsabilidade para a classe trabalhadora.

As funções citadas contribuem para que nos afastemos das sombras que rodeiam o debate do "*empoderamento*", que o ideologizam e o mistificam, na medida em que invertem ou obscurecem as determinações político-econômicas e sociais que o fundamentam. Cabe a nós mantermo-nos firmes na análise crítica desse *projeto* a serviço do capital, bem como trazer à tona elementos do real que contribuam para que nos afastemos da sombria caverna que abriga as leituras contemporâneas do "*empoderamento*". Para isso, põem-se a nós — mineradores desta caverna — dois desafios: perquirir o *projeto do empoderamento* à luz da teoria social revolucionária, e da lei do valor/trabalho, considerando seu papel na produção de pauperismo e riqueza no capitalismo atual; estabelecer uma interlocução cuidadosa com os movimentos sociais e a parte da esquerda brasileira que, com valorosas intenções de ampliar o poder da classe trabalhadora, tem sido cooptada pela apreensão ideológica do "*empoderamento*" ao incorporá-lo como sua tática de práticas políticas. Portanto, faz-se fundamental que, como bem disse Florestan Fernandes citado anteriormente, a massa de trabalhadores não se deixe encantar por "simples palavras", uma vez que estas não existem.

Referências

BANCO MUNDIAL. *Empoderamento e redução da pobreza*: uma coletânea. Washington, DC: Banco Mundial, 2002.

BENTO, Leonardo Valles. *Governança e governabilidade na reforma do Estado*: entre eficiência e democratização. Barueri: Manole, 2003.

CARVALHO, Ivy. *O fetiche do empoderamento*: do conceito ideológico ao projeto político-econômico. Dissertação (Mestrado) — Programa de Pós-graduação em Serviço Social da UFRJ, Rio de Janeiro, 2013.

FALEIROS, Vicente. Desafios para o Serviço Social na era da globalização. In: MOURO, Helena (Org.). *Cem anos de Serviço Social*. Coimbra: Quarteto Editora, 2001.

FALEIROS, Vicente. *Estratégias em Serviço Social*. São Paulo: Cortez, 2010.

FERNANDES, Florestan. *O que é revolução?* São Paulo: Brasiliense, 1981.

FONTES, Virgínia. *O Brasil e o capital-imperialismo*: teoria e história. Rio de Janeiro: EPSJV/Ed. da UFRJ, 2010.

FREIRE, Ana Maria. *A voz da liberdade*. Entrevista com Nita Freire (viúva de Paulo Freire). Por Micheliny Verunschk, s/d.

FREIRE, Paulo; SHOR, Ira. *Medo e ousadia*: o cotidiano do professor. Rio de Janeiro: Paz e Terra, 1986.

GOHN, Maria da Glória. Empoderamento e participação da comunidade em políticas sociais. *Saúde & Sociedade*, v. 13, n. 2, 2004.

GREEN, Duncan. *Da pobreza ao poder*: como cidadãos ativos e estados efetivos podem mudar o mundo. São Paulo/Oxford: Cortez/Oxfam International, 2009.

MARX, Karl. *Grundrisse — Manuscritos econômicos de 1857-1858*: esboços da crítica da economia política. São Paulo: Boitempo/Rio de Janeiro: Ed. da UFRJ, 2011.

MÉSZÁROS, István. *O poder da ideologia*. São Paulo: Boitempo, 2004.

MONTAÑO, Carlos. *Terceiro Setor e Questão Social*: crítica ao padrão emergente de intervenção social. São Paulo: Cortez, 2007.

______; DURIGUETTO, Maria Lúcia. *Estado, classe e movimento social*. São Paulo: Cortez, 2010.

MOTTA, Stefano. Quale participazione per quale sviluppo? Fra semantica e realtá della partecipazione come empowerment: il caso cubano. Dissertação (Mestrado em Sociologia) — Universidade de Bolonha, Faculdade de Ciência Política, Bolonha, 2001.

PLATÃO. *A República*. São Paulo: Nova Cultural, 2004.

RAMAL, Andrea. *Depende de você*: como fazer de seu filho uma história de sucesso. Rio de Janeiro: LTC, 2012.

SEN, Amartya. Prefácio. In: GREEN, Duncan. *Da pobreza ao poder*: como cidadãos ativos e Estados efetivos podem mudar o mundo. São Paulo: Cortez, 2009.

SEN, Amartya. *Desenvolvimento como liberdade*. São Paulo: Companhia das Letras, 2000.

SIQUEIRA, Luana de Souza. *Pobreza e Serviço Social*: diferentes concepções e compromissos políticos. Tese (Doutorado) — UERJ, Centro de Ciências Sociais, Faculdade de Serviço Social, Rio de Janeiro, 2011.

VASCONCELOS, Eduardo M. *O poder que brota da dor e da opressão*: empowerment, sua história, teorias e estratégias. São Paulo: Paulus, 2003.

TERCEIRO CANTO

Detalhe da obra "Ulisses e as Sereias" (1891), de John William Waterhouse.

As promessas do "autoemprego": as políticas de geração de emprego e renda, o "Empreendedorismo" e a "Economia Solidária"

O terceiro "canto das Sereias", um dos mais fortes e perigosos, levando embarcações inteiras de navegantes ao naufrágio e digladiando-se os marinheiros pelos poucos salva-vidas, é entoado numa sinfonia carregada de notas tão graves que são indecifráveis pelo ouvido humano.

É o "canto" que leva o trabalhador a abandonar as lutas coletivas, a desconsiderar o desemprego, os direitos trabalhistas e os baixos salários, que não são mais vistos como questões estruturais, oriundos das contradições entre capital e trabalho, mas como consequências das suas próprias condições e capacidades pessoais. O herói da epopeia é aqui transformado numa vítima desamparada.

Se a causa de sua situação de emprego é entoada como uma questão pessoal, originada nas capacidades/incapacidades do sujeito, então, o refrão mais repetido pelo maior coral do mundo, a massa de trabalhadores, contém os versos do "*autoemprego*". Este é o titânico canto do "salve-se quem puder".

Responsabiliza-se o indivíduo por sua condição, tal como para Hayek o fracasso dos indivíduos no mercado nada mais é do que o resultado da livre concorrência entre sujeitos com capacidades diferentes, e nada teria a ver com um sistema injusto ou desigual, mas ao contrário seria o resultado natural de um sistema que garante as liberdades individuais. Não é, para esse pensador neoliberal, a desigualdade do sistema, mas a diferença dos indivíduos, que leva ao sucesso de uns e ao fracasso de outros.

A saída, entoada nestes "cantos", estaria em abandonar a procura de emprego, deixando de investir (e lutar) em torno da relação capital/trabalho, empregado/empregador, para investir no "autoemprego", no trabalho autônomo, no microempreendimento, ou até na produção dita "solidária". Este "canto" compõe uma verdadeira sinfonia, que encarna o drama das pessoas; elas são chamadas a navegar sozinhas para as saídas individuais, abandonando os projetos coletivos: *pulem do barco e peguem os poucos salva-vidas!*

Estas saídas individuais aparecem como sendo estimuladas e promovidas por "Políticas de Geração de Emprego e Renda", desdobrando-se no "Empreendedorismo", na "Empregabilidade" e nos projetos da chamada "Economia Solidária" (ou "Social").

As políticas governamentais para a "*Geração de Emprego e Renda*", em primeiro lugar, constituem formas focalizadas (nas populações mais carentes) de estímulo e promoção a fontes de renda alternativas à relação de emprego formal. Em geral, e diferentemente dos fundamentos e práticas keynesianos, as políticas de "geração de emprego e renda", por parte dos governos neoliberais, não consiste numa ação estrutural de desenvolvimento econômico, mas constituem ações focalizadas voltadas para o autoemprego, portanto num claro processo de "assistencialização" desta política.

Estas saídas individuais também são entoadas nos versos líricos do "*Empreendedorismo*", como o caminho que, potenciando as capacidades individuais, levaria a todos num mesmo processo: todos seriam "empreendedores", não mais capitalistas e trabalhadores, portanto, apenas diferenciados por suas capacidades individuais e por estágios de desenvolvimento nos seus empreendimentos. Não há mais contradição entre as classes, mas diferenças entre indivíduos.

Por fim, a dita "*Economia Solidária*", dentro das políticas anteriores, sugere um processo que consistiria num caminho de autoprodução baseada nos laços internos da solidariedade e da cooperação, induzindo, ideologicamente, a concebê-la como uma alternativa à produção capitalista. Tamanho o poder sedutor deste "canto", que permitiria terminar com a relação salarial entre capital e trabalho, eliminando a exploração e, de quebra, constituindo um caminho para a superação da ordem capitalista. Esconde-se nesta melodia a principal função deste processo: gerar força de trabalho barata, hiper-explorada, e numa desregulada relação terceirizada para o capital, configurando antes uma forma de "salário por peça", e ainda, pulverizando a classe trabalhadora e levando-a a abandonar as lutas de classes contra o capital.

1

As Políticas de Geração de Emprego e Renda e o governo do PT: degradação sob o véu da liberdade*

Marcela Soares**

I. Introdução

Uma onda de frio polar ronda a Europa e mata centenas de moradores de rua no Leste Europeu,[1] no início do ano de 2012. Do outro

---

* O presente texto foi elaborado a partir da Tese de Doutorado, intitulada *A política de geração de emprego e renda no octênio 2003-2010: degradação sob o véu da liberdade*, defendida em janeiro de 2012 no PPGSS-UFRJ, sob orientação do prof. dr. Carlos Montaño.

** Doutora e mestre em Serviço Social pela UFRJ. Graduada em Serviço Social pela mesma universidade. Professora adjunta da Universidade Federal Fluminense, Niterói, foi docente da Universidade de Brasília. Pesquisa principalmente os seguintes temas: Trabalho, Serviço Social, Políticas de Geração de Emprego e Renda, Questão Agrária e Trabalho Escravo. Colabora com o Núcleo de Estudos Marxistas sobre Política, Estado, Trabalho e Serviço Social (PETSS/ESS-UFRJ).

1. Disponível em: <http://noticias.terra.com.br/mundo/noticias/0,,OI5591235-EI8142,-00-Onda+de+frio+polar+deixa+mortos+por+hipotermia+na+Alemanha.html>. Acesso em: 2012.

lado do globo, na tranquilidade de uma manhã de domingo,[2] um massacre, organizado pelo governo do Estado de São Paulo, ocorreu contra trabalhadores, que apenas lutavam pelo direito à moradia — mais de 1.600 famílias despejadas. Da mesma forma que várias famílias cariocas pobres foram e são arrancadas de forma truculenta de suas moradias, para que o município do Rio de Janeiro possa sediar a Copa do Mundo e as Olimpíadas.

Alguns intelectuais[3] afirmam que estamos vivenciando a maior crise da história da humanidade,[4] uma vez que, além de uma crise estrutural do capital, existe uma crise do meio ambiente; da água; dos alimentos, essa última decorrente do estupendo aumento de 109% nos preços, desde o início do novo século — um cenário de barbarização da vida e sua predominância, que, por vezes, pode parecer o tão alardeado *final dos tempos*, se formos pensar de acordo com o famoso calendário maia. Mas o que se constata, na verdade, é o anúncio fidedigno de que a ordem capitalista desenvolve a hegemonização da barbárie com a constante desumanização da humanidade em prol dos lucros.

E a classe trabalhadora resiste ao grande massacre com muitas manifestações, como a greve do Corpo de Bombeiros no Rio de Janeiro em 2011,[5] e, em 2012, na Bélgica,[6] a primavera árabe; a revolta

---

2. Leia "Rousseau, Pinheirinho e o Direito", de Mauro Iasi. Disponível em: <http://boitempoeditorial.wordpress.com/2012/02/15/rousseau-pinheirinho-e-o-direito/>.

3. Dados apresentados por Atílio Borón em uma conferência no Encuentro Internacional de Economia Política y Derechos Humanos, realizado em setembro de 2011, em Buenos Aires, Argentina.

4. Não entraremos no importante e polêmico debate acerca da interpretação e análise da atual crise, se se trata de mais uma crise cíclica de uma *onda longa recessiva*, na esteira mandeliana, ou se é na verdade uma *crise estrutural do capital*, nos termos de Mészáros (2009). Sobre este debate, ver Sampaio Jr. (org.) (2009). Adotaremos aqui a análise de Mészáros de que a crise atual trata-se de uma *crise estrutural, crônica e cumulativa*.

5. O corpo de bombeiros do Rio de Janeiro organizou umA greve em junho de 2011 por reivindicações salariais que repercutiu em 439 homens detidos após a invasão do Quartel Central da corporação. Disponível em: <http://www.brasildefato.com.br/node/6525>. Acesso em: 2012.

6. Um grupo de centenas de bombeiros lançou jatos d'água em direção a sede do governo da Bélgica, em um protesto no dia 10 de fevereiro de 2012 contra as condições de aposen-

da juventude inglesa; o Occupy Wall Street, no *império da liberdade*, e as greves gerais[7] na Índia e na Grécia (Chesnais, 2011, p. 7) contra os planos de austeridade, — e a truculência é a resposta imediata às demandas sociais dos trabalhadores e das classes subalternas. Alguns desses movimentos, que estouraram, só querem o direito ao trabalho e, em certa medida, denunciar a ciranda financeira. Na verdade, o que se vê é que as "lutas de classes podem assumir caráter reativo ou defensivo, exigindo incorporação, ou podem avançar para proposições ético-políticas contra-hegemônicas, revolucionárias" (Fontes, 2010a, p. 321).

A penúria que a classe trabalhadora e as classes subalternas sofrem se deve às inúmeras contradições desta ordem societária, e uma das principais é que na sociedade do capital o direito ao trabalho não é universal (Marx, 1984, p. 199). E, além disso, a exploração do trabalho torna-se cada vez mais degradante, e a grandiosa fileira do *exército de reserva* se prolonga de forma a viabilizar quase a escravidão dos sujeitos.

As taxas de desemprego são alarmantes nos países europeus, e a dívida pública (Chesnais, 2011, p. 8-9) faz com que os governantes dos países europeus, para não perderem seus selos de qualidade AAA, enxuguem e precarizem o funcionalismo público e, consequentemente, os direitos sociais.

E países como China e Brasil, por exemplo, sorriem frente aos investimentos que recebem, já que sua força de trabalho é barata ou, às vezes, pode ser até gratuita. A primeira ainda tem vantagens frente à brasileira, é mais qualificada, e uma questão não tão vantajosa aos interesses do capital, possui a mais alta taxa de greves no mundo (Antunes, 2011).

---

tadoria. Disponível em: <http://www1.folha.uol.com.br/mundo/1047285-bombeiros-protestam-lancando-agua-em-sede-de-governo-na-belgica.shtml>. Acesso em: fev. 2012;

7. No final de fevereiro de 2012, os trabalhadores da Índia convocam a 14ª greve geral em duas décadas. Disponível em: <http://esquerda.net/artigo/%C3%ADndia-milh%C3%B5es-em-greve-geral/22094>. Acesso em: 28 fev. 2012.

E o *Brasil de poucos* é apresentado como *o país das oportunidades* pelos telejornais[8] no início de 2012. Vale perguntar: *de quais oportunidades*?

As oportunidades anunciadas são para a força de trabalho qualificada para ocuparem novos setores como o de petróleo e gás. E aqueles que não a possuem? Vamos *empoderá-los*! Torná-lo-emos *empreendedores individuais*, ou autônomos, sujeitos *solidários* organizados em cooperativas, os *próprios patrões*!

Vejamos o seguinte: em uma recente pesquisa, o Instituto de Pesquisa Econômica e Aplicada (IPEA)[9] estimou que o mercado de trabalho brasileiro deveria ter gerado dois milhões de empregos formais em 2010, o dobro dos 995 mil criados em 2009, caso a previsão de crescimento fosse de 5,5% do Produto Interno Bruto (PIB). Contudo, cerca de 6,5 milhões permaneceriam desempregados.

Ainda segundo a mesma pesquisa, estima-se que do contingente total de desempregados,[10] apenas 1,9 milhão têm qualificação e experiência profissional.[11] O levantamento ressalta que apesar dos quase dois milhões de trabalhadores qualificados à disposição do mercado em 2010, é provável a falta de força de trabalho especializada em alguns setores.

Para enfrentar este problema estrutural da sociedade capitalista, o Estado brasileiro implementa uma Política de Geração de Emprego

---

8. O telejornal *Bom Dia Brasil* noticia a onda de imigração ao Brasil: Brasil vira destino de estrangeiros que sonham com uma oportunidade de emprego. Disponível em: <http://video.globo.com/Videos/Player/Noticias/0,,GIM1771491-7823-BRASIL+VIRA+DESTINO+DE+ESTRANGEIROS+QUE+SONHAM+COM+UMA+OPORTUNIDADE+DE+EMPREGO,00.html>. Acesso em: 18 jan. 2011.

9. Estudo realizado pelo IPEA (Instituto de Pesquisa Econômica Aplicada), "Emprego e Oferta Qualificada de Mão de Obra no Brasil: Impactos do Crescimento Econômico Pós-Crise", divulgado em março de 2010.

10. A taxa de desemprego divulgada pelo IBGE deste ano estaria por volta de 8%. De acordo com os dados do Dieese, a taxa de desemprego total recuou de 8,5 em junho para 8,3 em julho deste ano, numa PEA (População Economicamente Ativa) de 90 milhões de brasileiros. Disponível em: <http://turandot.dieese.org.br/icv/TabelaPed?tabela=5>. Acesso em: 31 out. 2010.

11. Segundo o IPEA, de um total de 6,526 milhões de desempregados somente 1,902 milhão (29,1%) apresentam qualificação e experiência profissional, ou seja, trabalhadores que têm o número de anos de estudo maior que a média dos ocupados formais.

e Renda que, segundo o discurso oficial, apresenta-se com o objetivo de *contribuir para o aumento da probabilidade de obtenção de emprego e renda, inclusão social, redução da pobreza, combate à discriminação e diminuição da vulnerabilidade das populações*.[12]

Com um aparente conjunto de problemas operacionais do Sistema Nacional de Emprego (Sine) objetivamos discutir a Política de Geração de Emprego e Renda nos governos do PT (Lula) — em um momento histórico de ofensiva ao trabalho —, em que os problemas do desemprego e da miséria são entendidos pelo pensamento hegemônico conservador como um problema moral, individual, de falta de *empregabilidade*, por exemplo.

Um contexto de retomada de ideias conservadoras que legitimam o caráter pontual, focalista e precário das políticas sociais, em que a atual política de geração de emprego e renda apresenta o objetivo de uma suposta possibilidade de *transformar trabalhadores desempregados em empreendedores*.

Analisamos as inviabilidades para os interesses do capital nesse momento histórico, de se instaurar políticas de emprego formais articuladas a uma política macroeconômica de crescimento e redistribuição de renda, comparada com sua fase anterior de *onda longa de crescimento*.[13] Pois, como afirma Mészáros (2009), estamos desde fins da década de 1960 em uma nova fase, inédita, de crise estrutural, marcada por *um continuum depressivo*. E, além disso, as particularidades da realidade brasileira na sua inserção periférica na divisão internacional do trabalho, — atrelada ao projeto internacional capitalista de desenvolvimento — não viabilizam a concretização de um sistema público de emprego brasileiro efetivo, este que se configura de forma compensatória.

Analisamos a *Política de Geração de Emprego e Renda* nos governos do PT (Lula) e procuramos desmistificar a ideia de autonomia e de

---

12. Disponível em: <http://www.mte.gov.br/pnq/default.asp>. Acesso em: 24 jun. 2010.

13. Onde há o aumento da realização da mais-valia e da acumulação do capital. Ou seja, há um aumento na taxa e na massa de lucro e uma elevação do ritmo da acumulação de capital.

qualificação que estão articuladas à implementação desta política, desvelando-a como parte de um projeto internacional do capital chamado de *desenvolvimento social como liberdade*, mas que são objetivadas na realidade brasileira como uma suposta política social-desenvolvimentista, de caráter keynesiano.

Na verdade, nossa análise parte do pressuposto de que o cenário atual de crise estrutural apresenta a perspectiva, presente já há mais de três décadas, de especulação e de capital fictício em detrimento do capital produtivo, e que as possibilidades de retomada de uma política keynesiana esteve fadada a uma determinada época histórica e circunscrita a determinados países, perpassados por particulares questões políticas, econômicas e culturais que viabilizaram tal cenário.

Percebemos, a partir de nossos estudos, que existem inúmeras funcionalidades da atual política de geração de emprego e renda, tais como uma maior extração de excedente dos trabalhadores, por meio da permanência de relações de trabalho precárias, que são reinventadas, com outra aparência, como uma reatualização de elementos pré-capitalistas.

Por meio da compreensão da dinâmica capitalista do século XX e XXI, pela via do pensamento que rompe com o pseudoconcreto,[14] analisamos a funcionalidade desta política objetivada nos resultados de alguns programas/políticas inseridos na atual política de geração de emprego e renda, por meio de alguns dados empíricos de instituições oficiais, que apontam o produto desses programas, esses que pretendem modificar a realidade brasileira para *um Brasil mais justo e solidário*.[15]

Apresentamos de forma geral a atual *Política de Geração de Emprego e Renda brasileira* e alguns de seus atuais programas e a problematização da política de geração de emprego e renda inserida nas respostas sociais brasileiras, que se apresentam de forma coerente ao

---

14. Sobre isso, ver Kosik (1976, p. 16-19).

15. *Site* do MTE. Disponível em: <http://portal.mte.gov.br/portal-mte/>. Acesso em: jan. 2012.

projeto mundial de ofensiva à economia política do trabalho, em continuidade com a barbárie neoliberal.

II. O discurso oficial: a Política de Geração de Emprego e Renda (2003-2010)

O discurso dos programas demonstra o esforço do governo em apontar uma perspectiva desenvolvimentista e de uma *nova pedagogia da hegemonia*, por meio de termos como *empoderamento*, *empreendedorismo*, para superar a *vulnerabilidade social*, entre outros, que trazem as falaciosas ideias: de que existe no momento a *parceria* entre trabalhadores e empresários; de que trabalhadores agora podem ser "patrões" por meio do *empreendedorismo*; e que, por meio da força de vontade, pela busca da *empregabilidade*,[16] pode-se sair da condição de miséria e pobreza.

É importante ressaltar inicialmente que, segundo o Relatório de Gestão do MTE-FAT de 2004, a elaboração do PPA 2004-2007 tomou por parâmetro uma *Estratégia de Desenvolvimento de Longo Prazo* que visa:

— à *inclusão social* e desconcentração de renda com vigoroso crescimento do produto e do emprego;

— ao *crescimento ambientalmente sustentável*, redutor das disparidades regionais, dinamizando pelo mercado de consumo de massa, por investimentos e por elevação da produtividade;

---

16. Cursos promovidos pela Confederação Nacional da Indústria, que são importantes para a qualificação dos trabalhadores, porém conformam uma estratégia pedagógica de incutir a falsa ideia da busca pelo próprio sucesso, de preceitos liberais e com a naturalização dos processos sociais.

"Quem pensa em construir uma carreira profissional, sonha com uma trajetória de sucesso. Os cursos de educação a distância do IEL (Instituto Euvaldo Lodi) oferecem o melhor conteúdo para incrementar o seu currículo. Além de gratuitos, os módulos virtuais são autoinstrucionais e você pode estudar a hora que quiser. Se você é estudante dos níveis técnico, médio e superior, prepare-se para o mercado com o IEL". Disponível em: <http://www.cni.org.br/portal/data/pages/FF8080812818D0D30128252A4FA871C2.htm>. Acesso em: 2012.

— à redução da *vulnerabilidade* externa por meio da expansão das atividades competitivas que viabilizam esse crescimento sustentado; e
— ao fortalecimento da cidadania e da democracia.

Essa estratégia é decomposta em três megaobjetivos, os quais espelham o seu conjunto:
— *inclusão social* e redução das desigualdades sociais;
— crescimento com geração de trabalho, emprego e renda, ambientalmente sustentável e redutor das desigualdades regionais; e
— promoção e expansão da cidadania e fortalecimento da democracia.

A partir dessa decomposição da base estratégica, cada Ministério definiu os seus objetivos setoriais, sendo que para o Ministério do Trabalho e Emprego (MTE), são os seguintes:
— implementar um Sistema Público de Emprego para a promoção de *políticas universais* de emprego, trabalho e renda, *orientadas pela gestão participativa*, maior inserção no mercado de trabalho, ampliação de emprego e renda, cidadania e a qualificação de trabalhadores, estabelecendo parâmetros de integração com as políticas de desenvolvimento econômico e social;
— *combater a precarização* e a *discriminação no trabalho* e ampliar o alcance da fiscalização por meio da eficaz aplicação das normas legais e convencionadas, especialmente as de proteção à vida e à saúde, e de mecanismos de controle social;
— promover *um novo contrato social em torno das questões sindicais e trabalhistas* e fomentar as práticas de mediação de conflitos das relações de trabalho.
— promover políticas de integração internacional dos direitos do trabalho, com base no fortalecimento da *inclusão* e no diálogo social;

— melhorar a eficiência e a qualidade dos serviços à sociedade mediante a revisão das práticas de gestão e a democratização do acesso às informações de relações do trabalho;
— apoiar e estimular o microcrédito, o *empreendedorismo* e as demais atividades econômicas alternativas que proporcionem um aumento dos postos de trabalho, promovendo a *inclusão social*. Tais como o PROGER urbano e rural, EcoSol e *Empreendedorismo Individual*.

Os programas e ações implementadas com recursos do Fundo de Amparo ao Trabalhador (FAT), que é um fundo especial, de natureza contábil-financeira, vinculado ao MTE, destinado ao custeio do Programa do Seguro-Desemprego, do Abono Salarial e ao financiamento de Programas de Desenvolvimento Econômico por meio do Banco Nacional de Desenvolvimento Econômico e Social (BNDES), têm sua gestão estratégica executada pelo Conselho Deliberativo do Fundo de Amparo ao Trabalhador (CODEFAT), órgão colegiado integrante da estrutura organizacional do MTE.

Dessa forma, a execução estratégica do FAT afirma possibilitar a *dimensão democrática no desenvolvimento dos programas*, uma vez que o CODEFAT[17] é um conselho tripartite, composto por bancadas representativas dos trabalhadores, dos empregadores e do governo. Esse modelo tem sido adotado nas esferas estadual e municipal, mediante a constituição dos Conselhos ou Comissões Estaduais e Municipais de Emprego, que representam as instâncias responsáveis pela aprovação dos planos de qualificação social e profissional, e das demais ações relacionadas à geração de emprego e renda.

Esses programas de geração de emprego e renda do FAT, como o PROGER, compõem-se de um conjunto de linhas de crédito disponíveis para interessados em investir no crescimento ou modernização de seu negócio ou obter recursos para o custeio de sua atividade.

17. Iremos problematizar o CODEFAT na gestão da Política de Geração de Emprego e Renda a seguir.

Enfatizam o apoio a setores intensivos em força de trabalho e prioritários das políticas governamentais de desenvolvimento, além dos programas destinados a atender necessidades de investimento em setores específicos, objetivando aumentar a oferta de postos de trabalho e a geração, e manutenção da renda do trabalhador. Dentre seus objetivos, destacam-se o desenvolvimento de infraestrutura que propicie aumento da competitividade do Brasil ou a *melhoria das condições de vida dos trabalhadores, em especial os de baixa renda*, o estímulo às exportações do país, o estímulo ao adensamento das cadeias produtivas e a participação ativa na *democratização* do crédito produtivo popular.

O Plano Nacional de Qualificação (PNQ) é reconhecido como uma política pública de qualificação desenvolvida no âmbito do Ministério do Trabalho e Emprego (MTE), e tem como objetivo a universalização do direito dos trabalhadores à qualificação, com vistas a contribuir para o aumento da probabilidade de obtenção de emprego *e trabalho decente* e da participação em processos de geração de oportunidade de trabalho e renda, "*inclusão social*", "redução da pobreza", "combate à discriminação e diminuição da *vulnerabilidade* das populações".

O PLANSEQ é o Plano Setorial de Qualificação, implementado no âmbito do PNQ, e Inserção Profissional para os Beneficiários do Programa Bolsa Família. O Governo Federal, a partir da integração entre o MDS (Ministério do Desenvolvimento Social e Combate à Fome) e o MTE (Ministério do Trabalho e Emprego), tem o intuito de promover uma ação nacional de qualificação e inserção profissional para os beneficiários do Programa Bolsa Família, denominada Plano Setorial de Qualificação (PLANSEQ) Bolsa Família. A inserção foi direcionada, inicialmente, ao setor da construção civil, de forma que as ações estão articuladas ao PAC (Plano de Aceleração do Crescimento).

A maioria dos programas está inserida na Secretaria de Políticas Públicas de Emprego no Ministério do Trabalho e Emprego (MTE), porém alguns dos programas envolvem mais de um ministério, como o Plano Nacional de Qualificação (PNQ) que está inserido tanto no MTE quanto no Ministério do Desenvolvimento Social e Combate a Fome (MDS); o ProJovem, que tem a articulação do MTE com o Ministério da Educação (MEC), o Ministério da Saúde (MS), o Ministério do Meio Ambiente (MMA), o Ministério da Cultura (MinC) e com o Ministério do Esporte (MESP); e o Empreendedor Individual, o MTE tem articulação com o Ministério do Desenvolvimento, Indústria e Comércio Exterior (MDIC) e parceria com o SEBRAE.

O objetivo em geral da *Política de Geração de Emprego e Renda* é realizar a intermediação de mão de obra de trabalhadores para sua (re) colocação no mercado de trabalho, como forma de reduzir o tempo de desemprego ou diminuir o *desemprego friccional*,[18] permitindo, assim, um funcionamento mais eficiente do mercado de trabalho. Assim como integrar as ações de emprego, com o objetivo de efetuar o aproveitamento e batimento dos bancos de dados das áreas de registros públicos de emprego, trabalho e renda, Intermediação de Mão de Obra, Qualificação Profissional, Seguro-Desemprego, Programa de Geração de Emprego, Renda e Microcrédito.

Os programas da Política de Geração de Emprego e Renda têm como público-alvo trabalhadores(as) em risco de desemprego, desempregados e autônomos,[19] "com grande potencial de se tornarem *empreendedores*", cooperativas, empresas autogestionárias, associações, agências de fomento da economia solidária e fóruns municipais e regionais de desenvolvimento. A maioria dos programas não tem um direcionamento etário e de escolaridade, apenas o ProJovem que é

---

18. "O desemprego friccional resulta da mobilidade da mão de obra e ocorre durante o período de tempo em que os indivíduos se desligam ou são demitidos de um posto de trabalho e saem em busca de outro, ou seja, 'decorrente de pequenas imperfeições ou desajustes temporários entre oferta e demanda de trabalho, pois encontrar emprego leva algum tempo'" (Costa, 2000. p. 195) (ver DIEESE, 2010, p. 2).

19. O público-alvo da política está direcionado mais para a superpopulação relativa latente e estagnada, com maior vigor para esta última, apesar de ser mais eficaz frente a determinados trabalhadores (com vínculos formais de trabalho) que compõem a forma líquida da superpopulação relativa, no que diz respeito ao acesso ao seguro-desemprego. Discutiremos isso mais adiante.

destinado a jovens de 18 a 29 anos, alfabetizados, mas que não concluíram o ensino fundamental.

III. A Política de Geração de Emprego e Renda no octênio Lula

A atual política de geração de emprego e renda se desenvolveu articulada com a reatualização de formas precárias de trabalho e a constituição do autoemprego, colocando a responsabilidade no indivíduo por sua situação de desempregado, mas com a falsa aparência de *liberdade* aos trabalhadores, que podem conquistar uma aparente autonomia ao não, supostamente, se submeterem a subsunção real ao capital, como nos casos dos Programa Economia Solidária e Empreendedor individual.[20]

Identificamos que os programas sociais disponíveis aos trabalhadores que estão em situação de desemprego no campo ou no meio urbano, ou, ainda, aqueles que estão inseridos em relações precárias de trabalho — como o PROGER, o Programa Economia Solidária em Desenvolvimento, o PNQ, o Empreendedor Individual, o ProJovem, entre outros — cada programa com a sua peculiaridade e alvo diferenciado —, pretendem estabelecer uma diminuição nos índices de desemprego, por meio de uma política compensatória, mas, além disso, compõe uma grande estratégia econômica para alavancar a

---

20. "O Empreendedor Individual é a pessoa que trabalha por conta própria e que se legaliza como pequeno empresário. Para ser um empreendedor individual, é necessário faturar no máximo até R$ 36.000,00 por ano, não ter participação em outra empresa como sócio ou titular e ter um empregado contratado que receba o salário mínimo ou o piso da categoria. A Lei Complementar n. 128, de 19/12/2008, criou condições especiais para que o trabalhador conhecido como informal possa se tornar um Empreendedor Individual legalizado". Disponível em: <http://www.portaldoempreendedor.gov.br/modulos/entenda/oque.php>. Acesso em: 2 jun. 2010.

Apesar de trazer benefícios aos trabalhadores informais, a vantagem maior é para o capital, pois possibilita a flexibilidade na compra dos produtos elaborados ou na contratação temporária dos serviços destes empreendedores individuais e diminui os encargos sociais e trabalhistas que o burguês teria que pagar se fosse contratá-los diretamente pela via formal.

extração do excedente e, por meio de artifícios político-ideológicos, consolidam essa exploração com a tentativa de um *novo consenso*.

É claro e evidente que o principal objetivo da classe capitalista é angariar cada vez mais lucros, e na atual etapa histórica do capitalismo, na qual tenta sair da sua bancarrota de crise estrutural. A tarefa é a destruição de todos os direitos trabalhistas, que ocorre de forma paulatina e estratégica, e refuncionalizar as relações pré-capitalistas que sempre estiveram presentes na sociedade brasileira. Pois, o cenário atual de ofensiva ao trabalho busca força de trabalho barata, de modo a desonerar os custos da produção, por isso são diversas as estratégias de retirar todos os encargos sociais na contratação da mão de obra — constatado na forma de geração de emprego e renda, com supostas inovações e transformismo de bandeiras tradicionais da classe trabalhadora, como o programa economia solidária em desenvolvimento. Dessa forma, é importante ressaltar que as relações pré-capitalistas de exploração do excedente nunca perderam lugar, de forma hegemônica, para os empregos formais com seus direitos trabalhistas assegurados, primordialmente no setor agrário brasileiro.[21]

É importante lembrarmos que, em nosso país, a industrialização se desenvolveu com a reatualização de modalidades de trabalho, como o trabalho desprovido de regulamentação, com redução e/ou eliminação de direitos que foram alcançados por meio de árduas lutas sociais (Antunes, 2008).

No octênio Lula, alguns analistas afirmam que as políticas de geração de emprego e renda, como também os programas sociais em geral, a exemplo do programa FOME ZERO, constituíram um dos fatores para o elevadíssimo índice de aprovação dos seus dois mandatos. E outros, afirmam que o governo Lula alavancou junto com alguns dos países que compõem os BRICS, como Índia e China, o início do novo desenvolvimentismo[22] internacional, e afirmam que:

---

21. O Estatuto do Trabalhador Rural no Brasil data de 1963. Verifique em Ianni (2005) o debate acerca da formação do proletariado rural no Brasil.

22. Para Márcio Pochmann (2011, p. 17) o segundo mandato do governo Lula se amparou em um eixo social-desenvolvimentista. Ressaltamos que não se pode separar a política

distribuir para ampliar os horizontes da economia e fazer crescer mais rapidamente a renda para redistribuí-la menos desigualmente configuram a singular experiência de liderança mundial, sobretudo após a crise internacional de 2008, que tem no Brasil, Índia e China os propulsores do novo desenvolvimentismo internacional (Pochmann, 2011, p. 18-19).

Constatamos que não há a constituição de um eixo social-desenvolvimentista no Brasil, com a promulgação de um Estado de Bem-Estar social,[23] nem muito menos um sistema público de emprego efetivo — com políticas com tendências universalizantes —, essa situação que é consequente também da inserção periférica do Brasil na divisão internacional do trabalho, (que tanto subsidia a superexploração da nossa força de trabalho, quanto faz permanecerem as relações patrimonialistas, de servidão e a mediação do favor, proporcionando uma maior facilidade de reatualizar formas de exploração de mais-valia absoluta) é fruto da relocalização do nosso país no novo projeto de desenvolvimento internacional, coerente com os interesses da classe dominante imperialista, representados pelo Banco Mundial, FMI, ONU, entre outros organismos imperialistas.

Não existem mecanismos implementados pela política econômica dos governos Lula que indiquem a conformação de um Estado Keynesiano (ou de eixo social-desenvolvimentista),[24] pois não houve: uma planificação indicativa da economia, para evitar os riscos das

---

macroeconômica do desenvolvimento social, e que o *alargamento* das políticas sociais mencionados pelo autor citado, se deu pela via da privatização (mercado) e da precarização (ONGs, fundações sociais e sucateamento dos serviços sociais prestados pelo Estado).

23. Não podemos deixar de reconhecer que a situação de milhares de brasileiros que estavam em condição de miserabilidade foi amenizada com o programa FOME ZERO, prioritariamente, mas não podemos identificar esta situação de um Brasil com menos miséria como um Estado de Bem-Estar Social.

24. Durante os governos do PT (Lula), Gonçalves (2011), em seu artigo intitulado *Governo Lula e o Nacional-desenvolvimentismo às Avessas*, "constata que a política econômica esteve direcionada para a "desindustrialização; dessubstituição de importações; reprimarização das exportações; maior dependência tecnológica; maior desnacionalização; perda de competitividade internacional; crescente vulnerabilidade externa estrutural em função do aumento do passivo externo financeiro; maior concentração de capital; e crescente dominação financeira,

amplas flutuações periódicas; uma intervenção na relação capital/trabalho, por meio de uma política salarial e do "controle dos preços"; uma oferta de créditos combinada a uma política de juros baixos; e políticas sociais com tendências universalizantes.

Na verdade, a política econômica dos governos do PT, como identificamos, privilegia o capital portador de juros; possui uma política monetária atrelada às metas inflacionárias com altas taxas de juros, a fiscal aos superávits e a cambial é comandada pelo próprio mercado, e, ainda, por meio de sua política de geração de emprego e renda, incentiva o trabalho precário e, mesmo com suas obras de infraestrutura (PAC), otimiza os lucros do capital internacional ou do capital brasileiro transnacionalizado, ao utilizar formas bárbaras de extração do excedente.[25]

Além do mais, não há aumento da renda para promover maior igualdade, por meio da instituição de serviços públicos, como as políticas sociais. Ocorre, na verdade, uma redistribuição de renda entre a classe trabalhadora, portanto, há o aumento da renda entre as franjas mais baixas da classe trabalhadora e uma diminuição da renda das mais elevadas; a privatização das políticas sociais, pela via da parceria público-privada; e a continuidade da terceirização na contratação dos trabalhadores para a prestação dos serviços públicos.

Por meio de análises dos dados e pesquisas, constata-se que não ocorreram mudanças estruturais das desigualdades socioeconômicas no Brasil, nos primeiros 8 anos do novo milênio. "Apesar das análises eufóricas de alguns pesquisadores e de integrantes do governo com base no coeficiente de Gini, a estrutura da renda e da riqueza[26] não

---

que expressa a subordinação da política de desenvolvimento à política monetária focada no controle da inflação" (idem, p. 19).

25. Fiscais do governo federal e do Ministério Público do Trabalho encontraram e resgataram 98 trabalhadores em regime análogo à escravidão numa obra que integra o PAC (Programa de Aceleração do Crescimento), no sul de Goiás. Disponível em: <http://www1.folha.uol.com.br/folha/brasil/ult96u620638.shtml>. Acesso em: 2012.

26. "Os ricos no Brasil continuam participando desigualmente da estrutura tributária, uma vez que sua participação não ocorre proporcionalmente a sua capacidade contributiva e porque grande parte de suas rendas em estão isentas de tributação. Ressalta-se também que a

apresenta mudanças substanciais em relação às últimas décadas do século passado" (Salvador e Amorim, 2010, p. 17).

Destacamos que com as atuais dificuldades de se alavancar a taxa de lucro, foi necessária ao capital, para sua sustentabilidade, uma ofensiva ao trabalho, facilitada ideologicamente por uma série de acontecimentos sócio-históricos, como a crise do *Welfare State* e a crise do Socialismo Real. E para consolidar essa ofensiva, grandes táticas, além das político-ideológicas, colocaram em concorrência, de país para país, os trabalhadores. A exemplo das zonas de livre troca (como o Tratado Norte-Americano de Livre Comércio — NAFTA)[27] e os mercados únicos (União Europeia, por exemplo) onde o movimento dos investimentos diretos e das mercadorias é livre e acompanhado de um movimento dos trabalhadores controlado para obter um alinhamento generalizado, para baixo, dos salários e dos níveis de proteção social.

É nesse conluio de instrumentos para elevar a taxa de lucro que as contrarreformas no Brasil, com *ares social-liberais*, promoveram a privatização, uma maior focalização e precarização das políticas sociais com a desresponsabilização direta do Estado na intervenção social.

Esta conjuntura de precarização, privatização de políticas públicas, exacerbação da *decadência ideológica* da burguesia, alavanca explicações fundamentadas na irrazão — de forma a auxiliar na mistificação da atual política de geração de emprego e renda — que afirma a finali-

---

participação dos lucros consistentemente aumentou sua proporção na renda nacional dos primeiros oito anos deste século. O financiamento do Estado brasileiro é feito por meio de recolhimento de tributos que incidem sobre a renda dos assalariados e dos servidores públicos, além da elevada carga tributária regressiva que atinge a população mais pobre. Ao mesmo tempo em que a maior parcela do orçamento é destinada ao capital portador de juros, por meio do pagamento de juros e amortização da dívida pública. A conclusão é que o nosso Estado funciona como uma espécie de Robin Hood às avessas que *tira dos pobres, via tributos regressivos, para redistribuir para os ricos, via pagamentos de juros*" (Salvador e Amorim, 2010, p. 17-18; grifo dos autores).

27. Os EUA tentaram implementar a ALCA (Área de Livre Comércio das Américas), acordo que só prejudicaria a América Latina, no seu comércio, intercâmbio e a relação com o Estado protecionista estadounidense de forma desigual. Seria exacerbação de uma *quinta fronteira* por todo o território latinoamericano (Ianni, 1992).

dade de alcançar *a inclusão social e a promoção do desenvolvimento justo e solidário, expandir empreendimentos autogestionários como alternativa para o desenvolvimento do país*[28] (Ministério do Trabalho e Emprego).

A partir das nossas análises, pensamos ter deixado claro que *a política de geração de emprego e renda compõe o conjunto de estratégias dos organismos internacionais para enquadrar o nosso país no aumento da extração do excedente* e alcance de um *novo consenso*, em um cenário de *mundialização do exército industrial de reserva e mundialização financeira*.[29] Viabilizado pelo livre fluxo de recursos financeiros e pelo processo de centralização e concentração de capitais que auxilia na internacionalização do capital brasileiro, que se desloca para outros países latino-americanos ou permanece em solo nacional, reatualizando formas pré-capitalistas de extração de excedente.

Esta política que objetiva ser a alternativa *para o desenvolvimento justo e solidário do país*, auxilia no aumento progressivo da riqueza, porém não diminui o alargamento da pobreza, que cresce na mesma medida, e contribui para a intensificação das diversas formas de precarização do trabalho com a articulação da extração de

---

28. Disponível em: <http://www.mte.gov.br/ecosolidaria/prog_objetivos.asp>. Acesso em: jan. 2012.

29. "no governo Lula verifica-se a dominação financeira. Esta pode ser entendida como a ascendência do setor financeiro, inclusive sobre os outros setores dominantes. A dominação financeira tem expressão concreta na apropriação do excedente econômico. Para ilustrar, a taxa média de rentabilidade (lucro/patrimônio líquido) dos 50 maiores bancos é sempre superior à das 500 maiores empresas em todos os anos do período 2003-10 [...]. Neste período a taxa média de rentabilidade das maiores empresas é 11,0% enquanto a taxa dos bancos é 17,5%. O diferencial de rentabilidade entre o setor real e o setor financeiro está associado ao diferencial de acumulação de capital entre estes setores. A dominação financeira é evidenciada pela crescente relação entre os ativos totais dos 50 maiores bancos e das 500 maiores empresas do país no período 2003-10 [...]. Esta relação aumenta de 0,99 em 2002 para 1,74 em 2010. Os bancos se beneficiam do abuso do poder econômico, leniência do Banco Central, certeza da impunidade e da política monetária restritiva caracterizada por elevadas taxas de juro. Para ilustrar, levantamento recente mostra que Turquia e Brasil são os dois países que têm os mais elevados custos da dívida pública em amostra de 24 países. O custo médio da dívida pública para a amostra é de 4,% enquanto que no Brasil é de 8,6%. Isto faz com que a relação entre pagamento de juros da dívida pública e o PIB no Brasil seja o segundo maior da amostra (superado pela Grécia, que no momento do levantamento encontrava-se em plena crise financeira). A média desta relação para a amostra é 2,0% e no Brasil é 5,1%" (Gonçalves, 2011, p. 18).

mais-valia absoluta e relativa, embora exista um enorme progresso tecnológico — na verdade, torna-se nítido que "a acumulação e desigualdade são indissociáveis do desenvolvimento capitalista" (Tavares, 2009, p. 4).

A promoção de um *desenvolvimento justo e solidário*, nos termos das políticas atuais, não significa diminuir a desigualdade social e estabelecer uma solidariedade classista, mas sim estabelecer a ideia de que é possível um "capitalismo reformado e sustentável", e alcançar um *consenso* de que não existe embate classista, mas sim *parceria*, por meio de uma *solidariedade transclassista*.

E além dessa falácia, pretendem consensualizar a ideia de que a causa do desemprego é devido à falta de *empregabilidade*, capacitação dos trabalhadores, pautado como um problema individual, que deve ser superado com o desenvolvimento do *capital social* desses trabalhadores, por meio do *empoderamento*. Cabe destacar que há sim falta de força de trabalho qualificada conforme as necessidades do capital, porém o Estado não promove a qualificação necessária para atender esta demanda, quem fornece é o próprio capital, pela via privada, seus cursos de qualificação, que a maior parte da classe trabalhadora não tem como acessá-los.

Porém, além da existência da falta de qualificação dos trabalhadores, sabemos que a qualificação não será a solução para o desemprego. Como abordamos antes, sabemos que há um percentual de desempregados inerente e funcional ao desenvolvimento capitalista e que essas políticas visam compensar o desemprego, por meio de inserções precárias e educar os trabalhadores para a falsa ideia da liberdade[30] e autonomia com os *olhos vendados* para a superexploração.

30. "'A libertação', diz Marx, 'é um ato histórico, não um ato mental'. Isto porque os grandes obstáculos que devem ser superados para possibilitar em termos históricos reais a desejada ação autônoma dos indivíduos sociais não estão localizados no reino das ideias autogeradas, mas no plano das estruturas reprodutivas mais vitais da sociedade. Além disso, o que torna cada vez mais difícil a realização das condições da genuína autonomia individual é o fato de essas estruturas reprodutivas terem sido formuladas, no decorrer do desenvolvimento histórico, em conjunto com formas profundamente divisivas e perversas de tomada de decisão" (Mészáros, 2007, p. 488).

Marx (1984) esclarece essa tendência, que se exacerba na atualidade, pois o desemprego faz parte da estrutura do sistema capitalista, uma vez que é necessário manter uma população supérflua, denominada como "exército de reserva", que pressiona, de forma a intensificar a produtividade dos empregados, otimizando a produção que proporciona a extração de um maior percentual de mais-valia relativa e absoluta.

Referente ao Sistema Público de Emprego, este foi pretensamente constituído para a promoção de *políticas universais* de emprego, trabalho e renda, orientadas pela gestão participativa, ampliação de emprego e renda, cidadania e a qualificação de trabalhadores, estabelecendo parâmetros de integração com as políticas de desenvolvimento econômico e social. E dentro da Política de Geração de Emprego e Renda o objetivo se constitui em *combater a precarização* e a discriminação no trabalho e ampliar o alcance da *fiscalização por meio da eficaz aplicação das normas legais e convencionadas*.

Com nossa reflexão ficou claro que seus objetivos não estão de acordo com a realidade, o que ficou nítido é que no lugar de combater a precarização, se naturaliza com a sua implementação, e referente à fiscalização, podemos dizer que somente em relação ao suposto *trabalho decente* que defendem, — pois conforme os organismos internacionais, esse *trabalho decente* parece se configurar apenas na não submissão dos trabalhadores a situações análogas a de escravidão. Porque se perguntássemos ao trabalhador o que seria para ele um *trabalho decente*, penso que sua resposta não refletiria as proposições de inserção no mercado de trabalho elencada e objetivada pela política de geração de emprego e renda atual. Poderíamos descrever que talvez a expectativa de *trabalho decente* pelo trabalhador, na ordem burguesa, seria a de um trabalho com os direitos sociais assegurados e salário compatível além das necessidades básicas de sobrevivência, que concedesse condições aos trabalhadores o acesso a uma vida sem dificuldades financeiras.

Porém, o que é oferecido à classe trabalhadora por meio da política de geração de emprego e renda? a) Empregos com salários baixos, quando se tem a garantia dos direitos trabalhistas; b) o autoemprego em cooperativas, sem direitos garantidos e com salários mensais, que podem ser equivalentes a R$ 75,00;[31] c) o autoemprego como *empreendedor individual*, em que o *empreendedor* tem que arcar com os ônus dos custos sociais dos seus direitos trabalhistas; e d) o acesso ao seguro-desemprego e indenizações aos trabalhadores libertados de condições análogas a da escravidão e para aqueles que foram demitidos sem justa-causa.

E, uma outra questão: poderíamos dizer que o sistema público de emprego se configura como uma *política universal*? A resposta seria positiva se estivéssemos amparados e mergulhados na perspectiva do chamado *liberalismo revisitado* de Sen (2008, 2011).[32] Na verdade, a configuração desta política é a precariedade e a focalização, muito aquém de uma política universal, é um equívoco identificá-la como tal, uma vez que não atende o conjunto da classe trabalhadora, mas apenas seus setores mais empobrecidos e com soluções compensatórias.

Outro objetivo da política visa promover *um novo contrato social em torno das questões sindicais e trabalhistas* e fomentar as práticas de mediação de conflitos das relações de trabalho. Tornou-se nítido, em nossa pesquisa, que a perspectiva deste novo contrato é incutir a pretensa ideia de relações de trabalho *sem conflitos* — com uma classe trabalhadora *parceira* e pacífica —, *domesticada* para ser explorada pelos capitalistas. E a *gestão participativa* está direcionada para as centrais sindicais de *resultados* e *parceiras* do capital, para que as mesmas possam gerir as políticas e decisões pelos trabalhadores e não com os trabalhadores.

De acordo com a pesquisa *As políticas públicas de emprego no Brasil*, realizada pelo DATAUnB (Marinho et al. [Orgs.], 2010, p. 36),

---

31. Dados do Sistema Nacional de Informações em Economia Solidária (SIES), 2008.

32. A política universal propugnada por Sen (2008, p. 169-170; 2011) são as *oportunidades sociais básicas* ofertadas pelo Estado para a equidade e justiça social (para o desenvolvimento das capacidades de liberdades dos sujeitos) para suplementar os abrangentes poderes do mecanismo do mercado.

foram constatadas, em relação ao Sine, diferenças significativas com relação ao percentual de trabalhadores efetivamente inseridos ou reinseridos no mercado de trabalho, quando comparados aos encaminhados e às vagas disponíveis. Há, de acordo com os pesquisadores, uma falta de adequação entre as ações desenvolvidas na intermediação de mão de obra e na qualificação social e profissional, e o *perfil* dos trabalhadores e aquele demandado pelos empregadores. Existe, segundo a pesquisa, uma discrepância entre os *perfis*, do solicitado pela empresa e o apresentado pelo trabalhador que procura o Sine, de forma a criar uma situação de baixos níveis de intermediação de mão de obra e, consequentemente, de efetiva colocação.

A mesma pesquisa identificou problemas estruturais e operacionais, a exemplo das redes de atendimento do Sine que, segundo os pesquisadores, apesar de descentralizadas, requisitam melhores definições dos seus papéis ativos com base em um Sistema Público de Emprego, Trabalho e Renda (SPETR), pois possibilitaria a consolidação de um funcionamento sistêmico e integrado das ações junto a atendentes e usuários. Constataram, dessa maneira, problemas de comunicação e dificuldades de supervisão e monitoramento, em âmbito nacional, com a qualidade almejada. Pois esperava-se que os Sines estivessem estruturados em sistemas de redes informatizadas, em todas suas agências e postos de atendimento, e com recursos humanos e financeiros adequados para executar suas funções. Porém, a pesquisa revela que no final de 2007, "apenas 55% dos Sines estavam interligados. Embora o número de unidades de atendimento tenha crescido significativamente nos últimos anos, chegando a aproximadamente 1200 no País, persistem dificuldades para cumprir suas metas" (idem, p. 40-41).

Os pesquisadores do DATAUnB afirmam que não há quase integração do Seguro-Desemprego com a qualificação profissional e a intermediação de mão de obra, e evidenciam que as políticas ativas (intermediação de mão de obra e qualificação) não recebem os recursos necessários para operar de forma efetiva. Verificam também, por meio de entrevistas, que para os coordenadores dos Sines, o perfil dos trabalhadores é um dos grandes obstáculos à sua colocação no mercado de trabalho (idem, p. 36).

Um outro dado importante, segundo o relatório MTE/FAT, foi o aumento significativo de trabalhadores com direito ao benefício do Abono Salarial, chegando ao final do exercício de 2008 com a participação de 48,8% do total de 39,4 milhões de trabalhadores, com destaque aos trabalhadores da iniciativa privada, dos quais, no final de 2008, 53,3% recebiam até dois salários mínimos.[33]

Na última década, a média de rotatividade de mão de obra do setor privado da economia no Brasil foi de 43,3%. Em 2009, esse percentual alcançou 48,6%, haja vista que 16,2 milhões de trabalhadores foram admitidos e 15,2 milhões desligados (demissões, aposentadorias, mortes), e a média do estoque da força de trabalho foi de 32,5 milhões trabalhadores, que registrou no final do exercício 33,0 milhões de trabalhadores celetistas. Esses dados reforçam que apesar de termos um aumento de trabalhadores inseridos no mercado de trabalho com contrato formal, temos na mesma medida um maior percentual de trabalhadores recebendo até dois salários mínimos — que não viabiliza aos trabalhadores uma vida satisfatória para comprar itens básicos, para a sobrevivência de uma família.[34]

Vimos também em nossa pesquisa que, além dos desvios de recursos, por meio da DRU, temos problemas de gestão como os denunciados pelo TCU. Chama a atenção o fato de que, conforme o relatório do MTE/FAT, o sistema S, as ONGs e as centrais sindicais *parceiras*, respectivamente, comandam o gerenciamento das verbas do PNQ,[35] — acreditamos que esse fato deva-se tanto ao modelo de parceria público-privada, instituído por meio da contrarreforma do

---

33. Conforme dados do Relatório de gestão do FAT 2009.

34. O necessário para sobreviver em dezembro de 2008 seria de R$ 2.141,08; seria preciso um aumento de, aproximadamente, 4,64 vezes em relação ao salário mínimo real da época (ver Soares, 2010, p. 203).

35. Conforme dados do Anuário do Sistema Público de emprego, trabalho e renda 2009 — Dieese/FAT/MTE.

Estado, quanto à gerência do Codefat,[36] que não possibilita a participação da base dos trabalhadores sobre o direcionamento das verbas, o que torna a sua gestão bastante opaca.

Dentro do programa PNQ, o PLANSEQ que tem a intenção de *"implementar um modelo unificado de ações complementares que ampliem as oportunidades de inclusão ocupacional dos trabalhadores beneficiários do Programa Bolsa Família"*. Aparenta a funcionalidade da atual política de geração de emprego e renda com um papel pedagógico de incutir a falsa ideia de que com qualificação consegue-se emprego, além do mais, como discutido antes, são capacitações que deflagram o direcionamento para a precariedade e para a geração de renda com algo que não viabiliza a garantia de um empreendimento rentável, como o artesanato. Dessa forma, reitera-se que *é uma falácia a ideia de que a falta de qualificação é a causa do desemprego.*

Como percebemos nos dados, o maior índice de desemprego está localizado para aqueles trabalhadores que possuem o ensino médio incompleto, e não há um direcionamento preciso dos programas de geração de emprego e renda para este público. Na verdade, constatamos que estão direcionados mais para a parte *estagnada da superpopulação relativa* e, por sua vez, esses programas da política de geração de emprego e renda estão voltados para a naturalização da precarização. Identificamos também a falta de investimentos em qualificação em setores estratégicos necessários neste momento para o capital produtivo, como o setor de petróleo e gás, que, na verdade, o setor privado abocanhou e agora acumula capital também nesta frente de mercado de qualificação para este determinado setor.[37]

Além disso, os apologetas do capital, com suas estratégias, difundem o pensamento de que os beneficiários do *Bolsa Família* não fazem os cursos do PlanSeQ com medo de perder o benefício, porém

---

36. Ao CODEFAT compete acompanhar e avaliar o impacto social, a gestão econômica e financeira dos recursos e o desempenho dos programas realizados.

37. "Empresas exploram oportunidades no setor de óleo e gás". Disponível em: <http://g1.globo.com/economia/pme/noticia/2011/12/empresas-exploram-oportunidades-no-setor-de-oleo-e-gas.html>. Acesso em: 4 dez. 2011.

o próprio Ministério do Desenvolvimento Social[38] percebe que as vagas desses cursos não são preenchidas por dificuldade das entidades e prefeituras que organizam, porque as "parcerias" que o governo realiza com empresas, ONGs, sindicatos etc., não conseguem concretizar turmas de capacitação para aumentar as *oportunidades de inclusão ocupacional do trabalhadores.*

Frisamos, que *o problema do desemprego constitui-se em um problema estrutural*, pois "a acumulação capitalista produz constantemente [...] uma população trabalhadora adicional relativamente supérflua ou subsidiária, ao menos no concernente às necessidades de aproveitamento por parte do capital" (Marx, 1984, p. 199). O aumento da composição orgânica do capital, mediante ao decréscimo proporcional da parte variável do capital em relação à constante, consolida a possibilidade de aumentar a extração do excedente, porém com grandes contradições que abalam a acumulação. Assim sendo, Marx (1984) desvelou a ontologia do capital e aclarou que a tarefa da ideologia burguesa sempre foi a de mistificar a Lei da acumulação capitalista em lei da Natureza.

Para a ordem burguesa, *as contradições têm de ser combatidas no lugar onde são geradas,* por meio de táticas, como ações restritas ao *lócus* produtivo e em outros setores das empresas, que se constituem em um conjunto importante de estratégias de legitimação burguesa — com o intuito de debilitar politicamente a classe trabalhadora e evitar que o aguçamento das contradições resultantes das condições objetivas da exploração e da expropriação capitalistas — se transformem em pressupostos objetivos para a organização de um bloco de forças que questione os fundamentos da ordem social vigente, consubstanciada no imperialismo hegemônico global (Mészáros, 2009).

Em nossa pesquisa, o que nos chamou a atenção foi o fato de que, além de um sistema público de emprego não integrado entre

---

38. Disponível em: <http://jornalnacional.globo.com/Telejornais/JN/0,,MUL-1454651-10406,00-SOBRAM+VAGAS+EM+CURSOS+PROFISSIONALIZANTES.html>. Acesso em: 4 dez. 2011.

seus diversos programas, que se apresentam de forma precária, grande montante do financiamento (FAT) é direcionado para se tornar mais um produto financeiro, ou seja, direcionado para a especulação.

Os 40% do fundo do FAT direcionados ao BNDES viabilizam o processo de concentração e centralização de capitais, que não necessariamente gerará emprego e renda em solo nacional. Constatamos é que há a geração de emprego, mas em condições muito favoráveis ao capital, já que com a internacionalização do capital brasileiro, que tanto se desloca para outros países latino-americanos, viabiliza formas de extração de excedente de barbarização, ou aqui mesmo no país, em que trabalhadores estrangeiros ilegais são vítimas de máfias e acabam sendo submetidos a condições análogas à de escravidão.

Não existe uma fiscalização, um monitoramento e avaliações sobre a utilização de parte do fundo público que é direcionado ao BNDES, já que este possui liberdade para seguir certas determinações do Codefat, este que vimos que é problemático se pensarmos sua representação por sindicatos patronais e por sindicatos de trabalhadores *parceiros* do capital.

Demonstramos que a arrecadação do PIS/PASEP é direcionada para cobrir as demandas do FAT, no que se refere ao custeio do seguro-desemprego e do abono salarial. Porém, além do direcionamento de 40% da arrecadação dessa contribuição ser direcionada ao BNDES, há o desvio de 20% da contribuição social do PIS/PASEP, que compõe o orçamento do FAT, por meio da desvinculação de Recursos da União (DRU), para a composição do superávit primário, portanto, para o pagamento dos juros da dívida pública. E para a felicidade dos *indivíduos que vivem do "corte de cupões"*, parte daqueles 40% se transforma em produtos financeiros como as debêntures BNDESPAR.[39]

Dessa forma, é inegável que a atual política de geração de emprego e renda atue mais de forma compensatória e focalizada do que pela criação de emprego, tendo em vista que *não se inserem numa*

39. Disponível em: <http://www.bndes.gov.br/SiteBNDES/bndes/bndes_pt/Institucional/Relacao_Com_Investidores/Debentures_BNDESPAR/>. Acesso em: 2012.

política macroeconômica de desenvolvimento, apesar de serem apresentadas de tal forma. Na verdade direcionam-se para alguns grupos de trabalhadores (aqueles já inseridos em empregos precarizados) para o *incentivo ao autoemprego*.

Destacamos algumas características da política de geração de emprego e renda:

1º) Os empregos gerados com a garantia dos direitos trabalhistas são majoritariamente empregos com rendimentos até dois salários mínimos;

2º) há a predominância da geração de empregos precários;

3º) a qualificação é voltada para o autoemprego;

4º) são efetivas apenas as políticas passivas de emprego e renda, como o seguro-desemprego e o abono-salarial, e

5º) não há integração e articulação entre os programas que a integram.

Afirmamos que apesar do aumento da maior formalização das relações de trabalho na absorção do aumento da população ativa, não ocorreram mudanças estruturais no mercado de trabalho brasileiro nos governos Lula, porque a evolução do saldo de empregos não foi suficiente para reverter as características de destruição dos direitos trabalhistas iniciada na década de 1990. Do mesmo modo como existiu um aumento do número de trabalhadores com carteira assinada, houve também o crescimento do número de trabalhadores sem carteira assinada e os por conta própria.[40]

A política econômica brasileira está direcionada para cumprir o ajuste fiscal coerente ao processo de mundialização do capital financeiro, de forma a adotar os parâmetros do Banco Mundial e do FMI com a liberalização dos recursos financeiros, para facilitar a frequente realização dos superávits primários. E, ainda, apresenta um movimento de diminuição das diferenças entre a classe trabalhadora,

40. Conforme dados de Salvador e Amorim (2010).

mantendo o padrão de grandes diferenças entre ricos e pobres, em que as dimensões fundamentais da renda do trabalho, da distribuição funcional da renda, das configurações do mercado de trabalho, e das desigualdades tributárias confirmam poucas alterações das desigualdades socioeconômicas no Brasil, sobretudo quando se refere à classe trabalhadora (Salvador e Amorim, 2010).

A política de geração de emprego e renda é funcional às atuais necessidades da acumulação capitalista, já que os *riscos do mercado* afetam diretamente os *empreendedores individuais*. As táticas do receituário de alívio da fome e da pobreza do Banco Mundial são favoráveis para concretizar suas perspectivas de políticas em âmbito local e para disciplinar os pobres em âmbito mundial. Além disso, como produto desse processo de desterritorialização e descentralização da produção, o salário por peça, que está presente e é incentivado em diferentes políticas de geração de emprego e renda, como o EcoSol e o Empreendedor Individual, facilita a falsa ideia de autonomia e de liberdade, pela via do autoemprego.

Atestamos, desse modo, que a política de geração de emprego e renda é uma política confluente com os ditames do Banco Mundial, porque, além de ser *uma política assistencialista e focal*, — voltada para os setores empobrecidos da sociedade brasileira, pautada em uma política social orientada para os pobres, assim como o processo de sucateamento das políticas sociais de assistência social, saúde e educação —, *gera emprego sem garantir os direitos trabalhistas* nas relações de trabalho, ao contrário, os precariza; nesse sentido se torna funcional aos interesses do capital.

É também *uma política antagônica à keynesiana*, porque o desenvolvimento econômico é separado da política de geração de emprego e renda, diferente daquela em que o emprego e a renda eram produtos de um desenvolvimento socioeconômico.

Portanto, a política de geração de emprego e renda apresenta uma direção para soluções locais e com condição precária de inserção, — com o claro objetivo de repolitizar os trabalhadores para distorcer sua consciência política de militante a *voluntário*, de trabalhador a *colaborador* ou *empreendedor* — com a finalidade de "humanizar" as relações de exploração e destruir a identidade de classe e suas conquistas históricas.

Esse processo é parte de um projeto internacional, no qual a exacerbação da destrutibilidade da lógica capitalista exige a adaptação pelos governos nacionais de aniquilar a legislação social nacional existente conforme as exigências do sistema do capital, aos imperativos do mercado, destruindo profundamente os direitos do trabalho que ainda persistem. E onde as resistências da classe trabalhadora são débeis a legislação social do trabalho está sendo abolida (Antunes, 2008).

Vimos que a finalidade da agenda neoliberal é acabar com a vinculação entre emprego e proteção social por meio do extermínio da premissa da universalidade da proteção social. Já nos últimos vinte anos do século XX, são notórias as transformações das políticas sociais para ações de caráter compensatório e centralizadas no combate à fome e à pobreza, direcionadas para aqueles que estão "abaixo" da linha de pobreza.

IV. Considerações finais

Procuramos demonstrar que a política de geração de emprego e renda, que equivocadamente é identificada por alguns[41] como *social-desenvolvimentista*, não se constitui como uma política macroeconômica de crescimento. Porque não constitui uma política macroeconômica de geração de desenvolvimento com diminuição da desigualdade social — nem com redistribuição de riqueza, pois não é uma política redistributiva. Esta política — assim como as outras políticas sociais (assistência social, saúde, educação, por exemplo), neste processo de *assistencialização da proteção social* — compensa a situação de desem-

41. Márcio Pochmann, como já foi abordado, reconhece o segundo mandato de Lula como de eixo social-desenvolvimentista.

prego, com alternativas precárias de trabalho, por meio de programas sociais compensatórios e focalistas, que, além disso, culpabilizam o indivíduo pelo seu fracasso. Do mesmo modo, cumpre um papel fundamental na otimização dos lucros pela exacerbação da extração de mais-valia, por meio da precarização dos direitos e, ainda, traz a perspectiva de um *novo consenso* — com a naturalização das relações precárias de trabalho, com a reinvenção de diversas formas pré-capitalistas ou com a possibilidade de garantir alguns direitos trabalhistas viabilizados pelo próprio trabalhador, como o objetivo do programa *Empreendedor Individual.*

Presente em diferentes programas da política de geração de emprego e renda, a falsa ideia de solidariedade e de conquista de autonomia pelos trabalhadores, é descortinada pelos espaços de trabalho que apresentam condições de trabalho precárias, subordinadas e funcionais diretamente ao capital — com a incidência do salário por peça, que traz esse véu da *autonomia* e da *liberdade.*

A política macroeconômica no octênio Lula, não garantiu a utilização do fundo público além do direcionamento para a valorização do capital, ou seja, para a reprodução da força de trabalho, com um gasto social, que gerasse atividades e atribuições como: o crédito estatal para a produção em massa na grande indústria; o investimento estatal na infraestrutura para a produção e o consumo; políticas públicas e salários indiretos para a reprodução da força de trabalho; o pleno emprego; e a intervenção social estatal e direitos trabalhistas e sociais, — essas seriam algumas das características se estivéssemos mergulhados numa política macroeconômica keynesiana. A transformação nas condições de distribuição e consumo, ao passo que os gastos sociais públicos alterariam as condições de distribuição e consumo, o fundo público como financiador e fonte de crédito para o capital, transformaria as condições de acumulação de capitais e de produção.

Se o Estado direcionasse o consumo por meio de um sistema tributário progressivo, pela fixação da taxa de juros e também recorresse a outras medidas, como uma socialização dos investimentos para assegurar uma situação próxima de pleno emprego e, além disso, controlasse ciclos econômicos com uma combinação apropriada de políticas fiscais e monetárias, — para viabilizar o crescimento da produção e do consumo de massa, e, que também garantiriam um emprego relativamente pleno, ou seja, políticas direcionadas para as áreas de investimento público — desta maneira, estaríamos influenciados pela regulação keynesiana.

Porém, estamos em outro cenário, de crise estrutural do capital, em que a política macroeconômica é praticamente oposta a esta, um sistema tributário regressivo,[42] altas taxas de juros, regressão dos direitos trabalhistas e sociais e o fundo público é direcionado para financiar o capital no seu processo de concentração e centralização, prioritariamente, e, também, tanto para retirá-lo da bancarrota quanto para beneficiar os *rentistas*, por meio do pagamento dos juros da dívida pública.

Contudo, mesmo neste cenário de *festa entre os rentistas*, ainda existem autores[43] que defendem a possibilidade do *novo-desenvolvimentismo* que apresenta como objetivo principal a construção de um projeto nacional de crescimento econômico atrelado a uma melhora na redistribuição. E postulam um sistema tributário progressivo, para reduzir as desigualdades de renda e de riqueza que são exageradas. (que realmente são discrepantes e típicas de formações periféricas da sociedade capitalista).

O mais interessante é que, para eles, as desigualdades menores devem permanecer. Afinal, os indivíduos e as empresas têm capacidades diferenciadas, — com uma análise das desigualdades voltada para o individuo —, esses novo-desenvolvimentistas afirmam que cada indivíduo possui características naturais, que desencadeiam para sua vida as consequências destas características, se essas forem boas, ótimo! Caso contrário, o indivíduo será um fracassado...

42. Sobre isso, verifique Salvador e Amorim (2010, p. 12-13).

43. Os autores novo-desenvolvimentistas: Bresser Pereira e Sicsú são os principais exemplos.

Percebemos que tanto a teoria *novo-desenvolvimentista* quanto a do *desenvolvimento social como liberdade de mercado* de Sen (2008, 2011) caminham juntas para a *decadência ideológica da burguesia* (Lukács, 1959, p. 11), com as mistificações que ambas coadunam para o aspecto das capacidades individuais. A primeira assevera, ainda, a possibilidade do capital produtivo nacional ser fortalecido, na maneira em que identifica o Estado, como se o mesmo fosse um *ente neutro*, que atuará em prol da *parceria* entre trabalho e capital, — parece também não identificar que há uma *mundialização financeira* que domina todo o globo. Não há o entendimento de desenvolvimento como um processo da luta de classes, como um processo conflitivo — contrariamente, existe uma interpretação em termos exclusivos de alguns interesses e em escala nacional.

E a segunda traz uma perspectiva mais coerente com os interesses do capital, neste período histórico, na qual a sua ideia não é a redistribuição de renda entre as classes sociais, mas a geração de *oportunidades sociais* para os indivíduos saírem da condição de pobreza.

Essa pobreza que é identificada como privação de capacidade ou como pessoa não afortunada, viabiliza o aprofundamento da individualização da "questão social". Para nós, torna-se cristalina a perspicácia da burguesia em assegurar a predominância da moral como a *via perfeita* em suas análises para se entender o *reino dos céus e da terra*.

Vimos que a história brasileira narra com frequência as terríveis expropriações de direitos trabalhistas e sociais, situação que atualmente não é um apêndice da divisão internacional do trabalho presente apenas nos países periféricos, mas conformam uma hegemonia que abala os países centrais. No entanto, a atual barbarização da vida dos trabalhadores parece *virar pó* para os apologetas da ordem estabelecida, que asseguram o novo-desenvolvimentismo como um novo caminho para amenizar a desigualdade social, essa inerente e constitutiva da acumulação capitalista. Idealizam, como abordado anteriormente, um benevolente estrato da burguesia, que deixaria de especular para produzir e investir em capital produtivo nacional para *o bem-estar da nação brasileira*, por meio dos *esforços mútuos* de trabalhadores e "burgueses produtivos" (Fontes, 2010).

O enfoque de "crescimento com equidade" não é novo, e, desde os anos 1970, estava centrado no rol do Estado como um agente com o poder de redistribuir o capital excedente gerado pelo mercado por meio de uma política progressiva de desenvolvimento, desenhados para beneficiar não somente os pobres, mas toda a população, para cobrir assim suas necessidades básicas. Sem dúvida, o enfoque que as ONGs davam tinha o propósito de uma política de conscientização. Porém, foi um enfoque considerado perigoso para as classes dominantes latino-americanas porque poderia desenvolver reformas mais radicais almejadas pelo povo e até mesmo uma revolução social, já que a ação católica esteve particularmente orientada neste caminho sobre a base da chamada "teologia da libertação" (Petras e Veltmeyer, 2009, p. 494).

Em termos de desenvolvimento, o efeito foi a repolitização dos pobres e de suas organizações de base. As comunidades pobres foram e têm sido *empoderadas* para tomar decisões a respeito de como gastar os miseráveis e inadequados fundos para alívio da pobreza que são direcionados a eles (ibidem).

O impulso em direção ao neoliberalismo de duas décadas passadas é parte de uma estratégia de *boa governança* exercida sob a égide do Banco Mundial e outras organizações internacionais. Outros elementos desta estratégia incluem: 1º) a democratização das relações de poder entre a sociedade civil e o Estado; 2º) o fortalecimento da "sociedade civil" em relação a sua capacidade para participar na formulação de políticas públicas, e 3º) o *empoderamento* dos pobres por meio da acumulação de seu "capital social", construindo redes de apoio para a estratégia de autoajuda (idem, p. 499).

Confirmamos que há uma funcionalidade dos programas sociais da política de geração de emprego e renda no octênio Lula em relação às atuais exigências da acumulação flexível, que engloba uma *nova pedagogia da hegemonia* — para viabilizar a extração de maior excedente com a docilidade e naturalização do processo por parte dos *colabo-*

radores —, na perspectiva da *parceria, autonomia, empoderamento, empregabilidade, empreendedorismo*, que forjam uma aparência totalmente desleal com a verdadeira realidade.

E mais, também identificamos que a Política de Geração de Emprego e Renda nos governos Lula, e, continuada pelo governo Dilma Roussef, não é uma política *social-desenvolvimentista*, com aspectos keynesianos, no sentido redistributivo.

Ficou claro que é uma política focal e precarizada voltada às necessidades de compensar a fome e a pobreza e precarizar as relações de trabalho, e parte do seu orçamento está voltado para consolidar o superávit primário para viabilizar o pagamento dos juros da dívida ou para se tornar um produto financeiro. Além disso, não está assentada numa política macroeconômica que controle os fluxos de capitais com o objetivo de proteger os balanços de pagamentos de fugas abruptas de recursos especulativos.

Percebemos, por meio dos dados e a análise, que houve, durante o período dos governos Lula, uma redistribuição de renda entre a classe trabalhadora e não uma redistribuição de renda global, ou seja, os trabalhadores que recebiam salários mais altos foram trocados por outros trabalhadores com salários até três vezes menor, ou os mesmos foram recontratados com salários menores.

E, por isso, está cristalino que a política de governo, desde meados da década de 1990 — claro que com diferenças entre os encaminhamentos dos três governantes até o presente momento —, está voltada a privilegiar os rentistas/especuladores, até porque estes, não podemos deixar de ressaltar, são o mesmo grupo de burgueses *do bem*, ou seja, do capital produtivo.

Por tudo isso, podemos afirmar que a atual política de geração de emprego e renda é funcional e coerente aos ditames neoliberais, pois:

1º) é uma política *focalizada nos setores empobrecidos*, não se configurando em uma política universal;

2º) é uma política *precária* considerando seus investimentos e a falta de integração entre os programas;

3º) é assistencialista e se insere no processo de *assistencialização* das políticas sociais — a exemplo da assistência social e da saúde —, como uma política social para trabalhadores precarizados e com baixa escolaridade;

4º) é uma política focal, assistencialista, com uma formação/qualificação direcionada para o mercado de trabalho precário, com o objetivo de naturalizar a perda de direitos trabalhistas e consensualizar uma falsa liberdade a partir do autoemprego;

5º) é consequente de uma política social antagônica à estabelecida em um Estado keynesiano, porque possui um desenvolvimento desarticulado com o desenvolvimento econômico, ou seja, o emprego e a renda não são frutos de um desenvolvimento social, como era na política keynesiana;

6º) na atual política de geração de emprego e renda não se gera emprego mantendo direitos trabalhistas, ao contrário, existe um processo de precarização estabelecido pela própria política, nesse sentido se torna funcional aos interesses do capital, no atendimento da necessidade de desonerar seus custos de produção e aumentar a extração de mais-valia.

A *degradação das relações de trabalho* sob a falsa ideia de liberdade é o cerne da atual política compensatória de geração de emprego e renda, com uma incrível tentativa de mistificação das lutas de classes.

Referências

ANTUNES, Ricardo. *O continente do labor*. São Paulo: Boitempo, 2011.

______. As formas contemporâneas de trabalho e a desconstrução de direitos sociais. In: YAZBEK, M. Carmelita; SILVA E SILVA, M. Ozanira da. *Políticas públicas de trabalho e renda no Brasil contemporâneo*. São Paulo: Cortez, 2008.

BRASIL (Secretaria-Geral da Presidência da República/Coordenação Nacional do ProJovem). *ProJovem*: Programa Nacional de Inclusão de Jovens. Educação, Qualificação e Ação Comunitária (texto integral). Brasília, mar. 2005b.

CHESNAIS, François. *Les dettes illégitimes*: quand les banques font main basse sur les politiques publiques. Paris: Raisons D'Agir, 2011.

CODEFAT. Relatório de Gestão do FAT, Exercício 2004. Brasília: Ministério do Trabalho e Emprego/Conselho Deliberativo do Fundo de Amparo ao Trabalhador, 2005.

______. Relatório de Gestão do FAT, Exercício 2005. Brasília: Ministério do Trabalho e Emprego/Conselho Deliberativo do Fundo de Amparo ao Trabalhador, 2006.

______. Relatório de Gestão do FAT, Exercício 2006. Brasília: Ministério do Trabalho e Emprego/Conselho Deliberativo do Fundo de Amparo ao Trabalhador, 2007.

______. Relatório de Gestão do FAT, Exercício 2007. Brasília: Ministério do Trabalho e Emprego/Conselho Deliberativo do Fundo de Amparo ao Trabalhador, 2008.

______. Relatório de Gestão do FAT, Exercício 2008. Brasília: Ministério do Trabalho e Emprego/Conselho Deliberativo do Fundo de Amparo ao Trabalhador, 2009.

DIEESE. *Intermediação de mão de obra*. Nota Técnica. São Paulo, n. 92, out. 2010.

FIPE. *Sumário Executivo de Avaliação Externa*: Proger. Brasília: MTE, 2009.

FONTES, Virginia. *O Brasil e o capital imperialismo*. Rio de Janeiro: UFRJ, 2010a.

______. Prefácio. In: CASTELO, Rodrigo (Org.). *Encruzilhadas da América Latina no século XXI*. Rio de Janeiro: Pão e Rosas, 2010.

GONÇALVES, Reinaldo. *Governo Lula e o nacional-desenvolvimentismo às avessas*. Rio de Janeiro: IE/UFRJ, 2011.

IANNI, Octavio. *A ideia de Brasil moderno*. São Paulo: Brasiliense, 1992.

______. A formação do proletariado rural no Brasil — 1971. In: STÉDILE, J. P. (Org.). *A questão agrária no Brasil*: o debate na esquerda — 1960-1980. São Paulo: Expressão Popular, 2005.

KOSIK, Karel. *Dialética do concreto*. Rio de Janeiro: Paz e Terra, 1976.

LUKÁCS, György. *La destruction de la raison*: l'irrationalisme moderne de Dilthey a Toynbee. Paris: L'Arche, 1959. 2 v.

MARINHO, D. N. C. et al. (Orgs.). *Políticas públicas de emprego no Brasil*: avaliação externa do Programa Seguro-Desemprego. Brasília: Verbis/MTE/UnB, 2010.

MARX, Karl. *O capital*. São Paulo: Abril Cultural, 1984. v. I, t. 2.

MÉSZÁROS, István. *A crise estrutural do capital*. São Paulo: Boitempo, 2009.

______. *O poder da ideologia*. São Paulo: Boitempo, 2007.

PETRAS, James; VELTMEYER, Henry. Mal gobierno, buena "governancia": sociedad civil contra movimientos sociales. In: BORGIANNI, Elizabete; MONTAÑO, Carlos (Orgs.). *Coyuntura actual, latinoamericana y mundial*: tendencias y movimientos. São Paulo: Cortez, 2009.

POCHMANN, Marcio. Políticas sociais e padrão de mudanças no Brasil durante o governo Lula. *SER Social*, Brasília, SER/UnB, v. 13, n. 28, jan./jun. 2011.

______. Rumos da política do trabalho no Brasil. In: YAZBEK, M. Carmelita; SILVA E SILVA, M. Ozanira da. *Políticas públicas de trabalho e renda no Brasil contemporâneo*. São Paulo: Cortez, 2008.

SALVADOR, Evilásio; AMORIM, André. Abordagens das desigualdades socioeconômicas no Brasil do século XXI. *Em Pauta*, Rio de Janeiro, v. 8, n. 26, p. 31-48, 2010.

SAMPAIO JÚNIOR, Plínio de Arruda (Org.). *Capitalismo em crise*: a natureza e dinâmica da crise econômica mundial. São Paulo: Sundermann, 2009.

SEN, Amartya. *A ideia de justiça*. São Paulo: Companhia das Letras, 2011.

______. *Desenvolvimento como liberdade*. 7. reimp. São Paulo: Companhia das Letras, 2008.

SICSÚ, João et al. Por que novo-desenvolvimentismo? *Revista Economia Política*, São Paulo, v. 27 n. 4, out./dez. 2007.

SILVA, M. S. Trabalho escravo: uma realidade na cadeia produtiva de corporações com a chamada "responsabilidade social". In: FIGUEIRA, Ricardo Rezende; PRADO, Adonia Antunes (Orgs.). *Olhares sobre a escravidão contemporânea*: novas contribuições críticas. Cuiabá: Ed. da UFMT, 2011.

SOARES, Marcela. As políticas de geração de emprego e renda no Brasil: o arcaico reatualizado. In: BOSCHETTI et al. (Orgs.). *Capitalismo em crise, política social e direitos*. São Paulo: Cortez, 2010.

TAVARES, M. Augusta. Acumulação e desigualdades sociais. In: CFESS. *Capacitação em Serviço Social e Política Social*. Brasília: Cead/ABEPSS/CFESS, 2009.

2

Nem Empregabilidade, nem Empreendedorismo: crítica às soluções contemporâneas ao desemprego*

Gabriel Martins**

I. Introdução

Dentre as mazelas da chamada questão social talvez a que mais clame por urgente solução nas últimas décadas seja o desemprego. Apontado como causa de outros problemas, como pobreza, violência, prostituição, trabalho infantil e envolvimento com o tráfico de drogas,

---

* O presente texto foi elaborado a partir da pesquisa para a Tese de Doutorado, sobre *Empregabilidade e Empreendedorismo*, no PPGSS-UFRJ, sob orientação do prof. dr. Carlos Montaño.

** Bacharel e Mestre em Administração (UFSC) e doutorando da Escola de Serviço Social da UFRJ. Participa do Núcleo de Estudos Marxistas sobre Política, Estado, Trabalho e Serviço Social (PETSS/ESS-UFRJ).

ou uso de drogas, por exemplo, o desemprego mostra-se um mal corrosivo à civilização. Nesse cenário, muitos se esforçam na resolução do problema, já apontado como crônico, estrutural ou mesmo de impossível solução.

Duas das alternativas apresentadas desempenham papel relevante, dada a repercussão tanto na academia quanto nas políticas públicas e sua aceitabilidade por parte dos movimentos sociais, partidos e sindicatos: as teses da empregabilidade e do empreendedorismo. É difícil não vermos manifestações nos meios de comunicação de massa em que pelo menos uma dessas teses não seja defendida, e chama a atenção a aceitabilidade de ambas por parte de muitos movimentos sociais, partidos políticos e outros setores identificados com a classe trabalhadora, única vítima direta do desemprego.

Destaca-se também o grande número de cursos para desenvolver a empregabilidade e/ou o empreendedorismo[1] nos desempregados, ou mesmo nos empregados, bem como a atenção das políticas públicas voltadas para promover ou incentivar programas como esses. Tais cursos são oferecidos tanto pelos Estados nacionais quanto por empresas privadas e até por grupos, movimentos ou partidos políticos da chamada esquerda.

Desse modo, quando nos atentamos ao quadro político e educacional da forma como o desemprego é combatido na sociedade capitalista em sua atual fase, nos deparamos com as típicas ações estatais monopolistas apontadas por Netto (1996): fragmentação e particialização das "questões sociais". Com o combate ao desemprego, o direito ao emprego, portanto, perdendo espaço para as políticas de empregabilidade e empreendedorismo, as políticas públicas de emprego dos Estados capitalistas são paulatinamente substituídas por políticas de autorresponsabilização dos desempregados, redução de custos de formação da força de trabalho e constrangimento da luta

1. Em 2005, segundo Murphy, Liao e Welsch (2005), existiam, aproximadamente mil e seiscentas universidades no mundo ofertando cerca de 2.200 cursos de empreendedorismo. Sem contar com os cursos ofertados fora das universidades, e os cursos em que o tema toca tangencialmente.

sindical, além da criação de lucrativos negócios e da possibilidade real de reduzir o risco de investimentos em novos empreendimentos.

Tais políticas e teorias se desenvolvem recíproca e dialeticamente. Nesse sentido, em vez de apresentar dados que comprovem as alterações nas políticas de diversos Estados, não somente capitalistas, que têm por base políticas de empregabilidade e empreendedorismo, o presente artigo visa à compreensão do que são, essencialmente, a empregabilidade e o empreendedorismo. Para isso, nos deteremos em compreender as leis tendenciais que regem a atual condição de emprego/desemprego da sociedade e em como se dá a articulação entre essas leis tendenciais e as teorias da empregabilidade e do empreendedorismo.

II. A *Empregabilidade* e a dança das cadeiras

Diante das crescentes taxas mundiais de desemprego, chamam a atenção as alterações nas políticas públicas de combate a esse fenômeno próprio do modo de produção capitalista. As políticas de combate ao desemprego, muito impregnadas com a lógica de combate a "desvios" e "disfunções" da sociabilidade capitalista, adaptam-se aos tempos de "desemprego estrutural", ou "crônico", ao abandonarem, paulatinamente, o combate ao desemprego, em vistas de sua "eliminação", tal como o fizeram os Estados de Bem-Estar Social, e apresentarem políticas públicas de empregabilidade. Mas, o que é, exatamente, a *empregabilidade* e quais as consequências de políticas desse caráter?

Empregabilidade diz respeito, segundo Hirata (1997, p. 333), à passagem da situação de desemprego para a de emprego, ou, como esclarece Shiroma (1998, p. 1) acerca dessa mesma afirmação, Hirata define a empregabilidade como "a probabilidade de saída do desemprego ou como a 'capacidade de obter um emprego'". Para Bueno (apud Shiroma, 1998, p. 2) a empregabilidade é a "aptidão dos trabalhadores em conquistar um emprego e mantê-lo todos os dias prosperando numa sociedade sem empregos". Chegamos aqui em um elemento novo, outrora relegado por Hirata: *a manutenção do emprego*. O que antes se apresentava como um problema de eminente impossibilidade de produção da vida ao trabalhador sem emprego se apresenta agora como um fantasma ao trabalhador empregado, que compreende que estar empregado pode ser uma frágil condição.

Nesse sentido, Musa (apud Casali, 1997, p. 10) argumenta que "hoje o empresário já não pode mais garantir emprego, cabe-lhe proporcionar [, portanto,] a empregabilidade, isto é, a capacitar seus empregados para novas necessidades [...] internas e externas que surgirão no futuro". Aqui se retira do Estado o dever de promotor das políticas de emprego e mesmo suas atribuições de regulador, ordenador ou mesmo amenizador dos conflitos da ordem capitalista mediante o combate às mazelas expressas na chamada "questão social". Desloca-se, assim, pouco a pouco, o combate político ao desemprego para uma série de justificações e ações por parte de cada trabalhador individualmente, como apresentaremos adiante.

Segundo Menegasso (1999, p. 7), "o termo empregabilidade compreende tanto a capacidade de cada pessoa de ser dona de seu próprio destino, dando significado à sua vida, quanto à capacidade de prover os meios necessários para sua sobrevivência", esquecendo-se a autora que o desemprego é imposto aos trabalhadores enquanto classe e não como indivíduos e que vencer o desemprego nesses termos significa vencer outros desempregados na disputa por um emprego, semelhante a uma *dança das cadeiras*, em que para um vencer, muitos têm de perder. Hirata (apud Teixeira, 2003), por seu turno, argumenta que é a mutabilidade do mercado de trabalho hodierno que impõe um ritmo de constante desenvolvimento de habilidades cognitivas e reflexivas, além das capacitações de nível técnico para que o trabalhador se torne e/ou continue "empregável". Teixeira (2003) argumenta que:

> No conceito de empregabilidade está implícita a tendência de eximir o Estado do seu "dever" em relação ao direito do cidadão ao trabalho,

> de caráter público e político, e repassar tal dever aos indivíduos, considerados isoladamente, tornando esse dever, deste modo, uma questão privada, pessoal. Assim, a "empregabilidade" significa o "dever" de cada indivíduo (que desaparece como cidadão, já que, no conceito de cidadania, há a dimensão do coletivo, do público) de encontrar seu próprio trabalho no mercado capitalista (p. 7).

Gentili (1998 apud Alves, 2007) vai além, e afirma que:

> a empregabilidade se incorpora ao senso comum como significado que contribui a estruturar, orientar e definir as opções (ou a falta de opções) dos indivíduos no campo educacional e no mercado de trabalho, tornando-se também "a" referência norteadora, o "deve ser" dos programas de formação profissional e, inclusive, das próprias políticas educacionais (p. 248).

Nas políticas públicas brasileiras, segundo o Ministério do Trabalho (MTb), em que o conceito começou a ser veiculado em meados dos anos 1990 (Shiroma, 1998, p. 2), "a empregabilidade deve ser entendida como capacidade não só de se obter um emprego, mas sobretudo de se manter [empregado] em um mercado de trabalho em constante mutação" (Brasil/MTb, 1995, p. 9). Relevante lembrar que para o MTb, a Educação Profissional é considerada complementar à educação básica regular e tem como objetivo a empregabilidade (MEC/MTb apud Shiroma, 1998, p. 2), conforme afirma Shiroma (1998):

> — a empregabilidade envolve três fatores interrelacionados: investimentos geradores de trabalho, serviços de intermediação eficientes e educação contínua do trabalhador.
>
> — esses fatores decorrem da crescente globalização e competitividade da economia. Processos de modernização e reestruturação [*sic*] começam em setores de ponta, mas rebatem todo tipo de empresas — até no mercado informal.
>
> — começa a nascer, desse processo, a exigência de um novo perfil de trabalhador, capaz não apenas de "fazer", mas de "pensar" e "aprender" continuamente (p. 2).

A autora (1998, p. 8) constata que:

> [...] na política para o Ensino Médio, já formulada, a empregabilidade que, a princípio, era meta somente da Educação Profissional no âmbito do PLANFOR, ultrapassa a fronteira e invade os documentos do MEC. O parecer de Guiomar Namo de Mello sobre as Diretrizes Curriculares do Ensino Médio se reportou à "valorização da educação como estratégia de melhoria de vida e empregabilidade".

Os índices de desemprego apresentados pelo IBGE (2012), contudo, não são tão animadores assim. Em 2002, a taxa de desemprego mundial girava em torno de 10%, enquanto no Brasil era pouco superior a 12%. A taxa mundial em 2012 girou em torno de 9,5%, enquanto no Brasil a taxa foi de aproximadamente 6%. A aparente contradição em afirmarmos que os índices apresentados não são muito animadores deve-se muito menos às políticas atuais de combate ao desemprego, e muito mais às alterações metodológicas da pesquisa. Até 2002, o IBGE considerava empregado todo o cidadão que recebesse remuneração por atividades com no mínimo quinze horas semanais, independente de seu vínculo legal e consequente acesso a direitos trabalhistas. A partir de 2003 considera-se empregado todo o cidadão que recebe remuneração, independente de vínculo legal, por pelo menos *uma* hora por semana.

Cabe ressaltar também que o desemprego se manifesta de diferentes formas no mundo, ao que sabemos que as escolhas políticas de cada Estado e sua inserção na divisão internacional do trabalho desempenham papel-chave para compreendermos esse fenômeno em cada uma de suas particularidades. Considerando, todavia, o objetivo deste texto, lembramos das palavras de Hegel, quando o filósofo alemão afirmou que um bosque não pode ser compreendido estudando cada árvore separadamente. Ao contrário, cada árvore só pode ser compreendida após entendermos o bosque. Com isso, afirmamos a primazia que damos ao estudo da totalidade do desemprego no mundo. O exemplo do Brasil não pode, portanto, ser considerado como uma conclusão geral da situação atual de desemprego, ao que exibimos esse caso somente para exemplificar a inserção das teorias da empregabilidade nas políticas públicas brasileiras e sua relação com o combate ao desemprego, como uma particularidade que consideramos ser emblemática para compreendermos os programas de empregabilidade.[2]

E parece-nos claro que a primeira alternativa posta aos trabalhadores atualmente para produzirem suas vidas, a empregabilidade, não lhes assegura um emprego, mas se limita a ensinar desempregados a como vencer os demais desempregados na disputa por empregos. A empregabilidade relega ainda muitas das medidas políticas de emprego que podem ampliar ou reduzir postos de trabalho como incentivos fiscais, política cambial e outros elementos. Cabe ressaltar, entretanto, que um Estado, adotando tais políticas, não gera empregos, apenas drena para seu território os empregos de outros Estados. Isso decorre da divisão internacional do trabalho, uma vez que a dinamicidade que possui o capital de ser investido onde há condições mais lucrativas tende a forçar os Estados nacionais a disputar empregos entre si e, para isso, há muitas condições nessa disputa como as condições de infraestrutura, taxas e impostos e... direitos trabalhistas. Todas essas condições são fundamentais nas disputas entre Estados nacionais para o que se chama "atração e retenção" de indústrias e "investidores internacionais", como propagado na imprensa. Globalmente, porém, os empregos seguem escassos, por motivos estruturais, segundo leis tendenciais e por conta da correlação de forças entre as classes sociais, como adiante abordaremos.

O argumento de que há empregos mas não há trabalhadores qualificados é muito frágil e não se sustenta quando consideramos que a empregabilidade diz respeito também à manutenção do emprego. Ora, o que leva uma organização a dispensar um trabalhador de seu quadro funcional se não a oferta maior que a procura por mão

2. Os casos de EUA e Reino Unido, a partir das *job faires*, são mais contundentes, porém, é ainda temerário afirmá-los como casos *emblemáticos* da inserção nas políticas públicas de emprego, por terem uma relação muito íntima com as iniciativas privadas. Trabalharmos com esse exemplo poderia mais confundir que esclarecer.

de obra? A empregabilidade, nesse sentido, apenas pode ganhar espaço em uma sociedade em que há uma grande diferença entre procura e oferta de vagas de emprego, a ponto de recair sobre os trabalhadores não somente a responsabilização individual por sua condição de desemprego, como também os custos de seu treinamento. Chegamos ao ponto em que muitos pesquisadores, independente de seu interesse político que pode ser de genuinamente almejar a eliminação do desemprego, defenderem que um trabalhador arque com todos os custos de treinamento de um emprego em que não há qualquer garantia de que esse trabalhador terá.

Mas, se a disputa entre os desempregados é dura, se o número de postos de trabalho que se tem, em média, não parece possível de estancar os crescentes índices de desemprego no mundo como um todo, outra alternativa permitiria tal estancamento: o crescimento na oferta de postos de trabalho. Mas, quem criará esses postos de trabalho em um tempo em que os Estados nacionais são pressionados por "austeridade em gastos sociais"?

Não são pássaros, nem aviões, mas empreendedores!

III. Empreendedorismo: o fim do patrão... e dos direitos trabalhistas

De princípio, os "salvadores da humanidade" não costumam ter em suas teorizações a consideração do cenário de desemprego crônico que apresentamos aqui. Desconsiderado esse cenário, entretanto, os empreendedores não perdem toda a aura de heróis, seja de si mesmos (o que para um desempregado não é uma proposta recusável), seja, pasmem, da humanidade.

Knights (apud de Borba, 2006) define empreendedorismo como sendo a "habilidade de predizer o futuro com sucesso"; Leibenstein (apud de Borba, 2006) o define como "a habilidade para trabalhar mais duramente que o concorrente"; Cole (1949, apud de Borba, 2006), como a "atividade significativa para iniciar, manter e desenvolver um negócio orientado ao lucro"; e Gartner (apud de Borba, 2006), define o empreendedorismo como "a criação de novas organizações" (De Borba, 2006).

Menos vaga, Aldrich (2004), classifica, justamente, segundo nosso entendimento, as teorias sobre o empreendedorismo em quatro grupos: a) empreendedorismo como fenômeno de crescimento dos negócios, como inovações que se contrapõem às "formas tradicionais" de gestão e lucratividade; b) empreendedorismo como uma série de atividades e processos pelos quais inovações em novos produtos, práticas, mercados e negócios, são criados. Podem ocorrer tanto dentro de empresas como com a criação de uma nova empresa. Esses estudos têm como base o trabalho de Schumpeter; c) empreendedorismo com fenômeno de identificação (subjetiva) de "novas oportunidades de negócios"; d) empreendedorismo como a criação de novas organizações, sendo o empreendedor aquele que assume o risco de fundá-las.

Todos esses grupos deixam claro que o empreendedorismo diz respeito a situações que permitam a troca de mercadorias, o que elimina toda a base argumentativa de características a-históricas de personalidade, posto que as mercadorias são objetos muito específicos de momentos da história humana, com início razoavelmente bem marcado e sem qualquer garantia de perenidade. Esta obviedade, entretanto, em nada ameaça as fabulações a-históricas dos teóricos do empreendedorismo. Por se tratar de um ponto de vista conservador (mesmo que a intenção de alguns de seus teóricos seja, genuinamente, a de "transformar o mundo em um lugar melhor"), a omissão de fatos e, principalmente, a criação de fábulas são primordiais para defender tais pontos de vista. Dolabela (2006), por exemplo, chega a afirmar que a humanidade nasce empreendedora. Não é, contudo, sobre essa *naturalidade* que os teóricos do empreendedorismo escrevem, até por todos defenderem uma série de ações que ensinem empreendedorismo, mas sobre um aspecto da capacidade. A maioria dessas teorias inicia com a capacidade inventiva do ser humano e às iniciativas em "realizar sonhos". Os sonhos todos, entretanto, se resumem a negócios capitalistas, o que não retira do ser humano sua capacidade inventiva, não elimina a necessidade de ações subjetivas vigorosas para as realizações humanas, não apaga da história indivíduos cuja luta por seus sonhos foram decisivos, mas, antes, as amputa e reduz tudo, da criatividade humana, à ação subjetiva, passando pelos sonhos dos indivíduos, em negócios capitalistas. Eternizam o capitalismo, como se pudéssemos explicar a pré-história pelos Flinstones e o futuro pelos Jetsons. Nessas teorizações, o ser social é reduzido ao indivíduo egoísta burguês. Vejamos alguns exemplos.

Martinelli (apud Máximo e Melo, 2008) afirma que o termo empreendedor surgiu no século XVI para designar o comandante de mercenários a serviço de um rei e, a partir do século XVIII, o termo passou a definir os indivíduos que introduziam novas técnicas agrícolas ou investiam na indústria. Já Madruga (apud Ribeiro, 2008) afirma que o termo empreendedor data do século XVII para designar pessoas que compravam matérias-primas e, após transformá-las em produtos com maior valor comercial, as vendiam.

Apesar da divergência quanto à origem do termo, o que não é relevante, todas essas passagens apresentam grande importância para a nossa compreensão do conceito de empreendedorismo: todas marcam o princípio de algo que outrora fora afirmado como ontológico a partir da possibilidade de lucro mercantil, primeira aparição do capital. Além disso, independente da origem do termo, essas fabulações demonstram um alto grau ideológico ao atribuírem um valor moral engrandecedor do "papel do empreendedor", como feito nas teorizações da empregabilidade, que defendem a liberdade do indivíduo em "definir seu próprio destino" por não ter um emprego. Deakins (apud De Ré, 2000) afirma que a tradução literal do termo empreendedor (*entrepreneur*, em francês) seria o de "aquele que se sobressai na sociedade". Mas o que faz, segundo os teóricos defensores do empreendedorismo, com que o empreendedor se sobressaia na sociedade?

Segundo Hisrich e Peters (2004, p. 29), o empreendedorismo é o nome que se dá ao "[...] processo de criar algo novo com valor, dedicando tempo e esforço necessários, assumindo os riscos financeiros, psíquicos e sociais correspondentes e recebendo as consequentes recompensas da satisfação e independência econômica e social". Dornelas (apud Ribeiro, 2008, p. 20) afirma que o empreendedorismo é o processo que transforma ideias de oportunidades em negócios de sucesso. A partir daqui todas as fabulações que iniciam afirmando que o empreendedorismo é próprio do gênero humano já passam explicitamente a reduzir a "busca pelos sonhos" a negócios mercantis capitalistas. No estreito horizonte humano desses teóricos, o empreendedorismo, contudo, só pode ser engrandecido se for uma característica de personalidade. Há, portanto, um sujeito: o empreendedor.

Para Murphy, Liao e Welsh (2005), o empreendedor é o desenvolvedor da riqueza humana. Segundo eles (p. 21), é a partir do "advento do empreendedorismo" que a renda *per capita* cresce, da queda do Império Romano, em 476, até o século XVIII, 20%. E, com o desenvolvimento do empreendedorismo, a renda *per capita* mundial cresceu 200% no século XIX. Para além de fontes e dados, no mínimo, duvidáveis e da absurda desconsideração quanto aos desenvolvimentos advindos da Revolução Industrial, nos parece lamentável os autores não terem realizado a pesquisa relacionando o incremento do crescimento da riqueza produzida com a parcela de apropriação dessa mesma riqueza em cada período histórico.

Mas se a origem do empreendedorismo não passa de explicações metafísicas para nenhum de seus apologistas, que se limitam a lhe explicar como uma série de comportamentos — natos ou inatos, os dados, mesmo que duvidosos, de Murphy, Liao e Welsh (2005) nos ajudam a ter algumas pistas acerca desse processo. Mas, antes, vamos nos ater a como esses autores explicam o desenvolvimento desse incrível fenômeno responsável pelo enriquecimento da humanidade e que parece prometer um enriquecimento sempre crescente.

Os autores não deixam clara a origem do empreendedorismo, mas buscam explicar seu desenvolvimento. Segundo afirmam, o empreendedorismo apresenta três fases distintas: a) pré-histórica, b) econômica e c) multidisciplinar. A primeira diz respeito ao período das grandes propriedades de terra e em que a atividade empreendedora se caracterizaria pela conquista dessas terras, a partir da guerra. A fase econômica se basearia na atividade industrial e na concorrência por intermédio do preço. Por fim, a fase multidisciplinar teria sua origem na recusa a esse padrão, e adviria de um trabalho em rede, baseado em valores sociais.

Apologistas à parte, e apesar do crescimento da temática, é em Schumpeter que encontramos as melhores teorizações e bases para elaborações teóricas sobre a concepção burguesa de empreendedorismo. Schumpeter tem dois escritos sobre empreendedorismo. O primeiro deles é o segundo capítulo de sua obra "Teoria do Desenvolvimento Econômico" e o segundo é um artigo preparado para um *Handbook*, em 1928. Segundo Swedberg (2000), na primeira edição da obra citada, Schumpeter apresenta uma concepção mais heroica de empreendedor, atribuindo um caráter de personalidade que possibilita que algumas pessoas consigam ser empreendedoras, em detrimento de outras. Nas edições posteriores, entretanto, Schumpeter se atém à "função empreendedora", relegando, em grande medida, as características pessoais.

Nesse texto, Schumpeter (1982) conceitua a "função empreendedora" como suporte (e pressuposto) de sua teoria do desenvolvimento econômico. Para ele, o desenvolvimento econômico se inicia a partir de inovações, que podem se manifestar de uma, ou da combinação de duas ou mais, das seguintes formas: a) introdução de um novo bem ou uma nova qualidade de um bem; b) novo método ou técnica de produção; c) abertura de um novo mercado; d) conquista ou desenvolvimento de nova fonte de matéria-prima; e e) nova organização (monopólio, fusões ou fragmentação de uma organização em várias).

Esses momentos ditam, segundo Schumpeter, toda a dinâmica da economia capitalista e seriam a causa e resolução das crises cíclicas desse modo de produção. A apreensão do empreendedorismo nos parece bastante coerente com a própria dinâmica de desenvolvimento capitalista e seu refinamento em comparação com a produção corrente sobre essa tese é gritante. Não há nessa teorização, contudo, qualquer garantia para a geração de empregos. É verdade que alguns elementos, como abertura de novos mercados e conquista ou desenvolvimento de nova fonte de matéria-prima, tendem a gerar empregos. No entanto, esses elementos se fazem cada vez menos presentes, sendo dominante às organizações capitalistas outros dois momentos: a) criação de monopólios e fusões;[3] e b) novos métodos de produção. Observamos esses dois momentos mesmo com a criação de novos produtos, muitas vezes desenvolvidos em organizações menores e adquiridos por grandes corporações.

Isso se deve à própria dinâmica capitalista e suas tendências de desenvolvimento. Já tendo atingido a quase totalidade do globo terrestre, a conquista de novos mercados capitalistas, em termos gerais, apenas pode se dar com a conquista de uma empresa sobre as outras, e não pela abertura de um novo mercado, ou pela criação de um novo produto, cujo imperativo é o da redução da taxa de uso desse produto,[4] o que significa, principalmente, a conquista de um mercado consumidor, outrora consumidor de outras mercadorias.

Essa conquista de mercados se dá, igualmente, em conformidade com as leis de desenvolvimento capitalista, que, ao colocar as empresas em confronto mortal tende à queda do valor das mercadorias, à queda da taxa de lucro e à ampliação da composição orgânica do capital, por exemplo. É, contudo, sobre outro aspecto que aqui nos deteremos: a *lei geral da acumulação capitalista* e sua estreita e necessária relação com o *exército industrial de reserva.* conforme melhor aprofundaremos em seguida. A partir da compreensão desses elementos

3. "Com o aprofundamento da concorrência intercapitalista tem havido uma maior concentração e centralização do capital, seja nos setores produtivos, seja no setor bancário e financeiro, o que concede maior importância [...] [às] corporações transnacionais. Na realidade, conformam-se oligopólios mundiais, responsáveis pela dominação dos principais mercados, como é o caso do setor de computadores com apenas 10 empresas controlando 70% da produção, ou de 10 empresas que respondem por 82% da produção de automóveis, ou de 8 empresas que dominam 90% do processamento de dados, ou de 8 empresas que dominam 71% do setor petroquímico ou ainda de 7 empresas que respondem por 92% do material de saúde" (Pochmann, 2009, p. 27-8).

4. Para aprofundamento do tema, ver a sessão 15 do livro *Para além do capital*, de István Mészáros (2002).

acreditamos que se torna possível realizar um debate qualificado sobre o que são, essencialmente, a empregabilidade e o empreendedorismo. Para aprofundarmos a temática, façamos, portanto, um mergulho sob as leis tendenciais do desenvolvimento capitalista para, em seguida, nos debruçarmos sobre sua lei geral de acumulação.

IV. Os imperativos da produção capitalista

A produção capitalista se move sob um imperativo: a reprodução ampliada de capital. Mas em que consiste essa reprodução? Marx inicia seu notório livro *O capital* afirmando que a riqueza nas sociedades capitalistas se caracteriza por uma coleção de mercadorias. Para ser uma mercadoria, um dado objeto, seja ele físico ou não, deve conter, antes de tudo, um *valor de uso*. O valor de uso se refere, sempre segundo Marx, à utilidade que o objeto possui.

Um ovo possui como valor de uso, por exemplo, sua qualidade imanente em alimentar um indivíduo, mas também possui outras qualidades como, segundo a cultura popular, a capacidade de recuperar tecidos cutâneos queimados, ou pode ainda servir como ingrediente em comidas doces e salgadas ou ser arremessado em políticos e aniversariantes. O valor de uso do ovo depende, portanto, do seu *uso*. Da mesma forma, o ar tem valor de uso (pode encher um pneu, uma bola etc.; seu oxigênio é combustível para o fogo, para a respiração etc., e em movimento pode gerar até energia elétrica, por exemplo), a água, o sol, uma bomba de hidrogênio, enfim, tudo o que possui qualidades úteis possui valor de uso. Não compramos tudo isso, entretanto. Isso quer dizer que dos objetos elencados nem todos são mercadorias (ao menos não até o presente momento). Por quê?

Porque para ser uma mercadoria, um objeto deve apresentar, além do valor de uso, um *valor de troca*. O valor de troca refere-se ao que equivale uma mercadoria para sua troca. Não há como comparar valores de uso, pois seu valor depende de seu uso, e este é subjetivo, ou seja, depende do sujeito que possui o objeto. Um indivíduo "A" troca um ovo pela mesma quantidade de dinheiro que o indivíduo "B", mesmo que o primeiro use o ovo para fazer um pão e o segundo para arremessá-lo no presidente. Como não há como comparar a subjetividade das múltiplas, quiçá infinitas, possibilidades de uso de um dado objeto, o que faz com que um ovo valha menos que uma bomba de hidrogênio é o *quantum de trabalho socialmente necessário* para a produção de ambos.

A fim de não confundirmos o trabalho do produtor de ovos com a atividade da galinha poedeira, façamos esse movimento de abstração do que Marx denomina *trabalho concreto*, conceito que mais adiante trataremos. Pensemos, portanto, na produção de pães e de casas.

Suponhamos que alguém produza, individualmente, para facilitar o exemplo, pães. Nosso padeiro produz seus pães, mas não vive de pães. Até pode alimentar-se somente deles, apesar da pobreza de sua dieta e de suas consequências estéticas, mas não pode vestir-se de pães, nem descansar seu corpo após um extenuante dia de trabalho sobre pães. Ademais, os pães são feitos de farinha, assados em um forno, armazenados em prateleiras. Pães não são feitos de pães, não se reproduzem. Nosso padeiro, portanto, precisa trocar pães por farinha, forno, prateleiras, casa, cama etc., conforme suas necessidades. Mas, como trocar pães por casa, se ambos satisfazem necessidades tão diferentes? Quantos pães vale uma casa?

O valor de cada mercadoria, reiteramos, não tem relação com o valor subjetivo que o comprador lhe atribui, com seu valor de uso, mas, com a equivalência dos valores de troca. Desse modo, observa-se que há um terceiro elemento envolvido na troca de mercadorias, algo que, efetivamente, faz a equivalência entre mercadorias com valor de uso distintos como a equivalência do valor de milhões de pães ao de uma casa.

Esse elemento que não aparece no momento da troca, mas que está cristalizado nas mercadorias é o trabalho. O trabalho entendido aqui enquanto medida de valor comum não é o trabalho de cada trabalhador envolvido na produção da mercadoria, uma vez que o que nosso padeiro do exemplo faz é radicalmente distinto do trabalho do pedreiro que levanta a casa onde nosso padeiro vive. O trabalho aqui mencionado é o trabalho abstrato, quantificado pelo tempo de trabalho socialmente necessário para a produção de cada mercadoria. O trabalho socialmente necessário é o *quantum* de trabalho que a sociedade despende, *em média*, para a produção de uma dada mercadoria. Por esse motivo, não se compra uma casa pelo valor de um pão, ou um ovo pelo mesmo valor de uma bomba de hidrogênio.

O valor das mercadorias é a quantidade socialmente necessária de trabalho incorporado em cada mercadoria. Dessa forma, não há lucro na compra de uma mercadoria mais barata e em sua posterior venda por um preço maior. Se houvesse tal relação, nosso produtor de pães venderia seus pães por um preço superior ao seu valor e, assim, "obteria um lucro" que logo se dissiparia na compra da farinha, das prateleiras, da casa etc.[5]

Mas qual a origem do lucro do capitalista? A resposta encontra-se novamente no trabalho. Por não possuírem a propriedade dos meios de produção, que nessa sociedade são privados, os trabalhadores para sobreviverem têm de vender sua capacidade de trabalhar, ou seja, sua *força de trabalho*. A força de trabalho enquanto mercadoria possui também um valor de troca. E, como as demais mercadorias, esse valor é formado pelo *quantum* de trabalho socialmente necessário para sua produção, isto é, pelos meios de subsistência necessários para manter o trabalhador em condições de laborar.

A disputa do tempo de jornada de trabalho entre trabalhadores e capitalistas é, portanto, um conflito insolúvel. Isso se deve ao fato que o tempo que o capitalista emprega o trabalhador, fazendo-o trabalhar, tem de ser maior que o tempo de trabalho em que o trabalha-

5. Sempre que se menciona a questão do lucro comercial e a venda de mercadorias, bem como o próprio processo de formação do valor das mercadorias, trata-se de valores históricos e observados na média, sem valores absolutos. Para maiores explicações, ver Marx (1983, 1985) e, em especial, o prefácio escrito por Engels para a primeira edição do livro terceiro d'*O capital* (2008).

dor produz o necessário para a sua subsistência. Essa diferença é a mais-valia, como adiante abordaremos melhor, ao que, aqui, cabe-nos citar a boa síntese realizada por Sandroni (1982, p. 105-6):

> O trabalhador vende sua força de trabalho pelo seu valor, mas [...] o valor que a mesma produz é maior do que o valor que contém: a diferença é um valor a mais apropriado pelo capitalista gratuitamente, chamado por Marx de mais-valia.

Nesse momento, é fundamental fazer a distinção entre trabalho e força de trabalho. A força de trabalho é a mercadoria vendida pelo trabalhador ao capitalista, enquanto que o trabalho, na sociedade capitalista e na relação entre capitalista e trabalhador assalariado, é o uso da força de trabalho. O capitalista não paga o trabalho, mas a força de trabalho, que é a mercadoria vendida pelo trabalhador. O valor de troca da força de trabalho é o tempo socialmente necessário para que essa seja reproduzida, enquanto que seu valor de uso é o trabalho, ou seja, a capacidade, exclusiva do ser humano, de, nessas relações, criar valor. E esse valor criado é, geralmente, superior ao valor da força de trabalho e apropriado pelo comprador da mercadoria força de trabalho, usuário legal do trabalho: o capitalista.

A apropriação desse valor pelo capitalista está longe de ser um roubo, pois esse compra a força de trabalho por seu valor de troca e, como dono da força de trabalho, usa-a para a produção de outras mercadorias. O que ocorre é que o tempo em que o trabalhador produz é superior ao tempo de trabalho necessário para produzir sua própria força de trabalho.

Para o capitalista, a produção e, em especial a apropriação por parte do capitalista desse excedente, é que permite que o capital se reproduza. Sem a produção de excedente, qualquer produção se perde no consumo do produzido, porém, no capitalismo, o excedente produzido é, além de apropriado privadamente, reinvestido como capital. Esse movimento geral tem na mercadoria, todavia, tão somente um meio para a reprodução de mercadoria. Ao capitalista, tanto faz investir na produção de pães, ou na de pedras preciosas; de rosas ou de bombas atômicas, pois:

> [...] a produção capitalista não é apenas produção de mercadoria, é essencialmente produção de mais-valia. O trabalhador produz não para si, mas para o capital. Não basta, portanto, que produza em geral. Ele tem de produzir mais-valia. Apenas é produtivo o trabalhador que produz mais-valia para o capitalista ou serve à autovalorização do capital. Se for permitido escolher um exemplo fora da esfera da produção material, então um mestre-escola é um trabalhador produtivo se ele não apenas trabalha as cabeças das crianças, mas extenua a si mesmo para enriquecer o empresário. O fato de que este último tenha investido seu capital numa fábrica de ensinar, em vez de numa fábrica de salsichas, não altera nada na relação. O conceito de trabalho produtivo, portanto, não encerra de modo algum apenas uma relação entre a atividade e efeito útil, entre trabalhador e produto do trabalho, mas também uma relação de produção especificamente social, formada historicamente, a qual marca o trabalhador como meio direto de valorização do capital. Ser trabalhador produtivo não é, portanto, sorte, mas azar (Sandroni, 1982, p. 105-6).

Aqui Marx explicita que a produção da vida humana está não somente subsumida à produção de mercadorias, como a produção da vida e a produção de mercadorias estão, ambas, subsumidas à reprodução de capital.

Ainda no livro primeiro d'*O capital*, Marx diferencia a reprodução simples de capital (D-M-D') da reprodução ampliada de capital. A primeira se caracteriza, em linhas gerais, pelo movimento de valorização do valor, mediante a extração de mais-valia, enquanto a segunda se caracteriza pelo movimento continuamente ampliado de extração de mais-valia. No primeiro caso, o capitalista investe para ampliar seu capital e, tão logo o tenha ampliado ou o entesoura ou o consome, trocando-o por mercadorias quaisquer. Em ambos os casos, o capitalista deixa de ser capitalista tão logo transforme em riqueza, comida, alimento, vestuário, carros, ou o que quer que seja, seu capital antes investido e agora consumido ou entesourado. No segundo, ao contrário, o capitalista não se limita a reproduzir capital e consumi-lo ou entesourá-lo, e reinveste seu capital ampliando-o. Sinteticamente, Marx assim descreve o movimento de reprodução ampliada do capital: D-M-D'-M-D'-M-D'''... e assim, sucessivamente, *ad eternum*.

É, portanto, a dinâmica interna do próprio capitalismo que impõe, como imperativo mesmo, esse movimento de reprodução ampliada. O capitalismo se constitui, desse modo, enquanto um modo de produção cujos imperativos são externos e impessoais. Por esse motivo Marx se refere aos capitalistas como *personificações do capital*. Essas *personificações* agem sob o imperativo da reprodução ampliada que os impele a garantir, antes de tudo: a) a produção de mais-valia; b) a apropriação dessa mais-valia pelo capital, e c) o reinvestimento dessa mais-valia apropriada.

A produção da mais-valia pode se dar sob diversas formas. No século XIX, a Europa vê uma série de embates entre trabalhadores e capitalistas pela redução/aumento da jornada de trabalho. Marx (1983, p. 224) afirma que as limitações do tempo de trabalho impostas na Inglaterra e na França no decorrer do século XIX não eram, de nenhuma forma,

> [...] produto de alguma fantasia parlamentar. Desenvolveram-se progressivamente das próprias circunstâncias, como leis naturais do modo de produção moderno. Sua formulação, reconhecimento oficial e proclamação pelo Estado foram o resultado de prolongadas lutas de classes. Uma das consequências mais imediatas foi submeter, na prática, a jornada de trabalho de operários masculinos adultos aos mesmos limites, uma vez que a cooperação das crianças, dos adolescentes e das mulheres era imprescindível na maioria dos processos de produção. Em suma, durante o período de 1844/47 vigorou geral e uniformemente o dia de trabalho de 12 horas em todos os ramos industriais submetidos à legislação fabril.

Marx (1985, p. 236) ainda afirma que "a criação de uma jornada normal de trabalho é, por isso, o produto de uma guerra civil de longa duração, mais ou menos oculta, entre a classe capitalista e a classe trabalhadora". Essas disputas se dão a partir da seguinte constatação: se a força de trabalho produz seu valor em 2, 4 ou 6 horas de trabalho, apenas o que é trabalhado após essa jornada é trabalho que produz mais valor para o capitalista. Por isso tais disputas. A esse tipo de extração de mais-valia, baseada no prolongamento do tempo de trabalho, ou mesmo em sua intensificação, Marx (1985) chama de *mais-valia absoluta*.

Deve-se observar, todavia, a existência de grandes limites físicos que se impõem à mais-valia absoluta, como a duração do dia e a necessidade de descanso do corpo humano. Mesmo após atingir esses limites, entretanto, é possível se extrair mais mais-valia. Um retorno ao raciocínio anterior e se vê que o tempo de trabalho necessário para a reprodução da força de trabalho não é constante. Dessa forma, em uma jornada de 8 horas de trabalho, pode-se extrair um tempo de sobre-trabalho maior do que em uma jornada de 12 horas. Para tanto, basta analisar qual é tempo de trabalho necessário para a reprodução da força de trabalho. Se, para o primeiro, caso basta uma hora para tanto, tem-se 7 horas de sobre trabalho e se, no segundo caso, forem necessárias 6 horas, tem-se 6 horas de sobretrabalho, como segue:

Jornada de trabalho	Tempo necessário para reprodução da força de trabalho	Sobretrabalho
08	01	07
12	06	06

A redução do tempo de trabalho necessário para a reprodução da força de trabalho, entretanto, não é determinada pelo empregador de cada trabalhador. Esse tempo reduz-se conforme o desenvolvimento das forças produtivas reduz o valor das mercadorias necessárias à reprodução da força de trabalho. Se há redução no valor necessário para a reprodução da força de trabalho e não há redução na jornada de trabalho, há um aumento no tempo de sobretrabalho e de mais-valia. A esse tipo de mais-valia Marx (1985) denomina *mais-valia relativa*.

A produção de mais-valia é, entretanto, um dos momentos necessários à reprodução ampliada de capital. O segundo momento, conforme apontamos há pouco, é a apropriação privada desse sobretrabalho produzido. Como já destacamos, a mais-valia apenas é produzida sob condições específicas: de um lado há propriedade privada dos meios de produção e de outro, como (causa e) consequência dessa, há seres humanos desprovidos de condições de produção material da vida, por não possuírem, justamente, os meios de produção para tanto.

A existência da propriedade privada dos meios de produção é, portanto, causa e consequência da divisão do trabalho (Marx e Engels, 1998, p. 27-28). Na sociedade capitalista, especificamente, de um lado estão aqueles que possuem os meios de produção e de outro os que não os possuem. Os primeiros compram, então, a força de trabalho dos segundos que produzem não somente as mercadorias, como também a mais-valia. Para possuí-la e assegurar seu reinvestimento com fins de reprodução ampliada do capital, o capitalista deve realizar essa mais-valia através da reconversão das mercadorias produzidas em dinheiro, mediante a venda das mesmas. E aqui voltamos à mercadoria como célula básica desta sociedade.

Aos capitalistas é, portanto, imperativo assegurar a troca de suas mercadorias pela mercadoria dinheiro para poderem se apropriar privadamente da mais-valia gerada no processo de produção da mercadoria e ampliar o dinheiro investido no princípio desse movimento (D-M-D'). Esse imperativo coloca os capitalistas cujas mercadorias produzidas atendem a necessidades semelhantes em mortal disputa. Dessa disputa ascendem a moderna contabilidade, o marketing, as fusões entre empresas, o monopólio capitalista, as grandes corporações e uma série de conhecimentos e fenômenos necessários dessa concorrência entre capitalistas, chamada também de concorrência intercapitalista. Como não é do escopo do presente texto nos debruçarmos sobre esses conhecimentos e fenômenos, nos cabe citar aqui somente duas consequências desses movimentos: a) falências e incorporações por compra ou fusão, e b) redução do valor das mercadorias produzidas.

A concorrência intercapitalista leva muitos empreendimentos burgueses à falência ou à beira da falência, obrigando-os à venda do negócio ou sua incorporação junto a outro empreendimento. Outra consequência da concorrência intercapitalista é o desenvolvimento de uma série de conhecimentos que almejam à redução do valor das mercadorias. A redução do valor das mercadorias permite ao capitalista uma série de vantagens no mercado, dentre as quais a de ofertar por um menor preço uma mercadoria que satisfaz necessidades congêneres às necessidades satisfeitas pelas mercadorias de propriedade de seus concorrentes. O que expõe seus concorrentes à busca por novas formas de redução do valor de suas mercadorias.

A redução do valor das mercadorias dá-se mediante a redução do tempo socialmente necessário para a produção de dada mercadoria, o que os teóricos capitalistas identificam com a *redução de custos*. Ou seja, reduzir o valor das mercadorias não equivale a reduzir o *preço* das mesmas, mas constitui em reduzir seus custos, mediante a redução do tempo necessário à produção de suas mercadorias. Ao reduzir *individualmente* o tempo necessário para a produção de dada mercadoria, o capitalista reduzirá o tempo *socialmente* necessário para a produção dessa mesma mercadoria.

Por exemplo, imaginemos que o padeiro de nosso exemplo produz pães e concorre com outros dois padeiros por todo o mercado de pães na sociedade capitalista abstrata em que todos os três vivem. O tempo socialmente necessário para produzir um pão em tal sociedade abstrata é de um quilo de pães por minuto. Se um dos padeiros demorar mais que um minuto para produzir seu quilo de pães, seu pão aparecerá para ele como mais caro, pois ele demora mais tempo que os demais padeiros para produzir o mesmo volume de pães. O que ocorreria se, no entanto, um dos padeiros desenvolvesse sua capacidade produtiva mediante avanços técnicos que o permitissem produzir o dobro de pães em um minuto? Isso quer dizer que sua produtividade ampliaria e que agora essa mesma sociedade pode produzir pães em metade do tempo, pois se um capitalista consegue, isso quer dizer que é possível a todos.

Os avanços técnicos e de produtividade permitiriam a essa capitalista tanto a venda de mais pães quanto a manutenção de seu atual volume de vendas, porém agora com uma capacidade de produzir em metade do tempo, ou mesmo com metade de empregados. Ou seja, se por um lado o investimento em avanços técnicos e tecnológicos fizeram com que o capitalista tivesse custos, por outro lado esses mesmo avanços o permitirão *reduzir custos* e agora produzir o mesmo volume com menos custo unitário, ou melhor, em menos tempo. Aos concorrentes a falência bateria à porta, impondo a eles ou venderem seus pães sob o novo valor e terem sérios prejuízos ou a se adequarem ao novo valor e se desenvolverem técnica e tecnologicamente para produzirem pães em metade do tempo, ou menos. A essa imposição Marx chama de *lei técnica capitalista*, ou simplesmente lei técnica.

Em resumo, a concorrência intercapitalista conduz a um desenvolvimento técnico e tecnológico sob uma lei tendencial, denominada por Marx de *Lei Técnica*, impõe aos capitalistas a obrigação de redução do tempo socialmente necessário para a produção das mercadorias. As consequências disso vão desde o desenvolvimento de áreas do conhecimento específicas para a redução do tempo socialmente necessário para a produção de mercadorias (por exemplo: administração, engenharia de produção), até a prestação de contas entre capitalistas (contabilidade moderna) e de conhecimentos para compreender critérios para inserção de mercadorias em chamados segmentos de mercado (marketing); até a falência de empresas e as consequentes fusões, incorporações etc. Desses aspectos, contudo, há outro ao qual nos atemos: o desemprego. Para o compreendermos, todavia, é necessário que compreendamos a *lei geral da acumulação capitalista* e o *exército industrial de reserva*.

V. A Lei Geral da Acumulação Capitalista e o Exército Industrial de Reserva

Se entre os capitalistas a disputa pela redução do valor das mercadorias é mortal enquanto capitalistas, entre os trabalhadores essa disputa é mortal enquanto seres humanos. Se ao capitalista a concorrência coloca o incessante imperativo de se apropriar e realizar a mais-valia gerada no processo de produção das mercadorias de sua propriedade, ao trabalhador o imperativo é outro: o de estar empregado a fim de conseguir mercadorias para se manter vivo. Esses imperativos se encontram constantemente. Ao capitalista é a venda das mercadorias que assegura sua condição de capitalista; ao trabalhador a venda de sua mercadoria única, a força de trabalho, é a garantia de sua existência.

A venda da força de trabalho funda o que chamamos de emprego. As antigas formas de assalariamento, como as que ocorriam em Roma, por exemplo, pouco ou nada se assemelham ao assalariamento capitalista. O emprego é a condição imposta a todos aqueles que não possuem propriedade dos meios de produção, que é a expressão no produto daquilo que a divisão do trabalho é na atividade (Marx e Engels, 1998, p. 27-8).

Reféns da oferta de empregos, os trabalhadores são também concorrentes entre si. Os critérios para a conquista de um emprego variam de acordo com as necessidades produtivas de cada lugar e tempo, mas é sob a lei técnica capitalista que se desenvolve a demanda de empregos por produto. Impelidos pela lei técnica, os capitalistas estão em constante e mortal disputa, cujos frutos são o fechamento de empresas. A criação de empresas não obedece, todavia, a um planejamento com fins de criação de empregos e mesmo que a criação de empresas equilibrasse a oferta de mão de obra dispensada das empresas fechadas, a lei técnica apresenta outra característica, essa sim, determinante para o crescente desemprego.

Conforme afirmamos anteriormente, é para a redução do tempo socialmente necessário para a produção de mercadorias que aponta a lei técnica. Para reduzir o tempo socialmente necessário para a produção de mercadorias, o modo de produção capitalista necessita ampliar exponencialmente não a produção, mas a produtividade.

A produção diz respeito ao total produzido: assim, se um padeiro produz 360 pães/hora e ao invés de trabalhar 8 horas/dia e produzir 2.880 pães/dia, passar a trabalho 10 horas, sua produção será 3.600 pães. O aumento da produção assegura que ele possa vender mais pães, porém, não lhe permite uma maior lucratividade, pois seus pães são produzidos, em média, a cada dez segundos e vendidos ao equivalente monetário desse tempo. Se, no entanto, um padeiro concorrente passar a assar mais pães de uma só vez, como, por exemplo, por intermédio de uma maior assadeira, temos aqui um acréscimo de produtividade, mas não necessariamente de produção. Vejamos: se o padeiro que adquiriu a melhor assadeira consegue fazer em um minuto 1.800 pães, ao final de uma produção de oito horas ele conseguiu produzir 14.400 pães. Se não há, contudo, demanda para tantos pães, ele pode optar por produzir por somente duas horas e ter uma produção total de 3.600 pães. Ou seja, os dois padeiros do exemplo produzem a mesma quantidade de pães. A diferença é que o aumento de produtividade do segundo o permite vender pães a até um quinto do valor que vende o primeiro padeiro.

O aumento de produtividade era um imperativo posto ao padeiro que adquiriu a melhor assadeira. Ele precisava ter um panifício mais produtivo para poder competir enquanto capitalista. E o aumento de sua produtividade apresentou-se enquanto imperativo aos concorrentes que sob a séria ameaça de falência terão de aumentar sua produtividade também.

O aumento de produtividade impõe aos capitalistas a necessidade de ampliar a capacidade produtiva por tempo. Faz-se necessário, dessa forma, o desenvolvimento técnico e tecnológico, mediante a redução de postos de trabalho necessários para produção, por quantidade de mercadoria. Ou seja, não é somente o tempo socialmente necessário que é reduzido, mas, principalmente, o trabalho socialmente necessário para a produção, a partir do aumento da produtividade. Ou seja, se numa panificadora cinco assadores de pães assam 3.600 em uma jornada de trabalho de oito horas, em outra basta um assador de pães para assar a mesma quantidade de pães.

A contraditória produção de riqueza na sociedade capitalista apresenta de um lado a crescente produção e produtividade e de outro a crescente falta de necessidade de trabalhadores. O que poderia significar um benefício para a humanidade, como a redução do tempo de trabalho, no capitalismo significa desemprego e pauperização, uma vez que onde antes eram necessários cinco trabalhadores, por exemplo, agora é preciso somente de um.

Os quatro trabalhadores dispensados poderiam ser contratados, por exemplo, pela empresa que produz as assadeiras, dada a possível maior demanda por esse equipamento? Poderiam, mas a demanda por assadeiras é sazonal e mesmo que a indústria de assadeiras siga produzindo assadeiras sempre melhores e mais produtivas, é bom lembrar que a primeira assadeira de nosso exemplo fora produzida sem esses quatro trabalhadores e sem, muito menos, os outros trabalhadores desempregados pelas outras panificadoras que adquiriram o equipamento em questão. Além disso, cabe ressaltar que a indústria de assadeiras também compete com outras indústrias, sob as mesmas leis tendenciais. Ou seja, se por uma lado é a lei técnica que determina a demanda por empregados, por outro é a categoria *exército industrial de reserva* que determina a funcionalidade do desemprego ao modo de produção capitalista.

Segundo Marx (1985, p. 275)

> Quanto maiores a riqueza social, o capital em funcionamento, o volume e a energia de seu crescimento, portanto também a grandeza absoluta do proletariado e a força produtiva de seu trabalho, tanto maior o exército industrial de reserva. A força de trabalho disponível é desenvolvida pelas mesmas causas que a força expansiva do capital. A grandeza proporcional do exército industrial de reserva cresce, portanto, com as potências da riqueza. Mas quanto maior esse exército de reserva em relação ao exército ativo de trabalhadores, tanto mais maciça a superpopulação consolidada, cuja miséria está em razão inversa do

> suplício de seu trabalho. Quanto maior, finalmente, a camada lazarenta da classe trabalhadora e o exército industrial de reserva, tanto maior o pauperismo oficial. *Essa é a lei absoluta geral, da acumulação capitalista* (grifos meus).

O filósofo chama essa massa de sujeitos sem emprego de *exército industrial de reserva*. Esse contingente de desempregados é de extrema relevância aos capitalistas, que assim têm à sua disposição um exército disposto a vender sua força de trabalho em momentos em que se fazem necessários aumentos de trabalhadores para produções excepcionais, sazonais ou mesmo em casos de exploração de novos mercados. Não se limita, entretanto, a essas poucas características a funcionalidade do exército industrial de reserva observado por Marx. O exército industrial de reserva serve como regulador de salários em um nível inferior ao valor da força de trabalho, através do fantasma do desemprego atormentando os empregados, verificando-se diuturnamente expressões no senso comum semelhantes a "não quer trabalhar, tem um monte de gente sem emprego querendo teu emprego". Com isso, se impõe aos trabalhadores empregados posições cada vez mais submissas, na mesma medida em que se constrangem as atividades sindicais e mesmo reinvidicações de melhorias nas condições de trabalho e remuneração.

Segundo Marx,

> Compreende-se a insanidade da sabedoria econômica, que prega aos trabalhadores que ajustem seu número às necessidades de valorização do capital. O mecanismo da produção e acumulação capitalista ajusta constantemente esse número a essas necessidades de valorização. A primeira palavra desse ajustamento é a criação de uma superpopulação relativa, ou exército industrial de reserva; a última palavra, a miséria de camadas sempre crescente do exército ativo de trabalhadores e o peso morto do pauperismo.
>
> A lei segundo a qual uma massa sempre crescente de meios de produção, graças ao progresso da produtividade do trabalho social, pode ser colocada em movimento com um dispêndio progressivamente

decrescente de força humana — essa lei se expressa sobre a base capitalista, onde não é o trabalhador quem emprega os meios de trabalho, mas os meios de trabalho o trabalhador, de forma que, quanto mais elevada a força produtiva do trabalho, tanto maior a pressão do trabalhador sobre seus meios de ocupação e tanto mais precária, portanto, sua condição de existência: venda da própria força para multiplicar a riqueza alheia ou para a autovalorização do capital. Crescimento dos meios de produção e da produtividade do trabalho mais rápido do que da população produtiva expressa-se, capitalisticamente, portanto, às avessas no fato de que a população trabalhadora sempre cresce mais rapidamente do que a necessidade de valorização do capital (1985, p. 275).

O filósofo ainda afirma que:

[...] dentro do sistema capitalista, todos os métodos para a elevação da força produtiva social do trabalho se aplicam à custa do trabalhador individual; todos os meios para o desenvolvimento da produção se convertem em meios de dominação e exploração do produtor, mutilam o trabalhador, transformando-o num ser parcial, degradam-no, tornando-o um apêndice da máquina; aniquilam, com o tormento de seu trabalho, seu conteúdo, alienam-lhe as potências espirituais do processo de trabalho na mesma medida em que a ciência é incorporada a este último como potência autônoma: desfiguram as condições dentro das quais ele trabalha, submetem-no, durante o processo de trabalho, ao mais mesquinho e odiento despotismo, transformam seu tempo de vida em tempo de trabalho, jogam sua mulher e seu filho sob a roda de *Juggernaut* do capital. Mas todos os métodos de produção da mais-valia são, simultaneamente, métodos da acumulação, e toda expansão da acumulação torna-se, reciprocamente, meio de desenvolver aqueles métodos. Segue portanto que, à medida que se acumula capital, a situação do trabalhador, qualquer que seja seu pagamento, alto ou baixo, tem de piorar. Finalmente, a lei que mantém a superpopulação relativa ou exército industrial de reserva sempre em equilíbrio com o volume e a energia da acumulação prende o trabalhador mais firmemente ao capital do que as correntes de Hefaísto agrilhoaram Prometeu ao rochedo. Ela ocasiona uma acumulação de miséria correspondente à

> acumulação de capital. A acumulação da riqueza num polo é, portanto, ao mesmo tempo, a acumulação de miséria, tormento de trabalho, escravidão, ignorância, brutalização e degradação moral no polo oposto, isto é, do lado da classe que produz seu próprio produto como capital (1985, p. 274-5).

Ou seja, é uma *Lei Geral da Acumulação Capitalista* esse movimento constante de produção de um contingente de trabalhadores desprovidos das condições de venderem sua força de trabalho. O desenvolvimento capitalista gera, por seus próprios imperativos, uma massa de sujeitos impossibilitados de conseguirem postos de trabalho, devido ao constante decréscimo de trabalhadores para a produção de uma mesma quantidade de mercadorias. O desenvolvimento capitalista gera, portanto, uma crescente redução dos postos de trabalho por mercadoria produzida. Gera, dessa forma, desemprego.

A massa de desempregados, o *exército industrial de reserva*, atua como legítimo fantasma sobre os empregados, pressionando os salários para um nível inferior às possibilidade de manutenção da vida do trabalhador empregado, devido à oferta de trabalhadores ser muitíssimo maior que sua demanda. A disputa interna entre os trabalhadores é, desse modo, ainda mais cruel, e induz os indivíduos a terem de buscar formas alternativas de produzirem suas vidas, tendo que para isso, se exporem a trabalhos cada vez precários e precarizados, a abrirem mão dos direitos trabalhistas conquistados pela classe, a se sujeitarem a receber cada vez menores salários, a trabalharem sob riscos à saúde e à vida, a arriscarem seus parcos recursos em cursos de formação de força de trabalho sem nem mesmo possuírem um trabalho e/ou utilizarem esses mesmos parcos recursos na abertura de negócios tão arriscados que nem mesmo os capitalistas ousariam investir.

Em síntese, a sociedade capitalista possui como "célula básica" a mercadoria. As mercadorias, na sociedade capitalista, são produzidas mediante as relações de classe dessa sociedade, a saber: a classe detentora dos meios de produção compra força de trabalho da classe trabalhadora (cuja venda é imperativa, justamente, por não possuir os meios de produção) e dessa relação de exploração extrai mais-valia para reinvestir no mesmo movimento, o que permite a reprodução ampliada do capital, imperativo do modo de produção capitalista. A procura da realização da mais-valia gerada no processo produtivo das mercadorias mediante a venda dessas mesmas mercadorias coloca os capitalistas em disputa por mercados consumidores, impondo-lhes a necessidade de redução do tempo social de produção de suas mercadorias. Essa imposição reduz a necessidade de trabalhadores por mercadoria produzida, leva muitos capitalistas à falência, concentrando capitais em monopólios e cria uma crescente massa de trabalhados supérfluos à produção dessas mercadorias. Com isso, nem todos os indivíduos da classe trabalhadora conseguem vender sua força de trabalho. Impossibilitados de produzirem suas vidas, os trabalhadores que compõem o chamado exército industrial de reserva aumentam constantemente a fila da pauperização, pressionam os salários para baixo e se apresentam como frágeis presas para trabalhos precarizados, consumidores de cursos de formação para trabalhadores desempregados à procura de um emprego ou mesmo potenciais "investidores" de negócios extremamente arriscados. Dessa forma, a impossibilidade de venda da força de trabalho apresenta uma série de funcionalidades ao próprio modo de produção, como a redução geral dos salários, a possibilidade de redução de direitos trabalhistas, a disponibilização de uma massa de trabalhadores para trabalhos degradantes e/ou precarizados, a criação de um grupo de "empreendedores" e uma massa de trabalhadores paranoicos por se tornarem "empregáveis".

VI. Considerações finais

A partir das leis tendenciais sinteticamente descritas até aqui acreditamos ser possível uma melhor compreensão de que emprego e desemprego são fenômenos correlatos e que a causa do desemprego é, antes de qualquer outra coisa, a própria existência do emprego.

O emprego é a atividade juridicamente aceita da troca da mercadoria força de trabalho pelo salário, a partir da possibilidade de mercantilização da força de trabalho. A força de trabalho ser passível de troca, ser mercantilizável, denota uma sociedade centrada na mercadoria, uma sociedade que tem a mercadoria como sua célula básica. Para isso, é preciso que toda (ou quase toda) a atividade humana possa ser tornada mercadoria, ou, em termos mais precisos, que o trabalho concreto possa ser subsumido pelo trabalho abstrato.

Ao ser colocada no mercado enquanto mercadoria, a força de trabalho demarca que a existência da propriedade privada dos meios de produção é causa e efeito da divisão do trabalho entre trabalho intelectual e manual, conforme já afirmavam Marx e Engels n'*A ideologia alemã* (1998). A dizer: propriedade privada dos meios de produção impõe aos sujeitos desprovidos desses meios a venda da única mercadoria que lhes resta, sua força de trabalho. Ao venderem sua força de trabalho, o momento do trabalho já não lhes pertence, como não pertence ao vendedor de ovos a autoridade sobre o uso dos ovos que podem ser usados para produzir pães, ou para serem atirados em políticos. Mais que isso, o produto do trabalho também não pertence ao trabalhador que trocou sua mercadoria força de trabalho pelo salário, não lhe cabendo qualquer propriedade tanto sobre a mercadoria por ele produzida quanto, muito menos, sobre a mais-valia dele extraída. A apropriação privada da mais-valia demarca a causa e o efeito do emprego na sociedade capitalista.

A apropriação da mais-valia, entretanto, apenas pode ocorrer se os capitalistas conseguirem realizar a mais-valia produzida, mediante a troca da mercadoria produzida pelos trabalhadores sob seu comando pela mercadoria dinheiro (D-M-D'). Para haver a consecução desse objetivo, promove-se uma disputa mortal entre os capitalistas que, em sua concorrência interna, têm de assegurar a redução do preço e do custo das mercadorias, mediante a redução, consciente ou não, do valor dessas mercadorias, o que se dá com a redução do tempo socialmente necessário para a produção de tais mercadorias, o que ocorre com a redução do *quantum* de trabalho socialmente necessário para produzi-las.

A redução do *quantum* de trabalho necessário para produzir as mercadorias impele os capitalistas a incorporarem organicamente o capital, através da redução de trabalho vivo (força de trabalho) e ampliação, proporcional, de trabalho morto (meios de produção). Em termos menos complexos, a redução do tempo de trabalho necessário para a produção das mercadorias é um imperativo da concorrência intercapitalista, que precisa ampliar sua produtividade, reduzindo o número (proporcional) de trabalhadores para a mesma quantidade de mercadoria produzida.

Esse fenômeno conduz a um paradoxo: a produção da riqueza, na sociedade capitalista, caminha de mãos dadas com a produção da miséria. Isso se deve ao fato de que quanto mais produtiva se torna essa sociedade, quanto mais riqueza ela consegue produzir em menos tempo, maior o contingente de desempregados produzidos, maior o número de pessoas que não têm acesso a essa produção farta de riqueza porque não somente não possui os meios de produção das mercadorias, como sua única mercadoria, a mercadoria força de trabalho, não tem procura. Sob tais leis tendenciais não somente podemos compreender os conhecimentos produzidos com fins de troca de mercadorias, como o marketing, e também a essência do emprego e do desemprego na sociedade capitalista. E partir dessas constatações, nos é possível também desmistificar a efetividade das teorizações e ações que promovam tanto a empregabilidade quanto o empreendedorismo.[6]

A *empregabilidade* apresenta-se em um primeiro momento como uma teoria de como uns trabalhadores podem vencer os outros na disputa por empregos, desconsiderando que um desempregado vencer outros desempregados *não combate o desemprego*, mas, tão somente, ensina como não ser um desempregado em meio a tantos outros. Se duas pessoas tiverem o mesmo treinamento em empregabilidade, a mesma formação etc., e disputarem uma vaga de emprego, apenas uma vaga será preenchida. Se forem quinhentos na mesma condição para o mesmo número de vagas, 499 estarão desempregados.

---

6. O empreendedorismo está tão fortemente vinculado à concorrência intercapitalista, que já em 1968, em artigo à aclamada revista norte-americana *American Economic Review*, Harvey Leibenstein publicou um artigo denominado "Empreendedorismo e desenvolvimento" (tradução nossa), afirmando ser o empreendedorismo a "habilidade de trabalhar mais duramente que o concorrente" (De Borba, 2006).

A *empregabilidade*, contudo, demonstra uma funcionalidade que vai muito além do convencimento, muito além da ideologia. O conceito de empregabilidade, mesmo quando se refere a políticas públicas, traz consigo a mercantilização da oferta de empregos. Se considerarmos que desses 500 desempregados somente um conseguirá a vaga de emprego em uma panificadora, para mantermos o exemplo, podemos considerar também que ao proprietário da padaria é facultado não somente selecionar um trabalhador, mas também que uma série de outras possibilidades se abrem a esse capitalista, como: a) ofertar um salário muito inferior ao salário normal para o cargo em disputa; b) intensificar e estender a jornada de trabalho para além da legislação corrente; c) constranger ou pressionar os legisladores para "atualização" dessas mesmas leis, como ocorreu no emblemático exemplo de Bangladesh, cuja jornada de trabalho mínima passou recentemente a ser de 72h/semana; d) constranger a participação do trabalhador contratado a se sindicalizar; e) utilizar critérios de seleção do trabalhador de cunho preconceituoso, de toda espécie, inclusive quanto à filiação em partidos, sindicatos, histórico de militância ou mesmo de processos contra patrões anteriores; f) cobrar quesitos para o trabalhador assumir o cargo que isentem o empregador de custos com eventuais treinamentos.

Quanto a esse último aspecto, ao capitalista proprietário da padaria em questão é facultado pressionar entidades patronais, paraestatais, do Estado, ONGs, de movimentos sociais, partidos, ou mesmo esse capitalista (sozinho ou em conjunto com outros capitalistas, em federações de capitalistas ou em conjunto com entidades como as citadas) a desenvolver um curso pago para "certificação" de qualificação do trabalhador desempregado. De posse desse certificado, o desempregado poderia concorrer à vaga aberta.

Sustentada por toda uma limitada apologia de liberdade aos indivíduos, a *empregabilidade* assegura a abertura de mais um lucrativo negócio, tendo como público-alvo sujeitos com poucas condições de consumirem outras mercadorias e cuja necessidade de adquirirem as mercadorias que lhes permitem vender sua força de trabalho é vital. Além disso, a empregabilidade se aplica também à manutenção do emprego. Com isso, ao reduzir vagas de emprego com mecanização, por exemplo, abre-se a possibilidade de os trabalhadores já empregados competirem com famintos concorrentes desempregados.

Exemplificando, imaginemos, já quase como de costume, que uma padaria empregue cinco trabalhadores na sua produção de pães. Com a aquisição de um equipamento que produz o mesmo volume de pães com somente um operador, temos somente uma vaga de trabalho onde antes havia cinco. Quatro serão desempregados, portanto. A vaga restante, entretanto, não será mantida por um dos trabalhadores, mesmo para o mais produtivo, porque o modo de produzir pães se alterou. Ou seja, os cinco trabalhadores podem ser desempregados e, para a produção de pães com o uso do novo equipamento poderá ser contratado um trabalhador que tenha realizado um curso para operar o novo meio de produção de pães naquela padaria, ou que se sujeite a um salário menor, dada a menor qualificação exigida, por exemplo.

Aos desempregados, será apregoada a costumeira culpabilização: "perderam o emprego porque não se qualificaram!". E se todos tivessem feito os cursos para os novos equipamentos? Haveria emprego para todos os cinco?

Pode-se argumentar também que a produção desse equipamento gerará vagas de emprego, mas havendo desempregados pela padaria de nosso exemplo e pelas outras padarias concorrentes, à fabricante desse equipamento é facultado selecionar seus novos trabalhadores a partir dos critérios já mencionados, dentre eles a partir de uma "formação prévia", que é pouco mais que um custo de treinamento da empresa repassado ao trabalhador ou ao Estado, sem haver a garantia de contratação do trabalhador treinado[7].

A partir daqui o treinamento deixa de ser custo do empregador e passa a ser um lucrativo negócio, pago ou pelo Estado ou pelos

---

7. "Eu não entendo o que acontece [...], tudo que dizem que é pra fazer eu faço direitinho. Na época era enfermagem e eu fui lá e fiz; agora é informática, eu já fiz. Puxa vida, eu sou qualificada! Mas eu estou nessa situação há muitos anos, são 8 anos! (Desempregada, Entrevistada, Ana Maria, 50 anos)" (Silva, 2009).

trabalhadores, que, mesmo após pagarem por tal treinamento, podem não ser contratados. É a partir desse aspecto que *empregabilidade* e *empreendedorismo* se reencontram (o primeiro é a gênese de ambos: o desemprego).

Alardeado igualmente como um fenômeno que possibilita a liberdade dos indivíduos inseridos na sociedade capitalista, o *empreendedorismo* assegura, antes, a ampliação da já elevada liberdade *do capital* nesta sociedade. Para a compreensão do afirmado acima, retomemos, sinteticamente, as leis tendenciais que se apresentam enquanto momentos predominantes desse movimento: impelidas pelo imperativo de reprodução ampliada de capital mediante a apropriação privada da mais-valia criada no processo produção de mercadorias, os capitalistas são obrigadas a competirem mortalmente entre si em um processo que desencadeia um predomínio da lei técnica capitalista. A lei técnica capitalista impulsiona a redução do tempo socialmente necessário para a produção de mercadorias, mediante a redução do trabalho socialmente necessário incorporado às mercadorias produzidas. Sob tais imperativos, os capitalistas tendem à redução dos postos de trabalho, por um lado, e à intensificação e extensão da jornada de trabalho, por outro lado.[8]

Esse movimento todo reduz, e muito, o número de contratados, a partir de dois elementos que se retroalimentam. O primeiro deles, a competição capitalista, a partir de uma série de mediações que conduzem, primeiro, à redução dos postos de trabalho. Essa redução permite, entre outras consequências citadas anteriormente, à intensificação e extensão da jornada de trabalho. Essa intensificação e extensão da jornada de trabalho proporciona, por seu turno, um aumento de produtividade por trabalhador, o que reduz, ainda mais, o número de postos de trabalho, que, por sua vez abre a possibilidade de ainda maior intensificação e extensão da jornada de trabalho e assim por diante até

8. Esses são os princípios tanto do toyotismo quanto do fordismo periférico, não abordados aqui por nosso intuito em privilegiar o debate dos fundamentos da empregabilidade e do empreendedorismo. Ambos os fenômenos, entretanto, podem ser deduzidos, se conhecidos, no decorrer do texto.

os limites absolutos do dia (limitado, por natureza, a 24 horas) e do próprio corpo humano (que não pode trabalhar 24 horas por dia).

A redução de trabalhadores na produção assegura a redução do tempo socialmente necessário para a produção das mercadorias, o que dá sobrevida ao empreendimento. Contraditoriamente, essa mesma competição conduz esse mesmo negócio capitalista a um problema ainda maior: a redução da taxa de lucro. Uma vez que o lucro provém da apropriação privada da diferença do produzido pelo trabalhador em relação ao custo de sua força de trabalho, mesmo havendo momentos em que é possível ao capitalista remunerar a força de trabalho abaixo de seu valor, como consequência da demanda por emprego ser maior que sua oferta, essa consequência da demanda por emprego ser maior que sua oferta é também a causa de uma redução ainda maior de empregos, a partir da intensificação e extensão da jornada de trabalho.[9]

Tal redução no número de trabalhadores por mercadoria amplia a produtividade, por um lado, mas reduz, por outro lado, a taxa de mais-valia presente em cada mercadoria, além de reduzir o número de consumidores de uma série de mercadorias, pois reduz a capacidade de compra dos desempregados, o que tende a gerar crises na produção de muitos artigos mercantis, potencializando sobremaneira a possibilidade de redução de postos de trabalho, em decorrência dessa mesma crise.

Na luta para se manter vivo enquanto capitalista e evitar a falência, cada capitalista, individualmente, tende a reduzir não somente a sua taxa de mais-valia por mercadoria, como reduzir toda a taxa de mais-valia do processo de produção capitalista, como um todo. Além da guerra e da produção destrutiva,[10] um dos poucos recursos

9. A intensificação e a extensão da jornada de trabalho produzem uma mesma forma específica de mais-valia, a mais-valia absoluta. Para maiores esclarecimentos, ver a seção V do livro primeiro d'*O capital*, de Karl Marx, e, especialmente, o capítulo primeiro do livro terceiro desta mesma obra (Marx, 1983 e 2008).

10. Para uma melhor introdução ao tema, ver o ensaio *Produção destrutiva e Estado capitalista*, de István Mészáros (1989).

restantes é a busca por novos produtos (que, no limite, é tão somente mais um recurso de competição entre capitalistas de um mesmo setor) e mercados consumidores mediante a criação de novos negócios ou à drástica redução de custos a partir da produção com trabalhadores precarizados (terceirizados, ambulantes, crianças, portadores de necessidades especiais etc.).

Arriscar o capital nesse tipo de negócio, todavia, é quase uma heresia a um capitalista que luta em meio a uma taxa de lucro decrescente. Resta, portanto, o incentivo e o clamor a que a classe trabalhadora arrisque sua parca riqueza, transformando-a em capital para investir em pequenos negócios que depois poderão ser adquiridos, se proporcionarem uma taxa de lucro superior a dominante na produção global capitalista, por um dos capitalistas que não pôde arriscar o capital de sua empresa. Nesse sentido, é menos oneroso para o Estado, para as federações de capitalistas ou mesmo para capitalistas individualmente, o investimento no que chamamos de *empreendedorismo* que o risco de cada burguês individualmente investir e arriscar o capital que o comanda na procura por um novo negócio.

Todos esses elementos, em conjunto e, muitos, em relação de autodeterminação, demonstram não somente a estreita relação entre *empregabilidade* e *empreendedorismo*, como desses com o trabalho precarizado, com o trabalho infantil, com o trabalho escravo no capitalismo, com o "fenômeno das micro e pequenas empresas", com as ONGs etc., como também com a miséria, com a fome, com a violência, com a guerra, com o consumismo, com o preconceito, com a mercantilização da arte, da cultura e da religiosidade etc.

Apesar de muitos dos fenômenos citados precisarem contar com muitos outros elementos, cada fenômeno com a sua especificidade e, alguns, com legalidade própria, para serem compreendidos, os fundamentos capitalistas aqui trabalhados e expostos da forma mais clara e didática que conseguimos expor, apresentam tanto o cenário histórico que permite a ascensão da *empregabilidade* e do *empreendedorismo*, como também sua essência, caráter e impossibilidade de serem de fato propostas viáveis para o combate ao desemprego.

Nosso esforço aqui foi o de contribuir para a desmistificação da empregabilidade e do empreendedorismo enquanto possíveis aliados da classe trabalhadora em seu longo caminho rumo à emancipação, passando pela necessidade urgente de combate ao desemprego. As possibilidades para tanto, o projeto para emancipação e eventuais e necessárias mediações, entre elas o combate ao desemprego, são parte do desafio e do fardo do tempo histórico em que estamos. Podemos considerar diversas alternativas, como a redução da jornada de trabalho como uma mediação que gera empregos e combate tal problema imediatamente, por exemplo. As alternativas que servem, porém, como verdadeiras mediações no longo caminho para a emancipação da classe trabalhadora somente se apresentarão como viáveis durante essa caminhada, mediante a alteração na correlação de forças da luta de classes. Desmistificar a empregabilidade e o empreendedorismo, no entanto, já nos parece ser uma boa passada.

Referências

ALVES, Giovanni. *Dimensões da reestruturação produtiva*: ensaios de sociologia do trabalho. São Paulo: Práxis, 2007.

CASALI, A. et al. (Org.). *Empregabilidade e educação*: novos caminhos no mundo do trabalho. São Paulo: EDUC, 1997.

DE BORBA, Marcelo Leandro. *A produção científica em empreendedorismo*: uma análise do Academy of Management Meeting, 1954-2005. Dissertação (Mestrado) — Universidade Regional de Blumenau, Blumenau, 2006.

DE RÉ, Angelita Maria. *Um método para identificar características predominantes em empreendedores que obtiveram sucesso utilizando um sistema neurodifuso*. Tese (Doutorado) — Universidade Federal de Santa Catarina, Florianópolis, 2000.

DOLABELA, Fernando. *O segredo de Luísa*: uma ideia, uma paixão e um plano de negócios: como nasce o empreendedor e se cria uma empresa. São Paulo: Cultura, 2006.

DORNELAS, J. C. A. *Empreendedorismo*: transformando ideias em negócios. Rio de Janeiro: Elsevier, 2001.

ENGELS, F. *A origem da família da propriedade privada e do estado*: trabalho relacionado com as investigações de L. H. Morgan. Rio de Janeiro: Bertrand Brasil, 1991.

HIRATA, H. S. Os mundos do trabalho. In: CASALI, A. et al. (Org.). Empregabilidade e educação: novos caminhos no mundo do trabalho. São Paulo: EDUC, 1997.

HISRICH, R. D.; PETERS, Michael P. *Empreendedorismo*. São Paulo: Artmed, 2004.

IBGE. Disponível em: <http://www.ibge.gov.br/home/estatistica/indicadores/trabalhoerendimento/pme_nova/defaulttab2.shtm>. Acesso em: 6 jul. 2012.

MARX, Karl. *O capital*: crítica da economia política. São Paulo: Abril Cultural, 1983. t. I.

______. *O capital*: crítica da economia política. São Paulo: Nova Cultural, 1985. t. II.

______. *O capital*: o processo global de produção capitalista. Rio de Janeiro: Civilização Brasileira, 2008. Livro III, v. VI.

______; ENGELS, F. *A ideologia alemã*. São Paulo: Martins Fontes, 1998.

MÁXIMO E MELO, Natália. *Sebrae e empreendedorismo*: origem e desenvolvimento. Dissertação (Mestrado) — Universidade Federal de São Carlos, São Carlos, 2008.

MENEGASSO, M. E. As teorias administrativas e a empregabilidade vistas sob o enfoque da organização em aprendizagem. *Revista de Ciências da Administração*, DCA-UFSC, ano 1, n. 2, ago. 1999.

MÉSZÁROS, István. *Produção destrutiva e Estado capitalista*. São Paulo: Ensaio, 1989.

______. *Para além do capital*: rumo a uma teoria da transição. São Paulo: Boitempo, 2002.

______. *O desafio e o fardo do tempo histórico*: o socialismo do século XXI. São Paulo: Boitempo, 2007.

MURPHY, Patrick J.; LIAO, Jianwen; WELSH, Harold P. A conceptual history of entrepreneurial thought. In: ACADEMY OF MANAGEMENT BEST CONFERENCE PAPER, *Proceedings...*, 2005.

NETTO, J. P. *Capitalismo monopolista e Serviço Social*. São Paulo: Cortez, 1996.

POCHMANN, M. *O emprego na globalização*: a nova divisão do trabalho e os caminhos que o Brasil escolheu. São Paulo: Boitempo, 2009.

RIBEIRO, Lêda Maria. *Empreendedorismo e inteligência emocional*: o eneagrama como instrumento de autoconhecimento. Dissertação (Mestrado) — Universidade Federal do Rio de Janeiro, Rio de Janeiro, 2008.

SANDRONI, P. *O que é mais-valia*. São Paulo: Brasiliense, 1982.

SCHUMPETER, Joseph A. *Teoria do desenvolvimento econômico*: uma investigação sobre lucros, capital, crédito, juro e ciclo econômico. São Paulo: Abril Cultural, 1982.

SHIROMA, E. Da competitividade para a empregabilidade: razões para o deslocamento do discurso. In: SEMINÁRIO DE EDUCAÇÃO PROFISSIONAL REALIZADO NO CEFET-PR, em 27 dez. 1998. Disponível em: <http://www.gepeto.ced.ufsc.br/arquivos/dacompetitividade1.pdf>. Acesso em: 3 de setembro de 2010.

SILVA, M. M. *O mosaico do desemprego*. Tese (Doutorado) — Universidade Estadual de Campinas, Campinas, 2009.

SWEDBERG, Richard. Rebuilding Schumpeter's theory of entrepreneurship. Conferência na Universidade de Hitotsubashi, 2007. Disponível em: <133.46.195.32/service/tenji/amjas/Swedberg.pdf>. Acesso em: 18 mar. 2010.

TEIXEIRA, R. C. F. A passagem do direito ao trabalho para a empregabilidade: privatização do espaço público através das políticas sociais de emprego na contemporaneidade. *Unimontes Científica*, ano 1, v. 5, 2003. Disponível em: <http://www.ruc.unimontes.br/index.php/unicientifica/article/viewArticle/80>. Acesso em: 29 ago. 2010.

3

Os impactos da "Economia Solidária" sobre a classe trabalhadora*

Henrique Wellen**

I. Introdução

As mudanças econômicas e políticas ocorridas nas últimas décadas, especialmente a partir do último quartel do século passado, acarretaram a perda de direitos e conquistas derivadas de uma longa história de lutas da classe trabalhadora e produziram impactos negativos sobre

* O presente texto foi elaborado a partir da Tese de Doutorado, intitulada *Para a Crítica da Economia Solidária*, defendida em setembro de 2009 no PPGSS-UFRJ, sob orientação do prof. dr. Carlos Montaño.

** Professor adjunto da Escola de Serviço Social da UFRJ. Administrador de formação e Doutor em Serviço Social pela UFRJ. Autor do livro *Para a crítica da Economia Solidária* (São Paulo: Outras Expressões, 2012). Pesquisador do Núcleo de Estudos Marxistas sobre Política, Estado, Trabalho e Serviço Social (PETSS/ESS-UFRJ).

sua identidade e consciência de classe ou sobre a estrutura de seus órgãos representativos, como sindicatos e partidos políticos. Tal fato, ao somar-se à *débâcle* de experiências do chamado socialismo realmente existente, fez irromper um ambiente ideológico e cultural mesclado por duas ênfases centrais: de um lado a falácia do fim da história, com a defesa vulgar e apologética da ordem burguesa e, de outro, a defesa de projetos sociais de elevado teor subjetivista, não apenas perpassados por elementos voluntaristas, mas resgatando velhas posturas moralistas sobre a luta social.

Excetuando-se os casos daqueles que foram ideologicamente cooptados ou de outros que optaram por trocar antigos anseios de transformação social por discursos resignados e que, dessa forma, garantem uma boa remuneração financeira, muitos militantes sociais se depararam com um difícil dilema histórico. Tal dilema, dentro da sociedade brasileira, estruturada historicamente pela ausência de processos democráticos e populares e marcada pela elevada capacidade política e econômica de cooptação — mais explícita sobre a intelectualidade que, corriqueiramente, encontra-se seduzida pelo "intimismo à sombra do poder" (ver Coutinho, 1974, p. 4) —, tem uma proporção menor de autenticidade. Mas, para os que resistem, apresentam-se caminhos diferentes: continuar cerrando fileiras no interior dos projetos revolucionários, inseridos dentro de um contexto histórico cada vez mais incerto, ou identificar-se com fenômenos sociais hipoteticamente mais aproximados das determinações políticas e culturais de nosso tempo.

Nesse quadrante, atordoada pelas acentuadas imposições do capital, que faz recrudescer sua estrutura destruidora e não apresenta no seu horizonte societário nada além da barbárie, parte significativa desses sujeitos não apenas exalta inquietações sobre as formas de lutas históricas dos trabalhadores mas também, motivada por um imediatismo que torna superficial a análise real dos fatos, termina por fantasiar possibilidades românticas de lutas. Tal fato pode ser exemplificado nas análises de Haddad (2004), para quem, se de um lado seria preciso ressaltar que "a luta por uma sociedade emancipada modifica-se a cada novo modo de organização e desenvolvimento das forças produtivas, pelo aparecimento de novos agentes sociais, pelas novas formas de dominação de classe" (p. 113), por outro, o escopo dessas lutas deveria se concentrar nos trabalhadores desempregados, uma vez que, por esses não se sentirem pertencentes "à classe dos operários ou a qualquer outra", encontrar-se-iam "subjetivamente liberados", procurando "conquistar autonomia para além do gerenciamento dos aparelhos, subtraindo-se à lógica produtivista da sociedade capitalista" (p. 82-3).

Nessa mesma linha, lastreada na conjectura da decadência irreversível das antigas organizações políticas que tensionaram a luta dos trabalhadores pela sociedade comunista, alega-se o atestado de óbito do modelo dos "quadros de vanguarda", presentes na "velha tradição leninista" (Nakano, 2003, p. 73). E, para superar as "dificuldades de representação do conjunto dos trabalhadores" e "diante da gravidade dos problemas sociais e da inexistência de projetos alternativos por parte das instituições estatais e civis", seria necessário que os trabalhadores desempregados, "juntamente com comunidades carentes e pequenos coletivos de ex-empregados", objetivassem "criar mecanismos de sobrevivência e de pertencimento social" (Nakano, 2003, p. 73-4).

No interior desses projetos, anacrônicos utensílios passam por um processo de reciclagem e, envolvidos numa roupagem para atender aos anseios da moda atual, destaca-se a velha retórica pequeno-burguesa que, em troca de seduções moralistas e superficiais, reproduz uma fuga das determinações da realidade. Em vários casos, trata-se de um resgate acrítico de pretensões fracassadas, fazendo-se tábula rasa de um longo acúmulo teórico e político. Há aproximadamente um século e meio, Marx, ao referir-se ao pensamento de Stirner, já advertira sobre esse fenômeno e, de maneira similar, Lênin, já no início do século passado, ao se pronunciar sobre as limitações do anarquismo, também demonstrou o caráter regressivo de ideias desse quilate. Mais recentemente, foi a vez de Lukács (2010, p. 92) retomar essa análise para examinar as implicações derivadas desse tipo de postura:

> É próprio dos pequenos-burgueses deixarem-se atrair pela retórica e com ela se embriagarem, em vez de colocarem corajosamente em confronto as convicções subjetivas com a realidade objetiva. É retórica toda expressão política, científica ou literária que não reflita o movimento real nem se dê ao trabalho de estudá-lo e expressá-lo, e que, por isso, ainda que ocasionalmente toque de leve na verdade, afasta-se cada vez mais da trajetória da curva em direção à tangente.

Não obstante, o problema é que experiências fundadas nesse tipo de pensamento, ainda que inicialmente possam ser portadoras de elementos contestadores à ordem estabelecida, com o passar dos anos de avalanche capitalista, puderam ser, contraditoriamente, funcionalizados operacionalmente pelo vórtice do capital. Assim, se sobre os atores sociais que pautavam essas primeiras experiências recaia-se a pecha de subjetivismo ou de reformismo, nos fenômenos mais recentes, trata-se de funcionalidade mais direta e subordinada ao capitalismo. Poderíamos chamar a atenção para a relação desses elementos com a decadência ideológica, em que a exaltação de qualidades puramente subjetivas, que passariam ao largo da dinâmica objetiva da história, por mais radicais ou profundas que pareçam ser, podem se transformar, gradativamente, numa posição conservadora ou até mesmo reacionária.

Tentaremos, nas próximas páginas, analisar, a partir de elementos teóricos e de dados estatísticos, uma dessas experiências que, hegemonizada pelo discurso de construção de formas mais atuais de lutas dos trabalhadores, não apenas relegou a luta política a um plano inferior, como representou um passo atrás na luta dos trabalhadores contra a ordem capitalista. Analisaremos, pois, algumas das determinações que incidem sobre a chamada "Economia Solidária".

II. A "Economia Solidária" e a ilusão da produção e do mercado não capitalistas

A importância da "Economia Solidária" dentro da realidade brasileira é, hoje, inquestionável. Seja pelo rápido crescimento dos empreendimentos que a integram, seja pela destacada difusão dos seus pressupostos ideológicos e políticos, esse fenômeno já consegue produzir impactos diretos na classe trabalhadora brasileira. Contudo, se, de um lado, existe um amplo espaço de debate (e embate) sobre essa experiência, marca central do Fórum Brasileiro da Economia Solidária, por outro, tal fato não vem acompanhado de um acúmulo teórico que aprofunde e sistematize a análise desse objeto, que ainda se encontra em estado incipiente. E, se a criação da SENAES (Secretaria Nacional da Economia Solidária, órgão subordinado ao Ministério do Trabalho), serviu para estabelecer não apenas uma entidade de referência, mas também um representante nacional (o professor Paul Singer), ela não conseguiu aplacar as divergências sobre o caráter e a função social desse projeto social, que continua em disputa. Todavia, se, atualmente, o movimento que capitaneia essa entidade não conseguiu destruir a incongruência das posturas sobre a "Economia Solidária", é inegável que ele estabeleceu uma diretriz hegemônica.

Apresentada como um modelo de organização de produtores econômicos a partir de relações sociais baseadas na coletividade e na solidariedade, a "Economia Solidária" é entendida, pelos seus defensores, como uma alternativa contemporânea de luta dos trabalhadores pela superação do modo de produção capitalista. A validade histórica dessa assertiva se basearia em duas direções: por representar a superação das velhas formas de luta que, irrevogavelmente, findaram com a legitimação de aparelhos burocráticos e repressores, e por expressar uma transformação social dinâmica e processual, em que cada uma das suas experiências — tratadas por "implantes socialistas" — não somente já seriam um microcosmo de uma sociedade emancipada, como se expandiriam gradativamente, até a total derrocada do capitalismo.

Assim, o espaço interno dos empreendimentos de "Economia Solidária", além de prover uma luta contra as determinações capitalistas, resistindo contra as tentações do mercado ou preparando subjetivamente seus integrantes para uma consciência solidária, também se constituiria como exemplo organizativo, econômico e social de um outro modo de produção. Ressaltamos, todavia, que, por adotarmos uma postura cautelosa quanto à suposta proeza de consubstanciar esses dois complexos antagônicos (a estrutura econômica, inserida dentro do mercado capitalista, com uma posição valorativa altruísta e solidária), sempre que nos referirmos à "Economia Solidária" utilizamos essa terminologia entre aspas. Escusado dizer que não estamos, portanto, convencidos da validade categorial dessa inovação semântica.

Tendo a cooperativa como protótipo de "empreendimento solidário", o representante mais famoso desse fenômeno social assegura: a "Economia Solidária é outro modo de produção, cujos princípios básicos são a propriedade coletiva ou associada do capital e o direito à liberdade individual" (Singer, 2002, p. 10). Diferentemente de outras empresas, que não somente subordinam sua produção econômica ao mercado, mas que têm seu ambiente interno perpassado pela lógica capitalista, as experiências de "Economia Solidária" alcançariam um grande êxito: conseguiriam vencer a disputa econômica justamente por aportarem atributos democráticos que fundamentariam a escolha dos seus integrantes.

Por isso que, para Singer (2003, p. 17), existiriam algumas razões centrais para afirmar que as condições de trabalho nas organizações de "Economia Solidária" seriam melhores do que nas empresas capitalistas: em primeiro lugar porque "na fábrica capitalista os empregados têm de produzir lucros proporcionais ao capital investido, obrigação que os cooperados não têm, o que lhes permite se autoexplorar menos" e, em segundo lugar, que os integrantes dos empreendimentos da "Economia Solidária" possuem "a liberdade de escolher quando e como trabalhar para tornar sua empresa competitiva, ao passo que os trabalhadores assalariados têm de obedecer a determinações da direção".

Levando esse atributo produtivo ao paroxismo, observa-se uma qualidade ambivalente nessas organizações: à medida que se estruturam como empreendimentos econômicos que disputam o mercado capitalista, inexistiria, no seu interior, a perspectiva do valor de troca.

Mesmo alimentando o mercado capitalista que, inegavelmente, tem o valor de troca como craveira econômica, a "Economia Solidária" se assentaria na racionalidade da produção de valor de uso. Por isso que, no interior dessas organizações, que "têm se caracterizado, fundamentalmente, pela lógica da reprodução da vida, e não do capital", seria possível "afirmar que, ao contrário da lógica capitalista, os produtos e serviços se constituem, fundamentalmente, como mercadorias em que o valor de uso se sobrepõe ao valor de troca" (Tiriba, 2003, p. 229).

De maneira análoga ao pensamento Proudhon, para quem a igualdade e o livre arbítrio seriam os fundamentos da relação entre o valor de troca e o valor de uso no mercado capitalista (ver Marx, 2001, p. 36-7), a autora atribui qualidades puramente metafísicas, ainda que envoltas sob o véu da necessidade social, para definir o processo produtivo. Detalhando sua análise, ela sentencia que, nessas organizações, não se produzem "'quinquilharias da Xuxa', ou outros bens supérfluos que contribuem para o consumismo e o desperdício, mas produtos cujo valor é a satisfação das necessidades elementares da população: casas populares, chinelos, vestuário, alimentação, higiene etc." (idem). Além disso, no seu entendimento, essas características representariam os fundamentos que possibilitariam a criação de uma nova cultura do trabalho:

> Do ponto de vista político e ideológico, os pressupostos que nos sinalizam os marcos fundamentais de uma nova cultura do trabalho nos empreendimentos pertencentes à economia popular de solidariedade seriam relações de produção que se caracterizam pela perspectiva de valor de uso e não de troca, em que o trabalhador recupera o sentimento de produtor e sujeito-criador de si mesmo e da história, e tendem a ser diluídas a propriedade individual dos meios de produção e a hierarquia assegurada pelos que "sabem". Uma nova cultura teria como requisito a desmercantilização da força de trabalho, por meio de um processo de desalienação do trabalhador com respeito ao produto, ao processo de desalienação e a si mesmo como trabalhador, como produtor de conhecimento e de cultura (Tiriba, 2003, p. 223).

A "Economia Solidária" seria, portanto, um novo modelo de produção econômico que, nucleado por um conjunto de sentimentos solidários, além de produzir uma nova cultura, também conseguiria inverter as grandezas do mercado capitalista. Mesmo atuando como uma organização econômica, o grande atributo transformador da "Economia Solidária" se localizaria na instauração de uma outra frente de embate: a instauração de uma racionalidade distinta da capitalista. É com base nesses elementos que Parra (2003, p. 95-6) define esse projeto social:

> Por economia solidária entendemos um conjunto de empreendimentos de caráter econômico, orientado por uma racionalidade social distinta da racionalidade econômica capitalista. A economia solidária difere das demais na medida em que busca conjugar a eficiência econômica, entendida aqui como a capacidade de ser competitiva num mercado, com princípios democráticos e de solidariedade, tanto na gestão quanto na propriedade do empreendimento.

Sob esse prisma, esses empreendimentos seriam, em síntese, um amálgama entre a produção econômica voltada para o mercado capitalista e a instauração de uma racionalidade solidária a pautar suas relações internas. Com esse subterfúgio, se abriria, finalmente, a possibilidade de criação de novos sentidos ao trabalho que possibilitaria a superação dos processos de alienação, mesmo que esse seja restrito a um caráter individual e isolado. Nesse sentido, os apelos subjetivos se tornam essenciais, uma vez que o motor revolucionário desse fenômeno se encontraria no convencimento pessoal, seja pela força do exemplo dos seus integrantes ou na difusão das qualidades solidárias supostamente presentes no interior dessas organizações. Promove-se um sincretismo entre atributos de complexos sociais distintos — mercado capitalista e empreendimentos solidários — tendo por base uma supervalorização de qualidades subjetivas, a ponto de apresentá-las como capazes de subverter os imperativos do capital.

Contudo, não é uma tarefa fácil demonstrar a validade desse axioma quando o inserimos na análise das determinações do capitalismo, especialmente aquelas potencializadas a partir da sua era monopólica e imperialista. A legitimidade atribuída à "Economia Solidária" torna-se questionável e, de maneira inversa ao visualizado pelos seus representantes, podemos alegar que se trata de um subterfúgio que, ao invés de tencionar uma postura crítica ao sistema social vigente, encontra-se envolvido pelas suas qualidades mistificadoras. Seja na defesa da autonomia do espaço interno dessas organizações, seja na suposição de que nessas a produção se dá com base no valor de uso, ocorre uma hipóstase da esfera singular em detrimento da totalidade social. E, no lugar desse recurso repercutir em crítica ao capitalismo, ainda que sob vestígios de um romantismo revolucionário, trata-se de uma opção metodológica funcional à manutenção desse ordenamento social.

Tal movimento, além de não produzir embates à ideologia burguesa, imprimindo uma análise que restringe e isola o singular, também acaba mistificando a apreensão da realidade. As seguintes palavras de Lukács (1978, p. 165), ainda que utilizadas para a apreciação estética, servem para admoestar essa postura metodológica, alertando para a sua mistificação:

> Também aqui é decisivo o movimento no conteúdo do singular, isto é, se as determinações que, através de recíprocas relações objetivas, ligam-no ao mundo, à sociedade, são retomadas na nova particularidade, são nela superadas conservando este caráter de mediação. Mais uma vez são as épocas de decadência aquelas nas quais esta mais rica determinação da individualidade se perde. Teoria e práxis da decadência sublinham sempre a singularidade, que se torna um fetiche como unicidade, irrepetibilidade, indissolubilidade etc.

Mesmo que possa ecoar um discurso de altivez revolucionária, a premissa de que a "Economia Solidária" flutuaria acima das determinações do mercado capitalista, encravando uma nova racionalidade social, prescinde de elementos concretos para a sua fundamentação. Além disso, o recurso a uma retórica que exalta qualidades singulares, supostamente deslocadas da totalidade social, não se relaciona com a realidade concreta e, assim, se aproxima, contrariamente, a um dos expoentes do sistema social que pretende abolir: a ideologia capitalista. Como veremos a seguir, inversamente ao roteiro apresentado pelos defensores da "economia solidária", os dados estatísticos sobre o funcionamento dessas organizações comprovam que o seu discurso hegemônico não passa, essencialmente, de um movimento mistificador. Ao contrário do defendido por seus representantes, a funcionalidade das organizações da "Economia Solidária" está mais próxima do capitalismo, na sua dinâmica de reestruturação produtiva do que de um projeto voltado para a luta dos trabalhadores. Vejamos.

III. A "Economia Solidária" e a reestruturação produtiva

Como tentativa de amenização dos efeitos da crise capitalista instaurada a partir dos anos 1960, várias empresas passaram por um processo de reestruturação produtiva e, objetivando reverter a tendência da diminuição das taxas de lucros, implementaram um processo de intensificação da exploração da força de trabalho, recrudescendo formas de extração de mais-valia, seja essa relativa ou absoluta. A diretriz tomada bifurcou-se em caminhos complementares: o incremento de tecnologias mais avançadas de organização, gestão e controle do trabalho dentro das empresas, e um processo de enxugamento da produção, estruturado pela demissão de grandes coletivos de trabalhadores e da terceirização de atividades produtivas e postos de trabalhos para outras organizações. De uma forma ou de outra, a regra baseou-se na ampliação da precarização do trabalho, que ficou mais explícita no interior de novas organizações produtivas externas (chamadas de "satélites"), que se encarregaram de atividades inferiores da cadeia produtiva.

Para Harvey (2005), o contexto de reestruturação produtiva ficou marcado pelo fato dos patrões, tirando "proveito do enfraquecimento do poder sindical e da grande quantidade de mão de obra excedente (desempregados ou subempregados)", objetivarem "impor regimes e contratos de trabalho mais flexíveis". Tais alterações, que ficaram conhecidas pela alcunha de flexibilização do trabalho, são sinônimos de imposição de formas mais precárias de trabalho. Dentre suas características, situa-se o fato de que:

> Mesmo para os empregados regulares, sistema com "nove dias corridos" ou jornadas de trabalho que têm em média quarenta horas semanais ao longo do ano, mas obrigam o empregado a trabalhar bem mais em períodos de pico de demanda, compensando menos horas em períodos de redução de demanda, vêm se tornando muito mais comuns. Mais importante do que isso é a aparente redução do emprego regular em favor do crescente uso do trabalho em tempo parcial, temporário ou subcontratado (Harvey, 2005, p. 143).

Para detalhar essas transformações ocorridas no mercado de trabalho, o autor propõe a classificação dos contratos e formas de trabalho em dois grupos diferentes: um minoritário, que comporta os cargos superiores dentro das empresas, e outro majoritário, que engloba o contingente de trabalhadores que produzem sem garantias de estabilidade e direitos trabalhistas. Se, do lado de cima, estão os cargos de comando e de concepção e, por isso, seus executores podem contar com maior qualificação, estabilidade, segurança e possibilidades de promoção na empresa, do lado de baixo existe uma variedade de trabalhadores e de organizações que os empregam, que vão ao extremo da precarização e com condições de trabalho que relembram o tempo da escravidão. Nesse quadrante se localizam os trabalhadores que estariam na situação de desemprego, seja anterior ou derivado diretamente desse processo de reestruturação produtiva, e que passaram a realizar atividades produtivas precarizadas.

Geralmente constituídas por trabalhos inferiores, com pouco valor agregado e obtusas qualificações profissionais, esses complexos produtivos concentram trabalhadores sem direitos, mas que irão realizar uma produção bem semelhante àquela que existia anteriormente no interior da empresa e que foi terceirizada. Para a efetivação dessa dinâmica, se, de um lado, ocorreu a ampliação da massa de desempregados, fazendo uma catálise no exército industrial de reserva, por outro, foram criadas novas organizações para agrupar esses trabalhadores e realizar produções subordinadas às grandes empresas capitalistas. Esse contexto social ficou marcado pelo aumento do desemprego e pela ampliação de organizações que, ao passo que agrupariam os trabalhadores precarizados, serviriam para executar papéis necessários e subordinados da produção capitalista:

> emergem as formas de trabalho precário, pelas quais são pagos baixos salários sem nenhuma garantia de proteção social. Naturalmente, esse impulso capitalista de precarização do trabalho atinge diretamente as atividades secundárias que, sem nenhum prejuízo para o produto final, podem ser executadas por pequenas empresas subcontratadas, por cooperativas, e por trabalho domiciliar. As atividades centrais, mais qualificadas, e também mais produtivas, ainda permanecem, em muitos países, amparadas pela lei e cercadas de benefícios indiretos que a empresa oferece (Tavares, 2004, p. 94).

Cronologicamente, se no Japão as bases dessa dinâmica já estavam presentes a partir dos anos cinquenta do século passado e, na Europa e nos Estados Unidos, essas mudanças pudessem ser observadas duas décadas depois, no Brasil tais marcas podem ser percebidas, principalmente, nos três últimos lustros do século XX. É importante ressaltar que foi também a partir desses anos que se configurou, em nosso país, uma oscilação no trato estatal, iniciado com uma fase ascendente de políticas sociais, estabelecida na Constituição de 1988 que, em poucos anos, teve sua rota invertida pela vigência do neoliberalismo. Se, das transformações da intervenção estatal, pôde-se visualizar a precarização das políticas públicas e uma delegação de parte dessa responsabilidade para organizações sociais, fazendo crescer o fenômeno do "Terceiro Setor", as mudanças advindas da reestruturação produtiva repercutiram na ampliação do desemprego, dos trabalhos precários e, dentre outros, na ampliação dos empreendimentos da "Economia Solidária".

Vale ressaltar que essa cronologia também é verificada pelos representantes desses projetos sociais, uma vez que, como elucida Singer (2003, p. 25), é fato inconteste que "a economia solidária começou a ressurgir, no Brasil, de forma esparsa na década de 1980 e tomou impulso crescente a partir da segunda metade dos anos 1990". Assim, ainda que utilize o termo "ressurgir", para propor uma linha de parentesco entre a "Economia Solidária" e as experiências dos chamados "socialistas utópicos", o autor demonstra a relação temporal entre a vigência do processo de reestruturação no Brasil e o crescimento da "Economia Solidária". É também nesse sentido que se pronunciam Souza, Cunha e Dakuzaku (2003, p. 7), ao afirmarem que "no Brasil, o elevado desemprego dos últimos anos vem provocando a proliferação dessas associações econômicas".

Os dados da Tabela 1 validam essas afirmações, demonstrando que o crescimento das organizações de "Economia Solidária" no Brasil tem um relevante salto na transição da década de 1980 para a década de 1990.

Tabela 1 Quantidade de empreendimentos da "Economia Solidária"

1900 a 1950	1951 a 1970	1971 a 1980	1981 a 1990	1991 a 2000	2001 a 2007	Total
65	139	264	1.903	8.554	10.653	21.578
Crescimento:	113,85%	89,93%	620,83%	349,50%	24,54%	16.289,23%

Fonte: Wellen (2012).

Essa tabela (assim como as seguintes), que se encontra disponível no nosso livro *Para a crítica da "economia solidária"*, foi produzida com base no SIES (Sistema Nacional de Informações da Economia Solidária), que é um banco de dados da SENAES. Além do "Atlas da Economia Solidária", publicado pela SENAES em 2006, essa entidade também divulgou, através da Internet, vários Relatórios Regionais,

Estaduais e Municipais sobre essas organizações e, segundo informações recentes de seus pesquisadores, uma nova pesquisa nacional encontra-se em fase final de conclusão. Na tabela, observa-se que, entre os anos 1980 e 1990 do século passado, o número desses empreendimentos pulou de 264 para 8.554, totalizando um crescimento de 8.290 unidades. Em porcentagem, chega-se à expressiva cifra de mais de 3.000% de aumento, o que demonstra seu paralelo com a implementação do processo de reestruturação produtiva no Brasil. A partir desses dados podemos fazer referência à seguinte análise de Parra (2003, p. 90):

> as cooperativas inserem-se também no contexto de reestruturação produtiva. Aqui elas se encaixam nos processos de terceirização e de flexibilização das relações de trabalho, na medida em que podem realizar a prestação de serviços que antes eram feitos por empregados da fábrica. Porém, seria um exagero afirmar que as cooperativas são as causadoras desse processo de flexibilização das relações de trabalho. Temos uma hipótese, a ser ainda investigada, de que a utilização de cooperativas como uma forma de se terceirizar parte do processo produtivo de empresas só começou a ocorrer de maneira significativa na segunda metade da década de 1990, enquanto os processos de terceirização na indústria iniciaram-se já nos anos 1980, intensificando-se no período posterior a 1985.

Entretanto, nem todos os autores que examinam o crescimento da "Economia Solidária" concordariam com a afirmação anterior. Se os dados estatísticos apresentados endossam a posição consensual de que a "Economia Solidária" passa a ter expressão no Brasil a partir dos anos de 1990, existe uma importante diferença entre as análises sobre os principais fatores que incidiram nesse crescimento. Dentro da opinião hegemônica que referenda a "Economia Solidária", destaca-se a visão de que a grande maioria dessas organizações surgiu motivada pela resistência dos trabalhadores contra as imposições do capital e à crise do desemprego.

Se existem dúvidas ao lermos de Singer (2003, p. 26) que o crescimento da "Economia Solidária" no Brasil "está indubitavelmente associado ao desemprego, que vem atingindo níveis inéditos, e à precarização do trabalho, que está excluindo milhões do mercado formal de trabalho", cogitando a possibilidade de funcionalidade dessas organizações ao processo de reestruturação produtiva imposto pelo capital, essa interpretação se esvai quando o autor assegura que o fator determinante para a ampliação desses empreendimentos resulta "de movimentos sociais que reagem à crise de desemprego em massa, que tem seu início em 1981 e se agrava com a abertura do mercado interno às importações, a partir de 1990".

Não obstante, como afirmam outros autores, essa hipótese não seria plausível apenas para o contexto brasileiro, uma vez que também em outros países a "Economia Solidária" teria se proliferado a partir da resistência dos trabalhadores no contexto de crise do capitalismo. Dentre outros casos, tal fato se faria presente na Itália, uma vez que o "o setor mais eficaz na luta contra o desemprego na Itália é o das cooperativas operárias de diversos setores" (Veiga e Fonseca, 2001, p. 27), ou na França, onde a aparição desse fenômeno estaria relacionada "não apenas ao aumento de desemprego, conforme ocorre na maior parte dos casos, mas também se deve às razões pessoais de busca de outras formas de troca econômica, para além do modo mercantil" (França Filho e Laville, 2004, p. 151-2).

E, de forma ainda mais incisiva, o representante máximo da "Economia Solidária" no Brasil engatilha um outro argumento para robustecer a sua hipótese: "o surgimento e o fortalecimento da economia solidária reforça o poder de luta de todos os trabalhadores assalariados contra a exploração capitalista, no mínimo porque diminui o exército da reserva" (Singer, 2003, p. 18). Em outras palavras, o fato de essas organizações conseguirem absorver parte dos trabalhadores desempregados, fazendo decair os integrantes do exército industrial de reserva, seria uma conjunção conclusiva para demonstrar seu suporte à luta dos trabalhadores.

Contudo, essas ilações não vêm acompanhadas de seus dados comprobatórios, que inexistem nas obras desse autor ou de outros representantes da "Economia Solidária". Também não encontra respaldo na própria pesquisa da SENAES que, se indica que quase metade dos entrevistados afirmou que a busca por uma alternativa ao desemprego se configurou como principal motivação para criação desse empreendimento, nenhum dos seus dados assegura a mesma relevância no quesito resistência dos trabalhadores (ver Wellen, 2012, p. 69). Assim, a simples afirmação de que trabalhadores que estavam desempregados tornaram-se integrantes da "Economia Solidária", desconsiderando o passado desses sujeitos e as causas da sua situação de desemprego, limita a análise a uma parte da realidade e, ao contrário do alegado, perde validade conclusiva.

Como já alertamos anteriormente, para se chegar a uma conclusão precisa seria necessário ultrapassar as análises singulares da "Economia Solidária" e inseri-la na totalidade social. Só assim seria possível apreender as determinações do mercado capitalista e os impactos da crise do capitalismo nessas organizações e, dessa forma, afugentar conjecturas idílicas que, de maneira explícita ou implícita, não incorporam a dominância do capital monopolista e imperialista. Para examinar a validade da hipótese levantada pelos autores anteriores, faz-se necessário verificar, por exemplo, se o número de demissões de trabalhadores com carteira assinada não se expandiu a partir do crescimento dessas organizações ou, ainda, qual a relação entre precarização do trabalho e composição orgânica do capital e como essa dinâmica ocorre entre esses dois tipos de empreendimentos econômicos (solidária x capitalista).

O que podemos comprovar, com base nos dados da SENAES, é que a "Economia Solidária" é composta, na sua grande maioria, por grupos informais e por associações de trabalhadores, dois tipos de organizações que prescindem não apenas da existência de direitos trabalhistas, mas também de regulamento e estatuto jurídico assegurados. Segundo os dados das pesquisas dessa entidade, existem mais de 11 mil associações (51,81% do total) e quase 8 mil grupos informais (36,50% do total) integrando a "Economia Solidária". A cooperativa aparece apenas em terceiro lugar, com pouco mais de 2 mil unidades, o que representa menos de um décimo dos empreendimentos da "economia solidária" (ver Wellen, 2012, p. 68). Assim, quase 90% do total da "Economia Solidária" se enquadram em dois tipos de organizações que aportam, ao menos, duas qualidades problemáticas: integram um conjunto de trabalhadores sem nenhuma garantia constitucional ou social, nem sequer de remuneração; e marcadas pela ausência de capacidade estrutural para assegurar um horizonte de sobrevida da organização. Estão, assim, subordinadas diretamente às oscilações da relação entre oferta e demanda e, portanto, ao movimento do mercado capitalista.

Além disso, mesmo limitando-se à décima parte dessas organizações, enfocando o tipo de empreendimento que, como vimos, seria para Singer (2002, p. 10) o protótipo da "Economia Solidária" (as cooperativas), podemos verificar a existência de problemas nas relações contratuais desses trabalhadores. Para além das várias notificações jurídicas que, de grosso modo, impedem precisar a diferença entre essas organizações e aquelas criadas com a única função de destruir direitos trabalhistas (as chamadas "coopergatos"), existe uma determinação que lastreia ambas. De uma forma ou de outra, essas estão reguladas por um princípio mistificador: uma relação contratual que exalta a ausência de exploração econômica, inserida dentro de um mercado nucleado pelo imperativo do lucro e que, nos termos de Mészáros (2002, p. 99), tem como razão de existência a "extração máxima de trabalho excedente dos produtores de qualquer forma compatível com seus limites estruturais".

Se, na Lei n. 5.764, da Carta Brasileira, encontrava-se, no seu artigo 90, da Seção V — Do Sistema Trabalhista, a seguinte afirmação: "qualquer que seja o tipo de cooperativa, não existe vínculo empregatício entre ela e seus associados", acrescentou-se, a partir de 1994, um pequeno complemento ao texto original, que ficou assim expresso: "qualquer que seja o ramo da sociedade cooperativa, não existe vínculo empregatício entre ela e seus associados, *nem entre estes e os tomadores de serviço daquela*" (grifos nossos). Esse novo texto foi integrado a CLT (Consolidação das Leis do Trabalho), no seu Título IV, referente ao Contrato Individual do Trabalho.

O grande problema é que, mesmo acatando a alegação de inexistência de exploração no interior dessas organizações, tal característica não persiste quando se apreendem as suas relações econômicas externas, sejam relativas à compra ou à venda de produtos, serviços e força de trabalho. Com a Lei n. 5.764, ocorre uma isenção de responsabilidade contratual e, desta forma, uma empresa capitalista pode, legalmente, repassar e subordinar parte da sua produção para uma cooperativa, tornando-se isenta da necessidade de prover os direitos básicos a esses trabalhadores. Configura-se, assim, como uma regulamentação jurídica que se caracteriza muito mais como peça de legitimação da precarização do trabalho do que como expoente da luta dos trabalhadores. O que representava um direito que os trabalhadores conquistaram a partir de árduas lutas pôde, sob a falsa alegação de autonomia dos trabalhadores, se transformar num decisivo retrocesso para toda a classe trabalhadora.

Para verificar alguns impactos dessa dinâmica, podemos observar a situação dos trabalhadores que são regulados pela Lei n. 5.764. A Tabela 2 demonstra a gravidade do problema e explicita a elevada precarização do trabalho nas organizações da "Economia Solidária".

Tabela 2 Direitos trabalhistas dos integrantes da "Economia Solidária"

Tipo de benefício	Quantidade de empreendimentos	%
Não existem	12.230	72,91%
Qualificação social e profissional	3.015	17,97%
Equipamentos de segurança	1.091	6,50%
Outro. Qual?	844	5,03%
Descanso semanal remunerado	615	3,67%
Férias remuneradas	535	3,19%
Gratificação natalina	480	2,86%
Comissão de prevenção de acidentes no trabalho	219	1,31%

Fonte: Adaptado de Wellen (2012).

Em praticamente todos esses empreendimentos inexiste a mínima garantia de direitos básicos, como descanso semanal remunerado, férias remuneradas, comissão de prevenção de acidentes no trabalho e equipamentos de segurança. Além disso, na sua grande maioria, assume-se a inexistência de todos os direitos dos trabalhadores, qualquer um que seja. Diante desse quadro, torna-se paradoxal subscrever a premissa de que as organizações da "Economia Solidária" seriam bastante diferentes das intituladas "falsas cooperativas" pelo fato dessas, em contraposição àquelas, se pautarem pela destruição dos direitos trabalhistas.

Analogamente, também é preciso analisar criticamente a proposição de que os integrantes dos "empreendimentos solidários" poderiam compensar esse quadro de ausência de direitos trabalhistas a partir de uma maior produção econômica e, consequentemente, pelo alcance de uma renda média superior. Questionamos a ideia de que, referendada na hipótese da vigência de gestão democrática no interior dessas organizações, seus integrantes, em diferença aos empregados das empresas capitalistas que precisam produzir lucros maiores, poderiam ser menos explorados ou, nas palavras já citadas de Singer (2003, p. 17), que se encontrariam numa situação "que lhes permite se autoexplorar menos".

A primeira forma de problematizar a conjetura anterior dá-se pelo exame dos dados sobre a situação financeira dos empreendimentos de "Economia Solidária". Tais dados evidenciam que menos da metade dessas organizações (43,89%) consegue pagar as despesas e obter uma sobra e, por outro lado, não somente quase a mesma quantidade de empreendimentos (38,93%) não consegue alcançar sobras (diferença entre receitas e despesas), mas também que uma em cada cinco desses (17,18%) sequer consegue pagar suas despesas (ver Wellen, 2012, p. 230). Fica manifesta a limitação econômica dessas organizações e tal fato implica diretamente na renda de seus integrantes, que fica tangenciada para níveis inferiores ou, em outras palavras, configura uma tendência ao rebaixamento do valor da força de trabalho.

A segunda crítica deve-se ao fato de que, mesmo que um complexo cálculo imaginativo apontasse que se trata de menor autoexploração desses trabalhadores quando comparados aos empregados das empresas capitalistas, a Tabela 3 apresenta evidências que apontam para uma situação diferente.

Tabela 3 Remuneração dos integrantes da "Economia Solidária"

Faixa salarial	Quantidade de empreendimentos	% Total
0	2.093	16,14%
Até 1/2 salário mínimo	4.117	31,75%
1/2 a 1 salário mínimo	2.657	20,49%
1 a 2 salários mínimos	2.812	21,69%
2 a 5 salários mínimos	1.043	8,04%
Maiores que 5 salários mínimos	243	1,87%

Fonte: Adaptado de Wellen (2012).

Se, somando os dados da Tabela 3, observa-se que, em apenas pouco mais de 30% dessas organizações a remuneração pode ultrapassar um salário mínimo, quando admitimos a possibilidade de que os maiores empreendimentos são os que aportam maior grau de exploração, a remuneração média torna-se mais aviltante. Mais grave ainda é que, quando relacionamos esses dados com o fato de que mais de um quinto dessas organizações (21,17%) não conseguem remunerar seus integrantes e outra parte (6,60%) ou os remunera a partir de atividades de autoconsumo ou não oferece remuneração alguma, configurando-os como trabalhadores voluntários (ver Wellen, 2012, p. 264), o problema se torna ainda mais agudo. Conforme ressaltamos, todas essas estatísticas estão baseadas nos dados da principal entidade da "economia solidária" no Brasil, a SENAES.

Constata-se, portanto, que as organizações da "Economia Solidária" são espaços estruturados, em sua grande maioria, por elevadas condições precárias de trabalho. As análises anteriores demonstram que não se trata de uma crítica abstrata ou *a priori*, mas fundada nos dados da realidade concreta. As exceções que existem também servem para confirmar a regra e, mesmo que essas organizações não precisem *necessariamente* ter essa realidade, o fato é que, na fase atual do capitalismo brasileiro, é muito difícil cogitar outra possibilidade. Para sermos categóricos: não apenas observamos a relação de funcionalidade entre a "Economia Solidária" e o processo de reestruturação produtiva no Brasil, mas também afirmamos que essa dinâmica tem a precarização do trabalho como marca indelével. Diferimos, assim, de Parra (2003, p. 90) que, mesmo atrelando o crescimento das cooperativas de trabalho no Brasil (sejam essas falsas ou verdadeiras) ao processo de reestruturação produtiva, hesita na análise concreta das suas possibilidades materiais: "têm funcionado como modelos de produção flexíveis, pois podem se adequar mais facilmente às rápidas modificações na demanda por trabalho e na execução de tarefas, o que não quer dizer que sejam necessariamente expressões de precarização".

Entretanto, a nosso ver, não é apenas o quadro de precariedade da "Economia Solidária" que consubstancia impactos negativos na classe trabalhadora brasileira. Já apresentamos o dilema de que, mesmo que esses dados estejam disponíveis nas entidades de "Economia Solidária", não ocorre a explicitação dessa realidade de precarização do trabalho nas análises teóricas de seus representantes. Contudo, falta ainda analisar uma outra forma de mistificação desse fenômeno social, derivada da atitude de alguns de seus representantes que, fazendo uso de subterfúgios ideologicamente regressivos, objetivam justificar esse projeto social que, quando assimilados sem a devida crítica, produzem efeitos negativos na luta dos trabalhadores.

IV. Considerações finais: a "Economia Solidária" e as lutas de classes

Os impactos negativos dos pressupostos ideológicos e políticos hegemônicos da "Economia Solidária" na classe trabalhadora não derivam somente da divulgação de análises superficiais e fragmentadas sobre a estrutura produtiva dessas organizações, mas se estabelece, em grau superior, em estratégias que, paradoxalmente, legitimam e moralizam esse quadro de precarização do trabalho. Alguns autores não apenas fantasiam explicações para, propositadamente ou não, escamotear a complicada situação econômica dessas organizações, como apelam para um artifício ainda mais mistificador: tratar esses problemas econômicos como sendo restritos a uma posição meramente cultural.

Como se pode ler nas palavras a seguir, retiradas de um livro que apresenta a "Economia Solidária" como "uma revolução pacífica em ação", e que foi prefaciado pelo maior expoente brasileiro desse projeto social (Singer), tal fato ocorre quando se apresentam direitos oriundos de lutas históricas, como sendo elementos arcaicos, frutos de resquícios de uma cultura anacrônica:

> As pessoas que constituem uma cooperativa normalmente sentem falta ou reclamam de certas normas legais no mundo do trabalho tradicional, patrão x empregados — essa cultura da carteira de trabalho assinada, a cultura da subalternidade e as conquistas e os direitos trabalhistas não lhe saem da cabeça, em coisas como: fundo de garantia, décimo terceiro salário, direito a férias etc. (Veiga e Fonseca, 2001, p. 83).

Nessa perspectiva, defende-se que, para a atualidade da luta dos trabalhadores, se faria necessária uma mudança na formação da consciência da classe trabalhadora, que deveria relegar ao passado grande parte dos direitos trabalhistas conquistados, visto que esses se constituiriam como atributos retrógrados e provenientes de uma "cultura da carteira de trabalho assinada". Poderíamos completar que, segundo esse discurso, o mais indicado para o trabalhador seria, portanto, que ele se agrupasse em torno de associações, grupos informais de trabalho ou cooperativas porque, dessa maneira, ele seria "o dono do negócio" (Veiga e Fonseca, 2001). Assim, ainda que inserido em um processo produtivo marcado pela elevada precarização do trabalho, pelos baixos níveis de remuneração da força de trabalho e pela ausência de garantias jurídicas sobre as relações capitalistas, esse trabalhador deveria se orgulhar por ser um dos proprietários da sua organização.

Para um trabalhador desavisado que, por acaso, não comungue com essas prédicas, poder-se-ia insinuar que ele não apenas deveria esquecer de todos esses problemas estruturais, que produzem vários impactos negativos sobre a classe trabalhadora, mas que também precisaria visualizar para além de uma perspectiva antiquada, defensiva e restitutiva, e adotar uma concepção avançada, propositiva e criativa. Para tanto, seria importante promover um "redescobrimento da vida cotidiana, enquanto *locus* simultâneo da reprodução e produção social" (Parra, 2003, p. 95).

O problema não é considerar a hipótese de que esses espaços sejam perpassados por sentidos subjetivos produzidos e reproduzidos pelas relações sociais que neles se instauram. Nem mesmo que, nesses, exista a possibilidade de se criar novas instâncias de sociabilidades que inferem na vida cotidiana das pessoas e que essas sejam importantes para uma disputa política. O efeito mistificador ocorre quando se realiza essa afirmação desconsiderando-se todas as determinações que incidem sobre esses espaços e que não apenas determinam o horizonte da sua funcionalidade, mas condicionam uma regra para a sua sobrevivência econômica. Tal hesitação, mesmo no caso do autor citado, que apresenta uma crítica importante, contribui para mistificar a análise desse fenômeno.

Ainda mais esdrúxula é a posição de Singer (2003, p. 18), para quem, mesmo que "continuem deixando muito a desejar", as organizações da "Economia Solidária" conseguiriam melhorar as condições de trabalho de seus integrantes, pelo simples fato de que "afinal de contas, assumir o poder de participar das decisões e portanto de estar informado a respeito do que acontece e que opções existem é um passo importante para a redenção humana do trabalhador". Por isso que, apesar de todas as evidências que demonstram a precária situação da "Economia Solidária", o autor não apresenta dúvidas sobre a conjectura de que, nesses empreendimentos, estão presentes "em alto grau todas as condições para a desalienação do trabalho e, portanto, para a realização do socialismo no plano da produção" (Singer, 1998, p. 128).

O autor sustenta o dogma de que nessas organizações se "traduz na prática o lema: 'de cada um segundo suas possibilidades, a cada um segundo suas necessidades'" (idem). Mesmo que de forma menos eufórica, Souza (2003a, p. 10) também apresenta a "Economia Solidária" como um conjunto de experiências que já conseguiram superar o sistema capitalista e, assim, assimilam-se ao socialismo:

> Essas iniciativas parecem ser transformadoras de mentalidades. Os relatos indicam que nos empreendimentos solidários vêm ocorrendo outros ganhos, diferentes do econômico em si, tais como autoestima, identificação com o trabalho e com o grupo produtivo, companheirismo, além de uma noção crescente de autonomia e de direitos cidadãos. De forma educadora essas iniciativas vêm apontando sinais de uma sociedade baseada na democracia jurídica e economia, numa palavra, *socialista*.

Por trás dessas defesas, percebe-se a utilização de um recurso metodológico de validade bastante questionável: ao passo que as análises tendem a não incorporar os dados concretos que explicitam a precarização do trabalho nas organizações da "Economia Solidária", alguns autores chegam a isolar elementos culturais como fundamento para determinação da configuração do trabalho. Não obstante, existe uma dupla hipóstase, pois além da restrição aos tipos de atributos apresentados, incorporando uma versão idealista sobre as relações de trabalho, a própria esfera da cultura também é apresentada de forma arbitrariamente valorativa, sem muita precisão categorial e analítica. Isso porque, seja ao tratar da cultura ou da racionalidade dentro das organizações da "Economia Solidária", essas aparecem deslocadas do seu suporte econômico e das incidências das determinações ideológicas e subjetivas do mercado capitalista.

Desconsideram-se não apenas as determinações atuais que consubstanciam a realidade dessas organizações, como também o testemunho de alguns de seus integrantes que, em oposição ao apregoado, admitem claramente que esse projeto não representa uma opção desejada de trabalho (ver Nardi e Yates 2005, p. 101). Isolando o objeto pesquisado da sua imanência real, perde-se o lastro de veracidade. Abrem-se as portas e as janelas para o relativismo pós-moderno em que tudo é fantasiado, pois a realidade não passaria de um simulacro. Outro ingrediente é elevar à última potência a arbitrária criatividade do pesquisador, que poderia sugerir aproximações ascéticas para ilustrar a suposta nova subjetividade dos integrantes dessas organizações.

Essa posição é tão exaltada que surgiria um dilema fantasmagórico sobre a capacidade transformadora dessas organizações, ora entendidas como um meio para a superação do modo de produção capitalista, ora apresentadas como experiências que já teriam superado essas determinações e, portanto, alcançado o socialismo. O paradoxal dessa fórmula é que, de uma forma ou de outra, ocorre uma inversão dos espaços de luta. Não somente se propõe o abandono da luta política em defesa de uma abstrata e supervalorizada luta econômica, como se esquece que é exatamente nesse espaço da produção que, como vimos nas análises anteriores, essas organizações têm mais limitações.

Como aponta Germer (2006, p. 203), a estratégia adotada pela "economia solidária", que abdica "da disputa pelo poder do Estado, como estratégia de transição para o socialismo", se estabelece, contraditoriamente, pelo "abandono do terreno em que as condições de luta são relativamente mais favoráveis aos trabalhadores, por um terreno no qual são amplamente desfavoráveis".

Trata-se, portanto, de uma valoração esquizofrênica que vê o seu frágil calcanhar como a fonte da sua força transformadora.

Referências

COUTINHO, Carlos Nelson. O significado de Lima Barreto na Literatura Brasileira. In: ______ et al. *Realismo e antirrealismo na literatura brasileira*. Rio de Janeiro: Paz e Terra, 1974.

FRANÇA FILHO, Genauto Carvalho de; LAVILLE, Jean-Louis. *A Economia Solidária*: uma abordagem internacional. Porto Alegre: Ed. da UFRGS, 2004. (Col. Sociedade e Solidariedade.)

GERMER, Claus. A "economia solidária": uma crítica marxista. *Outubro*, São Paulo, Alameda, n. 14, 2006.

HADDAD, Fernando. *Trabalho e linguagem*: para a renovação do socialismo. Rio de Janeiro: Azougue Editorial, 2004.

HARVEY, David. *Condição pós-moderna*: uma pesquisa sobre as origens da mudança cultural. São Paulo: Loyola, 2005.

LUKÁCS, Georg. *Marxismo e teoria da literatura*. Seleção e tradução de Carlos Nelson Coutinho. São Paulo: Expressão Popular, 2010.

______. *Introdução a uma estética marxista*. Rio de Janeiro: Civilização Brasileira, 1978.

MARX, Karl. *Miséria da filosofia*: resposta à filosofia da miséria do senhor Proudhon [1847]. São Paulo: Centauro, 2001.

MÉSZÁROS, István. *Para além do capital*: rumo a uma teoria da transição. São Paulo: Boitempo, 2002.

NAKANO, Marilena. Anteag: a autogestão como marca. In: SINGER, Paul; SOUZA, André Ricardo de (Orgs.). *A Economia Solidária no Brasil*: a autogestão como resposta ao desemprego. São Paulo: Contexto, 2003.

PARRA, Henrique Zoqui Martins. Sindicalismo e cooperativismo: entre a criação e a destituição. In: SOUZA, André Ricardo de; CUNHA, Gabriela Cavalcanti; DAKUZAKU, Regina Yoneko (Orgs.). *Uma outra economia é possível*: Paul Singer e a economia solidária. São Paulo: Contexto, 2003.

SENAES. Secretaria Nacional de Economia Solidária. Relatório Nacional SIES 2005/2007. Disponível em: <http://www.mte.gov.br>. Acesso em: 11 ago. 2008.

______. *Atlas da Economia Solidária no Brasil*. Brasília: TEM, SENAES, 2006.

SINGER, Paul. Economia solidária: um modo de produção e distribuição. In: SINGER, Paul; SOUZA, André Ricardo de (Orgs.). *A Economia Solidária no Brasil*: a autogestão como resposta ao desemprego. São Paulo: Contexto, 2003.

______. *Introdução à Economia Solidária*. São Paulo: Fundação Perseu Abramo, 2002.

______. *Uma utopia militante*: repensando o socialismo. Petrópolis: Vozes, 1998.

SOUZA, André Ricardo de; CUNHA, Gabriela Cavalcanti; DAKUZAKU, Regina Yoneko (Orgs.). *Uma outra economia é possível*: Paul Singer e a economia solidária. São Paulo: Contexto, 2003.

______. Os empreendimentos comunitários de São Paulo. In: SINGER, Paul; SOUZA, André Ricardo de (Orgs.). *A Economia Solidária no Brasil*: a autogestão como resposta ao desemprego. São Paulo: Contexto, 2003a.

TAVARES, Maria Augusta. *Os fios (in)visíveis da produção capitalista*: informalidade e precarização do trabalho. São Paulo: Cortez, 2004.

TIRIBA, Lia. A economia popular solidária no Rio de Janeiro: tecendo os fios de uma nova cultura do trabalho. In: SINGER, Paul; SOUZA, André Ricardo de (Orgs.). *A Economia Solidária no Brasil*: a autogestão como resposta ao desemprego. São Paulo: Contexto, 2003.

VEIGA, Sandra Mayrink; FONSECA, Isaque. *Cooperativismo*: uma revolução pacífica em ação. Rio de Janeiro: DP&A/Fase, 2001. (Col. Economia Solidária.)

WELLEN, Henrique. *Para a crítica da economia solidária*. São Paulo: Outras Expressões, 2012.

QUARTO CANTO

Detalhe da obra "Ulisses e as Sereias" (entre 1675 e 1690) de Pietro Áquila.

A ideologia do desenvolvimento com "justiça social": o neodesenvolvimentismo em questão

As Sereias também entoam "cantos" que prometem um *desenvolvimento com "justiça social"* e cujo resultado seria o de mais riqueza e menos pobreza.

As estrofes destes "cantos" tratam de questões muito caras às populações carenciadas, sintetizadas na idealizada noção de que o desenvolvimento sustentável seria a solução para a pobreza: "fazer crescer o bolo para combater a miséria e a fome".

Assim ouvimos os versos do canto do *desenvolvimento*. Mas este, diferentemente daquele que marcou o processo de industrialização latino-americana, num contexto de expansão capitalista e de "guerra fria", não se sustenta hoje mais nos pilares do aumento da produção e do consumo, do crescimento de infraestrutura, na constituição de políticas sociais, serviços públicos e direitos sociais, trabalhistas e políticos, tudo configurado a partir da presença do Estado. O chamado "*neodesenvolvimentismo*" de hoje, ao contrário do anterior, deita raízes na ideologia da autorresponsabilização dos sujeitos e a des-responsabilização social do Estado na intervenção social, desonerando o capital. Não mais um desenvolvimento promovido pela intervenção do Estado, mas o neodesenvolvimento cujo operador fundamental é o próprio sujeito portador de necessidades, que estimulado, capacitado e "empoderado" pelo Estado, pelo capital e pela ação solidária do "terceiro setor", alcançará a solução a seus problemas e carências.

A questão do desenvolvimento é apresentada como o caminho para a redução e eliminação da *pobreza* e da *fome*. Porém, o que estes "cantos" escondem nas profundezas marinhas é o fato de, no capitalismo, a pobreza (absoluta e relativa) ser ela mesma resultado do próprio processo de desenvolvimento: quanto maior riqueza socialmente produzida, maior a acumulação capitalista, e portanto maior pauperização.

Por um lado, é comum a confusão das categorias "exploração" e "pobreza", como se fossem sinônimos, como se o maior grau de "exploração" significasse um maior grau de "pobreza". Esta frequente confusão deriva de um erro conceitual, e produz equívocos teóricos e políticos da maior dimensão. Aqui confunde-se a "classe trabalhadora" com o "grau de empobrecimento"; algo assim como se ser trabalhador e ser pobre fossem a mesma coisa. Ora, a "exploração", conforme apresenta Marx, remete ao processo mediante o qual o capitalista se apropria da mais valia produzida pelo trabalhador; isto é, o grau de exploração deriva da quantidade de valor produzido pelo trabalhador e apropriado (explorado) pelo capitalista; e este processo nada nos diz sobre o grau de pobreza absoluta. Inclusive pode-se afirmar que, em geral, aquele trabalhador que maior mais-valia produz (e portanto é submetido a um maior grau de exploração) perceba um salário que lhe permita condições de vida muito acima da média dos trabalhadores. Enquanto, por sua vez, pode-se afirmar que quem ocupa a base da pirâmide social, os mais pobres, sequer sejam explorados, dada a sua condição de desempregados. As categorias de "exploração" e de "pobreza" apresentam diferentes determinações; a primeira se fundamenta nas relações de produção, a segunda se percebe no âmbito do mercado. O perigo desta confusão, porém, não é só teórico, mas fundamentalmente político: confunde-se o sujeito "classe trabalhadora" com o sujeito "pobre"; assim, primeiramente, orientando (focalizando) as ações sociais para o pobre (princípio central da reforma neoliberal) no lugar do trabalhador, e em segundo lugar, pensando o sujeito revolucionário como o "pobre" e não o "trabalhador" — Marx e Engels foram enfáticos ao conclamar: "Proletários do mundo, uni-vos!"

Por outro lado, as visões multidimensionais, culturalistas e subjetivistas, sobre a pobreza, e suas propostas de enfrentamento, ecoam nos ouvidos do navegante como verdadeiros "cantos de Sereias", atrapalhando suas bússolas, e orientando-os para uma direção que confirma os fundamentos da desigualdade (a exploração, por parte do capital, do valor produzido pelo trabalhador), promovendo *mudanças de atitudes*, individual ou coletivamente, nos próprios "pobres"; promovem-se as mudanças subjetivas de comportamentos, sem tocar os fundamentos da estrutura social, política e econômica. *Que canto tão encantador e mistificador!*

1

A ideologia neodesenvolvimentista: Crise do capital, novas estratégias e velhas promessas da classe dominante brasileira*

Cézar Maranhão**

"É certo que deixamos de ser, em nossos dias, o engenho e a 'casa grande e senzala' do passado, para nos tornarmos a empresa, a usina, o palacete e o arranha-céu; mas também o cortiço, a favela, o mocambo, o pau-a-pique, mal disfarçados, aqui e acolá, por aquele moderno sem que minorias dominantes

* O presente texto foi elaborado a partir da Tese de Doutorado, intitulada *O "novo" ciclo Ideológico do desenvolvimento: a reconstrução do projeto político burguês e as estratégias de desenvolvimento econômico e social no Brasil*, defendida em 2009 na UFPE, sob a orientação da profa. dra. Ana Elizabete Mota.

** Professor adjunto do Departamento de Políticas Sociais e Serviço Social Aplicado da Escola de Serviço Social da Universidade Federal do Rio de Janeiro (UFRJ). Doutor em Serviço Social pela Universidade Federal de Pernambuco (UFPE, 2009). Tem experiência na área de conhecimento do Serviço Social, com ênfase no estudo da relação entre trabalho, classes sociais e políticas sociais. Pesquisador do Núcleo de Estudos Marxistas sobre Política, Estado, Trabalho e Serviço Social (PETSS/ESS-UFRJ).

> e seus auxiliares mais graduados se esforçam com maior ou menos sucesso por acompanhar aproximadamente, com o teor de suas atividades e trem de vida, a civilização dos nossos dias. [...] Embora em mais complexa forma, o sistema colonial brasileiro se perpetuou e continua muito semelhante."
>
> *Caio Prado Júnior*

I. Introdução

Nos últimos tempos, as economias capitalistas periféricas têm sofrido com o visível contraste entre curtos períodos de intensa euforia do crescimento e longas fases de depressão e estagnação econômica. O caso da Argentina é emblemático, na década de 1990, em pleno desenvolvimento das políticas de privatização e liberalização dos mercados, o país crescia uma média de 6,0% ao ano. Já nos anos imediatamente posteriores a 2001, depois da grande crise econômica, o país acumulou um decréscimo no PIB de –10% apenas no ano de 2002, seguido por uma série histórica negativa que durou anos fazendo o país entrar numa longa fase de estagnação que até hoje impõe sérias limitações ao crescimento econômico. No Brasil dos últimos tempos assistimos a taxas de crescimento da economia que giraram em torno de 1,0% a 7,5% atingindo uma média de 4,06% no período de 2003 a 2010. Se levarmos em consideração o crescimento argentino na década de 1990 ou mesmo a média histórica brasileira desde 1890 que é de 4,5% os números estão longe de figurarem como extraordinários (Gonçalves, 2010). No entanto, para uma economia que amargou nas últimas décadas um insólito revezamento entre a inflação e a estagnação econômica, as atuais taxas de crescimento trouxeram consigo eufóricos discursos políticos e análises acadêmicas de grupos intelectuais otimistas sobre a retomada do crescimento econômico, a diminuição da pobreza, a geração de novos postos de trabalho, o surgimento de uma nova classe média consumidora e outros elementos que indicariam uma nova etapa de desenvolvimento econômico e social no Brasil.

Nessa conjuntura, vem obtendo sucesso entre diversos setores da sociedade um ideário que defende o surgimento de um suposto novo-desenvolvimentismo brasileiro que traria consigo uma nova etapa de crescimento e avanço para o país. Embora não componha um bloco intelectual coeso e seja composto por uma inegável heterogeneidade de argumentos, os chamados "novos desenvolvimentistas" possuem uma questão em comum: sugerem que vivemos uma nova fase no modelo de desenvolvimento capitalista no Brasil. Para esse conjunto de ideólogos superada a fase neoliberal agora vivemos uma espécie de *déjà vu* dos esperançosos e conturbados anos da industrialização brasileira na qual reatualiza-se o antigo mito desenvolvimentista segundo o qual os ganhos civilizatórios da modernização capitalista nos países centrais podem ser finalmente universalizados para os países periféricos. Dito de outra forma, o novo ideário desenvolvimentista pretende recuperar as promessas civilizatórias não alcançadas pelo processo histórico de modernização capitalista no Brasil e que atualmente, segundo seus defensores, voltam a figurar como horizonte histórico nacional.

Como já ficou claro nas análises de vários intérpretes da realidade brasileira, a partir da década de 1930, e com mais vigor na década de 1950, o desenvolvimentismo foi a ideologia que conduziu os projetos políticos do particular processo de modernização brasileira. Contudo, para tornar claro a temática que estamos abordando, antes de prosseguirmos com o debate sobre as alternativas desenvolvimentistas, faz-se necessário algumas breves ponderações sobre uma das mais controversas categorias do universo teórico marxista: a Ideologia.[1] Segundo György Lukács, a tomada de posição teleológica — ou seja, a elaboração mental que tem como finalidade uma objetivação — típica dos complexos ideológicos apesar de aflorar das determinações fundantes do trabalho, modelo de toda a práxis social, guarda diferenças

1. Nos limites deste artigo não encontramos tempo e espaço para aprofundarmos tal debate teórico com a profundidade que merece, por isso, para uma discussão teórica mais densa sugerimos o artigo da profa. Ester Vaisman: A ideologia e sua determinação ontológica (*Verinotio*, revista *on-line*, n. 12, ano VI, out. 2010).

substanciais com relação às posições teleológicas primárias nascidas do intercâmbio orgânico com a natureza. Para Lukács,

> [...] o mundo dos objetos das posições teleológicas primárias, no intercâmbio orgânico entre sociedade e natureza, é mais determinado e tem uma duração objetiva maior do que aquele das posições cujo objetivo é o agir futuro, desejado de outros homens. [...] aquelas posições que objetivam diretamente o intercâmbio orgânico entre a sociedade e a natureza apresentam diferenças essenciais, tanto subjetivas quanto objetivas, em relação àquelas cuja intenção direta é transformar a consciência de outras pessoas (Lukács, 1981, v. II, p. 379).

Uma das especialistas no assunto, Ester Vaisman (2010), explica que para Lukács o que identifica todas as posições teleológicas é o fato de que em todas se dá uma tomada de decisões entre alternativas. Porém, continua a autora, ao lado dessa identidade interpõe-se uma série de diferenças.

> A primeira e fundamental: o objeto das posições teleológicas secundárias [ideologias — colchetes nossos]) são os próprios homens, as suas ações e seus afetos na práxis social extralaborativa; decorrentemente, a segunda diferença está no grau de incerteza que permeia essas posições, que é muito maior do que aquele que existe no caso do trabalho, o que não impede que haja um conhecimento racional das tendências em presença, mesmo que este conhecimento, de forma mais acabada, só se dê post festum (2010, p. 49).

Ao longo de seus estudos de maturidade, György Lukács desenvolveu duas caracterizações sobre os complexos ideológicos. Ester Vaisman (2010) esclarece que o filósofo húngaro György Lukács, partindo de uma famosa explicação de Marx, desenvolvida no "Prefácio" ao texto *Para a crítica da economia política* de 1857, estabelece, após ponderações a respeito das crises e a normalidade, que ao longo do processo histórico: "[...] as formas ideológicas são instrumentos pelos quais são conscientizados e enfrentados os problemas que preenchem a cotidianidade" (Lukács, 1981, v. II, p. 446), ou seja, a cotidianidade social apresenta problemas que continuamente devem ser conscientizados e resolvidos: de modo que a presença das formas ideológicas não se manifesta apenas em momentos de crise, mas permanentemente no próprio cotidiano. Lukács adverte para o fato de que a ideologia está sempre vinculada à existência do ser social: "A ideologia é acima de tudo aquela forma de elaboração ideal da realidade que serve para tornar a práxis social dos homens consciente e operativa" (Lukács, 1981). Em outras palavras, a ideologia é o *momento ideal* da ação prática dos homens, expressando o seu ponto de partida e destinação, bem como sua dinamicidade.

Na análise ontológica de Lukács, "toda ideologia tem seu ser-precisamente-assim social: ela nasce direta e necessariamente do *hic et nunc* social dos homens que agem socialmente na sociedade" (ibidem, ibidem), o que equivale a dizer que a ideologia só tem existência social e que ela se refere a um real específico, que é por ela pensado e sobre o qual atua. A existência social dos homens é implicada pela consciência, ou seja, por seres sociais que medeiam suas ações pela consciência, portanto, a ideologia tem sua gênese determinada pela atividade social dos homens e nasce exatamente aí. Ela surge do aqui e imediatamente que coloca problemas. Dessa forma, Vaisman (2010) chama a atenção para uma "caracterização ampla de ideologia" presente nos textos lukacsianos. Em suma,

> Lukács sustenta, assim, que ideologia, bem determinada e compreendida, possui uma caracterização ampla que ultrapassa os limites vulgarmente atribuídos a ela. Do ponto de vista ontológico, ideologia e existência social (em qualquer nível de desenvolvimento) são realidades inseparáveis. Ou seja, onde quer se manifeste o ser social há problemas a resolver e respostas que visam à solução destes; é precisamente nesse processo que o fenômeno ideológico é gerado e tem seu campo de operações (Vaisman, 2010, p. 51).

Dessa maneira, Vaisman (2010) explica que na medida em que o ser social exerce uma determinação sobre todas as manifestações e expressões humanas, qualquer reação, ou seja, qualquer resposta que os homens formulam, em relação aos problemas postos pelo seu ambiente econômico-social, pode, ao orientar a prática social de outros homens, ao conscientizá-la e operacionalizá-la, tornar-se ideologia. Ser ou não ser ideologia não é um atributo específico desta ou daquela expressão humana, mas, qualquer objetivação dos homens, dependendo das circunstâncias, pode se tornar ideologia. Como visto, Lukács não se restringe, portanto, em explicar a ideologia apenas sob o aspecto de um instrumento de luta de classes mas também sob seu aspecto mais geral.

No entanto, continua Vaisman (2010), na medida em que o conflito social passa a fazer parte da realidade dos homens, apresentando-se como problemática vital, a ideologia volta-se à resolução dos problemas agora transpassados pelo conflito básico entre as classes. Em outras palavras, nas sociedades baseadas na exploração do homem pelo homem, a ideologia passa a se manifestar como um instrumento ideal através do qual os homens e as classes se engajam nas lutas sociais, em diversos planos e níveis.

Nesse sentido, Lukács, com base nos escritos de Marx, desenvolverá uma "caracterização mais restrita sobre a ideologia".

> Na acepção restrita de ideologia, portanto, ideologia é instrumento de conscientização e de luta social "que caracteriza pelo menos aquelas (sociedades) da 'pré-história' da humanidade" (447). Ou seja, aquelas sociedades divididas em classes sociais antagônicas, que por meio da ideologia conscientizam e enfrentam conflitos derivados de seus interesses contrapostos (Vaisman, 2010, p. 51).

É exatamente esta caracterização sobre os complexos ideológicos no contexto da luta de classes capitalistas que utilizaremos nesse artigo com a intenção de apreender algumas tendências acerca das alternativas potencialmente abertas para a sociedade brasileira em épocas de intensas disputas entre os projetos políticos que passam a orientar e definir as escolhas concretas dos indivíduos, grupos e classes ao longo do processo histórico de desenvolvimento do capitalismo periférico brasileiro.

II. O desenvolvimentismo como expressão ideológica do processo de modernização brasileira

Em uma publicação de 1974, um dos mais proeminentes teóricos do subdesenvolvimento, o economista brasileiro Celso Furtado reconhece a construção e a importância histórica do que chama de "mito do desenvolvimento econômico" como ideologia "diretora" do processo de modernização brasileira. De acordo com o economista cepalino, o mito de que os países periféricos pudessem superar o subdesenvolvimento e atingir as mesmas condições de vida dos países desenvolvidos exerceu uma forte e inegável influência sobre a mente dos homens que se empenharam em pensar os rumos da economia e da política no Brasil. Para o autor a renovação contínua desse mito ao longo da história operou como um verdadeiro farol que iluminou o campo de percepção dos pesquisadores, planejadores, burocratas e governantes indicando o caminho que toda a sociedade brasileira deveria seguir para atingir seu objetivo final: estar entre o rol dos países plenamente desenvolvidos. Nas palavras de Furtado (1974, p. 16):

> a literatura sobre o desenvolvimento econômico do último quartel de século[2] nos dá um exemplo meridiano desse papel diretor dos mitos nas ciências sociais: pelo menos noventa por cento do que aí encontramos se funda na ideia que se dá por evidente, segundo a qual o desenvolvimento econômico, tal qual vem sendo praticado pelos países que lideram a revolução industrial, pode ser universalizado. [...] Essa ideia constitui, seguramente, uma prolongação do mito do progresso, elemento essencial na ideologia diretora da revolução burguesa, dentro da qual se criou a atual sociedade industrial.

Como indica Furtado (1974), levando em consideração o ambiente de país periférico, com altos índices de desigualdade social, o mito

2. O autor se refere ao século XX.

do desenvolvimento tornou-se, ao longo da história, uma construção ideológica fundamental para que a classe dominante brasileira elaborasse sua concepção de mundo específica e ao mesmo tempo socializasse com as demais classes e frações de classe as promessas de um futuro de crescimento econômico e de melhoria das condições sociais. Através da elaboração e socialização desse conjunto ideológico foi possível à burguesia brasileira apresentar seu projeto particular de industrialização como um projeto de toda a sociedade brasileira mobilizando amplos esforços e legitimando as ações e estratégias necessárias à condução do processo de industrialização.

É nesse sentido que no período de 1930 a 1964, podemos afirmar que houve a construção e socialização de um verdadeiro *conjunto ideológico desenvolvimentista* que ao mesclar-se com a ideologia liberal, própria das oligarquias agro-exportadoras, tanto possibilitou a fusão dos diversos interesses burgueses como também mobilizou as forças políticas e legitimou as diversas estratégias de modernização da economia capitalista no Brasil.

Foi através das promessas de superação do subdesenvolvimento elaboradas por organizações internacionais como a CEPAL, por instituições sociais como o ISEB, por organismos de classe como a CNI e pelos diversos burocratas estatais, que a burguesia brasileira ganhou a adesão e a legitimidade necessária para conduzir seu projeto societário de modernização da economia brasileira. Foi assim, por exemplo, que em meados da década de 1950 o discurso desenvolvimentista, que prometia "cinquenta anos em cinco", permitiu ao governo de Juscelino Kubistchek legitimar o seu plano de metas através de uma política de intensificação da exploração do trabalho e de abertura da economia brasileira ao capital estrangeiro.

Em diferentes fases do processo histórico de industrialização brasileira a ideologia de superação do subdesenvolvimento através das políticas desenvolvimentistas cumpriu o papel de oferecer o horizonte ideológico que possibilitou à burguesia mobilizar as forças políticas necessárias para impulsionar a industrialização brasileira. É assim que, sob o amplo ideário desenvolvimentista, surge uma heterogeneidade de grupos políticos, representados pelos mais diversos interesses, mas que de uma forma ou de outra adotavam os discursos e as promessas desenvolvimentistas de planejamento econômico, crescimento industrial, defesa da intervenção estatal, universalização do trabalho assalariado, como portadores inerentes da ultrapassagem do subdesenvolvimento e da melhoria nas condições de vida de toda a população brasileira. Segundo Bielschowsky (1998) entre o pensamento econômico brasileiro da época podemos destacar 3 posições que participaram da construção do ciclo ideológico do desenvolvimento:

1) **Os desenvolvimentistas do setor privado** — representados principalmente pelas organizações empresariais ligadas aos industriais (como a CNI). Essa corrente desenvolvimentista defendia claramente o apoio estatal à acumulação privada e tinha posições variadas sobre o grau de participação do Estado na economia. Em relação a suas posições sobre a participação do capital estrangeiro na economia nacional em várias ocasiões oscilou no seu posicionamento, mas na maioria das vezes defendeu a entrada controlada do capital estrangeiro como fonte de financiamento do processo de industrialização.

2) **Os desenvolvimentistas do setor público "não nacionalistas"** — representados pelos intelectuais e burocratas que apesar de favoráveis ao apoio do Estado à industrialização tiveram preferência por posições que ampliavam a força do capital privado, por propostas econômicas de estabilização da moeda e pela abertura da economia brasileira ao capital estrangeiro. Um nítido representante dessa tendência foi o economista e ministro Roberto Campos.

3) **Os desenvolvimentistas do setor público "nacionalistas"** — Os intelectuais e tecnocratas dessa linha de pensamento tendo em vista a continuidade do processo de industrialização defendiam inversões estatais em setores considerados estratégicos tais como: mineração, energia, transporte, telecomunicações e algumas industrias básicas. Essa corrente não era totalmente contrária aos investimentos estrangeiros, desde que esses permanecessem controlados e limitados, mas sua denominação de "nacionalista" vem muito mais pelo discurso

contrário à participação estrangeira em setores estratégicos da economia e a favor da defesa contundente do patrimônio nacional. São exemplos dessa corrente vários intelectuais ligados à CEPAL, como Celso Furtado, e alguns ligados ao ISEB como Hélio Jaguaribe.

Dessa forma, o conjunto heterogêneo de propostas desenvolvimentistas adquiriram força material na condução do processo de industrialização brasileira através de três características principais:

1) Em primeiro lugar, possibilitou à burguesia brasileira construir o cimento ideológico necessário para unir as mais diferentes frações da classe dominante nacional numa arena heterogênea de alternativas políticas que permitiu a construção de debates e concertações no interior da classe dominante sobre as alternativas possíveis para os caminhos da modernização brasileira.

2) Por outro lado, a ideologia desenvolvimentista e suas heterogêneas propostas (que aglutinavam nos quadros desenvolvimentistas sujeitos tão diversos como Celso Furtado e Roberto Campos) permitiu à classe dominante brasileira vislumbrar a possibilidade de construir um projeto hegemônico de direção política que através de um "pacto social" (sob a direção político e ideológica das classes dominantes) conduziria à "modernização conservadora" e o processo de inserção brasileira no capitalismo monopolista avançado.

3) E uma terceira e não menos importante característica, a ideologia desenvolvimentista ao se colocar como único caminho para o processo de modernização nacional tinha como objetivo principal escurecer, enevoar, colocar nas sombras a construção de uma alternativa socialista para o Brasil. O objetivo oculto era banir do cenário nacional os grupos políticos que reivindicavam uma saída socialista para a modernização brasileira. Foi assim que a burguesia brasileira intentava construir sua unidade, ou seja, a sua fusão político e ideológica com o objetivo de dirigir o processo de "modernização conservadora" e, ao mesmo tempo, descartar as opções socialistas do cenário político brasileiro.

De certa forma, nessa época de incertezas e intensas disputas, central para a definição dos rumos políticos do Brasil, o bloco político que compunha a classe dominante brasileira logrou alguns êxitos através da ideologia desenvolvimentista. O maior deles com certeza foi fazer com que parte da esquerda brasileira assumisse como sua uma tese que está no interior do discurso desenvolvimentista: a tese da incompletude do capitalismo brasileiro, presente principalmente na estratégia da revolução democrático-nacional, que indicava a importância de uma aliança com uma suposta burguesia nacional e anti-imperialista como etapa fundamental para a estratégia socialista no Brasil.

Mas naquele período, em seu eixo fundamental, o bloco histórico formado pelas classes dominantes brasileiras não obteve êxito na construção de um consenso amplo e ativo em torno do projeto de modernização conservadora no Brasil. A heterogeneidade da ideologia desenvolvimentista, apesar de ter possibilitado a mobilização das mais diferentes forças políticas em torno do esforço de modernização, não conseguiu construir um consenso social duradouro em torno dos interesses particulares da burguesia.

Em meados da década de 1960, as contradições do processo de modernização capitalista periférico, somadas à correlação de forças entre as classes sociais acabaram possibilitando o surgimento de fissuras no consenso burguês. Aos poucos ganharam espaço forças políticas contestatórias que advindas dos setores populares, progressistas e da classe trabalhadora propunham políticas que ultrapassavam os estreitos limites da aliança conservadora burguesa ameaçando o controle ideopolítico das classes dominantes sobre o processo de modernização capitalista. Foi assim que, em 1964, a burguesia brasileira, sentindo que a sua direção política do processo de modernização estava ameaçada pela possibilidade de surgimento de um *projeto popular-socialista* no Brasil, rompeu com o estatuto democrático abrindo mão da tentativa de construção de uma consolidação consensual do capitalismo monopolista no Brasil e desfraldando um golpe de Estado que desnudou toda a sua cultura política contra-revolucionária. Em nome da continuidade do processo de "modernização conservadora", a burguesia brasileira abandonava qualquer possibilidade de construção ideológica de um consenso em torno de sua hegemonia para novamente adotar uma transição política baseada em soluções predominantemente coercitivas.[3]

III. Destrutividade do capital, crise estrutural e renovação da ideologia burguesa

Em 1972, Francisco de Oliveira, ao escrever *A crítica à razão dualista*, um clássico da crítica ao binômio desenvolvimento/subdesenvolvimento, conclui que a ideologia desenvolvimentista a partir da teoria do subdesenvolvimento, elaborada pela CEPAL, analisou toda a questão do desenvolvimento capitalista periférico sob o ângulo dualista contrapondo o Brasil "arcaico" (da desigualdade, da miséria e do subemprego) ao Brasil moderno (do crescimento econômico, do consumo de luxo e da modernização do mercado). Com seus estereótipos de "desenvolvimento autossustentado", "internalização do centro de decisões", "integração nacional", "planejamento" etc., a teoria do subdesenvolvimento sentou as bases da ideologia desenvolvimentista que, no período de transformação da economia de base agrária para a industrial-urbana, desviou a atenção teórica e a ação política do problema da luta de classes. Ao final da sua conclusão o autor arremata:

3. Para Florestan Fernandes (1976) a "contrarrevolução preventiva", operada pela autocracia burguesa, foi um processo de opressão institucionalizado que ao longo de 1/4 de século cumpriu com dois objetivos: 1) a integração horizontal, em sentido e em escala nacionais e internacionais, dos interesses das classes burguesas; 2) a probabilidade de impor tais interesses a toda a comunidade nacional de modo coercitivo e "legítimo". Segundo o autor, sem possibilidade de construir um "consenso democrático" em torno da *modernização conservadora*, a opção pela "autocracia burguesa" reforçou a capacidade de organização da classe capitalista nacional e suas articulações com a comunidade internacional de negócios. Com isso, ela assegurou a consolidação da dominação burguesa, através de soluções fundamentalmente coercitivas, de modo a criar a base política necessária a uma transição segura para o capitalismo monopolista, o que segundo Florestan Fernandes (1976), nunca constitui um processo simples por causa dos conflitos fracionais no interior do bloco burguês e da pressão das classes subalternas.

> a teoria do subdesenvolvimento foi, assim, a ideologia própria do chamado período populista; se ela hoje não cumpre esse papel é porque a hegemonia de uma classe se afirmou de tal modo que a face já não precisa de máscaras (Oliveira, 1975, p. 13).

O "hoje" ao qual se referia o texto do professor Francisco de Oliveira, era 1972, um período em que realmente a dominação da autocracia burguesia, instaurada desde 1964, não demandava "máscaras ideológicas" sofisticadas para construir consensos em torno de seus projetos político-econômicos para o Brasil. Contudo, a entrada do Brasil no cenário da "redemocratização", o acirramento das contradições econômicas próprias da fase de crise estrutural do capital e a nova correlação de forças entre as classes e frações de classes nas décadas de 1980 e 1990, reservavam um novo lugar para a ideologia desenvolvimentista na condução ideológica do capitalismo periférico brasileiro.

Em um primeiro momento, nas décadas de 1980 e 1990, período em que o potencial expansivo de acumulação já oferecia sérios sinais de desgaste e a crise estrutural do capital (ver Mészáros, 2002) já ameaçava as economias capitalistas, as transformações que se processaram no sistema capitalista mundial e o surgimento do neoliberalismo como direção ideopolítica do processo de restauração do capital em crise fizeram com que as promessas da *ideologia desenvolvimentista* gradativamente passassem a entrar em contradição com os interesses do projeto burguês. Nesse momento histórico de intensificação da mundialização capitalista o objetivo da política neoliberal era se apresentar como uma alternativa ideológica viável ao esgotamento do antigo modelo de substituição de importações e da ideologia desenvolvimentista. O grande compromisso assumido pelos neoliberais era restituir um novo cenário de crescimento no continente latino-americano, prometendo acabar com a crise da dívida externa e a alta inflação, através da liberalização econômica e da política de privatizações. Foi assim, que as promessas desenvolvimentistas de superação do subdesenvolvimento passaram a ser continuamente negadas e substituídas pelo novo consenso político neoliberal, liderado pela oligarquia financeira internacional e organizados em torno do *Consenso de Washington*.

A essência econômica do processo político denominado de *neoliberalismo*, que nas últimas décadas intensificou o poder expropriador do capital, está relacionada ao complexo processo de mundialização capitalista que possibilitou a gradativa retomada, sob novas bases, do domínio econômico e político da fração mais reificada do metabolismo capitalista. Tal fração do capital, nomeada por Hilferding (1985) e Lênin (1982) de *capital financeiro*, com o atual acirramento da crise estrutural do capital e o processo de mundialização capitalista adquire novas determinações e complexidades oferecendo um patamar ainda mais intenso à lógica destrutiva do capital.

Para István Mészáros (2002), a crise estrutural do capital,[4] em curso desde finais da década de 1960, não impossibilita pequenos surtos isolados de retomada do crescimento econômico em alguns países, nem tão pouco sua dinâmica tem alguma relação com a proximidade de uma derrocada automática e natural do sistema capitalista. Para o autor, a novidade histórica da atual crise estrutural do capital torna-se manifesto em quatro principais aspectos: 1) Seu caráter é universal, em lugar de restrito a uma esfera particular (financeira, comercial ou qualquer ramo particular da economia); 2) Seu alcance é verdadeiramente global, em lugar de limitado a um conjunto particular de países; 3) Sua escala de tempo é extensa, contínua, se preferir, permanente, em lugar de limitada e cíclica, como foram as crises anteriores do capital; 4) em contraste com as erupções e os colapsos do passado, seu modo de se desdobrar poderia ser chamado de rastejante, desde que acrescentemos a ressalva de que nem sequer as convulsões mais veementes ou violentas poderiam ser excluídas no que se refere ao futuro.

Com a crise e as quedas acentuadas nas taxas de lucro, o capital foi obrigado a desenvolver grandes transformações na sua dinâmica

---

4. Para um aprofundamento sobre a temática da Crise Estrutural do Capital, ver o estudo de Paniago (2007).

de reprodução ampliada. Diante do futuro crítico, gradualmente emergem soluções que pretendem desregulamentar a economia de mercado, visando impulsionar a liberdade dos investimentos financeiros capitalistas. Ao longo dos anos 1980, a antiga política estatal keynesiana de "eutanásia do rentista" cede lugar a um conjunto de políticas do Estado que têm como finalidade a reanimação dos investimentos capitalistas e um agressivo pacote de incentivos para a expansão do mercado privado. Nessas condições é que surge o processo histórico de mundialização do capital e a ascensão de um novo setor financeiro internacional, que assume a direção política e econômica dessa mundialização capitalista.

Podemos destacar três principais processos históricos que se desenvolveram de forma concomitante e complementar ao longo dos mecanismos que possibilitaram a mundialização do capital: a) a internacionalização do capital financeiro; b) a nova gestão da produção capitalista e a intensificação da extração de mais-valia; c) o avanço de novas formas de expropriação capitalista.

O primeiro desses processos históricos se dá a partir dos anos 1980, quando as diversas frações da burguesia internacional promovem uma grande conciliação em torno do projeto de expansão da acumulação financeira, que estabelece a internacionalização e a desregulamentação dos mercados. A partir da hegemonia política neoliberal, a força restauradora do capital para liberalizar e mundializar os mercados capitalistas no mundo se espraia com grande ímpeto e velocidade. Esse avanço das políticas liberalizantes se deu através não só da vitória eleitoral dos partidos conservadores, mas também de governos de esquerda que, ao tentarem manter a política de reformas social-democratas, acabaram cedendo ao poder corrosivo e incontrolável do capital internacional.[5]

5. Este foi o caso de Mitterrand, na França, de Bettino Craxi, na Itália, de Andrés Papandreou na Grécia e de Felipe González, na Espanha. Com isso, no início da década de 1990, em praticamente todos os países centrais as políticas públicas de intervenção estatal são utilizadas para patrocinar a abertura de novos mercados de investimentos financeiros e a maior extração de mais-valia para o incremento dos "superlucros capitalistas".

No Brasil, desde a ditadura civil-militar que a dinâmica capitalista periférica intensifica o processo de liberalização incentivando as fusões entre o capital local e o capital financeiro internacional. Agindo assim, a autocracia burguesa foi a principal responsável pela escalada do capital financeiro internacional no Brasil, patrocinando as primeiras iniciativas para a concentração e centralização de capitais monetários nacionais e estrangeiros numa inserção subalterna da economia brasileira ao novo mercado financeiro em processo de mundialização. Segundo Ary Cesar Minella (1988) o número de bancos comerciais estrangeiros manteve-se estável entre os anos de 1960 a 1975 e mais que duplicou seu número de 1976 a meados da década de 1980.[6]

Mas a penetração do capital financeiro internacional na economia brasileira patrocinada pela ditadura burguesa só representa uma parte do processo de subordinação da economia nacional a mundialização do capital. É sob os dois governos do "teórico da dependência", Fernando Henrique Cardoso, que ironicamente a burguesia brasileira avança no seu caráter subordinado ao imperialismo, integrando definitivamente o Brasil à dinâmica de neocolonização financeira. Esse processo se dá principalmente através do aumento indiscriminado de Investimentos Externos Diretos — IEDs dos grandes conglomerados transnacionais.[7]

---

6. "Segundo o Conselho Nacional de Economia, em 1960, os bancos estrangeiros não controlavam mais do que 5% do total de depósitos do sistema bancário brasileiro. Para o ano de 1963, o Senado Federal assinalava que os bancos estrangeiros representavam 2,36% dos bancos e participavam aproximadamente em 5% dos depósitos. Em 1973, sete bancos estrangeiros e cinco sob controle forâneo participavam com 1,8% das agências, eram responsáveis por 4,13% dos depósitos e por 3,75% dos empréstimos do sistema bancário, não se incluindo o Banco do Brasil. A participação relativa aumenta se considerarmos somente os bancos privados comerciais (excluídos, portanto, o Banco do Brasil e demais bancos públicos). Assim, em 1974, os bancos estrangeiros eram responsáveis por 11,9% do total de depósitos, porcentagem que aumentaria para 14, 2% em 1979" (Minella, 1988, p. 198).

7. Segundo dados de Reinaldo Gonçalves (2010) depois dos dois mandatos de FHC a penetração do capital estrangeiro se desenvolve através de um intenso processo de desnacionalização em todos os setores da economia brasileira. Dados do autor mostram que o estoque de capital estrangeiro, na forma de IED, chega a 90 bilhões de dólares no final de 1998, como resultado dos processos de privatizações nas companhias de telecomunicações e outros serviços

A fase capitalista decorrente da liberalização financeira e da internacionalização dos mercados é uma etapa que cada vez mais produz de forma ágil e rápida, de um lado, mundializando e externalizando as etapas do processo produtivo e, de outro, intensificando os métodos de extração da mais-valia. Como já apontavam Marx (1985, p. 86), Hilferding (1985) e Lênin (1982), o sistema capitalista funciona como "uma economia monetária de produção", e é sobre essas condições que a produção capitalista passará a exigir uma reorganização da produção capitalista em nível mundial.

Os processos de fusão e incorporação de empresas, desenvolvidos desde a fase monopolista do capitalismo, apesar de tentarem realizar uma *unidade* entre as diversas formas de capital,[8] sempre foram acompanhados por uma inconveniente porosidade entre os processos de criação do valor (capital produtivo) e as formas lucrativas de apropriação desse valor já criado (capital-dinheiro). Nesta trajetória, os diversos momentos do circuito de valorização do capital são quase autonomizados como ramos particulares de produção de mercadorias: o comércio, a indústria, os serviços e os bancos. Com o atual movimento de mundialização dos mercados e reestruturação dos capitais, assistimos a uma busca incessante por um maior controle do processo de valorização e pelo aumento da taxa de lucros dos grandes grupos oligopolistas, através de estratégias renovadas de monopolização dos mercados e reestruturação de ramos inteiros do ciclo de valorização capitalista.

A fusão de vários grupos financeiros e o investimento massivo em ciência e pesquisa possibilitaram a incorporação de maquinários ultramodernos e de tecnologias informacionais no interior dos processos manufatureiros que resultaram num controle e monitoramento ainda

de utilidade pública que passaram para a administração privada das empresas transnacionais europeias. Outros números informam que, sob o governo FHC, a penetração do capital estrangeiro atingiu todas as esferas da economia (produtiva e financeira) representando um aumento extraordinário no "passivo externo", ou seja, no estoque dos recursos estrangeiros no Brasil.

8. Lembramos que na fase imperialista a interpenetração do capital bancário e do capital industrial é uma das tentativas de criar uma unidade que controle todo o processo de valorização capitalista.

maior do processo de trabalho e de todo circuito reprodutivo do capital. Esse controle tem contribuído para uma nova dinâmica de relação entre o capital financeiro e os processos produtivos.

> Com o monitoramento telecomandado do processo de produção, o capital financeiro tornou-se o centro cerebral de todo o processo de valorização, porque pode, agora, vigiar e comandar os investimentos de qualquer lugar do mundo, deslocando massas de valor de um negócio para o outro, sempre que as oscilações das moedas nacionais abrem oportunidades de ganhos extras. Não sem razão, o processo de produção do valor transforma-se numa montanha de papel, em que são registradas as informações sobre as diferentes taxas de câmbio, de juros, e do valor das ações em todo o mundo (Teixeira, 2007, p. 35).

Para continuamente deslocar a tendência decrescente dos lucros intensificada pela crise estrutural e, assim, manter os altos níveis de lucratividade, o capitalismo atual deve intensificar constantemente suas formas de produção de mercadorias. Na fase atual do capitalismo o contínuo revolucionamento da produção não se faz acompanhar por uma expansão horizontal dos mercados. Isso não poderia ser diferente num capitalismo que já se transformou em uma grande comunidade internacional produtora de mercadorias. Como afirma Teixeira (2007), nas atuais condições históricas não há mais novos espaços geográficos significativos a explorar, nem mercados genuinamente novos, como os que nasceram da produção de bens duráveis (automóveis, rádios, geladeira, televisores) e de consumo coletivo. Por isso, a principal estratégia imperialista atual não é mais criar novos mercados, mas sim racionalizar, intensificar e expandir a exploração dos mercados já existentes.[9]

9. Trata-se de uma estratégia imperialista renovada que se preocupa muito mais com a manutenção de posições adquiridas do que com a ampliação de novos mercados pelo mundo. Daí a necessidade do capital intensificar seu caráter de "produção destrutiva" (Mészáros, 2002), seja na fabricação de artigos de alto luxo e descartáveis, seja na intensificação dos processos de extração da mais-valia; no barateamento da força de trabalho, ou ainda, no aprofundamento de suas características expropriadoras.

O que tem ocorrido nos últimos tempos é que o complexo sistema de reprodução ampliada do capital assimilou uma estratégia renovada de expropriações, desenvolvendo-a em escala mundial, não só apropriando-se das áreas geográficas inexploradas, como também expropriando esferas que antes escapavam à dinâmica de acumulação capitalista. O poder expropriador do capital, impulsionado pela avidez de superlucros do capital portador de juros, manifesta-se atualmente por meio de algumas características facilmente identificadas: a) uma nova partilha das áreas geograficamente estratégicas e das terras coletivas e públicas no mundo; b) a intensificação da extração de mais-valia no mundo; c) a mudança nos regimes de manufatura e organização do trabalho; d) a criação de uma superoferta de força de trabalho, garantida por uma multidão de trabalhadores que compõe um exército industrial de reserva mundial; e, por fim; e) a forma de expropriação que é a captura do fundo público dos diversos Estados nacionais e de suas instâncias "democráticas" de controle social.

Nessas condições entramos numa quadra histórica em que o capital se vê enredado pela sua própria dinâmica contraditória: para impulsionar o crescimento econômico e o avanço civilizatório as soluções e ajustes econômicos capitalistas devem paralelamente intensificar seus métodos bárbaros de intensificação da exploração e expansão das expropriações. Segundo Mészáros (2002), a diferença é que no passado tais contradições críticas puderam ser exportadas para setores periféricos da economia e até mesmo para outros países e continentes, mas, atualmente, ela atinge todas as esferas de produção e reprodução do sistema capitalista. Com a crise estrutural, os ajustes anteriormente mobilizados pelos Estados nacionais para os deslocamentos dos efeitos das crises já não apresentam a mesma eficiência. As antigas técnicas keynesianas ou desenvolvimentistas realizadas no passado para retomar o impulso do crescimento e ampliar os ganhos econômicos, em grande parte perderam seu potencial civilizatório. A estrutura e a dinâmica do capitalismo contemporâneo pôs por terra as esperanças de equalização entre crescimento capitalista e ampliação de ganhos civilizatórios significativos. Como aponta o filósofo húngaro:

> no passado, até algumas décadas atrás, foi possível extrair do capital concessões aparentemente significativas — tais como os relativos ganhos para o movimento socialista (tanto sob a forma de medidas legislativas para a ação da classe trabalhadora como sob a de melhoria gradual do padrão de vida, que mais tarde se demonstraram reversíveis), obtidos por meio de organizações de defesa do trabalho: sindicatos e grupos parlamentares. O capital teve condições de conceder esses ganhos, que puderam ser *assimilados* pelo conjunto do sistema, e *integrados* a ele, e resultaram em vantagem produtiva para o capital durante o seu processo de autoexpansão. Hoje, ao contrário, enfrentar até mesmo questões parciais com alguma esperança de êxito implica a necessidade de desafiar o sistema de capital como tal [...] (Mészáros, 2002, p. 95).

Tal impulso destruidor do capital que intensifica o antagonismo entre desenvolvimento da acumulação e avanço civilizatório gerou também nefastas consequências cotidianas para a condição de vida e trabalho da população. Em várias partes do planeta podemos visualizar o saldo da política de liberalização dos mercados que intensificou as contradições típicas da sociedade capitalista.[10]

Todas as políticas sugeridas pelo Consenso de Washington e executadas pelos governos dos diversos países, principalmente na

---

10. Ao reunir e analisar alguns dados das organizações internacionais, o sociólogo argentino Atílio Borón (2010) nos dá uma ideia da situação de vulnerabilidade e miséria que atinge uma parcela considerável da população mundial. "Entre 1988 e 2002, os 25% mais pobres da população mundial reduziram sua participação no produto interno bruto mundial (PIB mundial) de 1,16% para 0,92%; enquanto os opulentos 10% mais ricos acrescentaram fortunas em seus bens pessoais passando a dispor de 64% para 71,1% da riqueza mundial. O enriquecimento de uns poucos tem como seu reverso o empobrecimento de muitos. Somente esses 6,4% de aumento da riqueza dos mais ricos seriam suficientes para duplicar a renda de 70% da população mundial, salvando muitas vidas e reduzindo os sofrimentos dos mais pobres. Entendam bem: tal coisa somente seria obtida se houvesse possibilidade de redistribuir o enriquecimento adicional produzido entre 1988 e 2002 dos 10% mais ricos da população mundial, deixando ainda intactas suas exorbitantes fortunas. Mas nem isso passa a ser aceitável pelas classes dominantes do capitalismo mundial" (Borón, 2010, p. 2, tradução nossa).

periferia do sistema, longe de cumprirem suas promessas de expansão dos mercados livres e de desenvolvimento com estabilidade resultaram no aumento das desigualdades em todos os níveis: econômico, político, social e cultural. Não é à toa que as consequências das políticas neoliberais somadas às crises econômicas, cada vez mais frequentes e turbulentas, passam a abrir espaço para o surgimento de lutas de resistência ao neoliberalismo na América Latina. Em contraste com o potencial expropriador do capital levados à cabo pela política neoliberal surgem movimentos de resistência popular, tais como: os movimentos indígenas, os cocaleiros na Bolívia e o Movimento Zapatista em Chiapas; o Movimento de Trabalhadores Sem-Terra (MST); o Movimento dos Sem Trabalho na Argentina; entre outros focos de resistência popular que se ampliam na América Latina.

Na América Latina, os primeiros anos do século XXI testemunharam um aprofundamento da luta de classes, das crises políticas de fundo e uma intensa contraposição à intervenção política imperialista nos rumos do continente. O levantamento indígena-camponês no Equador que provocou a queda do presidente Jamil Mahuad; a longa e combativa greve dos estudantes da UNAM (Universidade Nacional Autônoma) no México; as grandes mobilizações contra Fujimori no Peru; as massivas mobilizações dos trabalhadores rurais sem terra no Brasil e no Paraguai; as greves gerais e as mobilizações dos "piqueteiros" na Argentina; a "guerra da água" em Cochabamba (Bolívia); a rebelião contra a privatização da eletricidade na Costa Rica, a *pueblada* contra os "tarifaços" em Honduras; todas essas mobilizações e crises políticas formavam um novo quadro político radicalizado na América Latina. Agora a onda de mobilizações populares não enfrentava ditaduras militares como no passado, mas os regimes neoliberais "democráticos" desenhados pelos EUA e as burguesias locais.

O período de maior mobilização política continental se registrou entre 1999 e 2003, ou seja, até a insurreição boliviana que derrubou o governo de Gonzalo Sánchez de Losada, que pretendia vender o gás e o petróleo bolivianos a companhias americanas. Nesse período, houve novas insurreições equatorianas, na Venezuela, o fracasso do *lock out* patronal petroleiro e, sobretudo, o *argentinazo* em dezembro de 2001. Logo depois, através de situações diversas, uma parte da esquerda latino-americana chegou ao governo de seus países, diretamente ou em coalizões, impulsionada pela crise política e a bancarrota econômica no continente. As burguesias locais e o capital internacional tiveram que aceitar a virada política que se processava na América Latina, uma verdadeira "virada à esquerda" que remodelou a conjuntura política do continente (Coggiola, 2008).

Na presença deste quadro de avanço da barbárie social e de resistências políticas aos investimentos das megacorporações, inicia-se um lento processo em que organizações multilaterais como o FMI e o Banco Mundial começam a admitir que a ortodoxia do Consenso de Washington, baseada no louvor aos mercados livres, não vinha oferecendo respostas políticas adequadas para garantir a *administração dos conflitos* e a *boa governança* dos *mercados emergentes*. Até mesmo ideólogos do grande capital, como o ex-presidente do Banco Mundial Joseph Stiglitz (2002), passam a discordar sobre a forma como vinha sendo conduzido o consenso político em torno das propostas capitalistas de *globalização econômica*.

> Se a globalização continuar a ser conduzida da maneira pela qual tem sido até aqui, se continuarmos a deixar de aprender com nossos erros, ela não só fracassará em promover o desenvolvimento como continuará a criar pobreza e instabilidade. Sem reformas, a reação, que já se iniciou, aumentará; e o descontentamento com a globalização crescerá. Isso será uma tragédia para todos nós, especialmente para os bilhões de pessoas que de outra forma poderiam se beneficiar. Enquanto aqueles no mundo em desenvolvimento se arriscam a perder mais economicamente, haverá ramificações políticas mais amplas que afetarão o mundo desenvolvido também (Stiglitz, 2002, p. 299-300).

Na verdade, podemos afirmar que alguns ideólogos capitalistas passaram a perceber que a ortodoxia neoliberal, ao defender tão arraigadamente os valores do livre mercado e da *governança coorporativa*, subestimou os elementos de consenso político e ideológico que devem acompanhar todo processo de mudanças sociais. Como afirmava Mota (1995, p. 84), ainda em meados dos anos de 1990: "Esse fracasso, contraditoriamente, incide sobre a ortodoxia liberal e aponta para a impossibilidade de tratar a economia longe da política, isto é, de implementar as reformas econômicas sem a obtenção de consensos de classe." (Mota, 1995, p. 84). Como aponta Mészáros (2002), nessas condições, a crise estrutural do capital se transforma em uma *crise de dominação* e as classes dominantes precisam encontrar maneiras de restabelecerem sua direção política e dominação ideológica sobre o conjunto da sociedade.[11]

Hoje, diante do quadro crítico de deslegitimação do projeto neoliberal, o capital necessita, cada vez mais, de respostas que não só garantam o crescimento exponencial das taxas de lucro (como pregava o receituário neoliberal), mas também amenizem a condição dos *derrotados* e estabeleçam um consenso mínimo em torno das transformações capitalistas. Surgem grandes desafios para a dominação burguesa: como oferecer um novo pacto conciliatório que permita universalizar a estratégia de desenvolvimento capitalista com as demais classes se a política de expansão do trabalho formal/protegido e o chamado Estado de bem-estar social entram em franca contradição com a dinâmica de acumulação capitalista? Como, nessas condições, construir novas promessas de bem-estar ou de um futuro de progresso no interior de uma dinâmica capitalista que necessita ampliar a liberdade dos mercados e a exploração do trabalho? Em outras palavras, como reconstruir propostas de desenvolvimento sob as condições materiais de um capitalismo cada vez mais destrutivo?

---

11. No Brasil, um exemplo cotidiano e aparente dessa deslegitimação das saídas liberais para a crise pode ser percebida no próprio nome das legendas dos partidos políticos brasileiros. Nenhum dos partidos políticos regulamentados atualmente em território nacional possui mais o título de "liberal"; os únicos que possuíam tal nomenclatura, o Partido Liberal — PL e o Partido da Frente Liberal — PFL, mudaram seus nomes respectivamente para Partido Republicano — PR (em 2006) e Democratas (em 2007).

IV. A ideologia do novo desenvolvimentismo: expressão da hegemonia burguesa no Brasil contemporâneo

É de posse dessas contradições sociais intensificadas pela dinâmica de acumulação capitalista atual que a intelectualidade da classe dominante enfrentará uma quadra histórica de deslegitimação do discurso neoliberal e se empenhará na reconstrução política e ideológica de sua dominação de classe. No Brasil, esse processo começa com os dois mandatos de Fernando Henrique Cardoso (FHC), mas se desenvolve plenamente com a eleição de Luís Inácio da Silva para a presidência da república. Nessa conjuntura, se abrirá uma oportunidade histórica para a ampliação do leque de alianças políticas em torno do projeto burguês. As novas diretrizes de "desenvolvimento social e humano", já defendidas pelos organismos internacionais e agências multilaterais encontrarão sob a gestão presidencial do antigo líder sindical o ambiente econômico e os elementos políticos e ideológicos necessários para continuidade da agenda política que congrega os interesses do grande capital local e internacional.

Nunca é demais lembrar que durante um longo período, mais especificamente na fase pós-ditadura, o Partido dos Trabalhadores (PT) representou a conjugação das forças progressistas nacionais em torno de um projeto político que indicava a ruptura com a histórica desigualdade social e a reprodução da heteronomia econômica na sociedade brasileira. Da mesma forma, no período dos dois mandatos de FHC, o PT liderou a oposição parlamentar e a resistência social aos ajustes estruturais na economia e às políticas neoliberais de privatização e de ajustes do Estado.

Em 2002, Luís Inácio Lula da Silva é eleito através de uma heterogênea aliança política que aglutinou importantes setores do sindicalismo nacional, intelectuais, funcionários públicos, movimentos populares, frações da classe média e também setores da burguesia brasileira. O governo Lula sustentava grandes expectativas em parte da esquerda e dos setores progressistas brasileiros. Porém, ainda na antessala do poder, com o documento conhecido pelo nome de "Carta aos Brasileiros", o governo petista já acenava com a continuidade da política econômica de FHC e depois da posse presidencial ratificou a conciliação com o projeto hegemônico da grande burguesia local e internacional. Aos olhos das megacorporações, optou em desempenhar o papel da esquerda "sensata", "moderna e aberta" — seguindo a recomendação do mexicano Jorge Castañeda[12] — pronta a manter e ampliar os velhos compromissos econômicos de subordinação ao grande capital.

Através dessa conformação de interesses, ao assumir o poder o governo Lula manteve a mesma política econômica do segundo governo FHC: metas de inflação, ajuste fiscal permanente, câmbio flutuante etc. A conjuntura econômica exterior e a redução das restrições externas possibilitaram, durante o período de 2003-2008, uma menor instabilidade macroeconômica e um ambiente econômico favorável. Assim, o governo Lula reafirmou a política econômica herdada do governo FHC e apoiado no melhor desempenho conjuntural do setor externo e no apoio político de uma ampla base sindical e popular deu novo fôlego ao "modelo liberal periférico" (ancorado no estimulo à economia exportadora de *commodities* e atrelada aos desígnios do capital financeiro internacional) legitimando-o politicamente e amalgamando com maior intensidade os interesses das diversas frações de classes que participam do bloco de poder dominante (Filgueiras e Gonçalves, 2003).

Foram tais determinações econômicas e políticas que possibilitaram ao governo Lula transformar ideologicamente a recuperação da economia, em um "espetáculo do crescimento", reposicionando o

12. Segundo Osvaldo Coggiola (2008), nos últimos anos, diante da conjuntura de ascensão de uma heterogênea esquerda latino-americana, o mexicano Jorge Castañeda (ex-ministro do conhecido "presidente coca-cola" Vicente Fox) buscou acalmar os ânimos dos assustados porta-vozes e defensores do "capitalismo globalizado", afirmando que, na realidade, havia duas esquerdas na América Latina: a primeira "com raízes radicais, é hoje moderna e aberta", a segunda seria "fechada e fortemente populista". E concluía recomendando ao governo dos EUA "uma ação mais ousada, uma abordagem de estadista", que consistiria em "fomentar a esquerda correta", "distinguir a esquerda sensata da irresponsável, apoiar a primeira e conter a segunda".

Brasil na vitrine do mercado internacional das chamadas "nações emergentes". Claro que o crescimento econômico e a melhoria na condição de vida e trabalho dos brasileiros ficou longe de sustentar um momento espetacular, mas deu provas de que seria possível conjugar a continuidade do modelo capitalista periférico com um renovado conjunto de promessas que supostamente trariam um futuro de crescimento econômico e desenvolvimento social para o Brasil. Em outras palavras, os ideólogos burgueses logo perceberam que a ideologia desenvolvimentista ainda possui um forte potencial mitificador para ocultar conflitos de classes e construir consensos políticos na condução da modernização capitalista no Brasil.

É a partir desse momento histórico que começa a emergir no cenário brasileiro um ambiente de euforia com o crescimento de setores econômicos ligados à exportação, ao mercado imobiliário e ao crédito bancário. No bojo dessa conjuntura, permeada pelo otimismo nos rumos do país, passa a figurar no Brasil um esforço coletivo das classes dominantes e do Estado para renovarem as promessas de desenvolvimento econômico e social, reatualizando o discurso desenvolvimentista, com o claro objetivo de recauchutar consensos políticos em nome da continuidade da ordem capitalista na periferia do mundo.

Ironicamente, um dos primeiros a participar desse esforço ideológico para readequar as propostas de desenvolvimento econômico e social é o ex-ministro de FHC, e antigo ideólogo da reforma do Estado, Luiz Carlos Bresser Pereira. Depois de reconhecer o desgaste público das políticas neoliberais e se declarar convertido ao ideário político que cunhou com o nome de "neodesenvolvimentista" Bresser, assim define suas propostas para um "novo pacto pelo desenvolvimento":

> o novo desenvolvimentismo é, ao mesmo tempo, um "terceiro discurso", entre o discurso populista e o da ortodoxia convencional, e o conjunto de diagnósticos e ideias que devem servir de base para a formulação, por cada Estado-nação, da sua estratégia nacional de desenvolvimento. É um conjunto de propostas de reformas institucionais

> e de políticas econômicas, por meio das quais as nações de desenvolvimento médio buscam, no início do século XXI, alcançar os países desenvolvidos. Como o antigo desenvolvimentismo, não é uma teoria econômica [...], mas é uma estratégia nacional de desenvolvimento. É a maneira pela qual países como o Brasil podem competir com êxito com os países ricos e, gradualmente, alcançá-los (Pereira, 2006, p. 12).

Caso permanecesse confinado a alguns poucos intelectuais dispersos o discurso neodesenvolvimentista, proclamado até então solitariamente por Bresser Pereira, passaria despercebido. No entanto, de uns tempos pra cá, tal discurso encontrou solo fértil para seu espraiamento na sociedade brasileira. Nos últimos tempos, um conjunto cada vez maior de intelectuais, das mais variadas estirpes políticas, vêm utilizando o conceito de neodesenvolvimentismo para explicar o que chamam de ruptura com a fase neoliberal e a entrada do Brasil num novo período "pós-neoliberal" de crescimento econômico e desenvolvimento social.

Diante dos claros sinais de desgaste das políticas neoliberais a partir de fins da década de 1990, e com mais vigor nos anos 2000, o chamado "novo desenvolvimentismo" parece assumir a posição de "discurso da moda" nos círculos intelectuais e acadêmicos. O conjunto de intelectuais que passa a assumir o pacote ideológico neodesenvolvimentista gradativamente cresce em quantidade, e com a ajuda de alguns grupos empresariais, fundações privadas e organismos estatais o tema acaba ganhando destaque em âmbito nacional. Várias correntes começam a surgir no interior do debate; umas mais à esquerda, outras mais à direita. Muitas influenciadas pelo social-liberalismo ou pela "Terceira Via" de Antony Giddens e Tony Blair, como as propostas de Bresser Pereira e de intelectuais ligados à Fundação Getúlio Vargas (FGV); algumas com claras pretensões "neokeynesianas" de regulação do mercado pelo Estado, como as assertivas de Marcio Pochmann; e outras com posturas assentadas no ecologismo liberal-conservador e no que se convencionou chamar de "desenvolvimento sustentável", como, por exemplo, as concepções presentes no "Movimento por uma Nova Política" que agora desemboca na criação do futuro partido "Rede de sustentabilidade" liderado pela ex-ministra Marina Silva.

Como podemos perceber, uma grande heterogeneidade de análises teóricas e propostas políticas passam a reivindicar o nome de neodesenvolvimentista. No entanto, a gradativa expansão das mais variadas tendências não implica dizer que houve uma ruptura com o núcleo central das políticas neoliberais ou que estas últimas tenham sido superadas por um novíssimo período histórico. Muito pelo contrário, mesmo no interior de um bloco tão heterogêneo torna-se claro que a maioria das propostas são hegemonizadas por pressupostos do social-liberalismo que, por sua vez, pretende oferecer uma união sincrética entre políticas econômicas incentivadoras dos mecanismos de liberalização do mercado e políticas de proteção social compensatórias e de alívio da condição de miséria. Segundo Rodrigo Castelo (2012, p. 63), tal ideário social-liberal que atualmente hegemoniza as análises e proposições políticas que se autoproclamam "neodesenvolvimentistas" no Brasil possuem um conjunto de proposições que podem ser reunidas em três principais: 1) o crescimento econômico, por si próprio, não traria a redução das desigualdades, havendo a necessidade de políticas públicas específicas e direcionadas para este problema; 2) os gastos sociais não seriam baixos, pelo contrário: se deveria torná-los mais eficientes, melhorando a alocação de recursos com sua focalização nos estratos sociais miseráveis; 3) propostas de desenvolvimento baseadas no investimento no capital humano, reformas tributárias, previdenciárias e trabalhistas e ampliação do microcrédito.

Com tais princípios básicos, os arautos do social-liberalismo promovem uma verdadeira reciclagem das ideias liberais acrescentando algumas concessões mínimas aos "de baixo" e garantindo uma sobrevida política e ideológica aos antigos pressupostos econômicos do neoliberalismo. Impossibilitados tanto de recorrerem às antigas soluções golpistas ou bonapartistas (típicas na história da periferia capitalista) quanto também de optarem pelas alternativas social-democratas (bloqueadas pela crise estrutural) para dar continuidade a seu projeto econômico e político os intelectuais da classe dominante precisam travestir suas intenções com o discurso progressista e conciliador do desenvolvimento econômico e social para todos.

Porém, longe de se configurar como um conjunto de ilusões e devaneios deslocados do mundo real, a ideologia neodesenvolvimentista responde a necessidades concretas; ela nasce na conjunção de dois movimentos simultâneos: por um lado, enquanto uma expressão ideológica ancorada nas condições reais de países periféricos desgastados pela crise do capital e pelas alternativas políticas e ajustes econômicos das últimas décadas e, de outra, enquanto estratégia do atual bloco de poder dominante para transformá-la em uma ideologia que ao distorcer a *causa sui* dos reais problemas que enfrentamos direcionará as escolhas políticas e as alternativas econômicas pelo estreito caminho do projeto de desenvolvimento capitalista. Enquanto ideologia, a reatualização das promessas desenvolvimentistas se transforma em uma força material no sentido de ofuscar os demais projetos societários e apresentar-se como a única alternativa viável que se abre no atual horizonte político e econômico brasileiro. Com isso, seu poder ideológico é o de direcionar as escolhas dos diversos indivíduos, grupos e classes sociais preocupados em superar a atual crise política, social e econômica gerada pela crise estrutural do capital, fazendo com que tais escolhas permaneçam dentro do escopo de interesses do grande capital.

Nesse processo é mister sublinhar uma tendência atual importante: para o capital não importa quem irá operar a política de governo, o importante é que a ordem social e a *boa governança* sejam mantidos em nome dos interesses do grande capital. A questão é que a roupagem atual do capital não pode revelar a face real da classe dominante brasileira. Ela precisa travestir-se com outra face, encontrar outros operadores da política para garantir sua legitimidade perante a crise de legitimidade da ideologia neoliberal. O que importa é que no final seu objetivo de reprodução da política de ajustes econômicos e liberalização dos mercados seja conquistado. Dessa forma, através de caminhos políticos que passam por uma ampla aliança de setores e frações de classe, a classe dominante brasileira retoma, sobre novas bases, o discurso desenvolvimentista, pretendendo encontrar uma saída ideológica para conservar seu projeto político na condução da modernização capitalista no Brasil e, assim, persistir a parafrasear a máxima lampedusiana: "*tudo deve mudar para que tudo fique como está*".

Torna-se claro que a ideologia do neo desenvolvimentismo no Brasil tenta recuperar, sob novas bases, o velho ideário desenvolvimentista dos primórdios da industrialização tardia. Mas mesmo recorrendo à nomenclatura do passado as novas promessas desenvolvimentistas permanecem igualmente muito distantes de propostas progressistas que ofereçam ganhos civilizatórios relativos aos trabalhadores brasileiros ou, até mesmo, de políticas econômicas que visam romper com a histórica dependência externa nacional.

Um exemplo concreto de como o discurso neodesenvolvimentista tem como objetivo sustentar ideologicamente a atual dinâmica capitalista — baseada cada vez mais em um antagonismo entre crescimento econômico e ganhos civilizatórios — pode ser extraído de um dos setores mais lucrativos e em expansão da economia nacional: a agroindústria sucroalcooleira. Antes símbolo do arcaísmo e da reação política nacional, os usineiros foram recentemente alçados à condição de "heróis nacionais" pelo ex-presidente Luís Inácio Lula da Silva. Não é por menos, indicadores econômicos (Rede Social de Justiça e Direitos Humanos, 2012) mostram um crescimento vertiginoso da produção no setor, principalmente entre as safras de 2004/2005 e 2010/2011, quando houve uma elevação de 50,08% no volume de processamento de cana-de-açúcar. Em relação à produção de açúcar e etanol nesse mesmo período o acréscimo chegou a 45,2% e 79,6% respectivamente. Crescimento este que representa um aumento nos níveis de exportação amplamente subsidiados pelo Estado brasileiro.

De acordo com dados do Relatório da Rede Social de Justiça e Direitos Humanos (2012) a expansão recente da agroindústria canavieira no Brasil foi viabilizada principalmente através de financiamentos do Banco Nacional de Desenvolvimento Econômico e Social

(BNDES). Somente em 2010, o BNDES forneceu R$ 7,4 bilhões para o setor. Utilizando-se do discurso desenvolvimentista durante os oito anos do governo Lula, o total de empréstimos obtidos pelos usineiros chegou a R$ 28,2 bilhões. Ainda de acordo com o referido relatório (2012), esses desembolsos representam um crescimento dos investimentos com intensidade superior a qualquer outro segmento econômico no país. Atualmente, com a queda de produtividade e a crise no setor, consequência da crise internacional, o governo Dilma, proclamando que o crescimento econômico e o desenvolvimento do país não poderia cessar, anunciou a expansão da demanda no mercado interno através do aumento da mistura de etanol na gasolina de 20% para 25%, além disso, divulgou a proposta de conceder total isenção de impostos para a produção de etanol. Atualmente, o apoio estatal para o agronegócio inclui constante rolagem de bilhões de reais em dívidas, incentivos fiscais, crédito a juros subsidiados e segurança de mercado, através de acordos internacionais de comércio e da retomada dos incentivos para a produção de agrocombustíveis.

Além dos incentivos estatais a expansão da agroindústria sucroenergética reforça a busca por captação de recursos nos mercados financeiros, o que revela a já comentada estreita ligação entre os processos de financeirização e a dinâmica do setor produtivo no Brasil. Segundo o relatório (2012), essa estratégia de interligação com os mercados financeiros tem como referência a atuação do grupo Cosan, que atualmente é a maior empresa do setor, e desde meados dos anos 2000, efetivou sua entrada junto ao mercado de ações da Bovespa. Tal relação com o capital financeiro é apenas a ponta do iceberg que interliga estreitamente setores produtivos da nação com o grande capital internacional.[13] Ainda segundo o relatório:

13. Segundo o Relatório da Rede Social de Justiça e Direitos Humanos (2012) as corporações estrangeiras que têm se inserido no segmento canavieiro adotam como principal estratégia a busca pela ampliação da sua presença em regiões identificadas como novas áreas de produção. Observa-se que corporações como Raízen (Shell-Cosan), Nova Fronteira (Petrobras-São Martinho), BP Biofuels (Tropical BioEnergia e CNAA), Cargill, Bunge, ADM, ETH (Sojitz Corporation e construtora Odebrecht), Infinity Bio-energy, entre outras, têm concentrado seus investimentos nessas regiões.

> além da participação de investidores do sistema financeiro, o ramo sucroenergético também realizou fusões com empresas ligadas ao setor petrolífero e *tradings* de *commodities*. A inserção da petrolífera Royal Dutch Shell, a partir da constituição de uma *joint venture* com o Grupo Cosan, se enquadra neste processo. Essa associação resultou na constituição da empresa Raízen, que surge como um dos cinco maiores grupos econômicos do país, com valor de mercado estimado em 20 bilhões de dólares. A corporação é responsável por uma produção anual de 2,2 bilhões de litros de etanol e de 4 milhões de toneladas de açúcar. Desde sua criação, apresenta como meta até 2014 aumentar a produção de etanol para 5 bilhões de litros. Para isso, avança seu controle sobre "novas" regiões produtoras de cana, como o noroeste paulista e os Estados de Goiás e Mato Grosso do Sul (Relatório da Rede Social de Justiça e Direitos Humanos, 2012, p. 7).

Porém, o crescimento vertiginoso e a vultuosa lucratividade sustentada com generosos subsídios estatais ao setor contrasta com as péssimas condições de vida e trabalho dos operários da agroindústria sucroenergética. Como sabemos, até as décadas de 1950 e 1960 a indústria canavieira estava baseada no trabalho de colonos, meeiros, agregados e posseiros os quais desenvolviam um trabalho pré-capitalista, com baixíssimo grau de assalariamento, pois vendiam sua força de trabalho para os proprietários em troca do acesso à terra. Com a industrialização da agricultura, nesse período, a maioria desses trabalhadores foi expulsa das fazendas, produzindo-se uma superpopulação de trabalhadores que, por sua vez, foram contratados pelas "modernas" usinas mediante o pagamento de salários. Com a industrialização da agricultura gerou-se um processo de mecanização de várias etapas da produção de cana-de-açúcar engrossando a superpopulação relativa e o exército industrial de reserva que pressionaram os salários para baixo. Desse processo de "modernização" e industrialização da agricultura é que nasce a figura do "boia-fria", como personagem histórico símbolo do trabalhador assalariado superexplorado no Brasil (Relatório da Rede Social de Justiça e Direitos Humanos, 2012).

Mas em pleno século XXI, mesmo com os altos subsídios estatais e os grandes investimentos financeiros que alicerçaram a recente expansão da agroindústria canavieira, pouca coisa mudou para os trabalhadores. O que os dados apresentados aqui mostram é que, se por um lado, a industrialização, em conjunto com a abertura financeira, produziu uma ampla mecanização do setor promovendo um processo de dispensa de trabalhadores em números absolutos dependendo da etapa produtiva. Por outro lado, o aumento da composição orgânica do capital gerou desemprego e este, por sua vez, exerce uma forte pressão sobre os cortadores, que passam a empreender uma concorrência entre si para acessar os escassos postos de trabalho.[14] Segundo pesquisadores cada colheitadeira de cana-de-açúcar dispensa, em média, 120 trabalhadores braçais.[15]

O impacto dessa ampliação na superpopulação de trabalhadores relativamente supérfluos para a agroindústria canavieira é identificada tanto na diminuição média de seus salários, quanto no vertiginoso aumento da produtividade, expressa na quantidade de cana cortada ao dia. Se em 1969, o pagamento, em reais, por tonelada de cana cortada correspondia a R$ 2,73, em 2005, esse valor cai para 0,86 centavos de real (Ramos, 2007). Além disso, o sistema de pagamento por produção leva os trabalhadores a intensificarem o trabalho para garantir seu emprego. Os números não são exatos, nem muito menos confirmados pelos empregadores, mas vários pesquisadores calculam que cada trabalhador corta, em média, 12 toneladas de cana-de-açúcar por dia. Uma intensificação de tal ordem tem gerado efeitos negativos na condição de saúde desses trabalhadores, levando-os muitas

14. Em outro artigo intitulado: "Trabalho, acumulação e superpopulação: Acumulação, trabalho e superpopulação: crítica ao conceito de exclusão" (Mota, 2009, p. 93-129), aprofundo algumas determinações estruturais e tendências da ampliação atual da superpopulação relativa e do exército industrial de reserva tanto para a atual reprodução ampliada do capital, como, também, para as condições de vida e trabalho da classe trabalhadora brasileira.

15. "[...] o número médio de pessoas ocupadas [...] no cultivo da cana-de-açúcar no Estado de São Paulo caiu em 11.186 pessoas, entre 2007 e 2008; 9.788 pessoas, entre 2008 e 2009; 3.658, entre 2009 e 2010; e 14.468, entre 2010 e 2011. A acentuação da queda nesse último período chama a atenção e, provavelmente, está associada às mudanças tecnológicas que vêm ocorrendo" (Baccarin apud Relatório da Rede Social de Justiça e Direitos Humanos, 2012, p. 27).

vezes a casos extremos de morte por exaustão. No Relatório da Rede Social de Justiça e Direitos Humanos (2012) a Pastoral do Migrante de Guariba relata que entre 2004 e 2007 ocorreram pelo menos 21 mortes nos canaviais paulistas ocasionadas por "Biriola" (câimbra generalizada no corpo seguida de morte) em razão de esforço excessivo de trabalho no corte da cana.

O exemplo da agroindústria sucroenergética no Brasil mostra a grande mistificação das propostas neodesenvolvimentistas. Em muitas de suas propostas e argumentos é possível encontrar uma certa reatualização da "razão dualista", tão criticada por Oliveira (1975), com o objetivo de sustentar que os problemas sociais, políticos e econômicos do Brasil estariam relacionados a uma estrutura "arcaica" e "atrasada" que ainda persiste, em contraste com um Brasil "moderno" e desenvolvido que precisa de incentivos para crescer. Por isso, para essa ideologia a saída para os problemas nacionais não estaria atrelada à dinâmica capitalista, mas sim à falta dela. Nesse sentido, para a ideologia neodesenvolvimentista a solução para o desenvolvimento econômico e social está na "modernização" das estruturas produtivas, no incentivo às exportações, no estímulo ao crédito financeiro, no subsídio estatal aos empresariais estratégicos, no "aperfeiçoamento" da gestão estatal (muitas vezes pela via da gestão privada) e na chamada "republicanização" das instituições do Estado etc. Mas as determinações sumariamente elencadas aqui demonstram que os incentivos aos processos de "modernização" e crescimento econômico, defendidos por muitos intelectuais autoproclamados neodesenvolvimentistas, como única alternativa possível para a superação da crise e o desenvolvimento social estão longe de solucionar as contradições sociais típicas do capitalismo periférico brasileiro. Muito pelo contrário, as políticas estatais de subsídios fiscais e incentivo à modernização financeira do setor agroindustrial (estratégico para a atual política governamental) estão ajudando a acirrar ainda mais suas características de subordinação ao grande capital internacional e intensificação da exploração dos trabalhadores.

Mas para que o discurso do crescimento econômico associado ao desenvolvimento social ganhe corações e mentes não basta apenas travestir a política econômica com um discurso modernizador, de estímulo à produção, ao crédito e à criação de postos de trabalho, torna-se necessário também a construção de políticas estatais de concessões, que amenizem a situação de miséria e pauperismo que afetam a população trabalhadora. Nessa conjuntura é que as políticas sociais brasileiras são cada vez mais baseadas em ações seletivas que estimulam o desenvolvimento das capacidades individuais dos pobres, para que estes acessem o mercado como alternativa ao quadro de desigualdade social atual.

Para essa nova concepção de política de proteção social, em nítido contraste com o conceito de seguridade social inscrito na Constituição de 1988, o debate de como combater a desigualdade social não passa mais pela taxação dos ricos, especialmente do capital rentista parasitário (como propunham anteriormente os social-democratas). Uma nova compreensão de desenvolvimento social e econômico que preserve a hegemonia da fração rentista do capital deve trazer também consigo um padrão de proteção social baseado na profusão de políticas de transferência monetária aliadas às redes filantrópicas e ao estímulo da capacidade individual dos pobres, como principal estratégia de intervenção na "questão social".

O novo padrão de política social vem se afirmando principalmente com o incentivo estatal à proliferação de programas sociais de transferência monetária, como o "Bolsa Família". Segundo Marcelo Sitcovsky (2010), a quantidade de famílias atendidas, em 2009 — mais de 12 milhões de famílias —, se comparada ao total de famílias brasileiras — mais de 60 milhões —, revela que a abrangência do "Bolsa Família" corresponde a 17% das famílias brasileiras. A composição familiar dos usuários do programa é em média de 4,8 membros, o que indica que o auxílio envolve, aproximadamente, 59 milhões de brasileiros (direta e indiretamente) partilhando os recursos deste programa. Levando em consideração que a população do país está estimada em 189 milhões, isso significa dizer que o programa atinge 24% dos cidadãos brasileiros. Ainda segundo o autor, se somarmos tais dados com as estatísticas do Benefício de Prestação Continuada

(BPC), outro importante programa de transferência de renda em vigor no Brasil, ambos reúnem cerca de 15,5 milhões de famílias brasileiras, o que corresponde a, mais ou menos, 70 milhões de pessoas beneficiadas direta e indiretamente pelos programas de transferência de renda no país.

Além da ampliação dos programas de transferência monetária, a política de "combate à pobreza" do atual governo Dilma Rousseff tem apostado também em novas modalidades de "inclusão social" que visam estimular o espírito *empreendedor* ofertando linhas de crédito bancário destinadas aos beneficiários dos programas sociais. Um exemplo dessa política é o recém-lançado Programa de Inclusão Bancária da Caixa Econômica Federal, que tem como objetivo principal a abertura automática de uma conta bancária destinada aos beneficiários do Programa Bolsa Família e a oferta de crédito bancário fácil para pessoas físicas com renda de até R$ 1.000,00 ao mês. Segundo Sara Granemann (2007), além de desenvolver políticas sociais compatíveis com a atual política econômica de favorecimento ao capital rentista, o atual padrão de proteção social brasileiro, ao incluir os beneficiários dos programas sociais no sistema de crédito bancário, está operando uma transformação na condição social dos usuários dos programas sociais. De beneficiários das políticas de transferência de renda, eles estão sendo transformados em potenciais devedores dos bancos. A política social, de um direito social com base na oferta de serviços públicos, passa a operar como uma mediação entre as necessidades da população pobre e as demandas do sistema de crédito bancário nacional.[16] Essa é uma marca característica das atuais políticas sociais que vem sendo implementadas pelo Estado brasileiro: todas as suas concessões na forma de benefícios sociais, mesmo que signifiquem ganhos relativos para a subsistência imediata da população miserável devem ser não só perfeitamente compatíveis, mas também impulsionadoras de espaços de investimento para a dinâmica de acumulação capitalista.

---

16. Para um aprofundamento mais qualificado desta tese original sugiro o texto de Graneman (2007, p. 57-68).

V. Considerações finais

Como podemos perceber ao longo dessa breve exposição, a questão central é que a crise estrutural do capital encurtou ainda mais as possibilidades civilizatórias de desenvolvimento capitalista reduzindo, com isso, as possibilidades de ganhos relativos para os trabalhadores no interior do processo de modernização capitalista. Como afirmava Antônio Gramsci: "[...] a crise consiste justamente no fato de que o velho morre e o novo não pode nascer: neste interregno, verificam-se os fenômenos patológicos mais variados" (Gramsci, 2002, p. 184). Nessa quadra histórica, de crise e construção de alternativas, a classe dominante brasileira e seus consortes premidos pela intensa crise mundial que se alastra, irão buscar nas lembranças de um mítico passado desenvolvimentista a saída ideológica para sustentar a viabilidade de seu projeto societário para o Brasil. Parafraseando Karl Marx (2011) em seu clássico texto *O 18 de Brumário de Luis Bonaparte*, assim como Lutero adotou a máscara do apóstolo Paulo e a Revolução de 1789-1814 vestiu-se alternadamente como a República romana e como o Império romano, atualmente, a classe dominante brasileira, com o auxílio de seus ideólogos, traveste-se com as antigas roupagens do discurso desenvolvimentista mistificando o conteúdo, as causas e as soluções da crise capitalista contemporânea para garantir a continuidade de sua dominação política.

Essa realidade mostra que o grau de aprofundamento da crise civilizatória do capital é tal que as classes dominantes brasileiras são obrigadas a lançar mão de "velhas" recordações mitológicas da sua história passada para atualizarem suas "novas" promessas de futuro. Dessa forma, a função social da ideologia neodesenvolvimentista é por um lado garantir a direção política da classe dominante nos processos sociais em movimento, ao mesmo tempo que mistifica o real conteúdo de suas escolhas atuais tentando inviabilizar o surgimento de qualquer projeto antagônico ao capital. Mas como vaticina o próprio Marx, Hegel já havia observado que todos os fatos e personagens de grande importância na história ocorrem duas vezes, mas esqueceu-se de acrescentar: que a primeira vez é como tragédia e a segunda como farsa (Marx, 2011). Mas até que ponto o discurso neodesenvolvimentista encontrará um terreno fértil para sua ampliação em um quadro cada vez mais intenso de crise econômica mundial e de intensificação da exploração dos trabalhadores? O quadro histórico atual mostra a fragilidade das "novas" promessas burguesas que se limitam a recauchutar o passado. O que importa destacar é que as determinações postas pela crise do capital ao colocarem desafios históricos prementes para a humanidade reivindicam uma alternativa societária realmente nova, mas tal caminho histórico, rigorosamente novo, só poderá ser construído mediante a organização e luta dos próprios trabalhadores.

Referências

BIELSCHOWSKY, Ricardo. *Pensamento econômico brasileiro*: o ciclo ideológico do desenvolvimentismo. Rio de Janeiro: Contraponto, 1998.

BORÓN, Atílio. *Sepa lo que es el capitalismo*. Disponível em: <http://www.atilioboron.com/>. Acesso em: 1º out. 2010.

CASTELO, Rodrigo. O social-liberalismo brasileiro e a miséria ideológica da economia do bem-estar. In: MOTA, Ana Elizabete. *Desenvolvimentismo e construção de hegemonia*. São Paulo: Cortez, 2012.

COGGIOLA, Osvaldo. América Latina no Olho da Tormenta Mundial. *Temas & Matizes*, n. 14, 2. sem. 2008.

COSTA, Gilmaisa Macedo da. Lukács e a ideologia como categoria ontológica da vida Social. *Urutágua* [*on-line*], n. 9, abr./jul. 2006.

FERNANDES, Florestan. *A revolução burguesa no Brasil*: ensaio de interpretação sociológica. Rio de Janeiro: Zahar, 1976.

FILGUEIRAS Luiz; GONÇALVES, Reinaldo. *A economia política do governo Lula*. São Paulo: Contraponto, 2007.

FURTADO, Celso. *O mito do desenvolvimento econômico*. Rio de Janeiro: Paz e Terra, 1974.

GONÇALVES, Reinaldo. Desempenho macroeconômico em perspectiva histórica: governo Lula (2003-2010). In: GONÇALVES, Reinaldo. *Os anos Lula*: contribuições para um balanço crítico, 2003-2010. Rio de Janeiro: Garamond, 2010. p. 161-180.

GRAMSCI, Antonio. *Cadernos do cárcere*. Rio de Janeiro: Civilização Brasileira, 2002. v. 3.

GRANEMANN, Sara. Políticas sociais e financeirização dos direitos do trabalho. In: *Em Pauta*, Rio de Janeiro, UERJ, n. 20, p. 57-68, 2007.

HILFERDING, Rudolf. *O capital financeiro*. São Paulo: Abril Cultural, 1985. (Col. Os Economistas.)

LÊNIN, V. I. O imperialismo, fase superior do capitalismo. In: LÊNIN, V. I. *Obras escolhidas*. São Paulo: Alfa Omega, 1982. v. 1.

LUKÁCS, György. Il momento ideale nell'economia e sulla ontologia del momento ideale. In: LUKÁCS, György. *Per una ontologia dell'essere sociale*. Roma: Riuniti, 1981. v. 2, cap. 2. Tradução para o português de Maria Angélica Borges com a colaboração de Silvia Salvi, s/a. (Mimeo.) Disponível em: <http://sergiolessa.com/BibliotecaLukács.html>.

MARX, Karl. *O capital*: crítica da economia política. São Paulo: Nova Cultural, 1985-86. v. V.

______. *O 18 de Brumário de Luis Bonaparte*. São Paulo: Boitempo, 2011.

MÉSZÁROS, István. *Para além do capital*: rumo a uma teoria da transição. São Paulo: Boitempo, 2002.

MINELLA, Ary C. *Banqueiros organização e poder político no Brasil*. Rio de Janeiro/São Paulo: Espaço e Tempo/ANPOCS, 1988.

MOTA, Ana Elizabete. *Cultura da crise e seguridade social*. São Paulo: Cortez, 1995.

______. *O mito da assistência social*: ensaios sobre estado, política e sociedade. São Paulo: Cortez, 2009.

OLIVEIRA, Francisco de. A economia Brasileira: crítica à razão dualista. *Seleções Cebrap*, São Paulo, Brasiliense, n. 1, 1975.

PANIAGO, Cristina. *Mészáros e a incontrolabilidade do capital*. Maceió: Instituto Lukács, 2007.

PEREIRA, Luis Carlos Bresser. O novo desenvolvimento e a ortodoxia convencional. *São Paulo em Perspectiva*, v. 20, n. 3, p. 5-24, jul./set. 2006.

RAMOS, Pedro. O uso de mão de obra na lavoura canavieira: da legislação (agrária) do Estado Novo ao trabalho superexplorado na atualidade. In: SEMINÁRIO DE HISTÓRIA DO AÇÚCAR: TRABALHO POPULAÇÃO E COTIDIANO, 2., *Anais*..., Itu, 11-15, nov. São Paulo, Editora do Museu Paulista da USP, 2007.

SITCOVSKY, Marcelo. *Bolsa Família e reprodução da força de trabalho no Brasil*: implicações socioeconômicas e políticas. Recife, UFPE, Tese de Doutorado, 2010.

STIGLITZ, Joseph E. *A globalização e seus malefícios*. São Paulo: Futura, 2002.

TEIXEIRA, Francisco. Escravos da ciência: os porões da crise do trabalho. In: MACAMBIRA, J. e Santos, S. M. (Orgs.). *Brasil e NE*: ocupação, desemprego e desigualdade. Fortaleza: IDT/Banco do Nordeste do Brasil, 2007.

VAISMAN, Ester A ideologia e sua determinação ontológica. *Verinotio* [*on-line*], ano VI, n. 12, out. 2010.

QUINTO CANTO

Detalhe da obra "Ulisses e as Sereias" (entre 1675 e 1690) de Pietro Áquila.

A despolitização dos sujeitos "autônomos": os conceitos formais e/ou pós-modernos de movimentos sociais

O último "canto de Sereia", aquele que por fim põe à deriva e faz naufragar qualquer embarcação a caminho de Ítaca, ou converte-a num navio-fantasma, sem sujeitos, sem vida, sem história, é aquele que, tentando tratar do sujeito, o descaracteriza e o afasta de qualquer possibilidade real de transformação social.

O princípio que funda tal descaracterização tem base na substituição da categoria "*exploração*" pelo generalizante conceito de "*exclusão social*".

Assim, os conceitos atuais de Excluído/Incluído, tanto quanto o uso anterior de Marginal/Integrado (e de forma semelhante aos países desenvolvido/subdesenvolvido), são classificações sociais onde a situação de um não é caracterizada a partir de sua relação com o outro. São classificações que não consideram os sujeitos *em relação* e sua situação como produto de tal relação. Diferente são as categorizações de Explorado/Explorador, Dominado/Dominador (e, para os países, Centro/Periferia), onde, aqui sim, um sujeito deve sua condição à sua relação com o outro, e não a uma condição individual.

Desta forma, enquanto o conceito de "exclusão social" mostra o *resultado de um processo*: o afastamento de um/alguns indivíduo/s de certos bens e serviços (materiais, culturais etc.), ou de parcelas do poder (nas decisões políticas), este conceito, no entanto, não mostra o *processo em si*, as *causas desse processo*, dessa "exclusão". O *qualifica*, mas não o *explica*. A *forma* (sua aparência) do "produto final" (a exclusão, neste caso) esconde o *processo em si* (sua formação e gênese, seus fundamentos, suas contradições, sua essência); é isto que Marx chamou de "fetichismo".[1] Entretanto, a categoria "exploração" *explica* sim o fenômeno, a partir das relações sociais próprias da sociedade capitalista: a relação entre capital e trabalho, baseadas na exploração; não só o qualifica, não só o apresenta, mas esta categoria permite *compreender sua gênese, seus fundamentos, a relação social que funda esta condição... e portanto, permite o caminho para sua superação*.

Enquanto a solução para a "exclusão" é a "inclusão" (dentro do sistema), preservando a ordem do capital a partir de certas mudanças (corretivas ou ajustadoras), a solução para a "exploração" (condição fundante e insuprimível do sistema capitalista) consiste necessariamente na superação da ordem do capital, num processo de transformação social.

Com tal procedimento, onde a "exploração" é substituída pela "exclusão", opera-se um esvaziamento conceitual (e político) no tratamento dos sujeitos que portam a missão histórica da transformação social.

Assim, há um esvaziamento da categoria de "*classe social*", que de uma perspectiva marxiana — fundada no lugar dos sujeitos no processo de produzir valores, numa relação salarial e de exploração entre donos de meios de produção e donos de força de trabalho — passa a ser conceituada muito mais em função da compreensão weberiana — enquanto uma estratificação social a partir do poder aquisitivo das pessoas, esvaziando tal conceito da contradição fundante do sistema capitalista, a exploração.

Com tal substituição da conceituação marxiana de classe pela caracterização weberiana, há paralelamente uma substituição (ou identificação) da categoria "*classe*" pelo liberal conceito de "*cidadania*". Sempre promovendo um esvaziamento das relações sociais, transformando a classe, ou a cidadania, um processo individual que não se funda a partir de relações de desigualdade.

---

1. MARX, Karl. *O capital (Crítica da economia política)*: o processo de produção do capital. Rio de Janeiro: Civilização Brasileira, 1980. Livro I, p. 79 e ss.

Neste sentido, os termos de "exclusão/excluído", "cidadania/cidadão", "povo/população/popular" não dão conta das relações de produção e distribuição do valor, das contradições internas, enfim, dos fundamentos das classes sociais que os compõem. Como afirma Marx,[2]

> a população é uma abstração se desprezarmos, por exemplo, as classes de que se compõe. Por seu lado, essas classes são uma palavra oca se ignorarmos os elementos em que repousam, por exemplo o trabalho assalariado, o capital etc. Estes supõem a troca, a divisão do trabalho, os preços etc. O capital, por exemplo, sem o trabalho assalariado, sem o valor, sem o dinheiro, sem o preço etc., não é nada.

Este "canto" ecoa nos ouvidos dos navegantes, onde os versos entoam a exclusão no lugar da exploração, a cidadania no lugar da classe, a identidade no lugar da contradição. O resultado: o sujeito é visto e considerado a partir da sua condição particular, ocupando um lugar numa dada estratificação social, e não nas suas relações contraditórias com outros sujeitos, outras classes. Canta-se à despolitização dos sujeitos.

Isto ocorre particularmente quando se pensam os *Movimentos Sociais*. Nestes "cantos", retirados das análises da contradição capital/trabalho, são considerados a partir de *identidades* (aspectos culturais ou carecimentos que identificam um grupo em particular) ou dos *territórios* (vinculados ao risco social ou a características territoriais), o que novamente expressa uma compreensão dos sujeitos sem relação, sem contradição, sem antagonismo... e portanto sem lutas. *Não mais o sujeito (protagonista) da história, mas "sujeito" (amarrado) na história.*

Particularmente, esta análise (e o envolvimento) de Movimentos Sociais no processo do neodesenvolvimento (com *sustentabilidade*) voltado para a *preservação do meio ambiente*, tem como horizonte o

2. MARX, K. *Contribuição à crítica da economia política.* "Introdução". São Paulo: Martins Fontes, 1977. p. 218.

chamado "capitalismo verde", apostando numa ação pedagógica voltada para o avanço da "responsabilidade social empresarial". A noção de produção sustentável visa um capitalismo voltado para questões ecológicas, considerando a finitude dos recursos naturais. Assim, desconsiderando e até desprezando qualquer análise que, partindo da "lógica destrutiva do capital", vise a superação da ordem, o discurso da sustentabilidade consiste numa sedutora proposta de perpetuação das relações capitalistas de produção: *exploração sim, desde que não maltrate o meio ambiente!* Movimentos Sociais e organizações comunitárias se encantam com as tonadas destes "cantos de Sereias", envolvendo suas energias militantes na defesa isolada das questões meioambientais, visando "*educar*" a população e o empresariado numa "mudança de hábitos".

1

Movimentos sociais e luta de classes: crítica às teorias dos "novos movimentos sociais" e dos "movimentos socioterritoriais"*

Caio Martins**

I. Introdução

Este artigo é resultado de nossos estudos em torno da temática da "teoria dos movimentos sociais", sobretudo as que surgem a partir da década de 1970. Preocupa-nos, em especial, o papel que tais

* O presente texto foi elaborado a partir da pesquisa para a Tese de Doutorado, sobre *a relação entre luta de classes e movimento social no Brasil*, no PPGSS-UFRJ, sob orientação do prof. dr. Carlos Montaño.

** Tem graduação e mestrado em Administração pela Universidade Federal de Santa Catarina (UFSC). É estudante de doutorado em Serviço Social pela Universidade Federal do Rio de Janeiro (UFRJ). Integra o Núcleo de Estudos Marxistas sobre Política, Estado, Trabalho e Serviço Social (PETSS/ESS-UFRJ).

teorias, como expressão ideal do desenrolar das lutas de classes, ao retroagirem sobre a classe trabalhadora, desempenham no processo de seu amoldamento ao modo de produção capitalista. Aqui, no entanto, trataremos apenas de duas perspectivas que realizam este *movimento*. A primeira, conhecida como Teoria dos Novos Movimentos Sociais (NMS), como abordagem própria do pensamento pós-moderno ou acionalista, centra suas análises nas identidades produzidas pelos conflitos sociais, nos discursos, na sua dimensão subjetiva. Embora tenha como marco fundamental a obra de Alan Touraine, nossa análise se direciona à formulação de Maria da Glória Gohn, que apresenta seus traços gerais de modo sintético; e do sociólogo Boaventura de Sousa Santos. Optamos por esta interlocução levando em conta a força que a teoria deste autor tem junto aos próprios movimentos sociais, aos quais Santos se engaja ativa e solidariamente. A segunda, que denominamos de Teoria dos Movimentos Socioterritoriais, cuja gênese encontra-se nos estudos da geografia, trata da temática dando centralidade ao território para explicar os movimentos sociais, propondo uma abordagem dialética entre sua territorialização em contradição com a desterritorialização do capital. Para este debate, elegemos como interlocutor o jornalista e ativista uruguaio Raúl Zibechi que, até o momento de nossa pesquisa, é quem melhor representa, com coerência, este ponto de vista a respeito dos movimentos sociais.

Travaremos o debate com estas teorias sustentando uma perspectiva de totalidade, cujo elemento central é o movimento histórico do modo de produção capitalista dinamizado pela luta de classes, que atravessa todos os poros da vida social, ora velada, ora abertamente. É este o fio condutor que nos permite não fragmentar ou autonomizar os movimentos sociais, mas captar o seu significado histórico tendo em vista a totalidade social.

Cabe ressaltar que as reflexões aqui apresentadas são produto de uma pesquisa ainda em andamento, razão pela qual este estudo deve ser compreendido como nossos primeiros resultados alcançados, mas que — assim pretendemos — se aprofundará com as sucessivas aproximações ao objeto em debate. Nossa decisão em expor este resultado baseia-se na segurança da correção das críticas que ora apresentamos e na necessidade teórico-política de travarmos o debate. Por isso, não nos eximimos nem da responsabilidade das críticas aqui expostas nem da necessidade de seu aprofundamento. Aqui vale, pois, a sentença de Victor Hugo (2002, p. 64): "Todo embrião de ciência tem este duplo aspecto: monstro, como feto; maravilha, como germe".

II. A propósito dos "novos movimentos sociais"

> [...] Porque o momento no qual a palavra feliz é pronunciada, jamais é o momento feliz. Porque quem morre de sede não pronuncia sua sede.
>
> Porque na boca da classe operária não existe a palavra classe operária. [...]

O poema de Hans Magnus Enzensberger, em epígrafe, chama-se: *Razões adicionais para os poetas mentirem*. A propósito de nosso tema, bem poderíamos renomeá-lo. A produção teórica das últimas décadas nos sugere que as razões para os poetas mentirem são as mesmas "razões para os intelectuais omitirem". "Porque na boca da classe operária não existe a palavra classe operária": esta tem sido uma razão adicional para que alguns dos principais intelectuais, aqueles que centram suas análises nos discursos e na produção de identidades, decretem reiteradamente o fim das lutas de classes ou a perda de sua centralidade na explicação do devir. As causas ou justificações são as mais diversas. Assim, se Karl Marx (2008, p. 47) insistia na tese segundo a qual não devemos julgar uma época histórica pela consciência que ela tem de si mesma, ou que "não é a consciência dos homens que determina o seu ser; ao contrário, é o seu ser social que determina sua consciência", para muitos destes intelectuais o centro da questão encontra-se no plano subjetivo e, não raras vezes, é tomado em sua imediaticidade.

Referimo-nos, evidentemente, às teorias dos assim chamados "Novos Movimentos Sociais" (NMS), que ganham força sobretudo a partir da década de 1970 e, no Brasil, sintomaticamente, a partir dos meados da década de 1980. Apesar da diversidade entre os autores, o que eles têm de comum em sua argumentação é a constatação de que conflitos de outra natureza — que não o da "tradicional" luta de classes — emergem ao primeiro plano, trazendo consigo novos sujeitos e novas demandas.

Maria da Glória Gohn (2011, p. 121-32)[1] apresenta cinco características comuns a estes "esquemas interpretativos" que surgem da "inadequação" do "paradigma tradicional marxista". A primeira delas é que as teorias passam a centrar sua atenção nos discursos como expressões de suas práticas culturais. Em segundo lugar, uma vez que o "paradigma marxista" não daria conta de explicar as ações que advém de outros campos que não o econômico e da luta de classes [*sic*], a teoria dos NMS sustenta "a possibilidade de mudança a partir da ação do indivíduo, independente dos condicionamentos das estruturas" (Gohn, 2011, p. 122). Como terceira característica, este "novo paradigma" elimina também a centralidade da classe trabalhadora como sujeito histórico na luta pela emancipação humana. Em seu lugar, haveria um sujeito coletivo difuso, não hierarquizado, em luta contra discriminações e opressões. Esta é a razão para o recorrente uso do termo "atores sociais". Em quarto lugar, a política é redefinida e ganha centralidade na análise, abarcando todas as práticas sociais e sem a postulação de existência de hierarquias ou determinações. Destaca-se, ainda, que a dimensão política é "[...] utilizada *principalmente* no âmbito das relações microssociais e culturais" (Gohn, 2011, p. 123; grifo nosso). Finalmente, os "atores sociais" são analisados prioritariamente por suas ações coletivas e pelas identidades criadas no processo de luta. Por isso, "a identidade coletiva tem centralidade nas explicações dos NMS" (Gohn, 2011, p. 123).

---

1. Convém observar que a autora não faz clara distinção entre o que advogam os intelectuais e a natureza dos movimentos analisados. Nesse sentido, novos movimentos sociais e teoria dos novos movimentos sociais são tomados como sinônimos.

Cada uma dessas características apresenta-se articulada de forma diferenciada em uma ampla gama de autores, mas, como afirma Gohn, conformam um campo comum que dialoga criticamente com as teorias marxistas, sobretudo as consideradas pelos autores como "ortodoxas". No entanto, se é verdade que a teoria social de Marx espraia-se de forma vulgarizada e simplificada pelos movimentos sociais, uma crítica que pretenda superá-la não pode tomá-la a partir do modo como é ou foi apropriada por alguns intelectuais ou movimentos. Ao contrário, exige-se a compreensão de um pensamento que é dotado de unidade e coerência, isto é, não fragmentário, que conforma um todo articulado que, no caso da teoria social de Marx, reproduz idealmente o movimento da história humana e do modo de produção capitalista em particular com o claro e explícito objetivo de superá-lo. A ironia é que a crítica mais recorrente e dirigida a Marx pelos teóricos dos NMS, que diz respeito à insuficiência de sua teoria, é ela mesma insuficiente.

Em primeiro lugar, é um erro considerar que a tradição marxista não abordou a cultura e a dimensão subjetiva como elementos importantes da história. O que a tradição marxista não faz, por coerência metodológica, é dar centralidade às expressões subjetivas da práxis, as quais não são pensadas como elementos determinantes, ou melhor, como momento predominante da relação contraditória entre subjetividade e objetividade; antes o contrário. Por isso, Marx e Engels argumentavam que é a forma de produção material e de intercâmbio em seus diferentes estágios que pode explicar

> [...] o conjunto das diferentes criações teóricas e formas de consciência — religião, filosofia, moral etc. etc. — e em seguir o seu processo de nascimento a partir dessas criações, *o que então torna possível, naturalmente, que a coisa seja apresentada em sua totalidade* (*assim como a ação recíproca entre estes diferentes aspectos*) (Marx e Engels, 2007, p. 42-3; grifos nossos).

A mera acusação de desconsiderar a cultura é, portanto, enganosa. Pode-se discordar do modo pelo qual a cultura e a subjetividade humana são abordadas na tradição marxista, mas isto implica uma crítica ao seu método e a todo o sistema categorial que lhe é próprio, articulado sob uma perspectiva de totalidade cujo momento predominante é a práxis, a atividade objetiva dos homens em condições herdadas do passado, não de sua escolha. É verdade, desse modo, que inexiste neste método qualquer possibilidade de interpretação das ações humanas como se fossem livres de condicionamentos. Por isso que "[...] as circunstâncias fazem os homens, assim como os homens fazem as circunstâncias" (Marx e Engels, 2007, p. 43).

Nesse sentido, uma mudança nas condições da produção da vida material, que em nosso caso é o mesmo que a superação do modo de produção capitalista, não depende de uma ação individual, mas da constituição da classe trabalhadora como classe para si[2] (entre outras coisas). Mas "mudança" ou "transformação social" não é o mesmo que revolução. É um erro, portanto, afirmar que na tradição marxista é impossível a mudança a partir da ação do indivíduo. Antes o contrário: os indivíduos, ao agirem, em sua atividade, necessariamente transformam a realidade e a si mesmos;[3] são, todavia, como indivíduos, impotentes para transformar o modo de produção, cujo sujeito potencial deste processo (a revolução) é a classe trabalhadora em movimento.

Também quanto ao sujeito histórico faz-se confusão. Quando a tradição marxista se utiliza do termo "sujeito histórico" é com a absoluta clareza de que se está falando da história em seu sentido universal. Isso não quer dizer que só há história quando a classe trabalhadora se constitui enquanto classe para si. Por isso, nenhuma teoria social pode "[...] eliminar o sujeito histórico redutor da humanidade" e substituí-lo por um novo sujeito coletivo difuso arbitrariamente.

2. Ver Marx (2001, p. 145-52). Uma introdutória análise do processo de consciência na sociedade capitalista pode ser encontrada em Iasi (2011, p. 11-45). Uma interessante abordagem que diferencia a consciência de classe contingente da consciência de classe necessária encontra-se em Mészáros (2008, p. 55-90).

3. São inúmeras as passagens de Marx e Engels que abordam esta questão. Lukács tratou larga e profundamente da temática no capítulo sobre o trabalho n'*A ontologia do ser social* (ver Lukács, 2004).

Trata-se de diferentes momentos do movimento da história, do movimento da própria luta de classes, que é para os intelectuais uma condição objetiva independente de sua vontade. Além disso, a existência de sujeitos coletivos difusos em dado momento histórico não é incompatível com a tese da luta de classes. O que a tradição marxista apregoa é que, no que se refere à revolução socialista, sua possibilidade objetiva é condicionada pela constituição da classe trabalhadora como classe para si na luta contra o capital. Seu papel enquanto teoria é contribuir para este processo.

A redefinição da política afirmada pelas teorias dos NMS consiste na sua diluição para todas as práticas sociais. Se a teoria social de Marx sustenta que o Estado é o centro do poder político da classe dominante e que, portanto, uma revolução social necessita a tomada e quebra deste poder, as teorias dos NMS sociais dão centralidade às relações microssociais e culturais. Os conflitos sociais são circunscritos à ordem do capital, velando sua própria historicidade e possibilidade concreta de sua superação. Não se trata, portanto, de negar dimensões políticas que se plasmam por toda a sociedade, mas de evidenciar os elementos centrais do poder político do capital.

Finalmente, as teorias dos NMS colocam a identidade coletiva como elemento central para a explicação dos movimentos. Deixam de ser consideradas como um produto do movimento a partir de condições objetivas comuns e são consideradas como fruto imediato da ação do grupo. Os movimentos aparecem como se fossem autodeterminados e, uma vez que não se pretende ir além da ação coletiva e da identidade por ela criada, a dimensão da luta de classes e o movimento do capital não aparecem como determinações.[4]

Até agora, tratamos apenas dos traços gerais que Gohn (2011) identifica como as principais características do "paradigma dos novos movimentos sociais". Todas essas características, como vimos, se afirmam em clara oposição à tradição marxista. Mas, considerando a

---

4. Para uma rápida leitura crítica da perspectiva acionalista, ver Montaño e Duriguetto (2010, p. 312-6).

diversidade entre os autores deste campo, para aprofundar nossa crítica temos que analisar os fundamentos de tais proposições, o que só é possível através da análise de cada teoria em particular.

É nesse sentido que tomaremos como exemplo deste campo a teoria de um destacado intelectual dos NMS. Referimo-nos ao engajado Boaventura de Sousa Santos (1999, p. 222), que afirma que a novidade destes movimentos reside na identificação de "novas formas de opressão" que estão para além das relações de produção e não são específicas dela (como machismo, guerras, poluição etc.). Segundo o sociólogo português, seria necessário tanto uma crítica ao marxismo como ao "movimento operário tradicional" e ao "socialismo real", que supostamente não estiveram atentos a esta questão ou compactuaram com estas formas de opressão. Vejamos seu argumento.

Para Santos, a crise do fordismo fez emergir um novo "modelo de regulação" contraditório e ainda não estabilizado nos países centrais. O mercado teria atingido um alto nível de "naturalização social", mas sem conseguir nenhuma lealdade cultural específica a ele. De acordo com o autor, passa-se a aceitar o mercado, mas, ao mesmo tempo, novos movimentos surgem para lutar pela "emancipação social".[5] Nesse sentido, preocupa ao sociólogo compreender a nova relação estabelecida entre regulação e emancipação, de um lado, e subjetividade e cidadania, de outro. Nossa análise se centrará, no entanto, somente na relação entre regulação e emancipação.

Santos (1999, p. 205) afirma que o equilíbrio entre regulação e emancipação é o que caracteriza a modernidade; são seus pilares fundamentais. A "regulação" referir-se-ia ao excesso de controle social exercido pelo poder disciplinar e a normalização técnico-científica da vida social através dos quais a "modernidade" domestica os corpos e regula as populações de modo a reduzir seu potencial político. O pilar da regulação estaria assentado em três princípios fundamentais:

5. Termo próprio do autor, cujo significado confunde-se com democratização. "Emancipação social" resume-se a não mais que "[...] um conjunto de lutas processuais, sem fim definido", no sentido da "democracia sem fim" (Santos, 1999, p. 238). Sobre a emancipação na obra de Marx, ver nota 7.

o princípio do Estado (Hobbes), o princípio do mercado (Locke) e o princípio da comunidade (Rousseau). O pilar da emancipação, por sua vez, é formado pela articulação "[...] entre três dimensões da secularização e racionalização da vida coletiva: a racionalidade moral prática do direito moderno; a racionalidade cognitivo-experimental da ciência e da técnica modernas; e a racionalidade estético-expressiva das artes e da literatura modernas (Santos, 1999, p. 204). Ou seja, é a expansão de determinada forma de racionalidade, sua universalização, para o complexo da moral e do direito, das artes e da ciência, algo que na época "pré-moderna" não fora possível. Além disso, para que haja o equilíbrio harmonioso entre emancipação e regulação, é necessário, sempre segundo Santos, o desenvolvimento harmonioso de cada um dos pilares e da própria relação entre eles.

Aqui, é necessário um parêntese. Santos procede a uma análise sociológica a partir de *constatações* econômicas, políticas e ídeo-culturais. Sua abordagem sugere que essas características da modernidade e, portanto, do capitalismo, são autoevidentes, pois não há uma preocupação em explicar as determinações que impulsionam esses movimentos, dá-se pouca atenção aos conflitos e sujeitos que o dinamizam como respostas às necessidades do modo de produção capitalista, e não há nem mesmo a exposição de evidências convincentes que corroborem suas afirmações e/ou refutem a de seus interlocutores. Em que pese o caráter ensaístico de sua obra, nossa observação crítica dirige-se, no entanto, ao próprio método do autor que, ao tomar a sociologia como disciplina com elevado grau de autonomia, termina por "deseconomizar" o "social" e "dessocializar" a "economia". Este recurso metodológico dá à política um outro significado, em tudo diverso ao da tradição marxista, cuja centralidade encontra-se na luta de classes sob uma perspectiva de totalidade. Veremos que isto terá maiores implicações mais adiante.

O que importa para Santos é ressaltar que, nos diferentes períodos históricos da modernidade, os princípios da regulação e sua relação com a emancipação foram articulados de formas diferenciadas. Nesse sentido, seguindo a sua análise sociológica, Santos afirma a existência de três períodos fundamentais. No primeiro, o do capitalismo liberal, o princípio do mercado (um dos princípios da regulação) foi totalmente hipertrofiado nas sociedades capitalistas avançadas. No segundo, fazendo referência ao fordismo e ao chamado Estado de Bem-Estar Social, sob a pressão do princípio da comunidade, houve um maior equilíbrio entre o princípio do mercado e o princípio do Estado, dando origem ao Estado-providência e ao "capitalismo organizado". Por último, teria havido uma "re-hegemonização" do princípio do mercado, que colonizou o princípio do Estado e da comunidade. É esta expansão do princípio do mercado que estaria gerando um desequilíbrio no pilar da regulação e também no pilar da emancipação. Novamente, as causas fundamentais que levam à expansão do "princípio do mercado" em detrimento do "princípio do Estado" são apenas constatadas, mas não explicadas.

Segundo o autor, à medida que o capitalismo desenvolveu-se, o pilar da regulação teria se fortalecido à custa do pilar da emancipação. Assim, o desequilíbrio entre regulação e emancipação e o consequente excesso de regulação teria gerado desequilíbrio também entre os princípios da emancipação. Neste, "[...] a racionalidade cognitivo-instrumental da ciência e da técnica desenvolveu-se em detrimento das demais racionalidades e acabou por colonizá-las [...]" (Santos, 1999, p. 204).

Notem que os dois pilares em questão são tomados como conjunto de princípios ou de modos de racionalidade que se plasmariam por todo o tecido social. Contudo, a análise destes elementos não é articulada a partir de uma perspectiva de totalidade, o que permite que, mais tarde, a democratização sem fim, que mantém mercado, propriedade privada e Estado, sejam identificadas com a emancipação. Além disso, o próprio Estado moderno aparece apenas como entidade que controla, que regula, e que implica a cidadania, mas não como uma expressão política da dominação e da luta de classes ou, dito de outra forma, como um instrumento político de dominação burguesa. Nesse sentido, o movimento histórico captado pelo autor não o leva aos fundamentos do problema. E, como veremos mais adiante, ao não questionar seus fundamentos, a direção sociopolítica para a qual aponta sua teoria, uma democratização sem fim, termina por reafirmar os fundamentos da sociabilidade capitalista.

O quadro apresentado por Santos aponta para a identificação de um excesso de regulação no Estado-Providência no período que passou a ser criticado pelos NMS a partir dos finais da década de 1960. Desse modo, no que tange a relação entre regulação e emancipação, o autor sustenta que os NMS promovem tanto uma crítica à regulação social capitalista quanto à "emancipação social socialista", como teria sido definida pelo marxismo[6]. Isso se daria através da identificação de novas formas de opressão que ultrapassam as relações de produção, como guerras, poluição, conflitos étnico-raciais, machismo[7] etc. Dessa forma, os NMS estariam denunciando, "com uma radicalidade sem precedentes" (*sic!*) os excessos de regulação da "modernidade". Essas novas formas de opressão, segundo o autor, são transclassistas e atingem, portanto, a sociedade como um todo.

Os NMS seriam, portanto, nesta análise, uma resposta ao excesso de regulação do período anterior e partem do pressuposto de que "[...] as contradições e as oscilações periódicas entre o princípio do Estado e o princípio do mercado são mais aparentes do que reais, na medida em que o trânsito histórico do capitalismo é feito de uma

---

6. Ressalte-se que Marx (2009), quando aborda o tema da emancipação, qualifica a particularidade da emancipação no terreno da ordem burguesa como "emancipação política", relacionada aos direitos de cidadania. A emancipação humana, no entanto, só poderia ser alcançada quando as forças próprias dos seres sociais fossem conscientemente direcionadas, quando estas, que na sociedade capitalista são alienadas do homem real, não se lhe apresentassem como algo estranho, hostil, através do Estado e da religião. Por isso, a emancipação humana pressupunha a eliminação do Estado burguês, e a restituição dos seus poderes às atividades sociais concretas dos homens. Alguns anos mais tarde, Marx identificará esta possibilidade no comunismo, e o Estado e a religião como fenômenos relacionados ao modo de produção capitalista e à "alienação universal" (econômica), nos termos de Mészáros (2006, p. 126-9). Quanto ao conceito de "emancipação social socialista" do "Marx de Sousa Santos" (Netto, 2004), que não é nem política, nem humana, permanece-nos obscuro.

7. Se Santos considera estas formas de opressão como novas, Marx e Engels (2007, p. 36), pelo contrário, afirmavam que já nas primeiras formas de família da história da humanidade, por conta da desigual divisão do trabalho e de seus produtos, tanto quantitativa quanto qualitativamente, encontrava-se o embrião da propriedade privada, uma vez que os homens tinham como escravos a mulher e seus filhos.

interpenetração sempre crescente entre os dois princípios [...]" (Santos, 1999, p. 226). Por isso, invocar o princípio do Estado contra o princípio do mercado seria cair numa armadilha da "radicalidade fácil". A saída, portanto, segundo o sociólogo, encontrar-se-ia no fortalecimento do princípio da comunidade, que é o que "[...] tem mais virtualidades para fundar as novas energias emancipatórias" (Santos, 1999).

Contra a expansão desmedida do princípio do mercado, resta-nos fortalecer o princípio da comunidade, de forma a reconstruir o equilíbrio do pilar da regulação. Nos marcos dos fundamentos do modo de produção capitalista, a emancipação defendida pelo sociólogo português constitui-se numa luta pela democratização *ad infinitum*, sendo, portanto, incapaz de superar os fundamentos daquilo que impulsiona o que o autor denomina como "excesso de regulação". Conforme o autor,

> A ideia da obrigação política horizontal, entre cidadãos, e a ideia da participação e da solidariedade concretas na formulação da vontade geral são as únicas susceptíveis de fundar uma nova cultura política e, em última instância, uma nova qualidade de vida pessoal e colectiva assentes na autonomia e no autogoverno, na descentralização e na democracia participativa, no cooperativismo e na produção socialmente útil (Santos, 1999, p. 226-7).

Ora, o que faz com que o "princípio do mercado" se expanda tendo por consequência um "excesso de regulação" é o próprio metabolismo autoexpansivo do capital movido pela burguesia que, como afirmaram Marx e Engels (2007, p. 43) já em 1848, "impelida pela necessidade de mercados sempre novos, [...] necessita estabelecer-se em toda parte, explorar em toda a parte, criar vínculos em toda parte". Este metabolismo, que é a essência do modo de produção capitalista, tende a transformar todas as relações sociais em formas de apropriação do valor produzido pelo trabalho, precisando, portanto, controlá-lo. Trata-se de uma expansiva reificação da vida social, em que as mercadorias subordinam à sua realização as necessidades humanas. Como no mito do Rei Midas,[8] o capital está condenado a se expandir e transformando todas as relações sociais em meios de sua autovalorização ou a eles subordinando-as. Como combater este movimento, que é da natureza do próprio capital, com o fortalecimento do "princípio da comunidade" ou, em outros termos, com a democracia sem fim?

Santos (1999, p. 238) afirma a necessidade de uma nova teoria da democracia que seria a base para a construção de um socialismo liberto da "caricatura grotesca do socialismo real", podendo voltar a ser o que *sempre foi*: "a utopia de uma sociedade mais justa e de uma vida melhor, uma ideia que, enquanto utopia, é tão necessária quanto o capitalismo".[9] A nova democracia seria possível através da repolitização global da prática social, permitindo desvelar "formas novas de opressão e de dominação", ao mesmo tempo em que expande a cidadania e a democracia. Politizar, para o sociólogo, "[...] significa identificar relações de poder e imaginar formas práticas de as transformar em autoridade partilhada" (Santos, 1999, p. 233). Para a consecução de tal tarefa, o autor identifica quatro espaços estruturais: o espaço da produção, o espaço da cidadania (político, segundo a teoria liberal), o espaço doméstico e o espaço mundial.

O espaço da produção é o espaço das relações sociais de produção e, segundo Santos, a forma de poder que lhe é própria é a exploração, que pressupõe a extração de mais-valia. Contudo, a "difusão social da produção", quando se passa a confundir os espaços de produção e reprodução, somado ao isolamento político do operariado na produção, teria nos levado a uma situação paradoxal em que a força de trabalho assalariada é indispensável para explicar a sociedade capitalista, mas o operariado torna-se cada vez menos importante

8. Segundo a mitologia grega, o Rei Midas, como recompensa por ter auxiliado Sileno a reencontrar o resto do séquito, ganhou o direito de realizar qualquer desejo. Optou, irrefletidamente, pelo poder de transformar tudo o que tocasse em ouro. Realizado seu desejo, sua virtude se tornou um fardo para a sua própria existência.

9. Com este conceito preciso de socialismo, "livre de preconceitos", descobrimos que *todos* são e sempre foram socialistas, pois, afinal, quem não deseja uma sociedade mais justa e com uma vida melhor?

e incapaz de ser a vanguarda de um processo de "transformação não capitalista". Para Santos, por essa razão, o espaço da produção perdeu o protagonismo social e cultural e o operariado o peso político que detinha.

Mas, pondera o autor: "Se tal transformação não pode ser feita só com o operariado, tão pouco pode ser feita sem ele ou contra ele" (Santos, 1999, p. 234).[10] O que a formulação do sociólogo nos leva a concluir é a defesa de um alargamento e uma indeterminação dos sujeitos que podem por em movimento um processo que conduza ao socialismo (nos seus termos). Este sujeito, portanto, torna-se tão difuso quanto o modo como descreve o atual processo produtivo. Esta é, como vimos, uma característica própria do "paradigma dos NMS" descrito por Gohn, em que se retira a centralidade da classe trabalhadora como sujeito capaz de pôr em marcha um processo de superação do modo de produção capitalista.

É também importante ressaltar a redução do conceito de mais-valia promovida pelo autor, cuja ênfase desloca-se da apropriação do trabalho excedente pelo capital para uma forma de poder particular das relações de produção capitalistas. Embora a exploração capitalista seja também uma relação de poder, o que a particulariza é sua finalidade de apropriação de parte do valor novo criado pela força de trabalho assalariada. Mas, além disso, é este valor apropriado que necessitará ser transformado novamente em capital, constituindo aquilo que Marx caracterizou como reprodução ampliada,[11] o que torna esta forma de poder incontrolável e necessariamente impositiva no âmbito da produção de mercadorias. É este metabolismo autoexpansivo do capital, como afirmamos anteriormente, que torna também o mercado expansivo, pois este é o lócus de sua realização.

Contudo, como Santos reduz a mais-valia a uma forma particular de relação de poder nas relações sociais de produção, com a difusão

---

10. Ressalte-se que defender a *centralidade* da classe trabalhadora é completamente diferente de defender uma revolução "feita só com o operariado", compreensão implícita na leitura de Santos.

11. Ver o capítulo XXII de *O capital* em Marx (1984a, p. 163-86).

social da produção, ele identifica o surgimento de outras formas de mais-valia. Nos termos do sociólogo português: "A mais-valia econômica é cada vez mais tão-só um dos componentes de uma relação de poder onde se misturam, para além dela, mais-valias étnicas, sexuais, culturais e políticas" (Santos, 1999, p. 235). Após o anúncio desta impressionante "descoberta", Santos limita-se a reafirmar a ineficácia do movimento operário tradicional para combater as demais formas de mais-valia. Estes novos conceitos não se relacionam, ao contrário da mais-valia tal qual a categoria elaborada por Marx, com nenhum processo de "acumulação" étnico, sexual, cultural ou político, tampouco com nenhum conflito antagônico de classes. O único efeito que estas formas de mais-valia "descobertas" pelo autor produzem é o de esvaziar o conceito de mais-valia próprio da tradição marxista e, com isso, abrir o campo para reiterar a perda de importância daqueles que a produzem.

Para democratizar o espaço da produção nos termos da nova teoria da democracia, Santos propõe a politização deste espaço que é multidimensional, ressaltando quatro delas. Primeiro, seria preciso politizar a relação capital-trabalho, em que a defesa da redução da jornada de trabalho e o aumento da participação e da codeterminação nas decisões da empresa ganham centralidade. Em segundo lugar, seria necessário politizar as relações *na* produção, que envolve também relações de poder entre trabalhadores que podem violentar "[...] o quotidiano do trabalho assalariado *tanto ou mais que a relação entre capital e trabalho*" (Santos, 1999, p. 235; grifos nossos). É nesta dimensão em que se destaca o combate às outras formas de mais-valias (étnicas, culturais, políticas e sexuais) [*sic*]. Em terceiro lugar, deve-se, sempre segundo o autor, politizar os processos de trabalho e de produção e sua componente tecnológica, pautando a necessidade de imaginação de alternativas tecnológicas que possibilitem o reequilíbrio entre capacidade de ação e de previsão. Finalmente, precisaríamos politizar a relação com a natureza, a qual se torna cada vez mais social e tem conduzido a humanidade a uma catástrofe ecológica. Dessa forma, atribuiríamos direitos à natureza sem a exigência de nenhum dever, nenhuma obrigação de sua parte.

Notem que a politização defendida pelo autor é importante em vários aspectos. De fato, a redução da jornada de trabalho, o combate à opressão no seio da própria classe trabalhadora, o questionamento da tecnologia como forma de controle sobre o conjunto da força de trabalho, a destruição da natureza: tudo isso merece ser questionado e politizado. Porém, a forma como estas importantes questões são levantadas pelo autor terminam por secundarizar a dimensão de classe, por diversas razões.

Em primeiro lugar, quando identifica que a participação na gestão do capital é uma luta emancipatória. O problema, contudo, não se encontra na gestão do capital, mas no próprio capital que, insistimos, é um metabolismo social eminentemente autoexpansivo e incontrolável. A gestão do capital é a personificação do capital global nos diferentes capitais particulares, que são unidos entre si pela concorrência. Por isso, a irracionalidade global do capital está imbricada e contraditoriamente relacionada com a racionalidade da gestão capitalista ou, nos termos de Santos, com seus "excessos de regulação" no seio da produção. Participar nas decisões da empresa é participar da gestão do capital; é, noutras palavras, impor aos trabalhadores a racionalidade do capital.

Em segundo lugar, se é *possível* que as formas de opressão e as relações de poder entre trabalhadores sejam tanto ou mais violentas no cotidiano do que a relação capital-trabalho, não é verdade que reside aí a sua causa, justamente porque as relações imediatas, do cotidiano, tem por fundamento uma violência que lhe é anterior. A politização destas formas de opressão é importante justamente para, além de combatê-las, tornar possível a solidariedade de classe, algo que o autor considera "mítico"[12] na atualidade. Além disso, é um erro

12. Esta ideia de Santos é expressa da seguinte forma: "O 'operário massa' ou o 'operário colectivo' terminou (se alguma vez existiu) e é preciso tirar disso todas as consequências. As relações de poder entre trabalhadores na produção podem violentar o quotidiano do trabalho assalariado tanto ou mais que a relação entre capital e trabalho. A ocultação desta forma de poder em nome de míticas solidariedades constitui um acto de despolitização e de desarme político" (Santos, 1999, p. 236).

considerar que a relação entre trabalhadores possa envolver qualquer tipo de apropriação de mais-valia. Se é verdade que entre os trabalhadores estas formas de opressão existem, não o é que setores da classe se apropriam de trabalho alheio através da opressão sexual, étnica, cultural ou política. A diferenciação salarial que tem causa nestas formas de opressão, que está para além da esfera produtiva, como é ressaltado pelo próprio autor, é aproveitada pelo próprio capital, ampliando a mais-valia absoluta sobre estas franjas da classe vítimas de tais opressões.

Em terceiro lugar, embora seja importante questionar e combater o automatismo tecnológico que leva ao paroxismo os processos de trabalho, não se pode deixar de levar em conta que todo o desenvolvimento tecnológico em nossa sociedade está subsumido à reprodução ampliada do capital. Trata-se, aqui, do desenvolvimento de forças produtivas do capital, e a "imaginação" de tecnologias alternativas não pode escapar desta determinação.

Finalmente, e de modo similar ao tópico anterior, o problema da relação da produção social com a natureza é o problema da relação entre produção capitalista e natureza. Parece-nos improvável que se possa combater a expansão capitalista que, convém lembrar, é incontrolável, apenas com a politização desta dimensão e com a extensão da cidadania à natureza, sobretudo quando a principal forma de politização, segundo Santos, é o "antiprodutivismo". Como combater a expansão da produção capitalista nos marcos da produção capitalista?

É curioso observar que depois de enfatizar a necessidade de politizar diversas dimensões do espaço da produção, Santos tenha esquecido duas dimensões fundamentais, quais sejam: a propriedade privada dos meios de produção e a existência de um exército de trabalhadores que só dispõem de sua força de trabalho como mercadoria. Por que se oculta esta forma de poder, que é o fundamento de diversos problemas apontados pelo autor? Por que, "se politizar significa identificar relações de poder e imaginar formas práticas de as transformar em relações de autoridade partilhada", não se pode questionar esta forma de relação social, fundante do modo de produção capitalista, e imaginar formas práticas de solucioná-la: uma revolução socialista que tenha como ponto de partida a expropriação dos expropriadores e a socialização dos meios de produção da vida? Ao ocultar que esta também é uma dimensão política, ou melhor, uma dimensão política fundamental no que diz respeito à emancipação humana, Santos limita as lutas dos movimentos sociais aos marcos deste modo de produção.

Quanto ao espaço doméstico, concordamos com Santos quando identifica que a forma de poder predominante é o patriarcado, e que este se constitui como matriz a partir da qual outras formas de discriminação sexual são produzidas. O autor afirma ser do movimento feminista o papel de transformar estas relações, sendo pouco provável que as superemos completamente no capitalismo. Contudo, pretende *democratizá-las*. Para nós, o fato de ser possível politizar as relações constitutivas do espaço doméstico não nos permite transpor mecanicamente as categorias próprias para a análise dos espaços essencialmente políticos, tal como o Estado. Na teoria da nova democracia de Santos, entretanto, a democracia tornou-se a pauta principal para todo conflito social, qualquer que seja a sua natureza.

O espaço mundial é constituído, segundo o sociólogo português, pelo conjunto de impactos em cada formação social decorrentes da posição em que ela ocupa no sistema mundial. Tal sistema é caracterizado por trocas desiguais em um sentido sociológico, isto é, mais amplo, segundo Santos, do que as trocas econômicas: são também culturais, políticas etc. O problema estaria no fato de que a dimensão política vem perdendo progressivamente espaço nas relações entre os Estados, sendo, pois, necessário politizar as práticas transnacionais, algo que o autor considera difícil por conta dos imperativos econômicos e do poder das multinacionais. Por isso, "a politização das práticas transnacionais é uma condição *sine qua non* da desocultação das relações de poder que se escondem por detrás das necessidades 'naturais' de produção e de consumo e da transformação de tais relações de autoridade partilhada" (Santos, 1999, p. 237). Observem que

Santos não questiona a existência de "multinacionais" sob controle de um punhado de capitalistas e pretende, *apesar delas*, democratizar a relação entre Estados nacionais. Contudo, pelo menos desde o início do século XX, o elevado grau de concentração e centralização de capitais inaugurou a era dos monopólios que exigem como sua expressão política as práticas imperialistas. O imperialismo tem origem na exportação de capitais, isto é, mais que a exportação de mercadorias, tem fulcro na exportação da relação capital, como enfatizou Lênin.[13] Não é, desse modo, uma "política" que possa ser combatida simplesmente a base de democratização nos termos do autor, que não atinge, novamente, seus fundamentos.

Ainda segundo o sociólogo, a democratização destes três espaços estruturais se combina, na "teoria democrática pós-moderna" (Santos, 1999, p. 237), com a concomitante luta pela democratização do espaço político liberal, em que a democracia representativa precisa ser aprofundada com o crescimento da democracia participativa. Esta nova teoria tem por objetivo, então, alargar e aprofundar o campo político em todos os espaços de interação social. É este o caminho que apontam os NMS para a "emancipação social".

Mas, convém perguntar, de que emancipação trata o autor? Santos entende, tal como já indicado, que o socialismo consiste na democracia sem fim. Isso significa que toda luta por democratização é uma luta emancipatória. Tal luta, dessa forma, está necessariamente presa ao tempo presente, e o socialismo transforma-se em uma utopia ao invés de um projeto político com traços bem definidos. Logo, segundo o autor, o socialismo é o futuro, mas o futuro como uma "qualidade ausente", cujo único papel é mover as lutas do presente no sentido da infinita democratização. Por isso, "[...] a emancipação por que se luta visa transformar o cotidiano das vítimas da opressão aqui

13. Ver Lênin (2005). Não é aqui o espaço para aprofundar o debate sobre esta importante questão. A respeito do tema do imperialismo contemporâneo, ver Fontes (2010), Harvey (2011) e Mészáros (2011). Em que pese o fato de as abordagens serem distintas umas das outras, todas convergem no sentido de apontar a política imperialista como determinada pelo movimento do capital e trazem elementos instigantes para o debate do tema na atualidade.

e agora e não num futuro longínquo. A emancipação ou começa hoje ou não é emancipação" (Santos, 1999, p. 223).

Com tais premissas, a "nova cidadania", a "nova teoria da democracia" e a "nova teoria da emancipação" prendem os "novos movimentos sociais" à esfera do cotidiano; isto é, antes ao combate às manifestações da luta de classes do que àquilo que deveria estar ao centro: o confronto contra o capital e, no limite, a superação da sociedade de classes. A "nova teoria da emancipação" e, por que não, o novo socialismo tem por pressuposto a existência do próprio capitalismo, como fica claro na conclusão do autor. Na sociedade emancipada,

> entre o Estado e o mercado abre-se um campo imenso — que o capitalismo só descobriu na estrita medida em que o pode utilizar para seu benefício — não estatal e não mercantil onde é possível criar utilidade social através do trabalho autovalorizado (trabalho negativo, do ponto de vista da extração de mais-valia): uma sociedade-providência transfigurada que, sem dispensar o Estado das prestações sociais a que o obriga a reivindicação da cidadania social, sabe abrir caminhos próprios de emancipação e não se resigna à tarefa de colmatar as lacunas do Estado e, deste modo, participar, de forma benévola, na ocultação da opressão e do excesso de regulação. O cultivo desse campo imenso, que tem vindo a ser tentado com êxito diferenciado pelos NMSs, será o produto-produtor de uma nova cultura.

Notem que todos os elementos essenciais do modo de produção capitalistas ou, nos termos do sociólogo português, seus pilares fundamentais, permanecem intocáveis pela politização multidimensional que defende o sociólogo. Ainda que o autor julgue abrir um "campo imenso" entre mercado e Estado, a existência de ambos permanece intocada. O mesmo acontece em relação à existência da força de trabalho como mercadoria e da propriedade privada dos meios de produção. Ao advogar pela intervenção no "imenso campo" não estatal e não mercantil, a prática social sustentada por Santos reproduz as teses (e as consequências) do assim chamado "terceiro setor". No plano econômico, a "imaginação social" de um trabalho autovalorizado (negativo) que não se choca com os monopólios e oligopólios capitalistas (ou seja, que não pressupõe a socialização dos meios de produção) conduz às práticas da chamada "Economia Solidária", que almeja ocupar os ilusórios "interstícios" do capital através da organização cooperativa. Tudo isso, é claro, tem por pressuposto a negação da centralidade da classe trabalhadora nos processos de transformação. Pois, como afirma o pensador português,

> [...] porque as novas formas de opressão [*sic*] se revelam discursivamente nos processos sociais onde se inventa a identidade das vítimas, não existe uma pré-condição estrutural dos grupos e movimentos de emancipação, o que faz com que o movimento operário e a classe operária não tenham uma posição privilegiada nos processos de emancipação (Santos, 1999, p. 223).

Observem que as formas de opressão como machismo, guerras, racismo (que, para o autor, deliberadamente, são caracterizadas como novas)[14] são reveladas nos processo sociais em que *se inventa a identidade das vítimas*. Para nós, não se trata de negar a existência de novidades no evolver da luta de classes, mas a questão é mais complexa. Se, como afirmamos, não é a consciência que determina o ser social, mas ao contrário, o ser social que determina sua consciência (Marx, 2008), é necessário portanto compreender como estas novas formas de consciência social (que explicitam conflitos étnicos, bélicos, de gênero etc.) se relacionam com o movimento das relações de produção

14. Santos (1999, p. 227), menciona os críticos da novidade dos NMS: "Segundo eles, os NMSs são, de fato, velhos (os movimentos ecológicos, pacifistas, feministas do século XIX e o movimento antirracial dessa época e dos anos cinquenta e sessenta; ou são portadores de reivindicações que foram parte integrante dos velhos movimentos sociais (o movimento operário ou o movimento agrário ou camponês); ou, por último, correspondem a ciclos da vida social e econômica e, por isso, a sua novidade, porque recorrente, é tão só aparente". Para nós, mais problemático do que adjetivar os movimentos sociais como novos (pois a luta de classes sempre apresenta elementos de continuidade e ruptura), é considerar como novas — e isto faz o autor — as formas de opressão que ainda hoje permanecem, tais como machismo, guerras, racismo etc.

em contradição com as forças produtivas em desenvolvimento e, portanto, com o desenrolar das lutas de classes. Dito de outra forma, "[...] é preciso [...] explicar essa consciência pelas contradições da vida material, pelo conflito existente entre as forças produtivas sociais e as relações de produção" (Marx, 2008, p. 47).

Portanto, nem mesmo a formulação teórica a respeito dos movimentos sociais, como a de Boaventura de Sousa Santos, pode "escapar" destas determinações. E não será casual que o pensador tenha anunciado recentemente que "a luta de classes está de volta à Europa [...]".[15] Isso significa que as próprias teorias são expressões ideais do movimento concreto da história e que, desse modo, podem apresentar retrocessos no seu intento de compreender o real, acompanhando o movimento da consciência da classe trabalhadora. Ao retomar patamares anteriores da consciência de classe, não se pode simplesmente desconsiderar o passado, é preciso superá-lo[16] também no plano da teoria, que expressa uma visão explicativa do mundo. Daí a premente necessidade de uma crítica ao marxismo e ao "movimento operário tradicional". Não estamos tratando aqui apenas de erros teóricos, mas, mais que isso, de uma expressão teórica do movimento da classe na luta de classes. Por isso, diversas correntes de pensamento, ao abordar o tema dos movimentos sociais e não encontrar na boca da classe operária a palavra classe operária, vão elas mesmas relegar às classes — como categorias explicativas do movimento da história — um papel secundário, quando muito.

Esse movimento teórico que coloca as lutas de classes em segundo plano (quando consideradas) não é de modo algum exclusivo do pensamento que centra suas análises nas dimensões subjetivas, nas revelações discursivas, nas identidades etc., tal como o faz o pensamento pós-moderno. Mais recentemente, temos observado que algumas perspectivas teóricas sobre os movimentos sociais centram suas

---

15. SANTOS, B. S. *Cidadãos europeus, uni-vos!* Disponível em: <http://www.cartamaior.com.br/templates/materiaImprimir.cfm?materia_id=16656>. Acesso em: mar. 2013.

16. Superação, aqui, não denota nenhum sentido valorativo. Referimo-nos a um salto de qualidade que incorpora os elementos do passado objetivando-se sob nova forma.

análises no âmbito do território e terminam por secundarizar as lutas de classes e as determinações a elas imanentes.

Contudo, considerando que estas perspectivas teóricas partem de outras premissas, embora incorram muitas vezes em soluções similares, travaremos este debate crítico separadamente. Isso se faz necessário porque estas diferentes teorias são incompatíveis entre si. Se é verdade que a categoria de território ou de movimentos socioterritoriais, assim como o pensamento pós-moderno, tem dado lugar à análise da dinâmica da luta de classes e do movimento do capital, isso não ocorre de forma homogênea. Vejamos, pois, em que se fundamenta a abordagem da teoria dos movimentos socioterritoriais e suas implicações.

III. A propósito da teoria dos movimentos socioterritoriais

A centralidade da classe trabalhadora na luta contra o capital não é, como afirmamos, apenas negada pelo pensamento pós-moderno ou por aqueles que centram suas análises na dimensão subjetiva da práxis social. Os estudos em torno da categoria *território* e dos processos de *territorialização* e *desterritorialização* também podem fundamentar práticas semelhantes às teorias dos NMS. Contudo, convém desde já explicitar que o uso da categoria território não é por si mesmo um equívoco, mas o é, a nosso juízo, a forma como vem sendo utilizada na interpretação do movimento social e da luta de classes. Existem muitas maneiras e mesmo correntes incompatíveis entre si que tematizam o espaço e o território na sociedade capitalista. Como afirma Fernandes (2005, p. 26), "com a emergência e a expansão dos estudos sobre os territórios, diferentes interpretações e controvérsias geraram uma panaceia, já que o conceito de território passou a ser utilizado como fórmula mágica para tratar de projetos de desenvolvimento regionais". Trataremos aqui, todavia, apenas de uma dessas abordagens do tema, através do debate crítico com Raúl Zibechi, jornalista uruguaio e intelectual progressista que centra seus estudos na luta dos movimentos sociais e que apresenta uma teoria que é representativa e que ganha força nos próprios movimentos. Provisoriamente e no intuito de diferenciá-la da explicação a que nos referimos anteriormente, chamemo-la de teoria dos movimentos socioterritoriais.

Advinda principalmente dos estudos da geografia, de modo mais recente a teoria dos movimentos socioterritoriais caracteriza as lutas contemporâneas como inéditas por apresentarem uma novidade fundamental em relação aos movimentos tradicionais, qual seja, a de centrar sua luta na conquista do território como forma de poder. Trazendo ao debate a dimensão espaçotemporal na qual os conflitos necessariamente se desenvolvem, alguns dos intelectuais inscritos neste campo sustentam a existência de um conflito territorial *central* no seio da sociedade contemporânea: territórios capitalistas estariam disputando o espaço com territórios não capitalistas.

Vejamos, por exemplo, a argumentação do jornalista uruguaio Raúl Zibechi (2005) na sua interpretação do movimento social latino-americano. Segundo o autor, um longo período de reviravolta após a década de 1970 fez surgir em nosso continente uma série de movimentos com muitas particularidades, mas que apresentam traços comuns. Estes movimentos passariam a assumir novos rumos, que os diferenciam substancialmente tanto do "velho movimento sindical" como dos movimentos sociais dos países centrais. Na América Latina, a desterritorialização do capital teria impactado de modo decisivo os velhos movimentos, abrindo, ao mesmo tempo, espaço para que os novos movimentos comecem a construir "[...] um mundo novo *por entre as brechas* que conseguiram abrir no modelo de dominação" (Zibechi, 2005, p. 198; grifos nossos).

Este longo período de reviravoltas teria feito com que a ação social deslocasse seu centro. Até a década de 1970, segundo o autor, as ações giravam em torno de demandas por direitos sociais perante o Estado, o que os levavam a estabelecer alianças com outros setores sociais e com os partidos políticos, buscando alterar a correlação de forças em escala nacional. Por isso, "[...] a ação social buscava o acesso ao estado para modificar as relações de propriedade, e esse objetivo justificava as formas estadocêntricas de organização, baseadas no centralismo, na divisão entre dirigente e dirigidos e na disposição piramidal da estrutura dos movimentos" (Zibechi, 2005, p. 199). Não obstante a forma simples por que é descrita, parece-nos clara a referência à articulação política de corte marxista, abrangendo desde o "leninismo" até o "eurocomunismo". Tais articulações teriam perdido sua atualidade com a emergência do neoliberalismo que, ao desterritorializar suas bases fundamentais no continente, tornaram-nos débeis e, ao mesmo tempo, abriram possibilidades para um novo tipo de "ação social". Em que pese a enorme variedade de movimentos que surgem no período pós-70 na América Latina, o jornalista uruguaio argumenta que apresentam tendências comuns. Nesse sentido, afirma:

> Boa parte dessas características comuns deriva da territorialização dos movimentos, ou seja, de seu estabelecimento em espaços físicos recuperados ou conquistados por meio de extensos combates, abertos ou subterrâneos. É a resposta contemporânea dos *pobres* à crise da velha territorialidade da fábrica e da fazenda, e à reformulação dos velhos modos de dominação executada pelo capital. A desterritorialização produtiva [...] fez com que *os velhos movimentos* entrassem em crise, fragilizando sujeitos que viram as territorialidades nas quais haviam ganhado poder e sentido evaporar-se diante dos olhos (Zibechi, 2005, p. 200; grifos nossos).

Por isso, outras linhas de ação (expressa no Movimento dos Trabalhadores Rurais Sem Terra, nos indígenas equatorianos, nos neozapatistas, nos desempregados argentinos etc.) estariam ganhando força, dando impulso ao processo de territorialização destes movimentos. Mas, em que consiste a conquista de território? Para Zibechi, podemos ver este "estabelecimento territorial" expresso em diversas formas: nas pequenas ilhotas autogerenciadas criadas pelos Sem-Terra, nas comunidades indígenas equatorianas e de chiapas, por exemplo. Além do meio rural, no meio urbano esta novidade estratégica se expressaria entre as camadas de desempregados urbanos: "[...] os excluídos [*sic*] criaram assentamentos nas periferias das grandes cidades, mediante a tomada e ocupação de prédios" (Zibechi, 2005, p. 200). Em todo o continente, vários hectares foram retomados pelos "pobres" deixando em crise as territorialidades instituídas e remodelando o espaço de resistência. Seria a partir destes territórios conquistados que os "[...] novos atores elaboram projetos de longo alcance, entre os quais se destaca a capacidade de produzir e reproduzir a vida, ao mesmo tempo em que estabelecem alianças com outras facções dos setores populares e das camadas médias" (Zibechi, 2005, p. 200).

Zibechi analisa outros elementos comuns aos movimentos sociais latino-americanos, mas insiste em que dentre todas as novas características mencionadas, "[...] as novas territorialidades são o traço diferenciador *mais importante* dos movimentos sociais latino-americanos, e o que lhes dá possibilidade de reverter a derrota estratégica" (grifos nossos). De modo diverso ao "velho movimento operário e camponês", os atuais movimentos diferir-se-iam por promover práticas de organização do espaço distintas, em que surgem relações sociais de novo tipo. Nesse sentido, afirma o autor:

> A terra não é considerada apenas como um meio de produção, o que supera uma concepção estreitamente economicista, mas ao contrário, o território é o espaço no qual se constrói coletivamente uma nova organização social, onde os novos sujeitos se instituem, instituindo seu espaço e apropriando-se dele material e simbolicamente (Zibechi, 2005, p. 204).

Façamos, pois, a defesa da "concepção estreitamente economicista". Em primeiro lugar, percebam que o próprio autor não pode deixar de considerar que a terra, nesta sociedade, é um meio de produção. Embora concordemos com o fato de que ela não seja só isso, analisemos — primeiro — as implicações desta determinação em particular, que nos parece fundamental.[17] Sendo um meio de produção do modo de

17. Parece-nos um equívoco criticar as teorias dos movimentos socioterritoriais de que tratamos neste artigo por desconsiderar completamente o capital e a luta de classes. A operação teórica realizada pelos autores indica uma admissão formal das teses de Marx no âmbito da

produção capitalista, a terra é também, pois, uma propriedade privada, elemento constitutivo do capital; logo, propriedade privada de uma classe, assim como instalações, máquinas, matérias-primas e o conjunto da força de trabalho de que dispõe cada capital particular. Ao conjunto da força de trabalho, chamemos, como Marx, de capital variável (Kv). Ao conjunto dos meios de produção, seguindo o mesmo autor, de capital constante (Kc). O conjunto dos meios de produção postos em movimento pelo conjunto da força de trabalho transforma-se em mercadorias. O valor da mercadoria, na acepção da teoria do valor-trabalho, corresponde à quantidade de trabalho humano abstrato socialmente necessário para produzir a mercadoria, sendo medido em tempo e cuja expressão mais corrente é o dinheiro, forma de equivalente geral do valor. Como mercadoria, a força de trabalho também possui um valor que obedece à lei do valor de todas as demais mercadorias. Por isso, o valor da mercadoria força de trabalho corresponde ao conjunto de meios de subsistências necessários para reproduzi-la, o que implica uma quantidade de riqueza capaz de sustentar ao trabalhador e a sua família. O valor da força de trabalho, então, corresponde à quantidade de trabalho necessário para produzir os meios de subsistência necessários à reprodução da força de trabalho, o qual, como afirmamos, é medido em tempo.

A força de trabalho, entretanto, é uma mercadoria especial, pois só ela cria valor novo, já que o *quantum* de valor corresponde ao *quantum* de trabalho; e trabalho, como se sabe, apenas os seres humanos podem realizar. Na jornada de trabalho na sociedade capitalista, o tempo de trabalho é superior ao tempo de trabalho necessário à reprodução da força de trabalho, daí sua capacidade de produzir mais-valor, ou mais-valia, que é apropriada pelo capitalista na forma de lucro. Notem que ao comprar um conjunto de mercadorias pelo

---

economia, e o prova a utilização de diversas de suas categorias. No entanto, sem apropriá-las pelo seu conteúdo e sem retirar dele todas as consequências que implica, os próprios fundamentos das categorias que estão presentes na teoria social de Marx são abstraídos, o que permite aos autores superestimar a força de outras determinações e hiperdimensioná-las, como veremos.

seu valor, e vendendo-as pelo seu valor, o capital é capaz de se apropriar de um valor excedente, justamente porque o conjunto da força de trabalho produz a mais-valia. O valor que constitui capital constante, que nada mais é do que trabalho morto de propriedade do capitalista e posto em movimento em um processo de autovalorização, é *transferido* ao conjunto de mercadorias produzidas. No mesmo processo, o conjunto da força de trabalho cria valor novo: parte deste valor conforma o trabalho necessário ou salário, outra o trabalho excedente ou trabalho não pago. Parte deste trabalho não pago é destinado à repetição do processo em escala ampliada, e este movimento cíclico de autovalorização é um fim em si mesmo para a produção capitalista. O desenvolvimento de todas as partes constitutivas deste processo está subsumido ao desenvolvimento de sua totalidade, o que é o mesmo que dizer que o desenvolvimento dos meios de produção, da força de trabalho, da produção de riqueza ou, numa palavra, da produção da vida está subsumido ao desenvolvimento do capital. Graficamente, podemos representar este processo da seguinte forma:

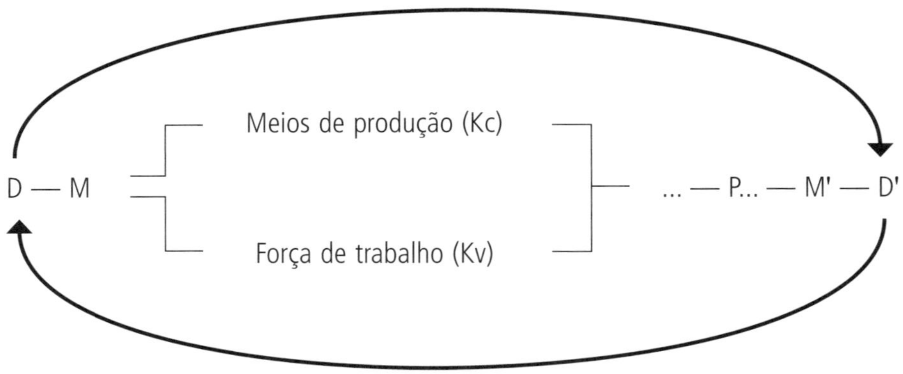

Dito isto, podemos voltar à questão do território. Ora, é necessariamente em um determinado espaço físico que se desenvolvem estas relações sociais dominantes ao longo do tempo. Cada capital particular precisa se apropriar do espaço para reproduzir seu processo também particular de produção, de que resulta uma apropriação progressiva do espaço pelas relações de produção e distribuição capitalistas. O espaço, contudo, torna-se também uma propriedade privada e não necessariamente de propriedade do capital. Parte da mais-valia produzida pelo conjunto da força de trabalho pode remunerar a cessão do proprietário de determinado território. Porém, o que queremos sublinhar é a tendência imanente ao capital de expansão dos seus espaços de controle e sua funcionalização à reprodução ampliada do capital. Como sustenta Mészáros (2011, p. 251), o capital é um modo de controle sociometabólico "absolutamente incapaz de se impor limites, não importando as consequências, nem mesmo a eliminação total da humanidade".

Toda produção capitalista é uma produção de mercadorias, do mesmo modo que a existência do capital pressupõe a generalização da forma mercadoria como conteúdo material da riqueza produzida.[18] Os capitalistas, como se sabe, concorrem entre si, e por essa razão veem-se obrigados a aumentar a produtividade da força de trabalho, de modo a diminuir o valor unitário das mercadorias produzidas. Para aumentar a produtividade da força de trabalho, é necessário aumentar a quantidade de capital constante em relação à quantidade de capital variável ou, dito de outra forma, é necessário aumentar a quantidade de meios de produção em relação à quantidade de "recursos humanos". Em síntese, é necessário elevar a composição orgânica do capital (relação entre o *quantum* de valor dispendido entre capital constante e o *quantum* de valor dispendido em capital variável). Para que não nos alonguemos em todas as implicações deste movimento necessário, salientemos apenas duas conclusões que nos parecem essenciais ao debate: primeiro, o processo de produção capitalis-

18. "Para que o capital possa constituir-se e apoderar-se da produção, pressupõe-se certo grau de desenvolvimento do comércio, portanto também de circulação de mercadorias, e com ela da produção de mercadorias, pois artigos não podem entrar na circulação como mercadorias enquanto não são produzidos para a venda, portanto como mercadorias. Como caráter dominante, normal, da produção, a produção de mercadorias só aparece com a produção capitalista" (Marx, 1984b, p. 30).

ta é necessariamente, ainda que não linearmente, autoexpansivo, seja em relação à massa de valor a que dá movimento, seja em relação ao espaço no qual se desenvolvem estas relações; segundo, os capitais particulares de elevada composição orgânica dominam o processo de produção capitalista, destruindo ou incorporando formas menos eficazes de reprodução (eficácia que se refere, evidentemente, ao ponto de vista do capital).

Voltemos ao argumento de Zibechi. O autor sustenta que os movimentos sociais latino-americanos não consideram a terra apenas como meio de produção, como fizera a "concepção estreitamente economicista", mas a concebe como um espaço de prática de uma nova forma de organização social. Contudo, a terra como meio de produção não é uma escolha dos sujeitos em luta, mas uma condição da sociabilidade capitalista. Quando os movimentos pretendem controlar territórios instituindo relações sociais não capitalistas, não estão livres destas determinações, por duas razões fundamentais.

Em primeiro lugar, uma vez que a produção social global é produção de mercadorias, os territórios não capitalistas, se vendedores de mercadorias, tem de concorrer com as empresas capitalistas, o que constrange a "nova prática de organização social" ou, dito de outra maneira, não rompe com a subsunção do trabalho concreto ao trabalho abstrato,[19] tampouco com a subsunção real do trabalho ao capital. Este é o caso das cooperativas de produção do MST, dos *piqueteros* da Argentina, e de todas as fábricas ocupadas pelo continente. É evidente que as relações nestes espaços não se reduzem a relações de produção,[20] mas é o próprio autor quem ressalta que entre os projetos de longo alcance elaborados pelos movimentos *a partir* de seus territórios conquistados "[...] se destaca a capacidade de *produzir e reproduzir a vida*, ao mesmo tempo em que estabelecem alianças com outras facções dos setores populares e das camadas médias [...]" (Zibechi, 2005, p. 200; grifos nossos). Além disso, na argumentação do autor, são estas relações

19. Uma interessante análise deste tema na obra de Marx encontra-se em Romero (2005).

20. Abordamos o tema das cooperativas no MST em Martins (2012).

de produção e reprodução a razão de ser dos "territórios conquistados" pelos movimentos sociais, já que são estas relações que superam os movimentos tradicionais. Por isso, conclui:

> O panorama que surge, cada dia com maior intensidade, é que o ansiado mundo novo está nascendo em seus próprios espaços e territórios, incrustado nas brechas abertas no capitalismo. É "o" mundo novo real e possível, construído pelos indígenas, pelos camponeses e pelos pobres das cidades sobre as terras conquistadas, tecido sob as novas relações sociais entre os seres humanos, inspirado nos sonhos de seus antepassados e recriado graças às lutas dos últimos vinte anos (Zibechi, 2005, p. 206).

Ora, o modo de produção capitalista determina não apenas as produções particulares que estão sob seu controle imediato, mas a totalidade da produção social, isto é, aquelas que são capazes sobreviver produzindo mercadorias competitivamente. Por isso, por diversa que seja a forma de organizar o trabalho, por esta organização estar inserida em uma totalidade capitalista, precisa personificar as necessidades do capital e transformar-se ela mesma em elemento constitutivo do movimento do capital. Lembremos que o capitalista é, como afirmava Marx, apenas a *personificação* do capital. Sua posição na produção social não lhe dá outra alternativa que não a reprodução ampliada de seu capital. A existência de ilhas de produção autogeridas cria apenas novas formas de personificação do capital.

> Apenas na medida em que é capital personificado, tem o capitalista valor histórico e aquele direito histórico à existência [...]. Somente nessa medida sua própria necessidade transitória está embutida na necessidade transitória do modo de produção capitalista. Mas, nessa medida, também não é o valor de uso a satisfação, mas o valor de troca e sua multiplicação o móvel de sua ação. Como fanático da valorização do valor, ele força sem nenhum escrúpulo a humanidade à produção pela produção [...]. Apenas como personificação do capital, o capitalista é respeitável. Como tal, ele partilha com o entesourador

> o instinto absoluto do enriquecimento. O que neste, porém, aparece como mania individual, é no capitalista *efeito do mecanismo social, do qual ele é apenas uma engrenagem*. Além disso, o desenvolvimento da produção capitalista faz do contínuo aumento do capital investido numa empresa industrial *uma necessidade e a concorrência impõe a todo capitalista as leis imanentes do modo de produção capitalista como leis coercitivas externas*. Obriga-o a ampliar seu capital continuamente para conservá-lo, e ampliá-lo ele só o pode mediante acumulação progressiva (Marx, 1985, p. 172; grifos nossos).

Nessas "ilhas autogerenciadas", nestas supostas "brechas" abertas ou ocupadas no interior do modo de produção capitalista, os movimentos precisam, no que se refere à produção de mercadorias, tomar como suas as necessidades do capital, o que significa que o contínuo aumento do capital investido torna-se uma necessidade derivada das "leis coercitivas externas". Se não o fazem, como na maioria dos casos, podem servir ao capital (não esqueçamos, com níveis de concentração monopolistas) integrando-se à sua produção como organização terceirizada. Em nenhum dos casos o território se transforma em um espaço não capitalista ou em contradição direta com o modo de produção capitalista. O confronto com as empresas capitalistas é, nestes termos, um confronto mercantil. O que pode tornar estas formas de relação importantes para o movimento são seus desdobramentos políticos, que precisam ser avaliados em cada caso particular quanto aos seus impactos na luta de classes.

A segunda razão para que territórios não capitalistas não estejam livres da dominação capitalista está relacionada à necessidade premente do capital, em seu movimento de expansão, expropriar constantemente amplos setores da população, de modo a criar uma população de trabalhadores que só encontrem como alternativa de existência a venda de sua força de trabalho. O mesmo movimento que impulsiona a acumulação também concentra e centraliza capitais, eliminando formas de baixa produtividade. Novamente, é Marx quem nos auxilia na compreensão deste processo. O revolucionário alemão afirma que "a produção capitalista [...] não produz apenas mercadoria e mais-valia; reproduz, e em escala sempre ascendente, a classe dos trabalhadores e transforma a imensa maioria dos produtores diretos em assalariados" (Marx, 1984b, p. 31).

Como o capital realiza esta tendência histórica? De um lado, esta expropriação pela violência direta e aberta, que estão na base daquilo que Marx denominou como acumulação primitiva, mas que se constitui como uma face necessária da própria reprodução capitalista em escala mundial, como argumenta Fontes (2010). De outro lado, "essa expropriação se faz por meio do jogo das leis imanentes da própria produção capitalista, por meio da centralização dos capitais. Cada capitalista mata muitos outros" (Marx, 1984a, p. 293). Por isso, as "brechas" que os movimentos sociais latino-americanos supostamente teriam conseguido abrir no modelo de dominação, isto é, no modo de produção capitalista, tendem a ser eliminadas pela dinâmica própria do capital. Nesse sentido,

> [...] as mesmas circunstâncias que produzem a condição básica da produção capitalista — a existência de uma classe de trabalhadores assalariados — requerem a passagem de toda a produção de mercadorias para a produção capitalista de mercadorias. À medida que esta se desenvolve, tem o efeito de decompor e de dissolver cada forma antiga de produção, a qual, orientada preferencialmente para o autoconsumo direto, só transforma o excedente do produto em mercadoria. Ela faz da venda do produto o interesse principal, primeiro sem aparentemente atacar o próprio modo de produção [...]. Mas, em segundo lugar, onde tenha fincado raízes, ela destrói todas as formas de produção mercantil que se baseiem seja no trabalho do próprio produtor, seja apenas na venda do produto excedente como mercadoria. Ela generaliza primeiro a produção de mercadorias e transforma depois gradualmente toda a produção de mercadorias em produção capitalista (Marx, 1984b, p. 32).

Por tudo isso, é que não há como conceber externalidades ao capital neste modo de produção, isto é, territórios emancipatórios ou emancipados, livres das determinações do modo de produção capitalista, quando se fala de espaços de produção de mercadorias e que, portanto, integram a produção social global deste modo de produção. Em que pese o fato de estarmos tratando de relações sociais que não são em si mesmas capitalistas, ou seja, como afirma Fontes, relações que "[...] não espelham mecanicamente um conjunto de relações capitalistas tomado como 'modelar' [...]", é ao mesmo tempo "[...] difícil considerá-los como alheios à dinâmica capitalista e, portanto, como *externalidades*, inclusive porque, em muitos casos, tornaram-se alvo das *novas* expropriações [...]".

Finalmente, parece-nos um erro a equalização de movimentos de naturezas tão distintas promovida pela teoria dos movimentos socioterritoriais. É verdade que toda categoria, toda teoria, exige certo grau de abstração das formas particulares do movimento que se pretende captar, encontrando assim os elementos de identidade e continuidade. Na teoria dos movimentos socioterritoriais, como em Zibechi, contudo, essa identidade encontra-se não nos sujeitos em luta, ou pelo menos não centralmente, mas no objeto da luta. É por isso que o autor identifica uma ruptura substancial entre o "velho movimento" e os movimentos que lutam por território. Nesta perspectiva, enquanto aqueles lutavam por direitos contra o Estado e por melhores salários, estes lutam por territórios autônomos. Isso implica uma releitura dos próprios sujeitos em relação à tradição marxista: enquanto aqui os sujeitos conformavam-se na classe, na teoria dos movimentos socioterritoriais os sujeitos são os "pobres" ou "excluídos" lutando por territórios. No entanto, mesmo as demandas ligadas a territórios encontram seus fundamentos na contradição capital/trabalho. A teoria dos movimentos socioterritoriais descola lutas que são da classe trabalhadora (como dos trabalhadores desempregados, trabalhadores sem-terra ou trabalhadores sem-teto, por exemplo) da categoria da classe trabalhadora, ao mesmo tempo em que as equaliza com as lutas de comunidades que resistem a sua inserção no modo de produção capitalista, como as comunidades indígenas.

Por isso, se estamos tratando de movimentos que lutam por uma autonomia territorial como no caso das comunidades indígenas, quilombolas etc., a força do capital contra estas populações se dá mediante outras relações. Estas, a nosso juízo, resistem à expropriação que as transformaria em parte constitutiva do universo de forças de trabalho "livres" dos meios de produção. Resistem, portanto, à sua incorporação ao mundo da produção de mercadorias. Os demais movimentos que lutam por território são, de modo diverso, lutas da classe trabalhadora que assumem nova expressão e de modo algum contraditórias com as lutas de sua parcela que mantém relação diretamente assalariada com o capital.

Convém ressaltar que não se trata aqui de desprezar ou desqualificar as lutas que analisamos. Nosso esforço consiste em captar as formas através das quais se desenrola a luta de classes e as determinações a ela imanentes contra as quais estes movimentos precisam se defrontar. Para que sejamos sucintos e claros: não há como enfrentar o capital sem a classe trabalhadora como sujeito central e este sujeito precisa se compreender enquanto tal. A teoria dos movimentos socioterritoriais, ao trazer ao debate a dimensão espaçotemporal (o que é importante), secundariza as leis constitutivas do modo de produção e, por consequência, o papel que a classe trabalhadora pode ocupar na luta pela emancipação humana.

IV. Uma vaga lembrança

> Nos nossos debates, companheiros, me parece às vezes havermos esquecido algo, não é o inimigo; não é a linha; não é a meta; não consta no Breve Curso.
>
> Se nunca o tivéssemos sabido não haveria luta.
>
> Não me perguntem o que é. Não sei como se chama. Apenas sei que é o mais importante aquilo que esquecemos.
>
> *Hans Magnus Enzensberger*

Uma vaga lembrança... Após mais de quarenta anos do surgimento dos chamados "Novos Movimentos Sociais" de Gohn e Santos, ou da "grande reviravolta" identificada por Zibechi, as categorias de luta de classes e de revolução se tornaram não mais que uma vaga lembrança nestas teorias dos movimentos sociais, sem nenhum peso decisivo nas suas formulações. Se ambas as perspectivas analisadas neste artigo partem de premissas distintas e mesmo incompatíveis, terminam por fundamentar um movimento político de mesmo tipo.

Trata-se de uma intervenção circunscrita aos fundamentos do modo de produção capitalista, que pretende construir a emancipação "aqui e agora", ocupando as "brechas" da dominação com a desterritorialização do capital (Zibechi), ou o "campo imenso" que se abriria entre o Estado e o mercado com a difusão social da produção. Santos convoca a uma luta infinita pela democratização em todos os espaços sociais; Zibechi convoca à territorialização de movimentos que produzem relações de produção e reprodução de novo tipo e à defesa do novo mundo que estaria nascendo.

O concomitante "esquecimento" de categorias fundamentais como luta de classes e revolução é antes sua negação. Ambas as teorias pretendem superar o "velho movimento operário", as concepções "economicistas", as práticas do passado. Não querem repetir seus "erros". Não se trata, portanto, de simplesmente não as considerar, mas de negá-las. É uma resposta teórica consonante ao movimento da própria consciência da classe trabalhadora, em cuja boca não estão mais estas palavras. São, para usar os termos de Gramsci, sua expressão na forma unitária e coerente, que no seio da classe se irradia de forma "bizarra", aleatória, em seu senso comum produzido historicamente.

Marx afirmava que "[...] a teoria também se torna força material quando se apodera das massas" (Marx, 2010, p. 151). Não podemos nos esquecer de que, tragicamente, não apenas a teoria revolucionária pode realizar tal efeito. A consequência comum das teorias dos NMS, seu impacto na luta de classes quando se apodera das massas é o de desarmar a arma da crítica. Na trincheira da batalha das ideias, nosso esforço é o de rearmá-la.

Referências

FERNANDES, B. M. Movimentos socioterritoriais e movimentos socioespaciais: contribuição teórica para uma leitura geográfica dos movimentos sociais. *Nera*, ano 8, n. 6, jan./jun. 2005.

FONTES, Virgínia. *O Brasil e o capital-imperialismo*: teoria e história. 2. ed. Rio de Janeiro: Ed. da UFRJ, 2010.

GOHN, Maria da Glória. *Teorias dos movimentos sociais*: paradigmas clássicos e contemporâneos. 9. ed. São Paulo: Loyola, 2011.

HARVEY, David. *O novo imperialismo*. 5. ed. São Paulo: Loyola, 2011.

HUGO, Victor. *Os trabalhadores do mar*. São Paulo: Nova Cultural, 2002.

IASI, Mauro. Reflexão sobre o processo de consciência. In: ______. *Ensaio sobre consciência e emancipação*. São Paulo: Expressão Popular, 2011.

LÊNIN, Vladimir I. *O imperialismo*: fase superior do capitalismo. 3. ed. São Paulo: Centauro, 2005.

LUKÁCS, György. *Ontologia del ser social*: el trabajo. Buenos Aires: Herramienta, 2004.

MARTINS, Caio. O Cooperativismo no Movimento dos Trabalhadores Rurais Sem Terra. *Temporalis*, Brasília, ano 12, n. 23, p. 209-229, jan./jun. 2012.

MARX, Karl. *A miséria da filosofia*: resposta à filosofia da miséria de Proudhon. São Paulo: Centauro, 2001.

______. *Contribuição à crítica da economia política*. São Paulo: Expressão Popular, 2008.

______. *Para a questão judaica*. São Paulo: Expressão Popular, 2009.

______. *O capital*: crítica da economia política. São Paulo: Nova Cultural, 1984a. Livro I, v. 2.

______. *O capital*: o processo de circulação do capital. São Paulo: Abril Cultural, 1984b. Livro II.

______. Introdução. In: ______. *Crítica da filosofia do direito de Hegel*. São Paulo: Boitempo, 2010. p. 145-157.

MARX, Karl; ENGELS, Friedrich. *A ideologia alemã*. São Paulo: Boitempo, 2007.

MÉSZÁROS, István. *O século XXI*: socialismo ou barbárie. São Paulo: Boitempo, 2003.

______. *A teoria da alienação em Marx*. São Paulo: Boitempo, 2006.

______. Consciência de classe necessária e consciência de classe contingente. In: ______. *Filosofia, ideologia e ciência social*. São Paulo: Boitempo, 2008.

______. *Para além do capital*. São Paulo: Boitempo, 2011.

MONTAÑO, Carlos; DURIGUETTO, Maria Lúcia. *Estado, classe e movimento social*. São Paulo: Cortez, 2010.

NETTO, José Paulo. De como não ler Marx ou o Marx de Sousa Santos. In: ______. *Marxismo impenitente*. São Paulo: Cortez, 2004. p. 223-241.

ROMERO, Daniel. *Marx e a técnica*. São Paulo: Expressão Popular, 2005.

SANTOS, Boaventura de Sousa. *Pela mão de Alice*: o social e o político na pós-modernidade. 7. ed. Porto: Edições Afrontamento, 1999.

______. Os novos movimentos sociais. In: LEHER, R.; SEÚBAL, M. (Orgs.). *Pensamento crítico e movimentos sociais*: diálogos para uma nova práxis. São Paulo: Cortez, 2005. p. 174-189.

______. *Cidadãos europeus, uni-vos!* Disponível em: <http://www.cartamaior.com.br/templates/materiaImprimir.cfm?materia_id=16656>. Acesso em: mar. 2013.

ZIBECHI, Raúl. Os movimentos sociais latino-americanos: tendências e desafios. In: LEHER, R.; SEÚBAL, M. (Orgs.). *Pensamento crítico e movimentos sociais*: diálogos para uma nova práxis. São Paulo: Cortez, 2005. p. 198-207.

2

Mudanças climáticas e movimentos sociais ambientais: posicionamentos, contradições, embates*

Rachel Zacarias**

I. Introdução

O capitalismo contemporâneo vem induzindo a uma série de contradições que destroem o trabalho, a natureza e a possibilidade de

---

* O presente texto foi elaborado a partir da Tese de Doutorado, intitulada *A lógica destrutiva do capital, crise ambiental e mudanças climáticas: os Movimentos Sociais e a Educação Ambiental*, defendida em fevereiro de 2012 no PPGSS-UFRJ, sob orientação do prof. dr. Carlos Montaño.

** Doutora em Serviço Social pela UFRJ. Possui graduação em Pedagogia, Especialização em Gestão Ambiental em Municípios, ambas pela Universidade Federal de Juiz de Fora/MG e Mestrado em Educação PUC-Rio. É professora dos cursos de Gestão Ambiental, Administração e Economia do Instituto Vianna Júnior, Juiz de Fora/MG e Pesquisadora colaboradora do Grupo de Educação Ambiental da UFJF. Coordenadora do Núcleo de Pesquisa das Faculdades Integradas Vianna. Colabora com o Núcleo de Estudos Marxistas sobre Política, Estado, Trabalho e Serviço Social (PETSS/ESS-UFRJ).

reprodução de humanidade, fruto da crise estrutural do capital. Uma crise que vem sendo considerada orgânica, endêmica e permanente, na qual o sistema encontra com seus próprios limites intrínsecos.

Uma das principais manifestações da crise do capital é a destruição ambiental, ou a chamada crise ambiental. A destruição incontrolável dos recursos naturais vem gerando sérios problemas ambientais e sociais em escala globalizada: aquecimento da terra, desflorestamento, contaminação de rios e mares, desertificação, extinção de fauna e flora, perda da biodiversidade, insegurança alimentar, mudanças climáticas, entre outros.

A mudança do clima é considerada um dos maiores desafios da humanidade e para Hargrave, Motta e Luedemann (2011), é uma das externalidades negativas mais difíceis para lidar, pois sua dimensão global a torna mais complexa e incerta do que a maioria das outras externalidades que ocupam a teoria econômica. Para eles, suas causas e suas possíveis consequências estão incluídas em quase todos os processos econômicos e atingem todas as pessoas e seus países, com seus ecossistemas e biodiversidade.

Além de ser uma das principais evidências da destruição ambiental, as mudanças climáticas vem suscitando um intenso debate na sociedade civil sobre as alternativas que vêm sendo propostas para enfrentamento dessa problemática, com a participação de diversos setores da sociedade.

É a partir dessas considerações que o objetivo deste texto é analisar o posicionamento dos movimentos sociais e ambientais no contexto das mudanças climáticas, procurando identificar se as alternativas e posições apresentadas por esses movimentos denunciam as desigualdades, a injustiça climática e a mercantilização da natureza ou se estão alinhadas à lógica do mercado, ao capitalismo verde.

Esta investigação foi realizada a partir dos referenciais teóricos do método materialista histórico dialético. Nessa perspectiva, a apreensão da realidade é baseada no princípio da totalidade, isto é, os fenômenos são compreendidos a partir de uma realidade complexa e articulada, formada por mediações, contradições e processos.

Além disso, o procedimento de investigação pressupõe identificar as determinações e os traços constitutivos dos fenômenos analisados, ou seja, as formas de ser desse(s) fato(s). Esses traços são capturados através das categorias, que são representações de um traço da realidade, isto é, expressam modos de ser da realidade.

A partir desses princípios teóricos metodológicos, foi realizada uma pesquisa bibliográfica e documental. A pesquisa bibliográfica teve como referências as publicações de autores da tradição marxista. Quanto à pesquisa documental utilizou-se como base o documento "Panorama de atores e iniciativas no Brasil sobre mudanças do clima", produzido pela Vitae Civilis em 2008, que identifica os diversos setores que vêm atuando na mudança do clima. Dentre as ONGs e os movimentos pesquisados, foram escolhidos para a pesquisa aqueles que vêm se destacando na influência de políticas públicas, tanto em nível nacional como internacional, na sensibilização dos cidadãos com trabalhos educativos, na pesquisa e publicação de materiais e documentos, e em projetos de captura de carbono.

O estudo está dividido em duas partes. Na primeira parte discute-se a crise do capital, a crise ambiental e as mudanças climáticas. No segundo item debate-se o posicionamento dos movimentos sociais e ambientais no contexto das mudanças climáticas, focalizando os posicionamentos do Greepeace, Fase, Via Campesina e de dois documentos articulados: a Carta do Acre e a Carta de Belém.

II. Crise do capital, crise ambiental e mudanças climáticas: limite e alavanca para o capital

A partir de 1970, capitalismo contemporâneo vem induzindo uma série de contradições que destroem o trabalho, a natureza e a possibilidade de reprodução da humanidade, fruto da crise estrutural do capital. Uma crise que segundo Mészáros (2009) vem se mostrando longeva e duradoura, sistêmica e estrutural, na qual o sistema do capital encontra com seus próprios limites. Nesse contexto, uma das principais manifestações da crise do capital é a destruição ambiental, ou a chamada "crise ambiental".

A destruição incontrolável dos recursos naturais vem gerando sérios problemas ambientais e sociais em escala globalizada: aquecimento da terra, desflorestamento, contaminação de rios e mares, extinção de fauna, flora, insegurança alimentar entre outros, colocando em risco a vida no planeta.

A perspectiva hegemônica defende que o cerne dos problemas ambientais está ligado ao desperdício de matéria e energia e aos limites físicos e naturais dos recursos naturais sem relacioná-los com o modo de produção capitalista.

Numa perspectiva crítica as causas da crise ambiental devem-se a um conjunto de variáveis interconexas, dadas em bases sociais, econômicas, culturais e políticas estruturalmente desiguais, que conformam a sociedade capitalista. Dizem respeito a um processo que duas fontes privilegiadas de riqueza: a exploração do trabalho, através da retirada da mais-valia e lucro e a exploração dos recursos naturais. Apesar de os representantes da perspectiva crítica defenderem que a crise ambiental é de responsabilidade da lógica destrutiva do capital, não há consenso no campo crítico em relação as consequências da crise ambiental sobre o sistema do capital. De um lado, O'Connor (2003) defende que as atuais condições de produção, especificamente a crise ambiental, levam a uma segunda contradição, entre o capital e a natureza, podendo se tornar um limite para o capital. De outro, Chesnais e Serfati (2003) defendem que destruição dos recursos naturais não afeta a curto prazo a reprodução do capital, ao contrário vem transformando as poluições industriais, a degradação dos recursos naturais em mercados, em novos campos de acumulação.

Procurando compreender essa questão numa perspectiva dialética e de totalidade é possível entender que a crise ambiental pode ser ao mesmo tempo uma barreira (o limite, o fim da espécie humana) e ser também uma alavanca para o capital. Esta tese pode ser evidenciada a partir de um dos principais problemas ambientais da humanidade: as mudanças climáticas. Por um lado, com a crise climática, existem riscos potenciais de falência, danos aos ativos e quebras de contrato em consequência aos eventos extremos, além de interrupção do suprimento de combustível na cadeia, redução da disponibilidade de água, enchentes, aumento do nível do mar, perda da biodiversidade, insegurança alimentar, perda de destinos turísticos, entre outros. Por outro, as oportunidades, ou a alavanca para o capital, podem surgir com a ampliação de colheitas devido o aumento das temperaturas em climas temperados, o desenvolvimento de novas variedades de espécies adaptadas as novas condições climáticas, o investimento em novas fontes de energia — como a eólica, a geotérmica, a hidrelétrica e o comércio de emissões através do Protocolo de Quito e o Mercado Voluntário. É por tudo isso que se pode afirmar que a crise ambiental, e especificamente as mudanças climáticas, podem ser ao mesmo tempo uma barreira, *um limite*, o fim da espécie humana e também *uma alavanca* para o capital. Isto significa que uma face não exclui a outra, as duas faces se opõem e, no entanto, constituem uma totalidade.

III. Movimentos sociais e ambientais no contexto das mudanças climáticas: análise dos posicionamentos e contradições

Enquanto um dos maiores desafios da humanidade no século XXI, as mudanças climáticas a partir da década de 1990 vêm suscitando uma intensa discussão e um crescente envolvimento de diversos setores da sociedade com o objetivo de discutir e construir alternativas para enfrentar essa problemática. Apesar da participação de ONGs e movimentos sociais nesse debate serem recentes, pode-se dizer que é a primeira vez que um problema considerado "ambiental" reúne tanto movimentos sociais quanto movimentos considerados estritamente ambientais. Entende-se que isso acontece devido à própria natureza do problema, já que as mudanças climáticas têm profundas implicações sociais políticas, econômicas e ambientais, o que pode favorecer a articulação das lutas sociais ambientais a partir dessa questão.

No Brasil, a participação das organizações não governamentais e movimentos sociais no debate sobre as mudanças climáticas foi iniciado durante a realização da Rio-92, através do Fórum Brasileiro de ONGs de movimentos sociais para o meio ambiente e desenvolvimento (FBOMS). Posteriormente, outras instituições foram incorporando a temática em sua proposta de trabalho, principalmente após a aprovação do Protocolo de Quioto em 2005 e a divulgação do Quarto Relatório de avaliação do Painel Intergovernamental sobre as mudanças climáticas (IPCC)[1] em 2007, que deixa claro:

> [...] as atividades econômicas, políticas e atitudes dos seres humanos estão provocando um fenômeno de consequências muito graves e que poderia até, em longo prazo, inviabilizar a sobrevivência de milhares de espécies de seres vivos em nosso planeta.

A partir desse contexto propõe-se analisar o posicionamento de determinados movimentos sociais e ambientais no contexto das mudanças climáticas, procurando identificar se as alternativas e posições apresentadas por esses movimentos denunciam as desigualdades, a injustiça climática e a mercantilização da natureza ou se estão alinhadas à lógica do mercado, ao capitalismo verde ou à chamada economia verde, ou seja são falsas propostas do capital em época de crise.

Com o objetivo de escolher as organizações do estudo foi realizada uma pesquisa exploratória na WEB visando identificar as organizações e movimentos que têm trabalhado com a questão das mudanças climáticas. Além disso, utilizou-se como base o documento "Panorama de atores e iniciativas no Brasil sobre mudanças do clima", produzido pela Vitae Civilis em 2008, que identifica os diversos setores que vêm atuando na mudança do clima. Sendo assim, foram

1. O IPCC foi estabelecido em 1988 pelo Programa das Nações Unidas para o meio ambiente (PNUMA) com o objetivo de fornecer dados científicos, técnicos e socioeconômicos relevantes para o entendimento das mudanças climáticas.

identificadas as seguintes ONGs: Fórum Brasileiro de ONGs e movimentos sociais, Observatório do Clima, IMAZON, Fundação SOS Mata Atlântica, INPE, Instituto Centro da Vida (ICV), Instituto Socioambiental (ISA), Instituto de Pesquisas Amazônicas (IPAM), Vitae Civilis, Greenpeace, WWF, FASE, Rede Brasileira de Justiça Ambiental, Instituto de Pesquisa Ecológica (IPÊ), Instituto ECOAR, Aliança dos Povos da Floresta, Via Campesina.

Em uma análise preliminar, pode-se verificar que algumas ONGs e movimentos sociais listadas vêm se destacando, seja na influência de políticas públicas, tanto em nível nacional como internacional, na sensibilização dos cidadãos com trabalhos educativos, na pesquisa e publicação de materiais e documentos, e em projetos de captura de carbono. Nesse processo, identificou-se que há divergências profundas em relação aos posicionamentos, principalmente em relação às alternativas à crise climática. Basicamente, foram identificados dois campos: de um lado, há organizações com posições políticas e enfoques mais alinhados à economia de mercado, à economia verde, defendendo soluções dentro da lógica do capitalismo; de outro, há entidades contrárias à lógica do capital, denunciando as desigualdades, a injustiça climática e mercantilização da natureza. É importante ressaltar que esses campos não são homogêneos, existem diferenças e nuances entre as ONGs mesmo que estejam no mesmo campo.

A partir dessas considerações foram escolhidas as seguintes ONGs: Vitae Civilis, Greenpeace e FASE. Estas organizações atuam com a temática das mudanças do clima de forma mais permanente, possuem um programa, um núcleo ou um setor específico, responsável pelo desenvolvimento das ações; têm uma articulação em nível nacional e internacional, participando e influenciando os fóruns que discutem a temática do clima. Além disso, possuem documentos, relatórios postados nos sítios, o que possibilitou a realização da pesquisa. Em relação aos movimentos sociais foi escolhido a Via Campesina e dois documentos que foram organizados a partir de uma coalizão de movimentos sociais, sindicatos e ONGs: a "Carta do Acre" e a "Carta de Belém".

As questões que nortearam a pesquisa foram: a) qual o posicionamento da organização frente às mudanças climáticas, no que diz respeito às causas, consequências e alternativas; b) se o posicionamento explicita uma crítica em relação à mercantilização da natureza?; c) quais as alternativas apresentadas pelos movimentos em relação às mudanças climáticas estão dentro da lógica do mercado ou não?

Tendo como fio condutor as questões acima, serão apresentadas a seguir as análises efetivadas.

A) Vitae Civilis – Instituto de Cidadania e Sustentabilidade

O Instituto Vitae Civilis é uma organização não governamental que desde 1990 se envolve com a temática das mudanças do clima. Ele acompanha e participa tanto das negociações internacionais quanto das nacionais. É coordenador do GT Clima do FBOMS e já participou do GT sobre adaptações climáticas do Conselho Nacional de Meio Ambiente (CONAMA). A ONG está envolvida e realiza diversos projetos ambientais e de educação ambiental, como o uso de critérios de sustentabilidade socioambiental na produção de combustíveis, em parceria com a Organização Amigos da Terra — Amazônia Brasileira (Russar, 2008).

Em 2008, a Vitae Civilis publicou o documento "Panorama de atores e iniciativas no Brasil sobre as Mudanças do clima". A partir de uma abordagem descritiva, sem pontuar as dificuldades, os posicionamentos, as contradições, o livro apresenta um mapeamento dos setores que vêm atuando na área, como o Poder público (executivo, federal e estaduais), as instituições de pesquisa e as universidades, o setor privado, as organizações não governamentais e os movimentos sociais.

O Vitae Civilis possui uma articulação em nível nacional e internacional. No Brasil, participa e coordena o GT Clima da FBOMS e possui parcerias com diversas ONGs ambientalistas no desenvolvimento de projetos. Em nível internacional, faz parte da coalizão internacional sobre economia verde e inclusiva (GEC — Green Economy Coalition) do PNUMA. Além disso, através do seu coordenador, Rubens Harry Born, participou de doze COPS e de diversas reuniões da Comissão da ONU de Desenvolvimento Sustentável. A instituição já ganhou vários prêmios, entre eles: Inclusão do Vitae Civilis, em 2000, na lista das 400 maiores entidades beneficentes do Brasil; Prêmio Henry Ford, da Conservação Internacional do Brasil pela iniciativa promissora do "Projeto da Mata à Casa"; Prêmio Cidadania, em 2006, na categoria ambientalista do ano, concedido pelo Pensamento Nacional das Bases Empresariais, entre outros. Tudo isso mostra como a Vitae Civilis é uma ONG com articulação nacional e internacional, influenciando os fóruns e as políticas públicas que vêm sendo construídas.

Na sua proposta de trabalho, possui o Programa "Clima, Energia e Consumo", que tem como objetivo "colaborar na elaboração e implementação de políticas públicas, atividades econômicas, sistemas produtivos e hábitos de consumo que minimizem os impactos sociais e os efeitos perigosos de mudanças do sistema climático e valorizem energias renováveis" (Vitae Civilis, 2011). As atividades desenvolvidas por esse programa têm como foco a energia solar e, desde 2004, foram desenvolvidos os seguintes projetos: a) "Um banho de sol para o Brasil", que visou investigar as barreiras ao desenvolvimento do mercado de aquecedores solares no Brasil e implementar alternativas de superação dessas barreiras; b) "Inovações nos mecanismos de financiamento para a aceleração do uso de aquecimento solar de água", que teve como objetivo "contribuir para o estabelecimento de modelos e para facilitação de mecanismos inovadores de financiamento para o aquecimento solar de água no Brasil e na América Latina"; c) Projetos MDL para a promoção do uso de aquecedores solares no Brasil, que "busca o desenho e a implementação de atividades de promoção do uso de energias renováveis, especialmente a energia solar captada em aquecedores, por meio do Mecanismo de Desenvolvimento Limpo do Protocolo de Quioto"; d) atualmente o Vitae Civilis, contando com o financiamento da GIZ (Agência de cooperação técnica alemã), está desenvolvendo uma proposta intitulada "Boas práticas para a construção de políticas públicas municipais em energia solar", cuja finalidade é:

> [...] coletar informações, analisá-las e elaborar relatório sobre lições aprendidas, boas práticas, potencialidades e desafios em políticas públicas municipais, estaduais e federais representativas de promoção do uso de energia solar, particularmente aquecedores solares de água (Vitae Civilis, 2011).

Não restam dúvidas quanto à importância da discussão sobre a inclusão da energia solar como uma alternativa essencial no contexto das mudanças climáticas. Com certeza, a matriz energética precisa ser repensada. No entanto, os projetos desenvolvidos pelo Vitae Civilis procuram sempre apoiar e valorizar iniciativas ligadas ao capital. Isso fica claro no projeto "Inovações nos mecanismos de financiamento para aceleração do uso do aquecimento solar", no qual umas das constatações do Vitae Civilis — sequenciada pela realização — foi um plano de negócios para uma das empresas parceiras do projeto, conforme demonstram as citações abaixo:

> O Vitae Civilis constatou a necessidade do desenvolvimento de um plano de negócios para uma Energy Service Company para promover o emprego destes novos mecanismos de financiamento e negócios no Brasil, trazendo para o país a experiência de Stakeholders de outras regiões do mundo (Vitae Civilis, 2011).
>
> Contratação da consultoria Lumina Energia para elaboração de um plano de negócios para uma empresa de serviços de energia (ESCO) baseada na venda de serviços de água quente gerada por aquecedores solares (Vitae Civilis, 2011).

Essa postura demonstra uma coerência com a proposta da entidade, já que participa de uma coalizão de organizações, como a rede Green Economy Coalition, junto ao PNUMA, que vêm discutindo e construindo um entendimento sobre economia verde, como se pode ver a seguir:

> O Instituto Vitae Civilis é uma organização brasileira que faz parte da coalizão internacional sobre economia verde e inclusiva (GEC — Green Economy Coalition). Trata-se de uma iniciativa criada a partir de estudos do Programa de Meio Ambiente das Nações Unidas (PNUMA) sobre a transição para sistemas econômicos social e ambientalmente sustentáveis.
>
> [...] Seu objetivo é construir um entendimento comum sobre o que é economia verde e inclusiva e também promover propostas concretas para sua implementação (Vitae Civilis, 2011).

Em relação às propostas do Protocolo de Quioto, a Vitae Civilis faz duas críticas. A primeira se relaciona às baixas metas de redução de Gases de Efeito Estufa (GEE), pois entende que estas não são suficientes diante dos objetivos que foram traçados pela Convenção Quadro de Mudança do Clima, que preconiza uma estabilização das concentrações de gases efeitos estufa em relação aos níveis de 1990. A segunda crítica está ligada à não inclusão de florestas e ao necessário controle do desmatamento no Mecanismo de Desenvolvimento Limpo. Portanto, as críticas do Vitae Civilis estão relacionadas a metas e à não inclusão de instrumentos para reduzir as emissões, não a mecanismos de mercados em si propostos pelo Protocolo.

Essa concepção é também coerente com o posicionamento da entidade em relação ao pagamento de serviços ambientais. Partindo do princípio de que muitos dos "serviços ambientais"[2] vêm sendo degradados ou utilizados de maneira insustentável, dificultando a sua recuperação natural, o Vitae Civilis entende que são necessárias as propostas de compensação ambiental e prêmios por serviços ambientais. De acordo com o documento "Serviços ambientais", postado no sítio do instituto, a compensação ou Prêmio por Serviços Ambientais (CSA) tem como objetivo:

---

2. Serviços ambientais são "serviços" oriundos do funcionamento saudável dos ecossistemas naturais. Como exemplo de serviços ambientais, pode-se citar: a produção de oxigênio pelas plantas, a capacidade de produção de água e equilíbrio do ciclo hidrológico, fertilidade do solo, vitalidade dos ecossistemas, a paisagem, o equilíbrio climático e o conforto térmico (Vitae Civilis, 2011).

> [...] transferir recursos, monetários ou não monetários, para aqueles que ajudam a conservar ou potencializar a capacidade de ecossistemas naturais de oferecer serviços ambientais mediante a adoção de práticas, técnicas e sistemas na agricultura, na industria e no meio urbano, e que até o momento, a adoção destas práticas sejam não obrigatórias (Vitae Civilis, 2011).

O Instituto ressalta que esse trabalho gera benefícios para todos e, por isso, entende ser justo que os produtores rurais, comunidades tradicionais e empresas recebam incentivos, ou seja, pagamentos ou compensações para as atividades compatíveis com a conservação ambiental (práticas de manejo, uso de tecnologias menos poluidoras, entre outros).

O pagamento de serviços ambientais (PSAs) é uma das propostas mais polêmicas no âmbito das alternativas para as mudanças climáticas, discutidas atualmente. De acordo com Packer (2011), a valoração da biodiversidade através do Pagamento de Serviços Ambientais (PSA) é um mecanismo criado para fomentar a criação de um novo mercado, que tem como mercadoria os processos e produtos fornecidos pela natureza, como a purificação da água, do ar, a geração de nutrientes do solo para a agricultura, a polinização e o fornecimento de insumos para a biotecnologia. Esse mecanismo propõe ser um instrumento de incentivo ao agente econômico para a conservação ambiental, pelo zelo e manejo sustentável do solo, da floresta e da água. É uma proposta para tentar solucionar os problemas ambientais dentro da lógica do mercado, sem questionar as estruturas do capitalismo.

Apesar de a Vitae Civilis definir como exemplo de práticas sustentáveis a agricultura orgânica e as técnicas de Sistemas Agroflorestais (SAF), coloca no mesmo patamar tanto uma comunidade tradicional quanto uma grande empresa que, por utilizar técnicas agroflorestais, seria recompensada. Além disso, ao aceitar que os bens ambientais que a natureza oferece sejam considerados serviços, associa a natureza ao mercado.

Como muito bem diz Leroy (2011, p. 7), os serviços ambientais são "uma nova maneira das forças econômicas dominantes encontraram de ganhar dinheiro" e, para isso, necessitavam do respaldo da coalizão dos cientistas e dos ambientalistas envolvidos na questão, respaldo que a introdução dos serviços ambientais garantiu.

Diante do que foi exposto, pode-se dizer que o posicionamento e as propostas da Vitae Civilis se alinham à economia verde, aos instrumentos de mercado, como condições para o enfrentamento da crise climática. Apesar de realizar um trabalho no sentido de incentivar a utilização da energia solar e a criação de políticas públicas para o setor, o foco de sua proposta vem privilegiando o apoio às empresas, seja investigando as barreiras ao desenvolvimento do mercado de aquecedores, ou contratando consultoria para a organização de planos de negócio. Além disso, advoga instrumentos de mercado, como a implementação de projetos de Mecanismo de desenvolvimento limpo (MDL) a partir da energia solar e a inclusão do mecanismo REDD no Protocolo de Quioto.

B) Greenpeace

O Greenpeace é uma organização ambientalista global que atua em mais de 40 países e está no Brasil há quase 20 anos. Tem como proposta "defender o ambiente e promover a paz, inspirando as pessoas a mudarem atitudes e comportamentos". Se propõe a investigar, expor e confrontar crimes ambientais, tendo como valores a independência, não violência, confronto pacífico e engajamento. Tem uma articulação nacional e internacional, é uma das ONGs mais conhecidas do planeta. No Brasil, integra as seguintes redes: o Observatório do Clima, o Fórum Brasileiro de ONGs e movimentos sociais (FBOMS). Em nível global, participa da CAN — Climate Action Network (Greenpeace, 2011).

Nos últimos dez anos, uma das áreas de atuação do Greenpeace é a "Energia e Clima". Esta área tem como proposta pressionar empresas e governos a abandonarem fontes fósseis de geração de energia, como o petróleo e o carvão, e substituí-las pelas renováveis, como a solar e a eólica. Para o Greenpeace, essa é uma estratégia não só para reduzir as emissões de gases estufa, "mas consolidar um crescimento econômico com base em tecnologias que não prejudicam o planeta" (Greenpeace, 2011).

O Greenpeace vem atuando de forma contundente na discussão sobre crise climática, participando ativamente das Conferências das Partes (COPs) nas discussões plenárias, na organização das manifestações públicas e na apresentação de propostas. Atualmente, é uma das ONGs que possui um dos posicionamentos mais críticos em relação às metas de redução de gases de efeito estufa GEE aprovadas no âmbito das COPs. No entanto, apesar dessa divergência em relação às metas, o Greenpeace não questiona os instrumentos de mercado adotado pelas Conferências do clima, tanto que em 2007, na COP 13, em Bali, apresentou como proposta para enfrentar o desmatamento o Mecanismo de Redução de Emissões por Desmatamento (REDD), que é uma das propostas mais polêmicas e que vem trazendo grandes discussões entre os movimentos ambientais e sociais no Brasil.

Quanto ao posicionamento do Greenpeace em relação à crise climática, foram identificados vários documentos que apresentam as propostas da organização. Estes são organizados tanto individualmente quanto com grandes empresas multinacionais e nacionais, e também com ONGs ambientalistas. Apesar de existir essa diversidade, constatou-se uma coerência no posicionamento e alternativas apresentadas: suas propostas estão alinhadas à lógica do mercado, à economia e o capitalismo verde. Para fins de análise, foram selecionados os documentos mais representativos desses posicionamentos.

O documento "Pacto pela valorização da floresta e pelo fim do desmatamento na Amazônia" (2007) é assinado em conjunto pelas ONGs Instituto Socioambiental (ISA), Instituto Centro da Vida (ICV) Conservação Internacional, Brasil, *The Nature Conservancy*; Amigos da Terra, Instituto do Homem e Meio Ambiente da Amazônia (IMAZON), WWF, e objetiva

> [...] subsidiar o debate por parte dos atores sociais e econômicos estratégicos da região amazônica, visando o seu detalhamento e a formulação e desenvolvimento dos instrumentos para sua implementação no âmbito de uma iniciativa de alcance nacional (Greenpeace, 2007).

O documento propõe, a partir de instrumentos econômicos, eliminar dentro de sete anos o desmatamento através de metas de redução, o que "poderá representar uma contribuição fundamental do País no combate às mudanças climáticas, para conservar a biodiversidade e preservar o modo de vida de povos indígenas e populações tradicionais da região" (Greenpeace, 2007).

O Pacto possui como pressupostos: i) instrumentos normativos e econômicos que valorizem a floresta em pé, a serem destinados aos Estados, aos atores sociais responsáveis pela conservação da floresta e aos produtores rurais (pagamento por serviços ambientais); ii) instrumentos normativos e econômicos que otimizem o uso de áreas já desmatadas (compensação florestal); iii) Fortalecimento de ações de monitoramento, controle e fiscalização (ambiental e fundiário); iv) estabelecimento e fortalecimento da governança florestal nas terras públicas da região.

A sustentação do Pacto está baseada no desenvolvimento de instrumentos de remuneração financeira por serviços ambientais prestados pela conservação florestal, que deverão ser destinados ao: i) fortalecimento da governança florestal mediante incentivos aos Estados; ii) estabelecimento de incentivos econômicos aos atores sociais; iii) responsáveis pela conservação da floresta (povos indígenas, comunidades locais, populações tradicionais, agricultores familiares); iv) estabelecimento de incentivos econômicos aos produtores (rurais, florestais, empresariais e agrícolas) que assumirem estratégias de redução de desmatamento e de conservação da floresta.

Um dos mecanismos apresentados pelo pacto é o "Mecanismo financeiro de redução compensada do desmatamento". Este mecanismo prevê que "aqueles que comprovadamente empreenderem esforços para reduzir o desmatamento devem ser reconhecidos e recompensados". A redução compensada está baseada no princípio: o custo da conservação da floresta amazônica e da eliminação do desmatamento na região deve ser compartilhado pela comunidade brasileira e pela comunidade internacional. O mecanismo financeiro proposto pelo Greenpeace é o Pagamento de serviços ambientais denominado Mecanismo de Redução de emissões por desmatamento das florestas tropicais (REDD). Este vem tendo um lugar privilegiado na discussão internacional sobre as mudanças climáticas. Como os mecanismos de governança não estão estabelecidos, vários setores organizados da sociedade civil vêm levantando diversos dilemas relacionados a esse mecanismo.

May (2011), explica que um dos maiores pensadores sobre o assunto, Wunder, classifica os Pagamentos de Serviços Ambientais (PSAs) como o REDD, como qualquer transação que envolve pelo menos um comprador, um vendedor e um serviço ambiental no pagamento entre as partes. Sendo assim, existirão condições para uma negociação caso o custo de prover o serviço somado aos custos de transação em realizar o negócio for menor do que os benefícios socioambientais obtidos conjuntamente pelos compradores (sejam locais ou globais). Para May (2011), a dificuldade nessa transação é que as benfeitorias dos PSA atendem a muitos — alguns pegando carona no empenho dos outros — incitando, assim, pouco incentivo em contribuir. Por isso, quando as informações são assimétricas, os custos de transação tendem a ser novamente altos. Além disso, existem problemas de insegurança nos contratos, como por exemplo, o agente comprador é o único responsável pelo cumprimento do que é estabelecido com o vendedor dos créditos de carbono com reduções de emissões. Com isso, se acontecer algum problema nesse processo, é responsabilidade apenas do comprador buscar uma fonte alternativa de carbono ou securitizar para cumprir suas obrigações de redução.

Sob o ponto de vista de sua eficiência para a conservação ambiental, os pagamentos de serviços ambientais são objeto de várias críticas:

> a) a inserção dos "serviços ambientais" no mercado gera um mecanismo perverso, em que quanto maior degradação, maior o 'valor' dos serviços ambientais. Ex.: quanto mais emissões e quanto mais degradação do meio, mais pagamento por créditos de carbono e por serviços ambientais para autorizar o dano;
>
> b) os critérios utilizados para a precificação dos recursos têm como fundamento os valores que ser formam no mercado e não a sustentabilidade ambiental. Os mecanismos de precificação da natureza e dos processos ecossistêmicos estão necessariamente vinculados a uma lógica produtivista, relacionada à lucratividade (Packer, 2011, p. 4).

De acordo com Packer (2011) a compra de títulos "verdes", como a cota de Reserva Ambiental ou a compra de serviços ambientais, autorizariam a continuidade e até o aumento das emissões e degradação das grandes corporações dos países desenvolvidos, transferindo a dívida ambiental e climática para os países de povos e comunidades do Sul. O dinheiro levantado no mercado financeiro "verde" não apenas paga a conta da indústria e do agronegócio como também alavanca o sistema financeiro com um gigantesco mercado de produtos, tecnologias, serviços, assessorias e ativos sob o rótulo de verdes.

Como visto, a implementação do REDD é uma das propostas mais complexas em relação às alternativas à crise climática. É um assunto novo e merece, portanto, uma discussão pelo conjunto da sociedade sobre os limites e possibilidades dessa proposta. Nesse debate é importante refletir, entre outras questões:[3] a) como considerar a Amazônia? Como um bem comum fora do mercado ou como uma fonte de serviços ambientais?; b) Como considerar os povos indígenas e suas populações agro-extrativistas e camponesas: devemos vê-los como funcionários do mercado, prestadores de serviços ambientais ou como portadores de um projeto de vida e de futuro? O uso da categoria "serviços ambientais" deve ser rejeitado em bloco

---

3. Estas questões foram apontadas por Leroy (2011), no artigo "Bens comuns serviços ambientais".

ou não? Será que as populações amazônicas podem ser vistas de maneira simplificada como guardiães da floresta?

Essas e outras questões precisam ser debatidas e aprofundadas para que, de fato, se implante uma política pública capaz de contribuir para a conservação da Amazônia e do seu povo, a partir do princípio de igualdade, justiça social e ambiental. Nesse sentido, entende-se que a proposta apresentada pelo Greenpeace e ONGs signatárias do documento precisa de uma discussão mais profunda, pois, caso contrário, os projetos de REDD, como muito bem diz Leroy (2011), correm o risco de transformar as populações amazônicas em servidoras de um mercado do clima e reduzir a floresta em gráficos com a evolução do preço da tonelada de carbono.

O documento "Mudanças do clima, mudanças no campo: impactos da agricultura e potencial para mitigação" (2008) visa detalhar "a contribuição que as práticas destrutivas da agricultura industrial dão ao aquecimento global e apresenta soluções possíveis para ajudar a reduzir essa contribuição" (Greenpeace, 2008).

Inicialmente, esse documento aponta que a agricultura industrial e a pecuária extensiva são um dos maiores emissores de gases do efeito estufa (GEE). Considera que o mercado agrícola estimula investimentos governamentais de alto impacto ambiental, como ferrovias, rodovias e infraestrutura para geração de energia, que podem, em alguns casos, promover a destruição de florestas mais do que as próprias plantações. A seguir, o documento apresenta os impactos que a pecuária extensiva vem trazendo para as mudanças climáticas. Além dos animais produzirem e emitirem grandes quantidades de metano, um potente gás do efeito estufa,[4] a pecuária extensiva atualmente é responsável pelo desmatamento de cerca de 70% dos 700.000 km^2 na Amazônia. Contribuem para isso o baixo custo para aquisição, ilegal ou não, de terras, e o padrão da criação

4. Os rebanhos bovinos e ovinos têm um grande impacto sobre o clima: cada quilo (kg) de carne bovina produzido resulta em 13 kg de emissão de carbono, e cada quilo de carne de carneiro produz 17 kg de carbono. Aves e suínos também emitem GEE, mas com cerca de metade desses valores (Greenpeace, 2008).

extensiva, que consiste em desmatar e incendiar grandes áreas, convertendo-as em pasto.

A partir desse contexto, o documento apresenta as seguintes soluções: a) reduzir o uso excessivo dos fertilizantes, aplicando-se apenas a quantidade de fertilizantes que a variedade e o solo em questão necessitarem; b) proteger o solo, já que a agricultura industrial degrada o solo e "lava" todos os seus nutrientes, criando uma área que possui a menor quantidade de carbono de todos os tipos de terra, com exceção dos desertos e das regiões semiáridas; c) melhorar a produção de arroz, mantendo os arrozais secos fora da época de plantio. Utilizar racionalmente a água — em vez do encharcamento das lavouras — e adotar métodos que aumentem a produtividade sem aumentar a dependência nos fertilizantes; d) reduzir a demanda por carne, especialmente nos países desenvolvidos (Greenpeace, 2008).

O documento finaliza dizendo que as práticas agrícolas e dependentes de insumos químicos geram grandes impactos de degradação do solo e água, produtividade reduzida, destruição ambiental, pobreza e fome. Ressalta que "a segurança alimentar não será alcançada com truques caros e desatualizados, como aplicações cada vez maiores de fertilizantes e herbicidas, ou utilização de transgênicos". Explica que o futuro da agricultura depende de técnicas modernas que trabalhem em parceria com a natureza e com as pessoas, não contra elas. Destaca que milhões de propriedades em todos os continentes já provaram que a agricultura orgânica e ecológica pode suprir as necessidades por alimentos e aumentar a segurança alimentar, recompor os recursos naturais e dar melhores condições de vidas aos produtores rurais e comunidades locais.

Diante das questões apresentadas, pode-se dizer que se por um lado o Greenpeace acerta ao tratar de uma das principais causas do aquecimento global, já que o atual sistema alimentar é responsável por quase 50% das emissões mundiais de gases de efeito estufa, por outro lado, tanto as causas quanto as alternativas propostas pela ONG possuem várias lacunas que necessitam de ser explicitadas. Quanto à utilização do agrotóxico, chamado de "fertilizante", o documento aponta que estes devem ser usados de acordo com a necessidade, porém, qual é essa necessidade? Essa posição pode levar ao entendimento de que não existe outra alternativa a não ser a utilização do chamado "fertilizante".

Outra questão importante que merece destaque é a ausência da discussão sobre a defesa da reforma agrária e o processo de privatização das sementes que estão sob controle das vinte maiores empresas multinacionais de alimentos. A discussão sobre essas questões é fundamental, já que o controle das sementes e a concentração de terra nas mãos de poucos vêm sendo considerados um dos principais problemas que impedem a segurança alimentar no mundo. Outra ausência que se pode apontar é em relação aos impactos ambientais do agronegócio, da monocultura.

Apesar de o documento apontar, no final, que milhões de propriedades em todo o mundo já provaram que a agricultura orgânica e ecológica pode ser uma contribuição à segurança alimentar, não apresenta esta proposta como alternativa, muito menos a agroecologia. Movimentos como a Via Campesina e o MST vêm sendo enfáticos na defesa de uma mudança profunda no sistema alimentar do mundo, mostrando que a reforma agrária, agricultura de pequena escala, a adoção de técnicas agroecológicas, a preservação e a diversidade genética das sementes locais dos camponeses são condições para a segurança alimentar no mundo e uma agricultura de baixo impacto. É nesse sentido que argumentam que a "agricultura sustentável refresca o planeta e é a melhor solução para lutar contra as mudanças climáticas".

O documento "Enfrentar a crise climática vai ajudar a resolver a crise financeira" (2009) defende um pacote emergencial alinhado à proposta "Green New Deal" New Economics Foundation, do PNUMA, e objetiva "proteger o mundo das alterações climáticas e ao mesmo tempo estimular a economia global". Apresenta inicialmente um panorama do atual índice de destruição ambiental e o seu custo financeiro. Nesse sentido, diz: "a destruição das florestas custa para a economia mundial, pelo menos US$ 2 trilhões anualmente, os recursos pesqueiros do oceano estão entrando em colapso, colocando em risco a fonte básica de alimentos para 3 bilhões de pessoas". Diante desse quadro, apresenta quatro propostas: i) redes inteligentes que assegurem uma utilização mais eficiente da energia e investimentos em transportes públicos para a construção de um modelo econômico independente de petróleo; ii) pesquisa e desenvolvimento de energia renovável e eficiência energética. Os investimentos do governo em produtos eficientes devem ser apoiados por padrões de eficiência energética que garantam a adoção dos mecanismos pelo mercado. Como exemplo, cita: "os empréstimos subsidiados recentemente concedidos ao setor automotivo americano e europeu, por exemplo, deveriam ter sido condicionados à contrapartida das indústrias de melhorar a eficiência energética na utilização de combustíveis"; iii) Criação do fundo "Florestas pelo Clima", que prevê um financiamento segundo o qual as nações desenvolvidas podem alcançar suas obrigações de redução de gases de efeito estufa com o financiamento de florestas; iv) fim dos subsídios aos combustíveis fósseis, pois atualmente os combustíveis convencionais não renováveis recebem US$ 250-300 bilhões por ano em subsídios. Esse valor deveria ser aplicado pelos governos em energia limpa e empregos verdes (Greenpeace, 2009).

Para que estas propostas possam ser viabilizadas, o documento entende que "O mercado tem que funcionar". Nesse sentido, defende o funcionamento para quatro setores: "O meio ambiente", "Empresas energéticas", "O consumidor" e "O investidor". Segundo "O meio ambiente", o mercado deve funcionar refletindo o verdadeiro custo da utilização de recursos, incluindo os custos das externalidades — como, por exemplo, a queima de carvão, aumento do risco de inundação por causa do desmatamento, contaminação das águas por escoamento agrícola, entre outras — que devem estar baseadas no princípio do poluidor-pagador. Para as empresas energéticas, propõe: metas obrigatórias para utilização de energias renováveis e co-geração, prioridade no acesso à rede para energias renováveis. Para o consumidor, a sugestão é que consumam produtos mais eficientes, já que dois terços da eletricidade consumida no planeta são desperdiçados devido aos produtos maus projetados. Para os investidores, propõe que o mercado deve funcionar com regras contábeis que garantam com que as empresas, cujas atividades ameaçam o meio ambiente, tenham esses riscos incluídos em seus balanços. Além disso, as empresas devem ser obrigadas a informar as emissões geradas durante o seu processo produtivo (Greenpeace, 2009).

Tais propostas deixam clara a opção do Greenpeace pelos instrumentos do mercado como condições suficientes para a solução da crise financeira e climática. Pelo teor das propostas, pode-se dizer que as alternativas elencadas podem contribuir menos com a solução da crise climática e mais com a solução da crise financeira, já que as alternativas propostas não colocam em questão os fundamentos do capitalismo, antes, buscam favorecer à acumulação do capital, enfatizando a possibilidade de novos negócios, como os investimentos em fontes de energia eólica, geotérmica, solar e hidrelétrica.

Pode-se dizer que os três documentos apresentados demonstram que o posicionamento do Greenpeace em relação à crise do clima está alinhado com a perspectiva de uma economia de mercado, de um capitalismo verde. Apesar de o Greenpeace ter uma participação crítica nas Conferências das Partes (COPs) — apontando, por exemplo, que as baixas metas do Protocolo de Quioto não são suficientes diante das propostas aprovadas pela Convenção Quadro do Clima —, ele propõe, na COP de Bali em 2007, um dos mais polêmicos mecanismos de pagamento de serviço ambiental, o REDD. Isso demonstra a crença do Greenpeace na possibilidade de o mercado ser capaz de resolver os problemas ambientais. Esse posicionamento se reafirma nas alternativas apresentadas tanto em relação às contribuições da agricultura para mitigação do aquecimento global, quanto na contribuição da crise do clima para a crise financeira, como já foi apontado anteriormente.

É importante dizer que essas argumentações não desconsideram o trabalho que o Greenpeace vem realizando no sentido de chamar a atenção do público para as questões ambientais, tanto que em diversas situações de mobilização e enfrentamento — como, por exemplo, a mobilização contra a aprovação do atual código florestal — vários movimentos e organizações que têm uma perspectiva crítica à mercantilização da natureza se alinharam ao Greenpeace. O que se pretende é desvelar e mostrar que os seus posicionamentos, em relação às mudanças climáticas, são limitados à ordem do capital, estão comprometidos com a lógica do mercado, preconizam no máximo um eco-capitalismo. Portanto, no sentido marxiano, o Greenpeace produz uma ideologia, uma falsa consciência em relação às mudanças climáticas.

C) FASE – Federação de Órgãos para a Assistência Social e Educacional

A FASE é uma organização não governamental, criada em 1961, comprometida com o trabalho de organização e desenvolvimento local, comunitário e associativo. Possui articulação nacional e internacional. Em nível internacional, a FASE é membro do "Grupo de Durban para Justiça Climática", que reúne organizações de diversos países que articulam críticas ao mercado de carbono e apoiam grupos de resistência. Também é membro da "Rede de Justiça Climática Já", criada em 2007, durante a COP 13, em Bali, e reúne 180 organizações de todo o mundo que lutam pela justiça climática. No Brasil, é membro do Fórum Brasileiro de ONGs e movimentos sociais (FBOMS) e está em interação com diversas organizações e movimentos sociais, realizando capacitação, formação e articulação, com vistas a ampliar o debate sobre justiça climática (FASE, 2011b).

Como estratégia de atuação, a FASE se organiza em dois programas nacionais ("Programa à segurança alimentar, agroecologia e economia solidária" e "Programa Direito à cidade: justas, democráticas e solidárias") e dois núcleos: "Brasil sustentável" e "Direitos Humanos". O "Núcleo Brasil sustentável" tem como proposta a crítica à insustentabilidade do atual modo de produção, distribuição e consumo e à globalização dos mercados. Tem como campo de ação a construção de uma sociedade sustentável e democrática, realizando trabalhos através de ações de resistência, de lutas por direitos e por justiça ambiental e climática (FASE 2011b).

O "Núcleo Brasil sustentável" atua a partir da perspectiva da justiça ambiental e climática e vem participando ativamente da discussão sobre as mudanças climáticas. A justiça climática é um princípio que defende que o peso dos ajustes à crise climática deve ser "[...] suportado por aqueles que historicamente foram responsáveis pela sua origem e não pelos que menos contribuíram e que são as principais potenciais vítimas das mudanças climáticas" (FASE, 2009). É a partir dessa visão que compreende que a crise do clima não é uniforme, pois afeta mais os países do Sul do que os do Norte, responsáveis por 80% das emissões de gases de efeito estufa (GEE). Nos países do Sul, afeta "mais intensa e diretamente os grupos sociais que menos emitem os GEE porque menos consomem, e mais protegem as florestas e os sistemas hídrico e climático" (FASE, 2009).

Essa perspectiva crítica, diferentemente das ONGs anteriores, leva a FASE a ter uma posição contrária à adoção dos mecanismos de mercado como alternativa às mudanças do clima, assim como em relação à economia verde. No documento "Compromisso contra a mercantilização do clima" a Fase apresenta claramente a sua posição crítica em relação às propostas de mercado aprovadas no âmbito das COPs que visam à mercantilização do clima. Nesse sentido, diz que:

> [...] discorda das supostas "soluções" ao problema climático estabelecidas a partir dos compromissos — muito aquém do necessário firmados no Protocolo de Quioto, bem como das políticas e programas dos Bancos e instituições financeiras multilaterais que seguem o *lobby* das grandes corporações transnacionais (FASE, 2009).

O documento ressalta que as baixas metas de redução de emissões de CO_2, os instrumentos financeiros, jurídicos e políticos das propostas compensatórias, o Mecanismo de Desenvolvimento Limpo (MDL) "merecem questionamento na sociedade brasileira, junto aos povos, populações" (FASE, 2009). Aponta que o mercado de carbono, como publicidade para a solução da crise climática, desvia o foco das principais e urgentes ações de mudança de paradigma e retarda as mudanças estruturais nos padrões de produção, distribuição e consumo global. Diz ainda: "os problemas do meio ambiente não vão ser resolvidos apenas pela adoção de medidas técnicas e tecnológicas, nem por soluções propostas pelos principais causadores do aquecimento global". Para finalizar, questiona a remuneração pelo mercado de grupos sociais que prestariam "serviços ambientais", pois, para a FASE, "significa associar esses grupos a estratégias de mercado estranhas a sua vivência, em condições de desigualdade e subordinação às estratégias empresariais".

Em relação às alternativas, o documento aponta:

> [...] que o enfrentamento da crise climática requer políticas públicas nacionais, regionais e internacionais que fortaleçam, no caso das áreas rurais, os sistemas agro-florestais, o manejo comunitário das florestas nativas, a agroecologia, a titulação de terras indígenas, quilombolas e de populações agroextrativistas, o reconhecimento social e econômico do papel, do trabalho e das atividades produtivas sustentáveis realizadas em comunidades rurais e tradicionais para a humanidade (FASE, 2009).

De acordo com o documento, estes parâmetros devem ancorar e viabilizar através de políticas e fundos públicos as propostas em debate sobre REDD. Manifesta ainda sua preocupação quanto à possibilidade desse mecanismo:

> [...] premiar a quem mais desmatou, das florestas se tornarem apenas reservatórios de carbono e inviabilizarem o uso sustentável pelos povos da floresta e pela estrutura que está sendo estabelecida não diferenciar florestas naturais ou recompensas perenes, de plantações homogêneas que serão abatidas em poucos anos (FASE, 2009).

O documento ainda propõe que: a) a justiça e a dívida climáticas devem entrar como princípios na negociação internacional sobre mudanças climáticas; b) a mudança do modelo de produção e consumo deve ser o plano de fundo para qualquer negociação sobre mecanismos de enfrentamento das mudanças climáticas; c) as definições de mitigação e adaptação devem ter um tratamento conceitual mais coerente com a mudança do modelo econômico; d) as comunidades, populações tradicionais e grupos vitimizados devem ser sempre os principais beneficiários pelos fundos públicos e voluntários. Além disso, as políticas públicas e acordos internacionais ambientais e climáticos devem ser orientados para essa população (FASE, 2009).

Pode-se dizer que as propostas e alternativas apresentadas nos documentos da FASE em relação às mudanças climáticas reafirmam e confirmam o posicionamento crítico de sua plataforma de atuação, que é a justiça climática. As alternativas apresentadas valorizam a noção de bem comum, o manejo sustentável de propriedades e territórios, a agroecologia, assim como a necessidade de políticas públicas que possam reconhecer a importância e o trabalho dos grupos sociais na preservação do meio ambiente. Por isso, seu posicionamento é contrário à mercantilização da natureza e à economia verde como alternativas para enfrentamento da crise climática. Para a FASE, essas propostas visam maquiar o capitalismo, seus modos de acumulação e expropriação, dão novo fôlego a um modelo que se mostra inviável e oferecem "como utopia somente a tecnologia e a privatização" (FASE, 2011a).

D) Via Campesina

A Via Campesina é um movimento internacional que coordena organizações camponesas de pequenos e médios agricultores, trabalhadores agrícolas, mulheres rurais e comunidades indígenas e negras da Ásia, África, América e Europa. Foi fundada em 1992, no contexto do Congresso da União Nacional de Agricultores e Pecuaristas em Nicarágua. No Brasil, a Via Campesina é formada, entre outros, pelos seguintes movimentos: MST, MAB e CPT.

Uma das principais políticas do movimento é a defesa da soberania alimentar. O movimento entende que a soberania alimentar é o direito dos povos de decidir sobre a sua própria política agrícola e alimentar, o que inclui "prioridade para uma produção de alimentos sadios, de boa qualidade e culturalmente apropriados, para o mercado interno". Para isso, entendem que é necessário manter um sistema de produção camponês diversificado (biodiversidade, respeito à capacidade produtiva das terras, valor cultural e preservação dos recursos naturais).

No documento "Posição da Via Campesina Internacional sobre o aquecimento global e os agrocombustíveis" (2009) o movimento apresenta o seu entendimento em relação ao aquecimento global, focalizando as principais causas, consequências e alternativas, tendo como foco a agricultura. Apresenta, nessa campanha, o seguinte lema: "Pequenos produtores esfriam o planeta".

Em relação às causas, o documento ressalta que o aquecimento global e a destruição massiva do meio ambiente são frutos das atuais formas globais de produção, consumo e mercado. Denunciam que a produção e o consumo industrial de alimento estão contribuindo de forma significativa para o aquecimento e a destruição de comunidades rurais. Aponta que os principais pontos que levam a agricultura globalizada e industrializada a gerar o aquecimento global são: o transporte intercontinental de alimento; a imposição de meios industriais de produção (intensificando o uso de agroquímico); a monocultura industrial e intensiva que leva a destruição de terras e florestas; a conversão de terras e florestas em áreas não agrícolas; o uso de insumos químicos.

Quanto às alternativas, o documento defende que as soluções devem surgir dos atores sociais organizados, que estão desenvolvendo modelos de produção, comércio e consumo baseados na justiça, na solidariedade e em comunidades saudáveis. Ressalta que nenhuma solução tecnológica vai resolver o desastre do meio ambiente ambiental ou social e apresenta as seguintes sugestões: agricultura sustentável em pequena escala, produção extensiva de vacas e ovelhas, substituição de fertilizantes nitrogenados pela agricultura ecológica; produção de biogás de resíduos dos animais e vegetais, com condição de manter suficiente matéria orgânica no solo. Esse mesmo documento ressalta ainda o compromisso do movimento com a agricultura familiar, sustentável, em pequena escala e com a soberania alimentar.

Para que essas propostas possam ser concretizadas, a Via Campesina entende serem necessários: a) o desmantelamento completo das companhias de agrocombustíveis, pois estas estão despojando os pequenos agricultores de suas terras; b) a substituição da agricultura industrializada pela agricultura sustentável em pequena escala, apoiada por verdadeiros programas de reforma agrária; c) a promoção de políticas energéticas sensatas e sustentáveis; d) a implementação de políticas de agricultura e comércio em nível local, nacional e internacional, dando suporte à agricultura sustentável e ao consumo de alimentos locais.

Quanto ao Protocolo de Quioto, o documento da Via Campesina diz que o comércio de carbono tem se apresentado como uma solução para o aquecimento global e, com isso, vem permitindo que os governos assinem licenças com grandes contaminadores industriais, de modo que possam comprar o "direito de contaminar" entre eles mesmos. É uma privatização do carbono posterior à "privatização da terra, ar, sementes, água e outros recursos". O documento finaliza dizendo que nenhuma solução tecnológica vai resolver o desastre do meio ambiente ou social. "Somente uma mudança radical na forma que produzimos, comercializamos e consumimos pode dar terras para comunidades rurais e urbanas sustentáveis". A agricultura sustentável em pequena escala, um trabalho intensivo e de pouco consumo de energia pode contribuir para o resfriamento da terra.

O documento "Soberania dos povos contra o esverdeamento do capital" (2011) faz inicialmente uma análise política da movimentação do capital e ressalta que a presente crise estrutural do capital está produzindo impactos profundos nas economias centrais (EUA, Europa e Japão). Considera, porém, que essa crise não inviabilizará automaticamente o sistema capitalista, que vem reconfigurando seus mecanismos de acumulação. Um dos eixos dessa reconfiguração é o "espraiamento do capital para as economias periféricas emergentes, com foco principalmente nos países conhecidos como BRIC (Brasil, Rússia, Índia e China)", nos quais encontram-se em curso grandes projetos de estruturação do capital. Entende que, além dos antigos mecanismos de industrialização, exploração da mais-valia e o avanço do agronegócio, "há um elemento comum a esses países que não será descartado nesse novo período: as áreas naturais e territórios dos povos do campo".

Nesse sentido, a Via Campesina entende que o capital "está se organizando para se apropriar desses territórios e transformar a natureza em uma série de mercadorias" (Via Campesina, 2011). Dá como exemplo o Brasil, que tem cerca de 22 milhões de hectares em Unidades de conservação e terras Indígenas. Somando-se aí as áreas das comunidades tradicionais, chega-se a mais de 1/4 de todo o território nacional, "onde o capital ainda não possui mecanismo de acumulação". Essa realidade se repete na imensa maioria dos países do Sul e da Ásia. Considerando que muitas são as possibilidades de exploração dessas áreas naturais conservadas, o capital vem planejando "adentrar sobre esses territórios para poder realizar uma acumulação primitiva sobre várias formas: roubo do conhecimento tradicional associado à biodiversidade dessas áreas, roubo de minérios e madeiras etc.".

O documento defende que a utilização de pagamentos de serviços ambientais é um dos instrumentos do capital para transformar as mudanças climáticas em um flanco de maior acumulação do capital, além de ser um meio pelo qual o capital pode se apropriar dos territórios dos povos das florestas e do campo, uma vez que as empresas que pagam pelo REDD passam a ter direitos contratuais sobre o carbono sequestrado. Considera que o principal instrumento que vem sendo trabalhado é a Redução de Emissões por Desmatamento (REDD). E acrescenta:

> [...] esse mecanismo pretende transformar as florestas em áreas de compensação das poluições de outros países, pagando valores por toneladas

> de carbono que supostamente seriam sequestradas pelas florestas. Apenas essa intenção já deve ser rechaçada, uma vez que é absurdo permitir que as florestas limpem a sujeira feita pelo Norte, além de sabermos que essas toneladas apenas legitimarão um aumento velado das emissões (Via Campesina, 2011).

Para finalizar, o documento da Via Campesina defende a articulação de grupos anticapitalistas e contrários à mercantilização da natureza. Além disso, entende ser necessária "a organização de uma frente ampla que articule organizações do campo e da cidade e demonstre que as verdadeiras soluções para o colapso ambiental estão juntos à agricultura camponesa, à reforma agrária e urbana e à justiça social" (Via Campesina, 2011). Esses movimentos e organizações populares também devem buscar uma estratégia comum de: a) denunciar a maquiagem verde do capitalismo e seus instrumentos como o REDD, Biologia Sintética e outros; b) debater com a sociedade as reais causas da crise ambiental, atrelando às outras facetas da crise estrutural do capital (financeira, alimentar, energética etc.); c) reafirmar as verdadeiras soluções à crise: agricultura camponesa, agroecologia, economia solidária, soberania energética.

A Via Campesina é um dos movimentos com posições mais críticas em relação ao uso de mecanismos de mercado como enfrentamento da crise climática. Seu posicionamento, assim como o da FASE, é contrário ao uso de instrumentos — como o REDD e a economia verde — como alternativa para enfrentamento dessa crise. Por ser um movimento de agricultores, focaliza as suas alternativas na agricultura de pequena escala e familiar, na agroecologia, no consumo local. Entende que essas práticas, além de sustentarem milhões de famílias, podem contribuir para o esfriamento da terra.

E) Posicionamentos articulados

No debate sobre as alternativas de enfrentamento às mudanças climáticas, alguns movimentos têm se articulado no sentido de debater e se posicionar conjuntamente em relação à crise do clima, principalmente em relação ao tema mais controverso, que é o pagamento de serviços ambientais através do REDD e REDD+. Dessa discussão, realizada através de seminários, consultas públicas e encontros, foram produzidos documentos que expressam o posicionamento dessas organizações, Destacam-se nesse debate dois documentos, a "Carta do Acre" e a "Carta de Belém", que serão apresentados a seguir.

a) Carta do Acre

A "Carta do Acre" foi organizada na oficina "Serviços Ambientais, REDD e Fundos Verdes do BNDES: salvação da Amazônia ou Armadilha do Capitalismo Verde?" realizada entre os dias 3 a 7 de outubro de 2011, no qual estavam presentes ONGs, trabalhadores da agricultura familiar, assentamentos extrativistas, organizações indígenas, entre outros setores. A Carta ressalta que a proposta de pagamentos de serviços ambientais, prevista em lei no Estado do Acre, que proporciona a geração de "ativos ambientais" para negociar os bens naturais no mercado de "serviços ambientais", como o mercado de carbono, "reproduz servilmente os argumentos dos países centrais, os gestores estatais locais a apresentam como uma forma eficaz de contribuir com o equilíbrio do clima, proteger a floresta e melhorar a qualidade de vida daqueles que nela habitam". Alerta que o pagamento de serviços ambientais "trata-se de um desdobramento da atual fase do capitalismo cujos defensores, no intuito de assegurar sua reprodução ampliada, lançam mão do discurso ambiental para mercantilizar a vida, privatizar a natureza e espoliar as populações do campo e da cidade".

Nesse contexto, argumenta que a proposta de pagamento de serviços ambientais através do REDD permite aos países centrais do capitalismo manter seus padrões de produção, consumo e poluição. Além disso, a Carta denuncia que algumas entidades financeiras e ONGs têm se aliado ao capital internacional, com o objetivo de mercantilizar o patrimônio natural da Amazônia.

A "Carta do Acre" foi organizada a partir de uma conjuntura muito específica: a disputa política em relação à implantação de REDD no Estado do Acre. O Acre já possui uma legislação sobre pagamentos ambientais e alguns projetos em andamento. Percebe-se que a Carta se posiciona não somente em relação à proposta de REDD em si, mas também contra a política estadual que vem implementando projetos nessa área.

Essa disputa fica clara quando, logo a seguir, em resposta à "Carta do Acre", foi organizado um manifesto denominado "Em defesa do Acre: para não voltar ao passado", assinado massivamente por sindicatos da região, CUT e poucos movimentos sociais (ao contrário da "Carta do Acre", que é assinada mais por movimentos sociais ligados aos povos da floresta e ONGs, como CPT do Acre e Centro de Direitos Humanos, e menos pelos sindicatos da região). Para se ter uma ideia do embate que se estabeleceu no Estado, um dos parágrafos do manifesto em "Em defesa do Acre" (2011) diz:

> temos que reconhecer que o governo estadual estava certo quando mudou a base da economia acriana e passou a defender o desenvolvimento sustentável [...] hoje nosso estado é respeitado por todas as nações do mundo por suas políticas avançadas.

Esse debate é de grande importância, visto que o Acre, além de ter uma política pública voltada para essa área, é um Estado que apresenta uma vasta cobertura de florestas, o que torna necessário, portanto, o debate sobre os rumos dessas políticas e projetos. Tanto que a "Carta do Acre" teve uma grande repercussão nas redes sociais e foi pauta de discussão em vários fóruns.

b) Carta de Belém

A "Carta de Belém" foi elaborada por movimentos socioambientais de todo o Brasil (trabalhadores da agricultura familiar e camponesa, agroextrativistas, quilombolas, organizações de mulheres, pescadores, povos tradicionais da floresta, sindicalistas entre outros), reunidos no Seminário "Clima e Floresta — REDD e mecanismos de mercado como solução para a Amazônia?", realizado em 2009, em Belém.

A Carta inicia dizendo que os signatários que rechaçam "os mecanismos de mercado como instrumentos para reduzir as emissões de carbono", entendem que o mercado não é capaz de assumir a responsabilidade pelo planeta. Aponta dois principais problemas em relação às propostas de REDD em debate: a primeira é a não diferenciação entre florestas nativas de monoculturas extensivas de árvores, o que pode possibilitar os agentes econômicos — que historicamente destruíram os ecossistemas — encontrarem, nos mecanismos de valorização da floresta em pé, maneiras de continuar a fortalecer seu poder econômico e político em detrimento dessas populações. A segunda é que, com a implantação do REDD, se corre o risco de os países industrializados não reduzirem suas emissões e manterem o mesmo modelo de produção e consumo insustentáveis.

Diante desse entendimento, a "Carta de Belém" considera que, para o Brasil, as negociações sobre o clima não devem estar focadas no debate sobre REDD e outros mecanismos de mercado, e sim, na "transição de um novo modelo de produção, distribuição e consumo, baseado na agroecologia, na economia solidária e numa matriz energética diversificada e descentralizada que garantam a segurança e soberania alimentar". Para isso, é necessário que o governo enfrente o desmatamento na Amazônia e em outros biomas do país, com a implementação da Reforma Agrária e um reordenamento territorial em bases sustentáveis, e do reconhecimento jurídico dos territórios dos povos e comunidades tradicionais e povos originários. Além disso, a Carta defende o desenvolvimento de políticas públicas que permitam o reconhecimento e valorização dessas práticas tradicionais. Por fim, afirma que "todo e qualquer mecanismo de redução de desmatamento esteja inserido em uma visão abrangente de políticas públicas e fundos públicos e voluntários que viabilizem nossos direitos à vida na Amazônia e no planeta".

A "Carta de Belém" é um dos documentos mais importantes e representativos em relação ao posicionamento dos movimentos sociais sobre as mudanças climáticas e, especificamente, a implementação do mecanismo REDD. É uma carta que reuniu organizações dos povos da floresta, sindicatos, ONGs (como a FASE) e movimentos sociais como Via Campesina, MST e MAB. Pelo próprio teor da carta, já que "rechaçam os mecanismos de mercado como instrumentos para reduzir as emissões de carbono", e, portanto, negam a capacidade de o mercado assumir a responsabilidade pelo planeta, se colocam contrários à mercantilização da natureza. Pode-se dizer que isso explica a ausência, como signatários da carta, de ONGs como o Greenpeace, o que é coerente com seu posicionamento vistos anteriormente. A carta também evidencia o argumento, de que as mudanças climáticas, pela própria natureza do problema, têm implicações sociais, ambientais, econômicas e políticas. Com isso, possibilita a articulação dos movimentos sociais considerados clássicos, como os sindicatos e os "novos movimentos sociais", possibilitando, assim, a articulação das lutas sociais e ambientais.

É certo que existe um grande desafio a se percorrer nesse processo. Entretanto, diante da atual magnitude da crise do capital e suas manifestações, considerando, como foi visto anteriormente, que todos os grupos humanos estão submetidos à lei do valor, se faz necessária uma articulação das lutas sociais e de classe no processo de construção de um novo modelo social, além da integração de todos os sujeitos subsumidos ao capital. Argumenta-se, nesse sentido, que os movimentos sociais comprometidos com a emancipação podem contribuir com esse processo à medida que tratem as questões sociais e ambientais de forma articulada.

IV. Considerações finais

Para finalizar, pode-se afirmar que o capitalismo contemporâneo é marcado com um novo tipo de crise, uma crise que compromete pela primeira vez na história a totalidade da humanidade, mostrando-se longeva e duradoura, sistêmica e estrutural. A atual crise estrutural do capital vem colocando em risco as duas fontes de produção de valor e de toda a riqueza produzida: a capacidade de trabalho e a natureza. É nesse contexto que a degradação ambiental, ou a chamada "crise ambiental", é considerada pela perspectiva crítica uma das mais sérias manifestações da crise estrutural do capital.

Procurando compreender as consequências da destruição ambiental e mais especificamente as mudanças climáticas este estudo defende que esse fenômeno pode ser ao mesmo tempo um limite e uma alavanca para o capital. Para evidenciar esse argumento, foram apresentados os riscos e as oportunidades das mudanças climáticas. Por um lado existem riscos potenciais de falência, danos aos ativos e quebras de contrato em consequência de eventos extremos, interrupção do suprimento de combustível na cadeia; redução da disponibilidade de água, enchentes e aumento do nível do mar. Por outro, as oportunidades podem surgir com a ampliação de colheitas devido ao aumento de temperaturas em climas temperados, o desenvolvimento de novas variedades de espécies adaptadas às novas condições climáticas, o investimento em novas fontes de energia, como eólica, geotérmica, hidrelétrica, e o comércio de emissões através do Protocolo de Quioto e do Mercado Voluntário. Quanto ao mercado de carbono, é importante registrar que além de não ser a melhor saída para combater a poluição, visto que desestimula a criação de políticas para reduzir a emissão de poluentes, esse mecanismo se constitui como uma operação financeira que visa única e exclusivamente dar lucros aos seus investidores e que não gera nenhuma vantagem para o meio ambiente. É neste sentido que esse instrumento vem se tornando um dos mecanismos mais perversos utilizados pelo capital, como um modo de transformar as poluições industriais em novos campos de acumulação.

Considerando a sociedade civil como uma das esferas em que as classes se organizam e defendem seus interesses, e, portanto, um espaço de lutas sociais e de classe, foi fundamental identificar o posicionamento dos principais movimentos e organizações em relação às mudanças climáticas. Tendo como ponto de partida os documentos e relatórios das organizações pesquisadas, e entendendo que a aparência ao mesmo tempo revela e oculta a essência do real, procurou-se superar a aparência a partir do conceito de ideologia de Marx. Na perspectiva marxiana, é através da ideologia que se gesta uma representação dos processos sociais, uma construção teórica distorcida. De acordo com Konder (2002) a distorção ideológica não se reduz a uma racionalização cínica de interesses de um determinado grupo, mas muitas vezes falseia as proporções de conjunto ou deforma o sentido global do movimento de uma totalidade. Para Marx, esses indivíduos ou grupos agem sem intenção criminosa, sem dolo ao adotar um modo de pensar ideologicamente distorcido, por não "conseguirem ultrapassar no pensamento os limites que a pequena burguesia não consegue ultrapassar na vida" (Marx, apud Konder, 2002, p. 44).

Essa visão de ideologia possibilitou constatar como movimentos considerados, no senso comum, como críticos, como o caso do Greenpeace, na verdade demonstram, através de seus posicionamentos em relação às mudanças climáticas, um compromisso com a lógica do mercado, com o capitalismo verde, e expressam interesses de uma determinada classe social. Por outro lado, pode-se também constatar que existem ONGs e movimentos sociais como a FASE e a Via Campesina que são comprometidos em algum grau com a emancipação social, denunciando a mercantilização da natureza, defendendo posições comprometidas com a emancipação social e com um novo modelo econômico, para além da exploração capital-trabalho.

Nesse contexto é importante ressaltar que o estudo chega ao fim com a clareza que, se de um lado não esgotou o real, pois este é extremamente complexo e dinâmico, por outro possibilitou que o processo de busca das contradições, mediações e determinações do fenômeno estudado pudessem contribuir, mesmo que de forma provisória, para uma visão de totalidade sobre um dos principais problemas da atualidade, que é a destruição ambiental, em especial as mudanças climáticas, num contexto de crise estrutural do capital.

Essas aproximações possibilitaram compreender que as totalidades que constituem a totalidade social têm naturezas específicas, próprias, como as questões relacionadas à destruição ambiental, caso contrário não se teria uma totalidade diferenciada. É importante ressaltar que, apesar de naturezas específicas, as contradições e antagonismos que cortam a questão ambiental estão ligados, à mesma gênese, ou seja, a contradição capital-trabalho. Nesse contexto, pode-se verificar que a luta de classes perpassa a questão ambiental como perpassa a questão social. Uma luta de classe que tem como pano de fundo o controle dos recursos naturais e que reveste de importância o atual debate sobre as mudanças climáticas. Nele estão expressos não apenas divergências superficiais, mas também interesses de classes, portanto, representam um compromisso com a emancipação ou com a conservação da ordem econômico-social vigente.

Referências

CARTA DE BELÉM, 2011. Disponível em: <http://www.terradedireitos.org.br/boblioteca/carta-de-belem-os-efeitos-das-mudanças-climaticas-e-a-politica-de-redds/>. Acesso em: 16 out. 2011.

CARTA DO ACRE. *Em defesa da vida, da integridade dos povos e de seus territórios e contra o REDD e a mercantilização da natureza*, 2011. Disponível em: <http://terradedireitos.org.br/biblioteca/carta-do-acre-em-defesa-da-vida-da-integridade-dos-povos-e-de-seus-territorios-e-contra-o-redd-e-a-mercantilizacao-da-natureza/>. Acesso em: 25 out. 2011.

CHESNAIS, F.; SERFATI, C. Ecologia e condições físicas da reprodução social: alguns fios condutores marxistas. *Crítica Marxista*, n. 16, p. 1-40, mar. 2003. Disponível em: <http://www.unicamp.br/cermarx/criticamarxista/16chesnais.pdf>. Acesso em: 8 jul. 2010.

FASE. Rio+20: *Resistir ao ambientalismo de mercado e fortalecer os direitos e a justiça ambiental*. Rio de Janeiro: Federação de Órgãos para Assistência Social e Educacional, 2011a. Disponível em: <http://fase.org.br/v2/pagina.phpWid=3484>. Acesso em: 11 out. 2011.

FASE. *Núcleo Brasil sustentável*: alternativas à globalização neoliberal. Disponível em: <http://www.fase.org.br/v2/paginaphp?id=3289>. Acesso em: nov. 2011b.

______. *Compromissos contra a mercantilização do clima*, 2009. Disponível em: <http://www.fase.org.br/v2/admin/anexos/acervo/1_carta_just_climatica_fase.pdf>. Acesso em: 10 ago. 2011).

GREENPEACE. *Pacto pela valorização da floresta e pelo fim do desmatamento*, 2007. Disponível em: <http://www.greenpeace.org/brasil/pt/Documentos/pacto-pela-valoriza-o-da-flor/>. Acesso em: 12 out. 2011.

______. *Mudanças do clima, mudanças no campo*: impactos climáticos da agricultura e potencial de mitigação, 2008. Disponível em: <http://www.ambientebrasil.com.br/documentos/relat-rio-mudan-as-do-clima-m.pdf>. Acesso em: 3 nov. 2011.

______. *Enfrentar a crise climática vai ajudar a resolver a crise financeira*: a perspectiva do Greenpeace, 2009. Disponível em: <http://greenpeace.org.br/brasil/pt/Documentos/>. Acesso em: 5 nov. 2011.

______. 2011. Disponível em: <http//www.greenpeace.org.br>. Acesso em: 10 set. 2011.

______ et al. *Pacto pela valorização da floresta e pelo fim do desmatamento*, 2007. Disponível em: <http://www.greenpeace.org/brasil/pt/Documentos/pacto-pela-valoriza-o-da-flor/>. Acesso em: 12 out. 2011.

HARGRAVE; J.; MOTTA, R. S.; LUEDEMANN, G. Análises de custo-benefício das mudanças climáticas. In: MOTTA, R. S. da et al. (Orgs.). *Mudanças do clima no Brasil*: aspectos econômicos, sociais e regulatórios. Brasília: IPEA, 2011. Disponível: <http://www.ipea.org.br>. Acesso em: 10 set. 2011.

KONDER, L. *A questão da ideologia*. São Paulo: Companhia das Letras, 2002.

LEROY, J. P. Bens comuns e serviços ambientais *Proposta: Justiça climática*. Rio de Janeiro, FASE, n. 122, 2011.

MAY, P. H. Mecanismos de um mercado para uma economia verde. In: POLÍTICA AMBIENTAL. ECONOMIA VERDE: DESAFIOS E OPORTUNIDADES, 8., Belo Horizonte: Conservação Internacional, jun. 2011. Disponível: <http://www.conservation.org.br/publicacoes/files/poltica_ambiental_08_portugues.pdf>. Acesso em: 10 out. 2011.

MÉSZAROS, I. *A crise estrutural do capital*. São Paulo: Boitempo, 2009.

O'CONNOR, J. ¿Es posible el capitalismo sostentenible? In: ALIMONDA, H. (Comp.). *Ecología política*: naturaleza, sociedad y utopia. Buenos Aires: Clasco, 2003. p. 27-52.

PACKER. L. *Pagamentos por serviços ambientais e flexibilização do Código Florestal*: para um capitalismo verde. Curitiba: Terra de Direitos, 2011. Disponível em: <http://www.terradedireitos.org.br/wp-content/uploads/2011/08/Analise-PSA-CODIGO-Florestal-eTEEB-_terra-de-direitos.pdf>. Acesso em: 2 set. 2011.

RUSSAR, J. *Panorama de atores e iniciativas no Brasil sobre mudanças no clima*. Vitae Civilis, 2008. Disponível em: <http://www.vitaecivilis.org.br>. Acesso em: 2 nov. 2011.

VIA CAMPESINA. *Soberania dos povos*: contra o esverdeamento do capital, 2011. Disponível em: <http://www.cimi.org.br/site/pt--br/?system-news&action= read&id=5838>. Acesso em: 3 nov. 2011.

______. *Posição da Via Campesina Internacional sobre o aquecimento global e agrocombustíveis*, 2009. Disponível em: <http://www.mst.org.br/node/7707>. Acesso em: 10 out. 2011.

VITAE CIVILIS. Disponível em: <http://www.vitaecivilis.org.br>. Acesso em: 10 set. 2011.

ALGUNS COMENTÁRIOS FINAIS

Pietro Áquila. "Ulisses e as Sereias" (entre 1675 e 1690). Gravura. Biblioteca Nacional de Portugal.

No "mastro" da teoria marxista

Este livro, que ora está por concluir, é o resultado de um trabalho coletivo cuja principal finalidade teórica e política foi a procura da *desmistificação* de termos e projetos, hoje tão na moda e envolvendo tanta energia militante de amplos setores de esquerda, seduzidos pelos "cantos das Sereias".

Termos e projetos que se apresentam, mistificada e enganosamente, como verdadeiras propostas, ora para a *solução de problemas e necessidades sociais pontuais das populações mais carentes* (como as "políticas de combate à fome e à pobreza", as "políticas de geração de emprego e renda", as ações de "conscientização para a preservação do meio ambiente" etc.), ora como *caminhos "alternativos" à lógica do mercado e ao capital* (como a "economia solidária", o "empoderamento", o "empreendedorismo" etc.), *ora como processos de "politização popular"*, a caminho das transformações sociais (como a participação das ONGs na sociedade civil, e os movimentos sociais como aglomerados a partir de "identidades" ou "territórios").

Estes termos e projetos se valem de consignas ou "*slogans*" aparentemente progressistas — um "outro mundo possível", a "emancipação social", a "participação democrática", a "ampliação da sociedade civil", a "responsabilidade social empresarial" —, mas claramente esvaziados de conteúdo. Qual seria esse "outro mundo possível": o comunismo ou um capitalismo verde e humanizado? E a construção de um mundo hoje considerado "impossível" (utópico), deve ser eliminada do horizonte histórico? Que significado é dado à "emancipação social": as conquistas garantidas pela "emancipação política", a construção de uma verdadeira "emancipação humana" que implica a superação do MPC, ou o "empoderamento" autorreferenciado dos sujeitos subalternos (dentro da ordem do capital)? A "participação democrática" não representa a institucionalização dos conflitos, esvaziando os fundamentos estruturais das contradições e das lutas de classes? De que "sociedade civil" se fala quando se propõe seu fortalecimento, pois ela é o cerne de contradições de interesses e de classes?

Os autores do presente livro procuraram enfrentar teórica e politicamente estes termos e projetos, articulados no que identificamos como *a Ideologia e os Projetos do "terceiro setor"*: a autorresponsabilização dos indivíduos, a des-responsabilização social do Estado e a desoneração do capital.

Mas, como já falamos, trata-se da análise crítica de boa parte dos projetos que hoje congregam forte adesão ideológica, as energias militantes e a ação política de grande parte das esquerdas (possibilista ou romântica).

Cabe então a primeira questão a tratar nestas considerações finais: afinal, *devemos então rejeitar e nos distanciarmos de todos estes processos?*

Ora, a *análise crítica* sobre a realidade não equivale mecanicamente à *rejeição*. Não se trata de rejeitar os processos — como a formação de cooperativas ou de fontes "alternativas" de renda; como formas de combate à fome ou à pobreza extrema; como a construção de moradias ou cisternas, ou de responder a necessidades pontuais e imediatas. Para quem está desempregado, para quem passa fome, para quem não tem moradia ou acesso a água potável etc., estes processos são, no imediato, fundamentais.

Não se trata, portanto, de esperar a "grande virada", de pensar que só podemos intervir nos processos no socialismo, pois na atual sociedade eles são funcionais ao capital, ou até ao seu projeto hegemônico neoliberal.

Trata-se, na verdade, de não sucumbir ao "canto da Sereia", acreditando e fazendo crer que estes processos são a solução aos problemas, que incidem nos fundamentos da "questão social" e da desigualdade, ou que criam formas de resistência que minam a lógica do capital. Trata-se de compreender a realidade nos seus fundamentos e contradições, criticamente, sem cair em visões românticas sobre os processos sociais que ai estão, e percebendo seu papel social essencial.

Estas são formas de ação/intervenção que, respondendo a necessidades emergenciais e pontuais de setores localizados da população, reforçam a lógica do capital e são funcionais ao projeto de reestruturação neoliberal.

Assim, a chamada *"economia solidária"* significa, não a formação de polos anticapitalistas (ou solidários) de produção, mas a *precarização* da força de trabalho, claramente afinado com os processos de terceirização promovidos pela reestruturação produtiva neoliberal, fornecendo ao capital força de trabalho mais barata, desprotegida e desindicalizada. O dito *"empoderamento"* não representa o aumento do poder dos pobres (dos setores subalternos ou da classe trabalhadora) alterando a correlação de forças sociais, mas a perda de direitos do cidadão a ter suas necessidades tratadas pelo Estado, respondendo agora às necessidades imediatas e pontuais desses setores mediante o trabalho não remunerado (como o "amigo da escola") das próprias populações carenciadas, tal como promovido pelo Banco Mundial.

Se a formação de cooperativas ou de formas "alternativas" de renda (tidas como "economia solidária") são importantes para a população desempregada como *estratégias de sobrevivência* frente da crise capitalista e da hegemonia neoliberal; se a organização para que grupos ou comunidades, abandonados à sua sorte pelo poder do Estado, possam responder de forma imediata a necessidades imediatas; não obstante isso, é imprescindível que o intelectual/profissional/militante envolvido nestes processos *não sucumba ingenuamente (romanticamente) ao poder sedutor destes "cantos de Sereias"*, imaginando ilusoriamente, e fazendo acreditar nisso, que tais processos seriam o caminho (possível) para a eliminação da desigualdade social, para a transformação e para a emancipação sociais.

Não se trata, portanto, de rejeitar tais processos, mas de *submetê-los à análise crítica radical*, para não cair nas ciladas, nas artimanhas, destes projetos, destes "cantos de Sereias".

Eis aqui a passagem para a nossa segunda questão, nestas breves considerações finais: *como não sucumbir a tão sedutores "cantos"?*

Ulisses, para ouvir sem ser atraído por tais cânticos entoados, amarrou-se no mastro do barco, e bem seguro e firme, atravessou o mar e enfrentou a ameaça sem perecer.

Qual seria, então, o "mastro" ao qual devemos hoje nos amarrar, para não cair nas artimanhas destes sedutores cantos, destas palavras, destes projetos?

A forma de tratar e compreender, sem cair em falsas ilusões, os termos/projetos da "economia solidária", do "empoderamento", da "participação democrática", da "promoção das ONGs como representantes da sociedade civil", dos "movimentos sociais territoriais", do "empreendedorismo" etc., passa pela capacidade de *analisar criticamente tais processos*; e esta capacidade crítica passa pela *compreensão dos fundamentos da sociedade capitalista*.

Assim como o uso de diferentes *instrumentos* (microscópios óticos ou eletrônicos, reagentes diversos etc.) vai levar o biólogo a distintas possibilidades de conhecimentos sobre formas microscópicas de vida, diferentes *categorias de análise* permitirão ao cientista social entendimentos diversos sobre a realidade social. Não é a mesma coisa pensar a sociedade empregando a categoria "exploração" do que se valendo do conceito "exclusão"; não produz um mesmo resultado a pesquisa onde se pensa a realidade social se valendo da categoria "contradição" (e concebendo-a como um processo contraditório), do que utilizando a noção de "harmonia"; o conhecimento da realidade é diferente se emprega-se uma "perspectiva de totalidade" (que envolve a dialética da realidade) do que partindo de conhecimentos segmentados de áreas isoladas (o econômico, o social, o político, o cultural, o subjetivo) e no plano meramente local; o resultado do conhecimento não é igual se parte-se de uma perspectiva de "transformação" da realidade (de revolução) do que da preservação e conservação da ordem social vigente.

Portanto, um *conhecimento crítico* (não idealizado, romântico, ou ingênuo, que não sucumba aos "cantos de Sereias") sobre estes fenômenos exige uma ***perspectiva de totalidade***, uma ***perspectiva de transformação social*** (anti-capitalista), que parta da *indignação* frente à realidade imediata, mas que consiga atingir o conhecimento teórico da *essência* e os *fundamentos* da sociedade capitalista, conseguindo se apropriar das suas ***categorias fundantes***: a mais-valia, a exploração, a luta de classes, a pauperização e a acumulação de capital, a crise estrutural capitalista, o imperialismo, dentre outras.

Estas perspectivas, este método e estas categorias de análise nos remetem ao campo rico e vivo da tradição marxista.

Eis o "mastro" do qual devemos nos segurar, ao qual devemos nos amarrar firmemente, para enfrentar estes "cantos" sem sucumbir: ***a Teoria Marxista***.

GRÁFICA PAYM
Tel. (11) 4392-3344
paym@terra.com.br